U0366743

台语支历史方言分类

[澳] 罗永现 著

The Subgroup Structure
of the Tai Languages

清华大学出版社
北 京

内 容 简 介

本书采用历史比较语言学方法，通过新发现的语言材料，结合李方桂等人的研究成果，对台语进行历史方言分类，特别是对李方桂的台语分类法进行归纳和考证，在此基础上考察李方桂台语词汇分类法和语音分类法的理论意义和现实意义。研究发现，虽然词汇分类法似乎有悖于传统的历史比较法，但在某种程度上也能揭示台语方言的一些重要特征。词汇分类和语音分类法相结合，更能揭示台语各分支的方言特征。研究材料同时显示，原始台语存在活跃的形态构词系统。本书拓展了李方桂的台语支三分法，提出除西南支、中支和北支以外，还可以分出西北支，从而把台语研究向前推进了一步。

版权所有，侵权必究。举报：010-62782989，beiqinquan@tup.tsinghua.edu.cn。

图书在版编目（CIP）数据

台语支历史方言分类 /（澳）罗永现著. —北京：清华大学出版社，2024.3
ISBN 978-7-302-62601-5

Ⅰ.①台⋯   Ⅱ.①罗⋯   Ⅲ.①壮侗语族—研究   Ⅳ.① H41

中国国家版本馆 CIP 数据核字（2023）第 022850 号

责任编辑：白周兵
封面设计：子 一
责任校对：王荣静
责任印制：宋 林

出版发行：清华大学出版社
　　　　　网　　　址：https://www.tup.com.cn, https://www.wqxuetang.com
　　　　　地　　　址：北京清华大学学研大厦 A 座　　　邮　编：100084
　　　　　社 总 机：010-83470000　　　　　　　　　　邮　购：010-62786544
　　　　　投稿与读者服务：010-62776969, c-service@tup.tsinghua.edu.cn
　　　　　质量反馈：010-62772015, zhiliang@tup.tsinghua.edu.cn
印 装 者：三河市龙大印装有限公司
经　　销：全国新华书店
开　　本：155mm×230mm　　　印　张：18.75　　　字　数：342 千字
版　　次：2024 年 5 月第 1 版　　　　　　　印　次：2024 年 5 月第 1 次印刷
定　　价：198.00 元

产品编号：091973-01

○广西民族大学外国语言文学一级学科博士点支持计划成果
○谨以此书纪念侗台语研究先驱李方桂先生冥寿 122 周年

序 一

王士元

很荣幸，罗永现教授邀请我为他的大作写几个字，祝贺此书的出版。还记得 20 多年前罗教授来拜访我时，论及了他在这方面的研究。我一直觉得，中国语言学对自己境内少数民族语言的研究，在深度和广度上还远远不够，因为学界过于注重汉语，忽略了我们国内多彩多姿的少数民族语言财富。1992 年，国际中国语言学会成立，而 1993 年，我在该会的第一期通讯中，就曾强调过这种遗憾。

由于罗教授本人来自壮族，壮族又是中国 56 个民族中人口仅次于汉族的少数民族，且壮语在中国历史悠久，我很愿意鼓励罗教授的研究，因而将他 1996 年的博士论文发表在 1997 年出刊的《中国语言学报专著系列》第 12 期，题目为《台语支历史方言分类：历史比较法分析》(*The Subgroup Structure of the Tai Languages: A Historical-Comparative Study*)。非常高兴，时隔 20 多年后，清华大学出版社决定更新论文内容并推出中文版，这当然是可喜可贺的事，可以让许多不常阅读英文的同行，也有机会知悉这个领域的研究成果。

罗教授的书里，把过去的相关研究做了翔实彻底的评述，尤其是对李方桂先生在汉台语各方面的贡献，也回顾得非常清楚、到位。书中并提供了一些作者本人的一手材料，格外宝贵。可是学问总是在进展，虽然书末附了丰富的参考文献，但希望将来此书再版时，能加入更多近年的讨论，特别是丁邦新先生的新书《汉台语同源论》(2020，商务印书馆)，把他在这个领域几十年的研究做了总结式的概述，很有参考价值。此外，特别值得注意的还有许家平 (Weera Ostapirat)，他是一位华裔泰国学者，写了一系列的英文文章，也都是专门探索台语的，且 Kra-Dai 这个名字就是他在 2000 年率先提出的。

在孙宏开先生的领导下，近年来，中国境内有许多新发现的语言。我们应当深究这些语言和台语支有过什么样的接触，或是否具备亲属关系，因为这些探索都会对我们目前语言学知识的理解有所启发。虽然我本人对台语支系的历史语言研究有浓厚的兴趣，可毕竟是个外行人，不能针对书里的许多细节做更具体的阐释分析，但希望借着这本书的问世，能唤起更多学者及年轻学子对中国丰饶的语言遗产的重视；也预祝这本书的出版能激发国内对少数民族语言的兴趣，让更多人投身于这个领域的研究。

王士元

2021 年 9 月 14 日于香港理工大学

序 二

安东尼·迪勒

罗永现教授的《台语支历史方言分类》是一项杰出的研究成果。基于大量翔实谨慎的比较，该研究全面分析了世界主要语族之一的台语发展出独特支系结构的过程。作为壮语的母语人，该书作者向我们展示了他对台语支系划分中相关语言的深入了解，如泰国和老挝的官方语言泰语和老挝语，以及中国南部和东南亚地区使用的许多区域性语言和方言。这份研究足以使人印象深刻。

作者不仅在台语方面颇有建树，同时对中国历史语言学和地方历史也有着卓越的见识。此外，本书还涉及语言演变规律和历时语言学等研究领域，展现了作者对其他语言研究工作的充分了解。

这种广博的学术背景，使他得以发现并辨识出近千个此前不为人知的台语同源词。这一套经过仔细分析比较而构拟的新同源词，极大地扩充了台语各方言间的共有词词库，使其数量翻了一倍。这些新发现的同源词词条被清晰地罗列在一个汇总表中，为比较研究提供了极大的便利。此外，这一庞大的数据库可以衍生出关于音系演变和支系结构的合理猜想。无论这些同源词是否可以帮助我们追溯祖语，根据普遍的音变规律，古台语都在此得到了严谨的论证。

关注语言演变的学者们将会对本书充满兴趣，并在专业上为之受益。本书清晰地展示了收集语料、分析语料、比较研究、得出可靠结论的方法，不失为该领域的一个范例。

安东尼·迪勒（Anthony Diller）

澳大利亚人文科学院院士

2021 年 9 月 24 日

目　录

第 1 章

绪　　论

1.1　研究目标和范围

本书聚焦于台语的方言分类，并特别注意利用来自中国云南、贵州和广西台语的新语料。更确切地说，它的研究目标是重新评价李方桂的不朽著作《比较台语手册》（*A Handbook of Comparative Tai*，1977）。本项研究基于李方桂提出的台语方言分类标准和同源词构拟方法，结合新发现的900 多个台语同源词，对《比较台语手册》的原则和方法进行审视和评价。

在重新评估李方桂的著作时，本书将着眼于以下几个问题：

1）对台语分类的可行标准是什么？

2）划分标准如何以及在多大程度上支持同一分类模式？

3）除了音系标准外，还有哪些主导性的词汇和语义特征可以用来进行台语的方言分类？

4）就现有资料而言，构拟的原始台语声母系统有哪些合理之处？

5）李方桂的三语支理论在多大程度上仍然适用于台语方言分类？

6）台语分类问题能否从历史和文献学的证据中获益？假如能，又如何获益？

本书的研究范围仅限于李方桂著作中的一些相关问题，即他的原始台语声母词表、声调的不规则性、区分性的音系和词汇分类特征，以及原始台语中活跃的形态音位过程和派生形态学的合理性。由于篇幅有限，元音将不会得到详细分析，但我们注意到一个特定的条件性变化，该变化对后续的研究具有一定的启示作用。此外，本书将简要探讨另一种语料，它与李方桂的《比较台语手册》没有直接关系，且在狭义上不属于比较方法范围，即说明台语与汉语具有某些趋同性的汉语文献学证据。最后一个目标更为宽泛，即探讨历史比较语言学的常规假设在台语研究中的可行性。本书力求为台语的历史比较研究做出一点贡献。

1.2　比较台语：研究基础

1.2.1　台语支语言：一些主要特征

台语[1]无疑是东南亚大陆最重要、最著名的语支之一。其使用人口近一亿人，是该地区乃至世界上的主要语言群体之一。台语分布广泛：东起中国南部的海南岛，西至印度；北起中国贵州，南至马来半岛。然而，作为一门学科，台语语言学的历史却相对较短。虽然对台语的研究始于 19 世纪末，但它成为一个繁荣的研究领域尚未满 50 年。这并不令人惊讶，因为直到 20 世纪 60 年代末，庞大的汉藏语系研究才成为一门获得国际关注的学科，得以展开全面调查，而台语一直被认为是汉藏语系的一员。

如果种族是描述一个语言群体的关键，那么"台语"（Tai）这个作为整个群体的总称并非令人满意。首先，该术语常常和"泰语"（Thai）混淆在一起。更糟糕的是，有些研究人员将"泰语"和"台语"交替互换使用，或者只用"泰语"一词。这会带来更大的问题，因为"北部泰语"（Northern Thai）和"北部台语"（Northern Tai）以及"中部泰语"（Central Thai）和"中部台语"（Central Tai）的含义完全不同。台语作为一个民族自引词，仅见于台语使用区域中的部分地区，主要集中在西南支和一些中支的方言中。它没有充分反映台语北支和中支的一些使用者（见 1.2.2 节）的自称或为其他民族所广泛使用的他称。即使在西南方言中，老挝等一些群体也回避这个词。但鉴于目前尚无更为贴切的术语，我们暂且使用该术语。

台语享有许多总体性的类型学特征，如它们都是有声调、非屈折的，以"S-V-O"为基本语序，并且都拥有多功能的、发达的量词系统；大多数词是单音节的；中心语通常先于修饰成分；动词不需要名词或连词的介引就可以出现在语符列中；有些动词被"语法化"，成为具有定格性质的介词；在语义方面，一些基本概念可由多个动词表达，如"洗""切""拿"及表示日常活动的"抬""搬""运""送"等；在英语等语言中，通常使用代词的地方，台语对话里则大量使用亲属称谓；"你要去哪里？"或者"你吃了吗？"等程式化的表达方式在日常交谈中很常见。不过，上述类型学特征也存在于这一区域的其他语言中。

台语之间的亲缘关系已经牢固地建立起来，有 1 000 多个同源词被证明为台语所共享。（Li，1977）本书又发现了 900 多个同源词（见第 3 章

1　在本书中，"台语"和"台语支"这两个术语很多情况下互相换用，意思相同。

和附录），使原始台语的词根总数超过了 2 000 个。在李方桂提出的三支台语中，至少有两支共用这些同源词的绝大部分。奇怪的是，"核心词汇"中相当多的词汇项目在不同的分支语言中表现出不同的差异，如"胃""土壤""翅膀"等名词以及"跑""站""做""说"等动词。在总共 2 000 多个原始台语词根中，台语与侗水语支语言共同拥有 400 多个词根。有相当比例的台语同源词可以从汉语里找到关系词，包括数字和一些文化及农业术语。这些词项在汉语和台语之间可以建立整齐的声调对应关系。这些共同特征为一些学者将台语视为汉藏语成员提供了实证依据。（Li，1976；Nishida，1960；邢公畹，1999）

1.2.2　台语分布

本节的人口数字来自政府人口普查和独立报告。迪勒对个别语言和各种名称进行了更详细的讨论。（Diller，1994）

中国：根据 2021 年的《中国统计年鉴》，中国境内的壮族人口约为 19 568 546 人，大部分在广西（约为 16 000 000 人）、云南（约为 1 000 000 人），其余分布在广东连山等地。这里的人数严格来说是指壮族人口数，不完全等同于使用壮语的人数，因为有相当一部分年轻人，特别是居住在县城的学龄儿童基本上已经转用当地汉语方言或普通话。布依族人口约为 3 576 752 人。傣族人口约为 1 329 985 人。上述数字不包括侗族（约为 3 495 993 人）、水族（约为 411 847 人）和黎族（约为 1 602 104 人）。

印度：使用者总数不足 10 万。相比之下，印度的台语人口最少，集中在东北部的阿萨姆州（Assam）。最大的台语族群是坎梯语（Khamti），约有 5 万人。艾顿（Aiton）和帕基（Phake）是两个较小的群体，每个群体只有几千名使用者。

缅甸：使用者总数约为 500 万，其中 460 万人讲掸语（Shan），10 万人讲傣艮（Khün，亦称"傣痕"）语。在缅甸，使用掸语的人是台语西南支最大的族群之一，超过了中国的掸人（德傣人）人口，在数量上仅次于说中部泰语和兰纳语（Lanna）的人。

老挝：使用者总数约为 400 万。需要注意的是，虽然老挝语是官方语言，但仅有约 25 万人使用所谓寮（Lao）语。其他老挝语使用者则是指居住在泰国的讲依善语（Isan）的人。

泰国：使用者总数约为 6 000 万，其中的 2 500 万至 3 000 万人讲中部泰语，即泰语标准语（泰国的官方语言），使用其他泰语方言的人能听懂这种标准语。值得注意的是，居住在泰国的老挝语或依善语使用者约为

2 000 万至 2 300 万人。这些语言不包括兰纳方言或北部泰语（600 万人）、南部泰语（Southern Thai，500 万人）和石家语（Saek，2.5 万人，一种被错置的北支台语），以及更多的"系属错置"语言。泰国是把台语作为官方语言的两个国家之一。

越南：使用者总数约为 400 万，包括岱语（Tay，约为 170 万人），黑傣（Black Tai）、白傣（White Tai）和红傣（Red Tai）（约为 100 万人），依语（Nung，约为 100 万人），土语（Tho，约为 10 万人），热依语（Yay，约为 3 万多人），寮语（约为 1 万人），布依语（Bouyei，约为 1 000 多人）。（Edmondson & Gregerson，2007）

1.2.3　台语的故园

虽然台语之间的同源关系有语言学方面的证据来证实，但台语的故土问题仍是一个颇具争议的话题。一些学者提出了他们的观点，但很遗憾，有些观点是出于政治或民族主义的动机。至少有如下四种看法:（1）南诏故土;（2）华南故土;（3）印尼故土;（4）阿尔泰故土。后两种被普遍否定。南诏假说也因缺乏历史和语言学的证据而被质疑。一种被广泛接受的观点是：中国南方可能是台语的早期所在地。可靠的历史记载显示，台语族群曾居住在华南的广东、广西、贵州、云南等地，远远早于泰语先人居住在东南亚半岛的记录。不少史籍记载了唐宋时期一些重要台语人物的生活和斗争。泰语和老挝语的相对同质性，以及一些"错位"（displaced）语言，如石家语的存在都暗示了台语者向南迁移的历史。（Gedney，1991a，1991b，1991c，1993）此外，中国广西和贵州台语的语言多样性程度也相对较高，这一事实也与这个假设相吻合。

1.2.4　语言归属

虽然台语作为一个语支的称谓直到 20 世纪 70 年代中期才被广泛接受（见 1.3 节），但在 19 世纪末和 20 世纪初，当研究人员试图在汉藏语地区建立语言的亲属关系时，台语的语言归属似乎并不是什么大问题。台语和汉语在音系和语法类型上的相似性以及大量的共享词汇，使许多中国和西方的学者相信这两种语言是同出一源的。这一假说的支撑性依据可以在德拉库伯里（De Lacouperie）、康拉迪（Conrady）、格里森（Grierson）和吴克德（Wulff）的早期论著中找到。他们的论文被西田龙雄（Nishida）、奥德里古尔（Haudricourt）和李方桂进一步发展，丹林格（Denlinger）利用这些材料，为汉台语同源论提供理论支持。根据汉台同源假说，台语是汉藏超级语系中汉语族的一个分支（见图 1-1）。

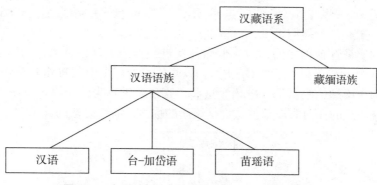

图 1-1　台语被视为汉藏超级语系的一个组成部分

更激进和有争议的是"澳台（或澳泰）语系说"。澳台语系假说最初由史来葛（Schlegel，1902）提出，后经白保罗（Benedict，1942，1975）进一步论证发展。这一假说认为，台语和汉语不是同源的，因为这两种语言缺乏共同的核心词汇，这两种语言之间的相似性可以归因于史前的语言接触。相反，白保罗（Benedict，1942）确立了台语、加岱语和印尼语之间的联系。在这一分类系统下，台语和加岱语（白保罗为一组与台语更紧密相关的小语种语言创造的一个术语）与多音节和无声调的南岛语有关，与之并列放在澳台语系之下。最近（Benedict，1990），日语也被加入该语系（见图 1-2）。

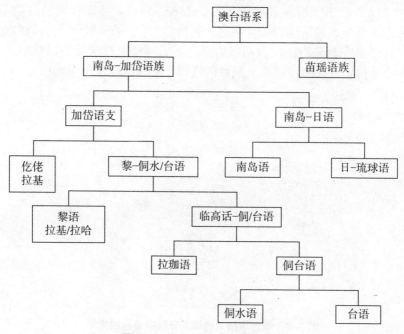

图 1-2　白保罗的澳台语系假说

还有一些学者不相信这些理论，如威廉·J.格德尼（William J. Gedney）等。对他们来说，台语是独立的，独立于汉语和南岛语，在得到更多的实证性证据之前，对它们做任何进一步的关联论证都还为时过早。他们认为，与台语有着牢固的发生学关系的语言是中国贵州和广西的侗水语和海南岛的临高话、黎语。这些语言通常被称为侗台语（见图1-3）。超出这一点的任何假设都被认为是荒唐的推测，需要确凿的证据支撑。

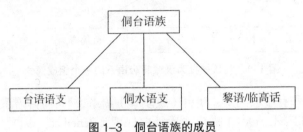

图1-3　侗台语族的成员

更广泛的台语构成被普遍接受，其中包括侗水语支和远在海南岛的临高话和黎语。这些语言构成的语族一般被称为侗台语族（或中国传统研究中的"壮侗语族"）。在这个意义上，侗台对应于白保罗的台－加岱语（Tai-Kadai）。

目前，台语已成为学界常用词，其中泰国的官方语言泰语是台语家庭的最大成员。在这个意义上，台语与侗水语相对，属不同语支，而李方桂的《比较台语手册》和格德尼（Gedney，1989）及该领域的其他学者均坚定地认为二者密切相关。总之，到目前为止，在一个更为有限的意义上，台语是在南岛语或汉台超级语系之下的侗台语族或加岱语族的成员。图1-4概括了有关澳台语系、侗台语族和台语的这一普遍观点。

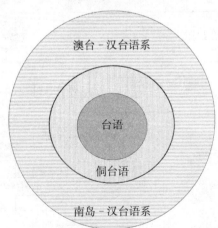

图1-4　与台语相关的语言分组中使用的术语

1.2.5　内部分类

台语家族的语言多样性和这些语言所覆盖的地理区域，使得台语内部分类成为一个令人感兴趣且具有挑战性的理论课题。正如台语的语言归属是一个颇具争议的话题一样，台语的内部结构也一直缺乏共识。对于什么是更好的台语细分方案，意见不一。

根据语音和词汇标准，李方桂将台语分为北支（NT）、中支（CT）和西南支（SWT）三个分支。北支包括中国贵州省的布依语和广西西江北岸的大部分壮语。中支台语由广西西江南岸到越南红河北岸的方言组成，包括龙州壮语、岱语、侬语和高栏语（Cao Lan）。台语中最大的西南分支包括云南的傣族语言、中国和缅甸的许多掸语，以及泰语、老挝语，还有越南和老挝边境地区的白傣、黑傣和红傣。图 1-5 总结了李方桂的三支分类法。

图 1-5　李方桂对台语的三支分类

李方桂的三分方案已被公认为一种便捷的台语分类法，但其他学者对这一分类仍持保留意见。虽然学界对台语北支的分类普遍没有异议，但与北支同等地位的中支和西南支却遭到了一些质疑。奥德里古尔和格德尼认为，可以在北支台语和非北支台语之间画一条分界线，这样一个二分方案更有可能揭示台语的内部关系。格德尼（Gedney，1989：62-66）认为，西南支和中支台语应分在同一个组，如果要进一步划分，则应在更低的级别上进行，如图 1-6 所示：

图 1-6　格德尼对台语的分类

奥德里古尔（Haudricourt，1956）的二分方案与格德尼的不同之处在于，他认为中支台语是一个中间群体，跨越北支和西南支的边界。对他来说，如果要划分界线，中支台语与北支台语是并行不悖的，而非与西南支一组。因此，奥德里古尔更倾向于把中支台语与北支台语作为一个整体来看待，与西南支相对，如图 1-7 所示：

图 1–7　奥德里古尔对台语的分类

　　进一步的分类建议也已提出，但尚未得出一般性结论。台语的复杂性使得低层的方言分组成为一项具有挑战性的高难度任务。例如，对于西南分支而言，由于某些分组特征与其他的特征重叠，研究者之间的分组标准有很大的差异。（Brown，1962，1985；Jones，1966；Chamberlain，1975；Hartmann，1980）我们将在第 2 章更详细地讨论方言分类标准。

1.3　比较台语研究的历史回顾

　　在这一节中，我们简要地回顾以往关于比较台语的一些工作。正如在1.2.4 节中所讨论的那样，台语在不同的分类方案中都因特征突出而被指定为语言的一个自然分组——这包括在南亚语系（孟高棉语系）、汉台语系和南岛语系中。在大多数情况下，台语被认为是汉台语系下的一个语族。

1.3.1　19 世纪末至 20 世纪 40 年代末

　　台语在早期的论著中曾被提到，如德拉库伯里（De Lacouperie，1885，1887），当时它被称为 Taïc，是构成孟 – 岱语系（Mon-Taï）岱 – 掸语族（Taï-Shan）的一组语言。这些论著还提供了一些台语内部具体的比较性工作，并列出了泰语和越南的土语之间 30 多个项目的比较清单。（De Lacouperie，1887：62-63）虽然德拉库伯里认为，台语是一个独立语群的观点已为学界普遍接受，但他将台语与孟语联系在一起的想法却被否定了。

　　在 20 世纪初，一些学者进行了与台语有关的一般性调查，如史来葛（Schlegel，1902），参见易家乐（Egerod，1976：53）、格里森（Grierson，1904）和马伯乐（Maspero，1912）。马伯乐将泰语与藏缅语族、藏语、倮倮语（彝语）、克伦语和孟 – 高棉语放在同一等级上。随后，一些语言学家又进行了大量的工作，如吴克德（Wulff，1934）、李方桂（Li，1938）和奥德里古尔（Haudricourt，1948），为原始台语的构拟奠定了良好的基础。吴克德（Wulff，1934）通过揭示泰语和汉语之间的大量共同语音和词汇特征，试图在这两种语言间建立一种发生学的联系，他的材料一直是后来研究者的一个固定来源。李方桂（Li，1938）建立了一个该地区语言的权威分类，台语被视为汉藏语系下的一组语言。他在 1943 年发表的文章《原始台语中带喉塞音声母的假设》代表了原始台语构拟的重要一步。

白保罗（Benedict，1942）详细阐述了史来葛试图将台语与南岛语（史来葛所称的马来语）联系起来的想法（见 1.2.4 节）。他提出了著名的加岱（Kadai）理论，指出泰语与汉语不存在发生学关系，这一理论让人想起马伯乐（Maspero，1912）对汉语与台语之间同源关系的怀疑。白保罗提出的加岱一词现在已经被广泛使用，指的是一小群连接台语和南岛语的鲜为人知的语言，如拉基语（Lati）和普标语（Laqua）。奥德里古尔（Haudricourt，1948）通过比较几种台语——阿含语、泰语、老挝语、白傣语、黑傣语、侬语和岱语，对原始台语进行了构拟。

1.3.2　20 世纪 50 年代至 70 年代末

在这一时期，可以看到许多研究台语特定专题的著作，包括哈斯（Haas，1958）和亨德森（Henderson，1949，1959）关于台语声调的研究，李方桂（Li，1954，1959，1960）关于台语方言内部分类的研究，易家乐（Egerod，1957，1959a）关于两个台语方言音系的研究，易家乐（Egerod，1961）关于台语方言学的研究，奥德里古尔（Haudricourt，1960，1972）关于声调分化的研究，格德尼（Gedney，1964）、琼斯（Jones，1965）和布朗（Brown，1962）关于原始泰语构拟的研究，以及李方桂（Li，1965）就台语和侗水语之间关系的研究。

哈斯和亨德森在泰国泰语方言田野调查的基础上分别提出了关于台语声调的分析。哈斯为四个台语方言的声调提供了布龙菲尔德和萨丕尔式的结构主义描写，而亨德森采用弗斯派的传统理论对台语的一些方言进行了研究。

李方桂（Li，1954）对解决复辅音这一比较台语音系的复杂问题进行了重要尝试。在实证研究的基础上，他为原始台语构拟了相当多的复辅音。之后，他的两篇文章讨论了台语的内部结构。（Li，1959，1960）几个词汇项目的分布模式是李方桂词汇分类的基础，他据之将台语分为三个分支——北支、中支和西南支；关于这一分类，他坚持了 20 年，一直持续到《比较台语手册》问世。这两篇论文中的词汇标准常常被用于台语的方言分类。他于 1965 年发表的论文《台语和侗水语》通过 300 多个同源词，坚定地确立了台语和侗水语之间的同源关系。

易家乐的研究涉及缅甸及泰国的台语。易家乐（Egerod，1957）的研究是对缅甸掸语方言的音系及其文字的概述。他的另一作品（Egerod，

1959b）以类似的方式讨论了傣艮语的音系和文字，该语言也是缅甸的一种台语，扩散到了泰国、老挝和邻近的很多地方。易家乐在 1961 年发表的论文中，从比较研究的角度，详细描写了泰国的一些泰语方言，以及缅甸的傣艮语和傣仂语（Lü）。（Egerod，1961）

奥德里古尔（Haudricourt，1960，1972）的论文是运用布拉格学派传统理论对台语和一些其他远东语言中的声调分化问题进行类型学考察的经典之作，该文于 1972 年被考特（Court）翻译成英文。与其他远东语言的双向分裂相比，在侗水和苗瑶语中表现出来的声调三分模式对我们理解这一区域的语言有很大影响。特别重要的是，他对该地区一些非声调语言中出现音调音位对比的观察，显示出对声调起源问题的洞察力。

布朗（Brown，1962）出版了第一部关于"古代台语"比较研究的书籍，这是对台语进行大规模调查的一次积极尝试。他的数据主要来自泰国的台语，因此这项工作应该被认为是对台语西南语支的历史比较研究。

格德尼（Gedney，1964）对老挝和越南边境地区的白傣、黑傣和红傣进行了深度描写，并与泰语做了比较。他还简要介绍了关于这些语言的研究动态。对于原始台语的构拟来说，这本著作在方法论方面是一个极好的范例。

1.3.3　20 世纪 70 年代——《比较台语手册》出版前

20 世纪 70 年代，关于比较台语的研究成果迅速增多。哈里斯与诺斯（Harris & Noss，1972）列出了 14 项关于台语语音和音系的研究成果。坎尼他南（Khanittanan，1973）从社会历史的角度考察了方言的混合，并给出了一些有启发性的结论。张伯伦（Chamberlain，1975）提出了基于"送气音"与"非送气音"对比的一种西南语支分类方法，即他的 P- 和 Ph- 语言。萨拉维特（Sarawit，1973）构拟了原始台语的元音系统。马努迈威汶（Manomaivibool，1975）详细而深刻地描述了汉台词汇的对应关系。哈德曼（Hartmann，1976）考察了傣仂语口述文学的心理基础。张伯伦（Chamberlain，1977）研究原始台语的动物名称。一些个别的研究也出现在这一领域重要创建者的纪念文集中。（Harris & Chamberlain，1975；Gething，1975a）

李方桂的《比较台语手册》出版前不久，有两部重要的著作值得特别讨论，即奥德里古尔（Haudricourt，1974）和白保罗（Benedict，1975）的作品。

奥德里古尔（Haudricourt，1974）对舍费尔（Shafer）的五卷本丛书

"汉藏语系导论"做出了重要贡献，他在该丛书中致力于汉藏语系侗水语支（Daic）的构拟。由于下面将会提及的一些原因，这项工作直到今天才得到应有的注意。据我所知，除了奥德里古尔本人曾对整卷书（即整个系列的第五部分）作过评论之外，没有其他人写过评论文章，但霍夫曼（Huffman，1986a：405）对该系列丛书的前面部分进行过评论。

这本著作广泛的研究范围和丰富的数据来源令人印象深刻。它借鉴了14种语言的材料，包括10种台语——泰、老挝、阿含、掸语、黑傣、白傣、岱依、侬语、高栏、册亨（Dioi），以及海南岛和贵州的4种加岱语（水语、莫语、临高话和黎语），以及可为特定词汇项目建立联系的汉语。很明显，奥德里古尔在广义上使用了Daic这个词。

奥德里古尔（Haudricourt，1974：453–456）在进行主体构拟工作之前，做了一些一般性的解释和评论，并对这些语言的声调进行了比较，里面包含他早期关于声调起源的观点。

此外，他还提到了越南语。他根据现有数据假定了1 000多个构拟的形态，其中很大一部分是所有台语共同使用的。从比较台语的角度来看，这项工作特别有价值，因为它提供了越南境内几个台语方言的词汇材料。

也许这项工作的一个严重缺陷是没有为所引用的词形标注声调，这大大减少了材料的实用性。尽管有这些缺点，但该工作提供了许多宝贵的信息，并在某些方面补充了李方桂的《比较台语手册》。奥德里古尔提出的一些词项已被纳入本书研究。

谈到台语比较，我们不能不提到白保罗的著作《澳泰语系语言与文化》（1975）。这本大胆的著作比李方桂的《比较台语手册》早两年出版（该书的主要部分实际上是在1966—1967年出版的），它起源于1942年（见1.2.4节）。直到易家乐（Egerod，1976：52）称赞白保罗写于1942年的文章是"划时代的"，该文才得到充分的赞赏。尽管人们认为白保罗"在一些地方过度使用了这种方法"（同上），但关于澳台语系的假设被誉为我们在理解该地区语言和文化方面的"重大进步"（Goodenough，1975：XII）。

《澳泰语系语言与文化》提出了数百个构拟的词根。要注意的是，白保罗在材料的选择上是很谨慎的。他的大部分数据来自该地区数十种不同语言的核心词汇，这符合萨丕尔语言构拟的传统。因此，在他的注释中，人们可以找到"太阳""月亮""地球""雨""火""眼睛""水""吃""母乳""奶"等基本词汇。为了便于参考，文末的词汇索引按英文字母顺序排列。

该书显示了这些语言中的基本词汇项有许多关系词。这些关系词数量是如此惊人，以至古迪纳夫（同上：IX）不得不同意白保罗的说法："毫无疑问，马来 – 波利尼西亚语或南岛语（包括印尼语）本身就是一个更大的语系的一部分，即白保罗的澳台语系，其中包括泰语和加岱语。"对两位学者来说，泰语属于南岛语系是不可否认的事实。

学者就该书的准确性提出了意见和看法。对其的激烈反应不亚于对白保罗的另一重要著作《汉藏语言概论》（1972）。尤其值得关注的是《亚洲和非洲语言计算分析》第六卷（1976）中的评论文章，特别是易家乐、格德尼、奥德里古尔的评论。

易家乐（Egerod，1976）对从最初至写作之时的比较台语研究作了精辟而简洁的总结。他支持白保罗关于汉语和台语没有亲缘关系的理论，并接受了白保罗对南岛 – 泰语的构拟。

奥德里古尔（Haudricourt，1976）对白保罗的理论有些冷淡。对奥德里古尔来说，汉台之间的发生学关系是一个程度问题——它们可以是显而易见的，或者是可能性很大的，抑或仅仅是具有可能性。最后一种类型适用于白保罗的南岛 – 泰语假说。

尽管学者们对白保罗的观点和他的"远程构拟"方法（一种临时的构拟技术，而非通过方言逐层构拟的常用工作方法）持怀疑态度，但是除了格德尼（Gedney，1976），几乎没有人对它的不足之处有太多的评论。通过从台语中找出证据，格德尼（同上：73）令人信服地证明了白保罗的构拟在很多情况下是"激进的多头症"（即把两三个层次混为一谈）、"伪贵族"（承认一项后期的创新是一种成熟的原始形式）或"外来入侵者"（把借词当作本土词）。和以往一样，格德尼（同上：65）对白保罗的假说表示怀疑："通过对白保罗中泰语材料的密切研究，我发现自己比以前更加不相信（白保罗的假说）。"

澳台语系假说引发了争议，以及支持或质疑这一理论的热烈讨论。（Gedney，1976；Thurgood，1985；Ratanakul，1990）在写作本书时，此事仍远未解决。白保罗的著作虽然颇有争议，却为这一领域开辟了新的视野。20 年后，学界仍在评估其重要性并对之赞赏有加。（Thurgood，1994；Reid，1988）澳台理论的最新版本将日语也纳入其中，进一步扩展了澳台语系的范围（见图 1–2）。

1.3.4　李方桂的《比较台语手册》

李方桂的《比较台语手册》（1977）的出版迎来了比较台语作为一门学科本身的繁荣阶段。在这之前的两年，李方桂（1974：989）在权威的《大英百科全书》中已经将台语描述为"包含一系列密切相关的语支（a family of closely related languages)"。李方桂的这本专著主要是基于他在20世纪30年代和40年代初在中国南方对几种台语的实地调查，也收入了许多早期对个别台语的研究成果。他将历史语言学比较方法的标准程序成功地应用于原始台语的构拟，使台语支大规模的构拟研究成果变得愈加可信。

李方桂对台语的研究采取了严格的分类标准，他将侗水语支语言和黎语排除在外，这种做法后为当代研究者普遍遵循。内部方言分类依旧采用他自己于1959年和1960年根据词汇分布提出的建议。他的资料来自3个分支中的15个方言——西南支的泰语、阿含语、老挝语（也称寮语）、白傣、黑傣和傣仂语，中支的龙州壮语、岱语和依语，以及北支的剥隘壮语、武鸣壮语和册亨布依语等。在构拟原始台语辅音系统之前，他对15种方言的语音特点都进行了介绍，并指出一些常见的声调不规则现象，以及这些不规则声调对方言分类的影响。

为了使比较数据可控制，泰语、龙州壮语和剥隘壮语各自被选择为其语支的代表性方言。书中构拟了1 000多个原始台语的词根。此外，他还提出了一个丰富的原始台语音素清单，我们在本书第2章中将更详细地对其进行探讨。

也许是因为李方桂（Li, 1976）在其他地方已经表明了观点，所以除了偶尔在他的注解中提到汉语中的一种特定形式外，他对台语和汉语之间的关系几乎没有过多评论。但是可以很容易地看到，这些方法基本上是他在构拟上古汉语时所采用的方法。很多时候，台语为构拟上古汉语提供了有力的证据。

李方桂的调查为许多理论问题提供了大量的有用信息，这是所有从事历史比较研究工作的学者都非常感兴趣的问题。音段与音高变化之间的相互关系为声调发生问题提供了新的视角。台语的类型学特征无疑对整个周边地区语言的构拟具有重要意义。从这个角度来说，台语是这一地区历史和文化研究的关键。

《比较台语手册》无疑是该领域的一个里程碑，至今仍然是关于台语演变问题的最权威的著作。它已经并将继续作为以东南亚为研究兴趣的语言学家和历史学家的经典参考。它的意义无疑将远远超越台语研究领域。在本书第2章中，我们将更详细地讨论李方桂在他这本不朽著作中提出的构拟原始台语的技巧与方法。

1.3.5 《比较台语手册》出版至 20 世纪 80 年代后期

在《比较台语手册》出版之后，学者对比较台语的研究没有停止，而是稳步向前。在可能是台语故园的地方，中国学者积极研究中国的台语，他们的研究成果令人鼓舞（尽管从 20 世纪 60 年代中期到 20 世纪 70 年代末，研究严重中断，对语言研究造成了灾难性的影响）。

刀世勋（1982a、1982b）关注巴利语对西双版纳傣语词汇的影响。梁敏（1983、1986a、1986b、1989a、1989b）对台语词汇的不同方面进行了一系列研究，并与侗水语进行了比较。王均（1984）是对中国南方壮侗语族八种语言的总括性描述，这其中包括海南岛的黎语。中央民族学院少数民族语言研究所第五研究室（1985）提供了一个台语和侗水语的比较词表，其中包含海南临高话和黎语。苏永勤等（1989）全面地描述了4 000 多个方块壮字，并附有壮文转写和国际音标对照，这对该领域的研究人员来说是非常宝贵的。邢公畹（1979、1983、1986、1989）为汉台关系提供了证据，他在这方面所做的工作可能比中国语言学界的任何人都多。他论证了台语和汉语之间在声母和韵母上有规律的语音对应关系。张均如（1980、1983）讨论了原始台语的声母问题，尽管她的研究似乎是独立于李方桂进行的，但她的一些发现与李方桂一致。张均如（1987）也从云南省文山和麻栗坡的台语中引入了新材料，这些方言对台语声母浊音分化有所启示。

对台语的研究在其他地方也没有减弱的迹象。斯特雷克（Strecker，1979a，1979b）对台语的声调变化进行了全面研究，发现浊音程度和调形与跨方言的声调变化模式之间存在相关性。在另一篇论文中，斯特雷克（Strecker，1983）提出了对萨拉维特和李方桂所拟原始台语元音系统的一些改进。他在 1984 年的论文《原始台语人称代词系统》中对原始台语代词进行了令人信服的比较研究。哈德曼（Hartmann，1980）提出了台语西南方言分类的新思路。他还提出了一些比较台语研究的方法论。（Hartmann，1986a，1986b，1986c）康克林（Conklin，1981）研究了台语中量词在句法和语义方面的相互作用，并将它们与南岛语进行了比较。德兰西（DeLancey，1986）提供了一份关于原始台语量词系统的报告。

20 世纪 80 年代，泰国学者开始对比较台语表现出浓厚的兴趣。其中，古拉瓦尼乍耶（Kullavanijaya，1982）强调了历史研究在泰语研究中的重要性。坎尼他南（Khanittanan，1982）描述了反映在语言中的泰国古老文化。坎尼他南（Khanittanan，1987）还提供了拉玛四世、拉玛五世和拉玛六世时期泰语发生变化的证据。

1.3.6 格德尼的《比较台语研究论文集》

假如没有讨论格德尼（Gedney，1989）的这本论文集，任何关于比较台语的叙述都是不完整的。收入该论文集的论文写于 20 世纪 60 年代至 80 年代初，涉及的台语论题非常广泛。

该论文集共有 15 篇论文，其中 8 篇具有比较研究的性质。该论文集从《比较台语语言学的未来方向》一文开始，对比较台语做了很好的介绍。文中，格德尼概述了比较台语中的问题和方法，这些问题和方法与当前的研究仍然有关。《台语语音特征频谱图》对复杂的台语语音系统，尤其是声母和声调之间的相关性问题，进行了简明且易于理解的描述。《对早期台语声调的推测》一文引出蒲立本和奥德里古尔提出的声调分化的话题，其中来自台语的语料表明，三向分化可能是一个区域性特征。《台语方言声调测定表》无疑是一份不可或缺的田野调查指南，这将大大减轻调查人员的工作量。

在《原始台语另一浊音声母系列的证据》中，格德尼讨论了一组在非北支和北支语言之间显示清音—浊音演变的声母。基于此，在李方桂（Li，1977）的构拟之外，格德尼还另为原始台语构拟了一套声母。《比较台语音韵学中的一个难题》着眼于台语中复杂的元音转换问题，格德尼将之解释为元音的交替或变换过程。

格德尼绝不是一个"扶手椅"里的书斋式语言学家。他的论点是以他对台语的透彻了解和细致的田野调查为基础的。该论文集还包括对几个重要的台语家族成员的概况介绍，如白傣、黑傣、红傣、热依、傣那、傣仂、石家语等。其中一些后来以专著的形式出版（见下文）。李方桂的《比较台语手册》问世 30 多年之后，夏威夷大学出版社于 2008 年出版了格德尼的《台语比较词汇集》（Hudak，2008），该书提供了 19 个点、1 159 个台语同源词方言材料，包括泰语、老挝语、掸语、傣仂、白傣、黑傣、龙州、侬凯（Nong Khai）、雷平、龙茗、凭祥、宁明、热依、石家、武鸣、剥隘等方言，把台语研究推向了一个新阶段。

由于他的巨大成就，格德尼被认为是"20 世纪台语语言学中最伟大的非泰国专家之一"（Matisoff，1993：178）。作为"台语学家中的台语学家"（同上），在调查研究台语方面，格德尼做的田野工作也许比其他任何人都多，在台语区广阔的地理范围中，几乎每个角落都留下了他的足迹。比较台语的进展在很大限度上归功于他渊博的学识，这不仅是因为他在学术上出产高质量的论著，还因为他培养了为数不少的博士生，这些学生现已成为比较台语领域的领军人物。

1.3.7 研究现状与工作进展

如上所述，比较台语的研究是一项复杂且争议迭起的事业。不过，随着工作原则的不断完善和更多新语料的发现，目前的研究情况令人鼓舞。下面是关于比较台语目前研究动态的最新进展。

20 世纪 90 年代初，琼森（Jonsson，1991）根据李方桂（Li，1977）的观点构拟了台语西南支。罗斯（Ross，1991）循着奥德里古尔的精神刊布了关于中支台语的新发现。古拉瓦尼乍耶（Kullavanijaya，1992）详细描述了德保的台语方言。罗美珍（1993）在近期实地调查的基础上，提出了一种新的云南台语方言分组模式。迪勒（Diller，1992b）提供了关于印度台语的重要的新信息。通库姆（Thongkum，1994）发现了一些在低声调里保存浊音声母的台语中支与西南支方言，罗斯（Ross，1996）的类似发现证实了这一点。罗宾逊（Robinson，1994）研究了西南支台语一个叫坎梯的方言。

艾杰瑞等人对缅甸的掸邦语言进行了广泛调查。艾杰瑞和苏大卫（Edmondson & Solnit，1997b）在中缅边境两侧考察了掸语的音系结构。邢公畹（1993、1995）通过比较两组语言的语音和语义结构，继续为汉台同源提供更多的证据。对于那些维护汉台同源关系的人（和那些不支持的人），他的《汉台语比较手册》（1999）必将把这一理论推向一个新阶段。张均如（1995）对语料进行了考察，以支持原始台语缺乏唇齿音（轻唇音）的假设，这与古汉语"古无轻唇音"的理论类似。潘悟云（1995）提供了汉语、台语、南岛语三者关系的证据。

梁敏、张均如（1996）用更多的语料和新的发现介绍了他们对侗台语的看法。张均如等（1999）合著的《壮语方言研究》，提供了广西及周边地区 36 个方言点的语言材料。贺大卫（Holm，2004）通过对壮族史诗《布洛陀》的详细研究，探讨了壮族的民族特征，为比较台语架设了新维度。贺大卫（Holm，2013）研究了 45 个壮语点的方块壮字，从历史比较的角度，根据方言的不同，对唐宋时期广西地区壮语的面貌进行了勾勒。贺大卫和蒙元耀（Holm & Meng，2015）在贺大卫（Holm，2013）研究的基础上，重点考察了方块壮字手抄本壮族史诗《汉王》，为民俗学、人类学、民间文学和侗台语历史比较语言学提供了宝贵的第一手材料。《台语词源词典》（迪勒和罗永现，在编）的工作是按照李方桂（Li，1977）的思路进行的。

20 世纪 80 年代以来，为了寻找更广泛的同源联系，比较台语研究的重点已经转移到小的外围语上。艾杰瑞和苏大卫合编的一本国际合作论文集《比较加岱语：超越台语的语言学》（*Comparative Kadai: Linguistic*

Studies Beyond Tai，1988）开创了此类研究，这些研究面向一个共同主题，即为原始台语提供台语之外的加岱语言的证据，并开始在台语之上进行更高层次的构拟。该书汇集了 13 项研究成果，有些是首次尝试为较不知名的加岱语言进行构拟工作，如瑟古德（Thurgood，1988）对原始侗水语的研究、汉塞尔（Hansell，1988）对临高话的研究、马提索夫（Matisoff，1988）对原始黎语的研究。这几项发现证实了李方桂为原始台语所构拟的复辅音。这本论文集是如此成功，以至它于 1997 年出版该系列的第二卷《比较加岱：台语支》，由艾杰瑞和苏大卫（Edmondson & Solnit，1997）主编，这一次的焦点是台语。

自 1990 年以来，艾杰瑞主编的不定期期刊《加岱》（*Kadai*）为讨论加岱语言及其与该区域其他语言的关系提供了一个非正式论坛。梁敏（1990）在中国云南广南县和富宁县发现了一个新的少数民族语言——布央语，这种语言与台语有着发生学关系。布央人被归入壮族，但语言上与壮族不同。因此，他提议在加岱（即"侗台语"）下建立一个新的语支——仡央语支 [仡（佬）+（布）央]。白保罗（Benedict，1994）重申了他对拉哈语在加岱语言中归属问题的兴趣，黄文麻（Hoàng，1994：47–50）为该问题提供了一个基本词表，他对越南的加岱语进行了概述。龙耀宏（Long，1994）将贵州的仡佬语与侗语进行比较，结果富有启发性。林少棉（Lin，1994）发现，在中越边境使用的拉基语与壮语拥有 61 个同源词项（比较在 143 个核心词汇项目中进行）。所有这些研究都拓宽了我们对台语的视野，如果我们想深化对台语的研究，就必须大大拓展目前的调研范围。

进入 21 世纪，台语研究的步伐没有放缓。特别值得一提的是泰国学者张高峰（Pittayawat Pittayaporn）的研究。其在康奈尔大学完成的博士论文《原始台语音系》（*The Phonology of Proto-Tai*），用历史比较语言学方法，结合语言接触理论，重新对原始台语的音系进行了构拟。与以往构拟不同，该项研究为原始台语声母构拟了一套小舌音（uvular series）*q-、*χ- 和 *G-（Pittayawat，2009：17，70），同时还构拟了 33 个"一个半音节"复辅音系列（sesquisyllabic clusters）。（同上：291–292）

1.3.8 个别方言的深入研究

20 世纪 90 年代出版了一些鲜为人知的台语方言的深入研究成果。其中必须提到格德尼的论著（Gedney，1991a，1991b，1993，1994，1995，1996，1997a，1997b），这些论著由其在北亚利桑那州立大学任教的学生托马斯·约翰·胡达克（Thomas John Hudak）编辑，作为系列台语语料集交付密歇根大学出版社出版。该语料集已经出版了七卷，涉及热依（Gedney，1991a）、龙茗壮语（Gedney，1991b）、石家语（Gedney，1993）、台语西南支方言（Gedney，1994）、台语中支方言（Gedney，1995）、傣仂语（Gedney，1996）和其他台语方言（Gedney，1997b）。格德尼的傣仂语包括缅甸整董和西双版纳景洪两种方言。热依、龙茗、石家和傣仂都是字典形式，有丰富的例句，每卷均包含 10 000 多个词条和用于句法比较的逐词注释的文本。《台语西南支方言》（Gedney，1994）和《台语中支方言》（Gedney，1995）虽然不如另外四卷全面，但提供了关于泰国以外的一些急需的台语方言的宝贵信息。

邢公畹（1989）为我们提供了关于傣雅语的详细描述，它是分布在云南新平县哀牢山下（所谓的台语故乡之一）的一种台语西南方言。这种方言的一些特点使人联想到白傣语，特别是软腭送气塞音 /kh/ 和软腭擦音 /x/ 之间的区别。邢公畹认为，这种语言一直没有受到佛教的影响。郑贻青（1996）对壮语靖西方言进行了简洁描述。靖西壮语是广西西南部的一种方言，位于中越边境地区左江上游，是壮族文化英雄侬智高的故乡。罗永现（Luo，1999）根据相关资料编写的《德宏傣—英词典》为国际学者研究台语提供了有用的材料，德宏傣语是一种中国的掸语方言，其代表方言点为中缅边境线上的云南芒市。孟尊贤（2007）的《傣汉词典》是目前最全面的德宏傣语词典，收词 28 000 多条，其中有大量的四字格结构和巴利语借词，为傣语研究提供了丰富的语言材料。

1.3.9　台语文献

肖托等人（Shorto，Jacob & Simmonds，1963）为这一课题提供了有用的参考资料。西蒙斯（Simmonds，1969）对台语进行了简要介绍。李方桂（Li，1974）为权威的《大英百科全书》撰写了"台语"词条。泰国土著语言研究项目（Indigenous Languages of Thailand Research Project，1977）侧重于泰语的起源问题。霍夫曼（Huffman，1986b）提供了一份标准的参考文献，其中台语研究文献占比相当大。关于台语（加岱语）的分布和人口，特别是台语本族人和其他民族对台语族的各种民族称谓，迪勒（Diller，1992b，1994）提供了简要介绍。拉塔纳库尔（Ratanakul，1990）做了一份比较台语领域里易于理解的调查报告。罗永现（Luo，1996a）也曾尝试总结中国南方非汉族人民的历史起源问题。

1.4　可行的假设

尽管比较法的基本原则仍然适用，由于台语与印欧语在声调和非屈折性上存在差异，因此需要不同的技术来构拟原始台语。在构拟中，声调音位是调查人员面临的最大困难之一。不同学者根据不同的假设和参考框架，提出若干种办法，因此声调的标注法一直令人困惑。

1.4.1　一般性的假设

学者们普遍认为可以将原始台语开音节（以元音或鼻音结尾的音节）的声调分为三类，通常标为 A、B 和 C，再加上一个 D 调，用以表示闭音节（以 -p、-t、-k 结尾的音节）。A、B 和 C 的每个声调可进一步分为两种调：一种是高声调（由清辅音声母演变而来）；另一种是低声调（由浊音声母演变而来）。这样就可以为台语建立一个总共八个声调的系统。像李方桂这样的权威学者坚信声调和清浊对立之间存在关联，这一理论得到了实验语音研究的支持。（Abramson & Erickson，1992；Abramson & Luangthongkum，2009；Dockum，2019）

还有一些学者对声调分类的一些细节问题进行了进一步的探讨。对于 D 声调，元音长度和声母都会影响其分化，这是许多现代方言所保留的特征。因此，在这种情况下，D 调又被划分为两个子类——DL（长）和 DS（短），每个子类又进一步分为两个小子类。因此，原始声调的总数为 10，具体如表 1-1 所示：

表 1-1　原始台语声调分类

| 清辅音 | A1 | B1 | C1 | DS1 | DL1 |
| 浊辅音 | A2 | B2 | C2 | DS2 | DL2 |

从表 1-1 可以看出，1 类调表示清声调或高声调，而 2 类调则表示浊声调或低声调。这些与清浊相关的声调分裂几乎在所有的台语方言中都能找到。但由于在许多台语中，D 调的调值等于 A、B 或 C 调，而在一些方言中，D 调之间没有长短的对立，因此一些学者习惯于认为从词源上来看，台语声调只涉及六个调类。

信守不同惯例的研究者对这些声调进行了不同的排序。他们基本上遵循了两种转录系统，即中文和泰文，每个系统都有其各自的重点，下文将对此进行讨论。

1.4.2　基于汉语的定调法

长期以来，学者们意识到，汉语和台语之间似乎存在着一种平行的声调演变。早在 1934 年，吴克德（Wulff）就建立了两种语言之间的声调对应关系，具体如表 1-2 所示：

表 1-2　汉台语声调对应表

汉语	台语
平 [平]（无标记）	A1/A2
去 [降]（有 -h 标记）	B1/B2
上 [升]（有 -x 标记）	C1/C2
入 [入]（有 -p、-t、-k 标记）	D1/D2

李方桂（1947：177）在一篇关于台语历史语言学的重要论文中更进一步指出：

我们知道，台语和汉语一样，声母的清浊对音节的声调产生重要影响。

李方桂明确指出，汉语和台语共有一个重要的类型学特征，丹林格（Denlinger，1989：167–171）用它来证明汉语和台语之间的同源关系。在这两种语言中，某些类别的声母和某些类别的声调之间都有关联。然而，如前所述（见 1.3.2 节），奥德里古尔（Haudricourt，1972）将这种类型学的趋同归因于普遍的语音演变过程，而不是同源联系。

这个问题对我们理解汉语和台语的演变以及对汉台同源关系的假设而言有多重要，可以从以下几组汉台共有的词汇项目中看出。汉语的构拟来自高本汉（Karlgren，1940）；台语的构拟则来自李方桂（Li，1977）。

词项	汉文典	台语
分	*piwən [阴平]	*pan A1
肥	*b'iwər [阳平]	*bi A2
变	*plian [阴去]	*plian B1
价	*kå [阳去]	*ga B2
九	*kiəu [阴上]	*ku C1
马	*må [阳上]	*ma C2
百	*pak [阴入]（长）	*paak D1L
六	*liok [阴入]（短）	*xrok D1S
伐	*b'iwat [阳入]（长）	*vaat D2L
十	*ziəp [阳入]（短）	*sip D2S

上面的词项显示两种语言之间的对应关系是非常有规律的。多达 70% 的此类词例遵循对应规则。（李方桂，1976：47）邢公畹 1962 年的一项研究也与李方桂的研究结果相符。中国学者在处理台语声调的过程中，提出以汉语平、上、去、入的排序方案来表现这种显而易见的语源关系。1 到 8 的数字通常用于指定每个声调。

A	B	C	D
1（阴平）	5（阴上）	3（阴去）	7（阴入）
2（阳平）	6（阳上）	4（阳去）	8（阳入）

由此可以看出，上面一行表示高声调，下面一行表示低声调。换句话说，单数调（1、3、5、7）代表清音（阴），双数调（2、4、6、8）代表浊音（阳）。四对声调（1—2、5—6、3—4、7—8）按垂直顺序排列，清楚地表示出声调的类别（平、上、去、入）。数字（1、2、3、4等）则是参考了中国调查人员在转录台语方言声调时普遍采用的编号系统。由于中国大多数台语都保持着清浊的区别，像李方桂这样的学者相信，这是台语历史音系学的一个基本原则。

在处理声调B、C时，基于汉语的标记方法与吴克德的记法有很大区别。在中国传统中，上声先于去声，这与吴克德体系相反。换句话说，汉语系统中的B调对应于吴克德的C调，前者的C调则对应于后者的B调。这导致了一些混乱，正如格德尼（Gedney，1976：68）和哈德曼（Hartmann，1986a：179–180）在专著中所指出的那样，他们在这方面批评了白保罗的工作。

1.4.3 基于泰语的定调法

泰国学者和那些遵循该传统记法的人采用了一种与汉语传统有所不同的标记法。传统的泰语权威学者区分高、中、低调，分别以无标记声调（A）、第二调类 *mai eek*（B）和第三调类 *mai thoo*（C）为代表。哈斯、布朗、易家乐、琼斯等学者均采用这一习惯记法（见表1-3）。

表1–3　基于泰语的定调法

调值	调类			
	A	B	C	D
H 高	H 高 0	H 高 1	H 高 2	H 高 T
M 中	M 中 0	M 中 1	M 中 2	M 中 T
L 低	L 低 0	L 低 1	L 低 2	L 低 T

这个排序与吴克德（1934）的一致。汉语和泰语的开音节声调的对应关系如表1-4所示：

表1–4　汉语和泰语开音节声母与声调对应

汉语	泰语
平声	无标记声调
上声	*mai thoo* 第三调类
去声	*mai eek* 第二调类

值得注意的是，A 调在汉语和泰语的排序上没有差别：两种语言都把这个调类放在第一位。区别在于 B 调和 C 调的顺序：中文上声（C 调）先于去声（B 调），而在泰文中第二调 *mai eek*（B 调）先于第三调 *mai thoo*（C 调）。

就数字而言，像格德尼这样的学者更喜欢使用下面这种水平方向的排列方式，与前面中文垂直方向的排列方式相反：

1（A1）	2（B1）	3（C1）
4（A2）	5（B2）	6（C2）

在接触了近百种台语方言后，格德尼发现单把声调分成两大类，即清声调和浊声调，并不能充分反映台语的共时事实。相反，他建议对声母和声调进行四分，区分四种声母，即清擦音（*ph*、*th*、*kh*、*s*、*f*、*hm* 等）、清不送气塞音（*p*、*t*、*k* 等）、声门音（*ʔ*、*ʔb*、*ʔd* 等）和浊音（*b*、*d*、*g* 等）。（Gedney，1989：202）该方案共确认了 20 种不同的台语原始声调，为台语的田野工作者提供了快速可靠的指导。

表 1–5　格德尼台语声母与声调对应四分法

声母	调类				
	A	B	C	DS	DL
清擦音	1	5	9	13	17
清不送气塞音	2	6	10	14	18
声门音	3	7	11	15	19
浊音	4	8	12	16	20

这一方案影响了后来的学者，如张伯伦和其他研究人员，他们使用数字（1、2、3、4）代表不同类型的声母，与 5 种调类组合，得到 A1、A2、A3、A4、B1、B2、B3、B4 等调。虽然到目前为止还没有一种台语表现出如此广泛的声调，但从各种分裂和合并模式中得到的证据清楚地表明了这一方案的有效性。

1.5　语料来源

本研究使用的语料主要来源于在《比较台语手册》之后发表的著作以及作者自己的实地调查。对于台语西南支，引用的代表性语言和方言有：泰语（McFarland，1944；Haas，1964）；老挝语（Kerr，1972）；德宏傣语（Luo，1999），一种分布在中缅边境附近的芒市的傣语方言；帕基（Morey，2007），一种在印度阿萨姆州使用的台语方言；白傣（Donaldson，

1970）和黑傣（Don，1989；Gedney，1964）。对于中支方言，代表性语言点包括龙茗（Gedney，1991b）和万承侬。北支方言则包括热侬（Gedney，1991a）、武鸣壮语（中央民族学院少数民族语言研究所第五研究室，1985）、凤山壮语（作者母语，一种分布在广西和贵州边境凤山县的北壮方言）和石家话（Gedney，1993）。此外，还有西南支的傣雅语（邢公畹，1989）、西双版纳的傣仂语（中央民族学院少数民族语言研究所第五研究室，1985），中支的靖西壮语（郑贻青，1996）、邕宁（梁敏、张均如，1996）、贵州望谟布依语和广西融水县三防镇的北支台语方言。（Edmondson & Wei，1997）李方桂的语料以及其他相关的发表于《比较台语手册》之前的语料也不时被参考。在大多数情况下，除了某些基于越南语的记音符号以外，如用 /c/ 记 /k/、用 /d/ 记 /y/（/j/）、用 /ʔ/ 记 /d/（/ʔd/）等，李方桂一般对原作者的拼写不做改动。第 5 章将简要描述德宏傣语、石家话和凤山壮语等鲜为人知的方言的声调调型。

第 2 章

对李方桂台语分类的评述

《比较台语手册》出版近十年后，李方桂（1988：75-76）在接受罗仁地采访时，根据他对美洲印第安语、汉藏语和台语进行历史比较语言学研究的经历，曾做出这样的评论：

> 由于这些语言在语音和构词形态上各不相同，所运用的研究方法也需要略有差异。不能简单地将印欧语的形态学应用到任何美洲印第安语或汉藏语的研究中……必须制定出自己的工作方法和处理方式。

鉴于这些语言都独具特点，他因此强调了在比较研究法适用时所凸显的方法论上的区别。

在上述观点的前提下，要理解《比较台语手册》的重要性，我们必须首先自问：对于台语的谱系分类，李方桂的假设在多大程度上是可行的？他的音韵标准和词汇标准是否同样有效？还是说从词汇着手的方法更为可行？如果是这样，具体表现在哪些方面？除了音韵和词汇标准，是否还有其他因素应该纳入考虑范围？为了回答这些问题，我们重新着眼于李方桂提出的谱系及与此相关的历时和共时问题。

本章由两部分组成。第一部分（2.1 节至 2.5 节）对李方桂的原始台语构拟（1977 年版本）进行总结说明和分析；特别关注李方桂谱系分类的特征，并根据情况适当参考其他理论。第二部分（2.6 节）在新数据的基础上对李方桂的构拟加以修订，其中包括辅音声母和元音，这些修订内容对台语支的内部分类也有一定的影响。在辅音声母方面，我们将注意力限定在部分有待完善的辅音上，更多问题将在后续章节中展开讨论。在元音方面，我们将用证据证明：原始台语音系包含七个基本元音，而非李方桂构拟的九个。

2.1 李方桂原始台语构拟

2.1.1 台语的类型学特征

如《比较台语手册》所述，台语可总结出如下的类型学特点：

1）所有的台语支语言都是典型的声调语言。

2）根据现代方言中的对应关系，可以从词源学角度为台语假设一个四声调系统，即 A 调、B 调、C 调和 D 调，其中 A 调、B 调和 C 调出现在开音节（即以元音和鼻音结尾的音节），D 调出现在闭音节（即以 -p、-t、-k 结尾的音节）。然而，从共时角度来看，各种变体以不同方式将这些词源类别的子类合并在一起。

3）浊音化、喉化、送气等喉部特征可能对声调分化产生了一定影响。实际上，尽管从共时角度来看，现今所有方言中的浊塞音都已演变为清塞音，但所有台语方言的声调都存在着高调和低调的明显区别，这一区别和声母的浊音化紧密相关。腭化和送气仅作用于部分声调，或某些方言及方言分支。

4）除了规则的声调对应之外，不规则的声调对应也是台语的一个特征。一部分不规则的声调对应可能来源于近期的演变，另一部分则可能是原始构词法的残存形式（见第 5 章）。

5）李方桂构拟了一套具有 38 个单声母的原始台语语音系统，这些单声母可以被分为七类：唇音、齿音、齿擦音、舌根音、喉音、流音和半元音。前四类均可再细分为塞音、鼻音和擦音。四种塞音又可以进一步区分为清送气、清不送气、喉塞音和浊音，而鼻音、擦音和流音却只包含两类——清音和浊音。j- 和 w- 可以是纯半元音，也可以带前喉塞音。（Li，1977：57–58）

6）一系列复辅音能够被确定下来，其中唇音、齿音和舌根音可与流音 /r/、/l/ 组合，舌根音和大多数唇音可与 /w/ 组合。

7）原始台语可构拟出一套含有九个基本元音的系统。但李方桂进一步构拟出一套详尽的复合元音系统，其中涵盖了数十个双元音和三元音。

8）台语的声调系统和汉语、苗瑶语、越南语及中国台湾地区其他语族相比，显示出了高度的相似性。

2.1.2　李方桂的原始台语语音系统

李方桂（Li，1977）构拟的原始台语声母（含复辅音）可作如下还原：

表 2–1　原始台语声母

类别 / 发音方法	发音部位										
	双唇音	唇齿音	双唇复辅音	齿音	齿间复辅音	齿龈音	腭音	舌根音	舌根复辅音	喉音	喉塞音
不送气清塞音	p		pr, pl	t	tr, tl			k	kl, kr, kw		
送气清塞音	ph		phl/r	th	thr, thl			kh	khl, khr, khw		
前喉塞音	ʔb		ʔbr/l	d	ʔdr/l						ʔ
浊塞音	b		br, bl	d	dr, dl			g	gl, gr, gw		
送气塞擦音						čh					
不送气塞擦音						č					
浊塞擦音						ǰ					
清擦音		f	fr	s				x	xr, xw	h	
浊擦音		v	vl, vr	z				ɣ	ɣw		
鼻音	m		ml/r, mw	n	nr/l		ň	ŋ	ŋl/r, ŋw		
清鼻音	hm			hn	·		hň	hŋ			
边音				l							
清边音				hl							
闪音 / 颤音				r							
清颤音				hr							
清半元音	hw										
半元音	ʔw					ʔj, j					

原始台语系统为双唇塞音、齿间塞音设计了四分的区别特征，为舌根塞音设计了三分的区别特征，为响音和擦音设计了二分的区别特征。李方桂把唇音和舌根塞音分为清音和浊音两类，又将和浊塞音相对的清塞音进一步分为不送气清塞音、送气清塞音和前喉塞化塞音。如下文所述，这些区分将分别与高音域（清音）和低音域（浊音）相对应。需要注意的是，泰语和老挝语中的中辅音可作为次类归入李方桂的高调清音类。从共时角

度来看，一些浊音也被归到了这一类，如 b < ʔb、d < ʔd。此外，格德尼（Gedney，1989：229-269）还提出了一系列浊辅音声母，这些声母经历了不同模式的分化。同样需要注意的是，前喉塞化塞音并不出现在舌根音上，舌根音只区分清音 /k/、/kh/ 和浊音 /g/。塞擦音亦然。其他类型的辅音只显示出简单的清浊对立。

2.1.3　声调

根据李方桂的假设，台语的声调系统是伴随着喉音特征的相互作用发展而来的，这些特征包括浊音化、送气和喉化。正如上文所述，从现代台语方言的声调对应来看，李方桂根据音节类型的不同为原始台语设计了四个调类，并将其命名为 A、B、C 和 D（见 1.4.1 节）。声调 A、B、C 和舒声音节相匹配，声调 D 和入声音节相匹配。根据声母的音质特征，每一个声调类又可以被分为清浊两组。

作为基本规则，台语方言的声母分类模式也和上文所述一致，即对于塞音而言，清音组包括不送气清音、送气清音和词源学上的前喉塞化声母；其他则从词源角度上被归入浊音组。这个假设来源于一个普遍的认知，即在台语方言和亚洲的其他声调语言中，浊声母具有降低声调的倾向。在此基础上，清音声母的调形会比浊音声母更高，即通常所说的高音（清音）和低音（浊音）的区别。这一规则适用于许多台语方言，如傣仂（西双版纳）、龙州和武鸣。为了行文方便，下文中的清和浊通常都是从这种历时或词源学的意义上被使用。

如表 2-2 所示，以龙州的声调系统为例具体阐述高调和低调的划分。

表 2-2　龙州壮语声调调值

声母	调类			
	A	B	C	D
清音	33	55	24	55
浊音	31	11	21ʔ	21

每一个调类都有一对清音和浊音相匹配，即中平调（33）和中降调（31）对应 A 调，高平调（55）和低平调（11）对应 B 调，低升调（24）和低降调（21ʔ）对应 C 调，高平调（55）和低降调（21）对应 D 调。表 2-2 中的清音调值普遍高于其对应的浊音调值。然而，正如布朗（Brown，1985：21-25）的研究所示，许多方言并不完全是遵循清音—高调、浊音—低调的规则。

关于声调的标记，李方桂用 1（单数）代表清音声调，用 2（双数）

代表浊音声调。

表 2-3　声调标记

声母	调类			
	A	**B**	**C**	**D**
清音	A1	B1	C1	D1
浊音	A2	B2	C2	D2

尽管这样的分化模式适用于大多数台语方言，尤其是北支，但仍有很多方言采用了不同的分化模式。一些方言将送气作为一个独立的类别，如那空是贪玛叻府（即泰国洛坤府）的台语方言（Haas，1958：817-826）；另一些方言中，喉音或前喉塞化塞音会以不同的方式排列，有时被归入浊声母，有时被归入清声母（如剥隘、天保）。李方桂（Li，1977：38-40；1980）注意到这些喉部的发音特征会影响所有调类，进而促成了大量的声调分化与合并。正是由于这个原因，格德尼（Gedney，1989：191-206）坚持认为这四类辅音之间应互相区别开来。

此外，在很多方言中，音长对立也能够影响 D 调的发展。因此，D调中的每一类都能够进一步被分为短调（S）和长调（L），即 D1S、D1L、D2S 和 D2L，由此将 D 调一分为四。

声母和声调的形式已经成为台语方言分类的一条重要标准，我们将会在下一小节展开论述。

2.1.4　李方桂的方言分类标准：声调的分化与合并

李方桂（1959、1960）在早期研究中根据词汇特征对台语方言进行了简单分类。他并没有放弃早期的理念，但在《比较台语手册》中采用了更严密的历史比较法来处理台语的子群分类问题。在《比较台语手册》前言中，李方桂强调台语方言分类的首要标准是语音标准。这些标准包括原始台语声母在不同分支中的独特演变，以及浊音化和声调在各个方言中的不同变体。尽管李方桂（Li，1977：XIV）意识到"词汇标准的使用 …… 包含一定的风险"，但他仍强调了词汇分类的重要意义。

李方桂（同上：43-55）专门用一节内容来讨论声调分化与合并作为现代台语方言历史分类标准的问题，并坚信"根据声母分组和声调合并的方式将不同的演变分门别类，这是非常可取的"。李方桂根据声母和声调的关系，提出了声母五分的假设，即：（1）送气清塞音，如原始台语中的 *ph-、*th-、*kh-、*čh-，也包括 *h-；（2）清通音，如原始台语中的 *s-、*f-、*hm-、*hn-、*hŋ-、*hň-、*hl-、*hw- 和 *hr-；（3）不送气清塞音，如

原始台语中的 *p-、*t-、*k- 和 *č-；（4）喉化辅音，如原始台语中的 *ʔb-、*ʔd-、*ʔj- 和 *ʔ；（5）浊辅音，如原始台语中的 *b-、*d-、*g-、*ǰ-、*m-、*n-、*ŋ-、*z-、*v-、*ɣ-、*r-、*l-、*w- 和 *j-。需要注意的是，格德尼的研究往往会将李方桂所分的（1）和（2）项合并在一起，而非分成两类。

李方桂将台语分为三类，这让人想起奥德里古尔的二分或三分法。Ⅰ型语言基本上把辅音的（1）到（4）类都归入清音组，把（5）类归入浊音组。这一类型的语言在台语的三个语支中都有分布，如西南支方言中的傣仂、白傣、黑傣、萨姆诺阿（Sam Nüa）和榻拜（Tak Bai），中支方言中的龙州和土语，北支方言中的武鸣、迁江、三都和荔波。这一类型的大多数方言在舒声音节中有六个声调。由于声调的合并，有些方言并没有六个声调。根据六个声调的合并方式，我们可以进一步将声调合并模式分为五个次类：B2 = C1，如许多掸语变体和红傣语（西南支）；A2 = B1，B2 = C2，如普泰语（Phu Thai）；A1 = B2，如岱语（中支台语）；A1H = B1M，如万承侬；C1 = C2，如水城（北支台语）。由此可见，这一类型的语言覆盖了北支的全部地区，以及西南支和中支的北部边界，个别还延伸到泰国南部地区榻拜（Tak Bai）。

李方桂所分的Ⅱ型语言将非喉化声母（第 1 至第 3 辅音类）与喉化或前喉塞化声母（第 4 辅音类）区分开来，这跟Ⅰ型语言合并第（1）到第（4）四个辅音组不同。第（5）辅音类构成浊音组，这一点与Ⅰ型相同。这种三分法影响了部分但并非所有的声调，据此我们可以再分出两个次类。

次类Ⅱa 的显著特点是 A 类声调的三分，B 类和 C 类声调仍然维持Ⅰ型语言类似的二分格局。李方桂的Ⅱa 次类中也包括了把 A1G（喉塞音）和 A2（浊音）同等对待的一些方言，这些方言的 A 调适用二分法，这一点不同于Ⅰ型语言。这一次类的典型代表方言位于泰国北部，如清迈、清莱、帕府（Phrae）、帕夭（Phayao）和傣艮。李方桂调查的剥隘土语也属于这一类型，即 A 调三分。据我们所知，这是唯一一个归于此类的北支方言。

根据李方桂的研究，次类Ⅱb 是 C 调三分。但是，根据李方桂的描述，将其视为二分似乎更为准确，因为它与次类Ⅱa 的 A 调二分相同，都是将喉化辅音视为浊音。在次类Ⅱb 中，A 调和 B 调同第Ⅰ类一样保持二分。属于这一次类的方言主要来自北支，特别是位于广西和贵州边界地区的方言，如田州、凌云、热依和册亨。

和Ⅱ型语言一样，Ⅲ型语言也是三分格局。但是与Ⅱ型语言不同的是，Ⅲ型语言的区分标准是由文献学证据决定的。在这一类型中，原始台语的声母分为三组：1H 组，这是由泰语和老挝语中所谓的"高"辅音组成，包含原始台语的第（1）组和第（2）组辅音；1M 组，这是由泰语和寮语中所谓的中辅音组成，包括原始台语的第（3）组和第（4）组辅音；2 组，这是由所谓的低辅音组成，包括原始台语的第（5）组辅音。这一类型语言在泰国和老挝比较普遍，其地理分布及类型学特征与西南支台语内部分类高度相关。

根据声调的分化与合并方式，Ⅲ 型语言可以分为多达 16 个次类。这些次类可以进一步归为三组：南部组、中部组、老挝和东北部组。

南部组以次类 Ⅲa 和 Ⅲb 为代表。这两个次类中，A 调、B 调和 C 调都受三分法的影响。同时，这一组还可以包括次类 Ⅲc 和 Ⅲd，这两个次类中只有 A 调、B 调受到三分法的影响。具有这些特点的方言主要分布在泰国南部地区。

中部组以次类 Ⅲe 为代表。在这一次类中，只有 A 调三分，B 调和 C 调仍然保持二分，这让人联想到前文中的次类 Ⅱa。在这一组中，最重要的成员是次类 Ⅲf，这一次类以泰语为代表，特点是 A1M 和 A2 合并。次类 Ⅲg 和 Ⅲh 具有 Ⅲe 的一些特点。

老挝和东北部组以次类 Ⅲi 和 Ⅲq 为代表，这两个次类的 A 调也显示出三分特点，类似于南部组和中部组，但是在 B 调和 C 调的处理上有许多变化。

Ⅳ 型语言呈现出四分格局，即原始台语的不送气塞音（第 2 组）和连通音（第 3 组）组成第一类，送气塞音（原始台语第 1 组）为第二类，喉化音（原始台语第 4 组）为第三类，浊音（原始台语第 5 组）为第四类。这一类型的语言以中支方言的天保为例。李方桂怀疑部分越南的侬语方言可能包含了一些中支方言的特征，也可能属于这一类型。

李方桂（Li，1977：50）也考虑到了原始台语 D 调的发展，即"在自由音节中，D 调比 A、B、C 调的发展要复杂得多"，因为 D 调既和其他声调一样受到声母的影响，同时又受到元音时长的影响。李方桂在 D 调类里构建了并列的分类，这和他在其他调类中所做的分类一致，即 Ⅰ 型显示出二分格局，在三个语支中都有分布；Ⅱ 型和 Ⅲ 型是三分格局，主要出现在北支和西南支；Ⅳ 型则是四分格局，主要出现在中支。此外，李方桂发现塞音韵尾的丢失也是部分北支台语方言的一个特征。

Ⅰ 型基本上是北支特征，这也考虑到了中支和西南支的情况：从地理上来看，具有这个特征的中支方言和西南支方言距离北支方言并不是很远。Ⅱ 型和 Ⅲ 型实质上是西南支特征，不过剥隘也具有 Ⅱ 型的特征，这可能是源于语言接触。Ⅳ型倾向于为中支所独有。尽管表 2-4 所显示的相互关系不那么牢固，但李方桂的研究已经清晰地说明了我们可以基于声母和声调之间相互作用的形式来进行台语的分类工作。

表 2-4　李方桂台语声调分区法

特点及代表方言	类型			
	Ⅰ型	Ⅱ型	Ⅲ型	Ⅳ型
主要特点	所有声调主要以二分为主	A 调、D 调三分，其他声调二分	所有声调三分，同时有合并情况	所有声调四分
代表方言	大部分北支方言、靠近北支的西南支和中支方言	掸语、傣艮、北部泰语、剥隘（北支）	泰语、寮语和南部泰语	天保，也可能包括侬语
方言分支	北支、西南支和中支	主要是西南支	西南支	中支

2.1.5　元音

基于三个代表方言（泰、龙州、剥隘）的情况，李方桂（Li，1977：261）为原始台语设计了一套拥有九个单元音的系统：

$$i \qquad \ddot{\imath} \qquad u$$
$$e \qquad ə \qquad o$$
$$ɛ \qquad a \qquad ɔ$$

李方桂（同上：258）充分认识到现代方言在对应上的复杂性，这一复杂性呈现出一系列令人困惑的变化，"目前没有理论能够对其进行解释"。对于李方桂来说，元音时长对立在原始台语中不具有音位性；现代方言中的时长对立是后起的。这一假设完全不同于萨拉维特（Sarawit，1973）和奥德里古尔（Haudricourt，1974）之前的观点，他们都为原始台语的元音设计了时长对立。斯特雷克（Strecker，1979a，1979b）对萨拉维特和李方桂的研究发表过评述。

李方桂（Li，1977：300-301）也构拟了原始台语的 49 个复元音，这就使得原始台语的元音总数达到了 58 个。其中包括一系列对立的音位，如 *əi、*ei、*ɛi、*ai、*ɔi、*iɯ、*uai、*uəi、*ua、*uə、*uo、*uɔ 和 *iu、*eu、*ɛu、*au、*əu、*ïu、*iu、*ou，同时还包括在双元音中作为第一部分重读的 *i、*ï、*u 和非重读的 *i̯、*ï̯、*u̯ 之间的对立。李方桂构拟的原始台语复元音列举如下：

ie	i̯e	iɛ	i̯ɛ	iə	iu	i̯o				
ïe	ïə	ïa	i̯a	ïo	ɔi	e̯ə				
ua	u̯a	uə	ou	u̯o	ɔu	u̯ɔ				
ei	ɛi	əi	ai	ïi	u̯i	ɔi	i̯ai	uai	uəi	u̯əi
eï	əï	üï	u̯i	oï						
iu	i̯u	eu	ɛu	əu	au	ou	ïu	i̯u	iau	iəu	i̯əu

同时，李方桂（Li，1977：259）谨慎地指出，这一复杂的元音系统也仅代表一个样本，这一样本足以"给出系统的大致轮廓，但不幸的是，并非完整的系统"。这一观点的目的是找到一个模式来解释现代方言中诸多异常的对应关系。为此，李方桂（同上：259–301）用《比较台语手册》四分之一的篇幅来阐述这一问题。

李方桂所构拟的丰富的复元音系统为涉及的现代方言之间令人困惑的对应关系提供了一个解决方案。研究并不会就此结束，方言对比之间互补分布的某些对应组仍然需要解释。也许正是由于这一原因，奥德里古尔（Haudricourt，1978：50）批评李方桂为原始台语构拟了过多的元音。后面章节会继续探讨这些问题。

2.1.6　台语方言之间语音对应的普遍模式

1. 共时角度的规律对应

在台语方言中，很多辅音和元音呈现出有规律的对应。在这些对应中，一些音素特别稳定。在这些音素中，声母有如下几种：

1）不送气清塞音 /p-/、/t-/、/k-/。

2）鼻音 /m/、/hm/（在现代方言中均读作 /m/）和 /ŋ/、/hŋ/（在现代方言中均读作 /ŋ/）。

3）双唇半元音 /hw/ 和 /w/（在现代方言中均读作 /w/ 或 /v/）。

4）流音 /l/ 和 /hl/（在现代方言中均读作 /l/）。

5）硬腭半元音 /j/。

6）喉擦音 /h/。

7）喉塞音 /ʔ/。

8）擦音 /s/（典型发音为 /θ/ 或 /ɬ/）。

除了硬腭半元音 /j/ 在老挝语中读为 /ɲ/ 外，在已经研究的方言中，以上其他音素在三个语支中都保持一致。

韵母有如下几种：

1）长低元音 /aa/。

2）短元音 /a/（在现代方言中常读作 /ɐ/）。

3）前高元音 /i/。

4）后高圆唇元音 /u/ 和不圆唇元音 /ɯ/。

5）韵尾 /-p/、/-t/、/-k/ 和 /-m/、/-n/、/-ŋ/。

在所引述的方言中，以上韵母通常非常稳定。不过在个别例子中，/-t/ 尾可能变成 /-p/ 尾；在中部地区（李方桂所分中支），前高元音 /i/ 可能变成双元音 /ei/。

2. 音变的反复出现模式

在台语现存的音变中，我们可以观察到大量反复出现的模式。接下来，我们将视角限定在三个语支方言中都已发现的一些音变上，而那些各个语支中独特的音变会在后面的章节中再讨论。

下列音变经常出现在台语的三个方言区里：

1）*ʔb → /m/。

2）*ʔd → /n/。

3）*ñ → /j/。

4）*ʔj → /j/。

5）*pr → /t/。

6）*kl → /ts/。

这些音变是单向的，也就是说，左列的每一个音都可能变成与之相对的右列的音，反向则不可以（除了老挝语会将李方桂构拟的 *j 固定变为 /ɲ/）。例如，原始台语的 *ʔb 可能演变为 /m/，但尚未发现 *m 演变为 /ʔb/；与此类似，*ʔd 可能演变为 /n/，但 *n 不能演变为 /ʔd/。其他或多或少具有方言特征的语音变化将会在之后的章节里讨论。

基于以上背景，现在我们将目光转向《比较台语手册》中所列举的台语各个语支的特征。

2.2　北支方言

李方桂所指的台语北支方言使用人数超过 1 000 万，是台语的第二大成员。这个方言区的范围北至贵州东南部，南到广西南部和越南北部，东至广西东北部，西到云南和广西边界地区，此外还包括最东边的连山壮族瑶族自治县、怀集县，最西边的金沙江流域壮语（云南丽江），以及一个该范围外的语言，即位于泰国北部和老挝边界的石家语。北支最主要的成员是壮语，集中分布在广西。壮族已经被官方认定为中国人口最多的少数民族。

在此，我们有必要稍作注解。《比较台语手册》中并未提及"壮"（Zhuang 或 Chuang）一字。李方桂避免使用"壮"，很可能是因为这一用法并不符合他的语言分类。作为替代，他使用了武鸣或者田州。作为少数民族之一，壮族在地理上分为南壮和北壮两个主要族群，同时也以右江（即西江的上中游）作为壮语方言的界线。从语言学角度来看，只有北壮属于台语北支，而南壮属于台语中支。北壮的人口大约占壮族人口的四分之三，范围从东北部的龙胜和三江，南部的桂平、横县和玉林市的兴业一直延伸到西部的隆林和云南的东南部。台语北支的另一个重要分支是贵州的布依语，和北部壮语组成了一个方言连续体。被李方桂当作台语北支代表性方言点的剥隘，主要分布于靠近广西、贵州交界地区的云南省富宁县剥隘镇。

20 世纪 50 年代初期，中国的一些语言调查团队曾对北部壮语 40 个方言点以及 16 个南壮方言点进行调查，并在 1959 年发表了各个方言点的音系。贵州的布依语也有相同数量的方言调查点（中国科学院少数民族语言研究所，1959）。格德尼（见 1.3.8 节）曾经对台语北支方言热依做过深入的专题研究，这种语言明显是在 19 世纪从贵州迁徙而来，目前在越南北部使用，它与布依语表现出惊人的相似度。李方桂只是偶尔参考布依语语料，而非壮语或热依语。

北支的语言展现出诸多独特的特点。这些语言之间的相对同质性使李方桂、格德尼等学者坚信：正是这些语言形成了台语的一个独立语支。

2.2.1　李方桂所述的北支方言特征

李方桂（Li，1957b: 316；Li，1977）假设的北支方言判定性特征如下：

1）北支缺乏原始台语送气和不送气辅音之间的区别。

2）所有声调类别都根据词源学上声母的清浊进行规律性分化。

3）原始台语的 *mw- 变成 /f/。

4）原始台语的舌根擦音 *x- 变成 /x/ 或 /h/。

5）复辅音 *nr-、*dr-、*thr-、*xr- 和 *tl- 已经合并为流音（在现代方

言中，有代表性的是变为 /r/ 或 /l/ ）。

6）原始台语的 *tr- 已经分化为 /r/、/t/ 或 /pr/。

7）原始台语复辅音 *thl- 和 *vr- 演变为齿擦音。

8）原始台语的二合元音 *ia（/aa/）、* ɛi（/i/）、*oï（/ïi/）和三合元音 *uəi（/ii/）、*ɰəi（/ii/）、*jəu（/uu/）呈现单音化趋势。

9）拥有一系列在其他语支中并不存在的方言词。

10）在部分方言中，原始台语的前喉化音根据声调类别区别对待，即 A 类遵循清音声调的模式，B 类和 C 类呈现词源上为浊音的声调。

11）原始台语 *ml- 被保留（在武鸣壮语中读为 /ml/，在其他大多数方言中读为 /mj/ ）。

12）在贵州某些布依语方言中，塞音尾脱落。

2.2.2 北支方言特征的讨论

总体来看，2.2.1 中的特征 1）、2）、3）、4）、5）、7）、9）和 10）在北支方言中最为显著。

特征 1）经常作为北支方言最重要的判定性特征而被引用。除了一些例外的方言点，如三江（广西区语委研究室，1994：60–61）以及水城（中国科学院，1959：31）和镇宁（同上：36）的布依语方言，所有北支方言都具有这一特征。

和特征 1）一样，除了水城、镇宁和剥隘等（Li，1977）少数布依语方言外，特征 2）在北支绝大部分语言中均有所体现。

特征 3）也具有典型性，因为非北支方言的语言统一将这个原始台语声母变成了 /m/。

特征 4）对于原始台语 *x- 的构拟至关重要。因为在许多现代方言中，原始台语的辅音 *x- 通常和送气清舌根塞音 *kh- 合并（见 2.4.4 节）。

在特征 5）中所列举的北支的 /r/ 和 /l/，也有别于其他两个语支。

对于特征 6），李方桂选取的代表方言点剥隘，在不送气清音 /t/ 上显示出与泰语和许多其他西南支方言相一致的特征。但是，正如李方桂所观察的那样，像武鸣（/r/）和石家话（/pr/）这样的方言表明了北支具有自己的独特特点。不过，*tr 的构拟似乎仍然存在一些问题。

特征 7）所提到的两个原始台语复辅音的齿擦音化是很典型的北支特征。这一特征将北支与其他语支区别开来。据我们所知，尚未发现其他语支中的任何一种方言具有这一特征。

就元音的特点来看，特征 8）和几个区别性的原始台语单元音（见 2.6.3 节）使得北支方言有别于非北支方言。这一特征在所有北支方言中都具有一致性。

特征 9）曾在李方桂（Li，1959，1960）的早期论文中被提出，并被作为区分台语方言的单一标准。在《比较台语手册》中，这一区分特征仍然被高度重视。但是，在应用这一标准时要多加注意，因为李方桂提到的有些仅限于北支方言的词汇也出现在部分中支方言中。我们将在第 3 章进一步讨论这一问题。

特征 10）是一个小方言区现象，仅在广西和贵州边界的一些布依语方言和北壮方言中有所发现。

特征 11）是构拟原始台语 *ml- 的关键。这一原始声母在武鸣的保留和在其他方言中的对应，正是北支的典型特征。

特征 12）是一个小范围方言特征，在云南西南部方言区也有出现，如石屏（李钊祥，1984）、元江的傣仂（喻翠容，1986）。李方桂怀疑这一特征是在和西南官话的接触过程中习得的。但是，为什么这一现象仅仅发生在这么小的地理范围之内呢？

作为台语族的一部分，台语北支方言的特点是具有一系列区别性的语音和词汇特征。其中一些特征反映了原始语言早期阶段的残留，而另一些特征则似乎是该语支特有的次生性演变。

2.3　中支方言

李方桂所指的中支方言包括广西南部和越南北部所使用的台语，代表方言点是龙州、岱侬、侬。这一语支的使用人口有 300 万至 400万人。这一语支大致的地理界线是：北从广西的右江一直延伸到越南南部的红河，东起越南沿岸北部湾一带，西至云南省西部的中越边界。正如在第 1 章所提到的那样，这一语支是否应从西南语支甚至是北支中分出来，仍存在争议。

中支方言可以用来将其与其他方言区别开来的特征比较少。因此，奥德里古尔强烈反对将中支方言从西南支方言中区分出来，并提出了将二者包括在内的“标准泰语”（Thai proprement dit）。对于奥德里古尔来说，如果中支方言被作为一个方言区来看待，它本质上是一个过渡性的方言。李方桂对这种二分观点并不满意，他相信已有足够的证据证明中支方言是一个独立的方言。

2.3.1　李方桂的论述

李方桂（Li，1957b：315；1960：956–958；1977：38–40，298）发现了如下中支方言特征：

1）原始台语的 *tr- 和 *thr- 已经合并为送气齿音 /th/。

2）存在原始台语复辅音 *pr-、*ʔbl/r- 和 *vl/r- 的保留痕迹（一般来说，/phj/ 和 /bj/ 分别来自 *pr- 和 *ʔbl/r-，/pj/ 来自 *vl/r-）。

3）在大量现代方言中，原始台语中的唇齿擦音 *f- 演变为送气双唇塞音 /ph/。

4）一些代表性方言的声调合并以及在不同方言中广泛分布的声调变化，都呈现出本语支独特的区别性模式。

5）原始台语的舌根浊擦音 *ɣ- 变成不送气舌根塞音 k-。

6）一系列和其他语支不共享的词汇。

7）北支方言和西南支方言共有的许多语音和词汇特征未出现在中支方言中。

8）一些浊音特征的残留来源于同源词固有的浊声母（这是最近发现的中支方言的特点）。

2.3.2　对中支方言的评论

综上所述，前两个特征最为显著，尤其是第二个特征。在《比较台语手册》中，前两个特征对于这些原始台语齿音和唇音的构拟是至关重要的。正是这些特征把中支台语从其他台语支方言中区分出来。然而，第三个特征似乎有些勉强，因为一些西南支方言，如黑傣、帕基等中也有这一特征。

关于声调合并问题，李方桂（Li，1977：45）以萨维纳的岱语和侬语语料为例，其中岱语中的 A1 调和 B2 调合并，侬语中的 A2 调和 B2 调合并。对于这一现象，我们可以找到一些方言样例，如德保、灵川、龙茗等地的 A1G 和 A2 合并，万承侬中的部分 A1H 和 B1M 合并。德保（广西区语委研究室，1994:29）中的不送气清声母（A1M）和浊音（A2）合并。龙茗（格德尼，1993）中的喉化声母（A1G）和浊音声母合并。万承侬中的 A 声调送气清音（A1H）和 B 调不送气清音（B1M）合并，并且 B 调的送气清音和喉化音（B1G）与浊音合并。

李方桂所述北部泰语和掸语中 A 调的三分特征（李方桂所分的 IIa 类型，见 2.1.4）似乎是一些现代方言的特征，如大新（广西区语委研究室，1994：28）、邕宁（南部）、扶绥、睦边等地。在大新、扶绥、睦边，不送气清音和喉化音合并为一组，与送气清音声调（A1H）以及浊音（A2）对立。在邕宁，不送气音自成一组，与送气音（A1H）和喉化音（A1G）和浊音（A2）对立。这些方言由此形成了七个音调。

如果小心运用，第五个特征是区分中支方言和西南支方言的一个很好的判断性特征，因为在西南支方言中送气音 /kh/ 和与其相当的 /x/ 已经演变出来。不过，万承侬等一些方言点也显示出了北支方言的 /h/。

第六个特征是一个比较勉强的标准，因为中支方言的区别特征词数量很少。只有三个词汇能确定（"步""阴，暗""手镯"），其中"步"也是和北支方言一样的共有特征词。

第七个特征引出了台语内部分区的一些重要问题。这关系到中支方言作为一个独立语支的地位。对于李方桂而言，这一特征背后的论据在于这些词汇在北支和西南支中是一致的，但不包括中支。"这使我们不能假设Ⅱ组（中支）仅仅是Ⅰ（北支）和Ⅲ（西南支）的过渡阶段。它必须被作为一个独立的语支来对待，某些独特的语音演变特征可以提供佐证。"（Li，1960：955–956）此处，李方桂质疑了奥德里古尔和格德尼的观点（见 1.3.5 节）。为了使李方桂的观点更加令人信服，中支和北支之间共同的词汇特征的本质需要进一步挖掘，同时还要考虑它们共同的语音特征。

第八个特征在如下几个方言点中有所体现：云南文山和麻栗坡的一些县区（张均如，1987；Thongkum，1994），以及越南高平省河广县说的一种中支方言 Dao Ngan Tay（Ross，1996）。在这些方言里，从那些带有早期浊音声母的词汇中，我们能观察到区分性的浊音特征。

在《比较台语手册》中，李方桂并没有提出关于中支台语如何细分的建议。然而，李方桂（Li，1960：958）在早期曾尝试把中支划分为两个主要分支，但并没有给出详细的解释。在这一框架之下，天保、永淳与岱语、龙州相对，后者被进一步划分为两支，侬语被划归为龙州土语。

根据南部壮语的地理分布，中国语言学家将其分为五个支系，分别是：（1）南部土语区包括邕江南岸紧邻南宁南部的邕宁、扶绥、隆安等；（2）左江土语区包括龙州、大新、天等；（3）德靖土语区包括德保、靖西及位于云南和广西边界的那坡；（4）砚广土语区包括云南的砚山和西畴等；（5）文麻土语区包括文山和麻栗坡等相对较小但十分多元化的语言族群。（张均如，1987；韦庆稳、覃国生，1980：79、90–96）可见，相较于北部壮语，南部壮语方言之间的语音对应远没有那么规律。（同上）每个语支似乎都含有一系列各自的方言词汇。

至于越南境内的中支方言，基于类似于奥德里古尔（Haudricourt，1972）的分类法，斯特雷克（Strecker，1985）对高栏语也进行了分类。通过对词汇特征和语音特征的讨论和检测，得出的结论是：齿部复辅音的发展演变是区域性的（创新），而非古已有之（存古）；此外，高栏语属于热依语（北支台语），而非中支的一个方言（Strecker，1985：485），这也是奥德里古尔的观点。在一项研究中，罗斯（Ross，1991）依据地理分布将依语分为东部和西部两个语支。

2.3.3　中支方言小结

作为台语分支，中支方言具有一些明显的区别性语音特征，这使得李方桂将其从另外两支方言中独立出来。但是，词汇特征是否应纳入考虑范围仍是问题。李方桂的词汇标准并不足以支撑他的分类方案。即便存在可能性，为中支划分一条方言线也将会是一项艰巨的任务。如何把中支方言从其他语支中准确圈定出来，以及如李方桂所提出的将其作为独立语支的地位问题，只有等到开展了更具实证价值的田野调查之后，我们才能给予准确的回答。

2.4　西南支方言

从使用人口和地理范围来看，西南支是台语中最大的语支。西南支的使用人口超过台语总人口的三分之二，其范围北至云南省的西南部，南到马来半岛，东至老挝—越南边界，西到印度的阿萨姆邦。该语支的语言材料非常丰富，尤其是泰国和老挝境内的语言。作为西南支的两个代表方言，标准泰语和寮语已经取得官方语言的地位，比其他同语支语言更为外界所熟悉。

台语西南支被误以为像北支那样内部比较统一，实则不然。如果以互通性作为方言地位的判断标准，西南支可能有非常正当的理由被认为包括不同的语言，因为一些方言之间的区别是如此巨大，以至不同方言之间的差异足以证明它们之间的关系比较远。我们可以举两个方言例子——德宏（中国的掸语）和傣仂（西双版纳），二者都被中国学者归入傣语，这两个方言点之间的地理距离也并不远，但它们之间的词汇和语音差异之大，足以使这两种语言使用者之间难以进行日常的沟通交流。

2.4.1　文献学证据

许多西南语支语言都有以印度语为基础的文字符号系统，这是深受佛教影响的结果。这种字符最早的记录可以追溯到 13 世纪。和鲜活的口语材料一样，这些文字记录对学者而言是非常有价值的研究材料。这些文字系统的一些变体在西南支语言中仍在使用，如寮语、掸语（缅甸和中国）、北部泰语（西双版纳傣语亦可归入此类）、白傣和黑傣。阿含语等一些语言的文字系统只有少数受过训练的学者能够判读。北支和中支方言中并未发现这类文字系统，在 20 世纪 50 年代后期，拉丁字母被引入之前，这些地区一直使用以汉字为基础的书写体系。

印度语字符被李方桂用于论证浊音化的低音类辅音（见 2.1.4 节），在 13 世纪，这些语言仍然保留了浊音。因此，印度语中 Buddha 等借词的拼写在 13 世纪与台语中的 *phɔɔ*（"父亲"）、*phii*（"年长的兄弟姐妹"）等词使用了相同的浊声母。需要注意的是，据我们所知，西南支方言完全没有关于这类浊音可资比较的证据。正因如此，琼斯（Jones，1966：160）反对构拟这一系列原始台语浊辅音，而坚信相关的浊音特点是借用于高棉语（或孟语？）的语音系统。

其实，关于这一浊音类，中支语言中存在一些共时证据（见 2.3.1 节和 2.3.2 节）。这或许可以成为文献学的论据，以支持"低音辅音最早来源于浊音"这一观点。

2.4.2　李方桂的论述

西南支中已发现大量的判别性语音和词汇特征，如下所示：

1）在一些代表性方言中，如泰语和寮语，原始台语的浊塞音 *b*、*d*、*g* 演变为清送气塞音 /ph/、/th/、/kh/。

2）在许多方言中[1]，原始台语的双唇复辅音 *br* 和 *bl* 已经演变为送气双唇塞音 /ph/，原始台语的 *gl* 和 *gr* 已经演变为 /kh/。

3）原始台语的清舌根擦音 *x* 仍存留在部分现代方言中，如白傣。

4）在大多数的方言中，原始台语的浊舌根擦音分化为 /kh/。

5）A 调、B 调和 C 调都呈现出三分格局，并且伴随着声调的合并，这影响了现代方言的 A、B、C 三调，如 A1M = A2［泰语、侥语（Nyo）］、B1 = B2（万象）、A1H、A1M = A2、B1 = C1H、B2 = C2［呵叻（Khoret）］、B1H = B1M、B2、C1H［拍侬府波勒（Phanom Prae）］。

6）原始台语 *hr* 和 *r* 的喉音化[2]。

1　泰语除外，在泰语中，这些音分别保留为 /phr/、/phl/、/khl/ 和 /khr/。

2　泰语和印度阿含语除外，在这两种方言中，*r* 读为 /r/。这一特征也出现在部分中支方言中。

7）在大多数方言中，原始台语的复辅音声母 *thr* 和 *xr* 合并为喉擦音 /h/。

8）拥有一系列北支和中支所缺乏的词汇项。

以下特征也能在西南支中被观察到（但李方桂没有进行讨论）：

9）有一系列的清声母词，在北支中表现为浊声母。

10）与邻近的孟高棉语言和其他非台语语言有着紧密的接触，相当数量的借词来自这些语言。

2.4.3　对李方桂西南支特征的讨论

尽管特征 1）主要是一个小方言特征，但正如李方桂的泰语和寮语材料所示，它似乎是区分西南支方言的一个重要特征。在此基础上，张伯伦（Chamberlain，1975：50）在他的台语西南支方言的分类中曾提出了"Ph"和"P"类语言的概念，分别指具有送气（"Ph"语）和不送气特征的方言（"P"语）。他发现在 B、C、D 调的分类上，"Ph"类语言呈现出比"P"类语言更加复杂的声调分化模式。（同上）格德尼（Gedney，1991a）批评了这一观点，他指出这只是最近的语音变化，可能比 /r/ ⇒ /h/ 的演变还要晚。

作为第一个特征的变体，第二个特征看起来要更加普遍。这可能多少反映了在西南支方言中浊声母向清送气声母的发展，因为清音化和送气化可能是由复辅音中流音的脱落所致。

第三个特征是西南支中一个重要的区别性特征。在《比较台语手册》中，材料来自白傣，原始台语 *kh* 和 *x* 的处理看起来有些混乱。由于新材料的增加，李方桂（1983）得以在他后来的工作中，把这一问题阐释清楚。关于李方桂原始台语的 *x*（格德尼将其构拟为 *ɣ*），格德尼（Gedney，1989：250–251）也进行了修订。关于舌根音合并模式，迪勒（Diller，1988）也做了一个简明扼要的论述。

第四个特征是西南支的一个重要特征，这与中支和北支截然不同。

第五个特征是西南支方言所特有的特征，这也为张伯伦（Chamberlain，1975）广泛的类型学调查所证实。李方桂所说的 III 型语言具有特殊的类型学意义（特别是从 IIIe 到 IIIq 的次类），这也和张伯伦所说的"Ph"类语言相对应（见 2.1.4 节和 2.4.5 节）。在这些语言中，可以观察到密集的声调合并和声调变换。然而，声调合并的某些模式也在部分中支方言中出现，如 B1 = B2 至少部分出现在万承依中。

对于西南支来说，第六个特征看起来是一个很好的判断性特征，尤其体现在原始台语 *r 的表现方式上（泰语和阿含语中是 /r/，龙州中是 /l/，剥隘中是 /l/）。但是，这一特征并不是普遍分布于每个语支。正如李方桂所观察到的那样，北支方言中也有 /r/ 音。由原始台语 *r 和 *hr 发展而来的喉擦音 /h/ 在中支方言中较为常见。因此，原始台语 *hr 的喉音化应该被作为西南支和中支共有的特征，而不是西南支所独有的区别性特征。

相较于第六个特征，第七个特征是一个更好的标准，因为原始台语的这两个声母在大多数的中支和北支方言中的表现并不相同。

尽管西南支方言区别词的数量很少（在李方桂的语料中只有七个条目），但第八个特征也不失为一个可行的标准。利用"嘴巴"这一条目，我们可以在西南支方言和非西南支方言之间画出一条方言线。

第九个特征是格德尼（Gedney，1989）提出的假设，这一特征可能与第一个特征相似。李方桂（Li，1977：64，102，194）也注意到了这一现象，但是只把它作为北支方言中声调不规律的一个例子。对此，我们也许可以加上一个相反的音变模式，即一些词在西南支方言中是浊音但在其他方言中是清音。

我们将第十个特征包括在内是为了更好地概括西南支方言中的语言混合。李方桂并没有谈论这个问题，可能是因为他认为这和历史比较的目的不相关。但是，在未能认清这一特征之前，我们并不能完全描绘出西南支的特征。

2.4.4　西南支的内部分类

正如在 2.1.4 节中的讨论，在《比较台语手册》中，李方桂根据声调分化，提出了西南支方言的内部分类。在李方桂的方案中，西南支分为三个主要的方言区，为了方便起见，可分别称之为：(1) 傣仂 – 白傣语组（Ⅰ型），包括黑傣、红傣和一些掸语方言；(2) 清迈 – 清莱组（Ⅱ型），包括傣艮语；(3) 泰 – 老挝组（Ⅲ型）。每一组都拥有各自的区别性语音特征。这一分类略不同于李方桂（Li，1960：958）早期的方案，在早期方案中，台语西南支只分为两个组：泰、老挝和黑傣作为一组，和其他方言对立。需要注意的是，这两种分类都认定了泰语和寮语之间的紧密关系。

李方桂于 1977 年的台语西南支内部分区得到了哈德曼（Hartmann，1980）的大力支持，哈德曼把西南支方言划分为西南上区、中区和下区，这是按照这些方言的地理分布做的分类。这一分类分别等同于李方桂的Ⅰ型、Ⅱ型和Ⅲ型。这两个分类模型都与张伯伦（Chamberlain，1975）（见 2.4.4 节）和布朗（Brown，1962）早期的尝试有显著不同，他们都把泰语和寮语作为一个语言分支结构上互相独立的节点，而不是一个方言连续体。

哈德曼对西南支的三分概念是以奥德里古尔的两分和三分概念为基础的。他把泰语作为西南支的一个焦点。对他而言，泰语和其他方言的关系在西南支的内部分类中起着关键作用。

哈德曼（Hartmann，1980：76）提出了一个语音演变的五步发展过程，可作为区分西南支方言的试验性的方言线系统：

1）*浊塞音＞清塞音（阶段Ⅰ）。

2）两分：高－中对低。

3）清声＞低送气（阶段Ⅱ）。

4）三分：高对中，中对低。

5）元音时长延长。

哈德曼认为西南支下区的特点在于，其经历了一个常见的三分过程[1]，这已被大量的声调分化所证实，这些声调分化类似于泰语书写系统的高、中、低辅音。这个三分模式被认为是由原始台语浊音到现代低音送气辅音的发展所引发的。元音时长的延长不能确定是否参与了声调的分化和清音化。尽管这显示出比较台语中的一个问题，哈德曼还是能够根据语言材料中元音的长短，在下区和中－上区之间画出一条大概的分界线。

通过两分法，西南支的上区和中区得以与下区分开。这一两分法可以进一步划分为简单二分和变体二分。简单二分着眼于清音（高调和中调）与浊音的区别，这一两分仍然保留在西南支的上区。与之相对应的是变体二分，它局部着眼于清浊对立：原始台语的不送气清音被视为清音，而前喉化音则被视为浊音。这是西南支中区的区别性特征。

除了语音特征，哈德曼也画出了西南支三个分支的主要地理分界线。这些分界线包括：中部平原和湄公河谷下游流域末端的高地起始部分，把西南支下区和其他方言区分开来；同时，湄公河也是西南支上区和中区的分界线。在西南支下区，呵叻高原被视为泰语东北区和中区的分界线。最后，社会政治因素被视为导致西南支内部方言类型多样的重要原因。

2.4.5 西南支小结

总之，西南支因一系列语音特征而被很好地确定下来，特别是一整套

---

1 但是，哈德曼提出的第一个和第二个特征也出现在大多数的北支和中支方言中，这就引出了一个问题：这两个特征是存古特征，还是共同创新？

原始不送气浊塞音及包含这些浊塞音的复辅音的爆破化、一系列原始台语浊声母的音域上升、A 调分化的多样性、反映小方言区的声调合并，与孟高棉语及其他邻近的非台语语言的紧密接触、印度语书写系统等。尽管词汇特征方面的论据还有可挖掘的空间，对于西南支来说，语音特征似乎能比词汇特征提供更好的分区依据。

2.5 李方桂分类方案总结

　　尽管李方桂声称他的台语分类方案是基于比较法进行的，但是严格来说，他并没有彻底应用这种方法。这体现在：他提出了一个词汇分类标准作为语音标准的替代方案，表明了他对印欧语系比较方法的不满。然而，在台语分区标准的使用上，李方桂的理论假设也并不总是那么清晰。看起来，李方桂采用了一个尝试性的折中方案，在三分台语过程中综合运用语音和词汇标准。

　　表 2-5 至表 2-8 列举了《比较台语手册》中论述的最具区别性的分区语音特征。

表 2-5 区别性的分区声母

原始台语	西南支	音变	中支	音变	北支
*ml/r	l	//	m	//	n（武鸣 /ml/）
*vr	phr, ph	//	pj	//	š
*vl	th	//	pj	//	t
*pr	t	//	phr	//	pr
*phl/r	ph	//	phj	//	pj
*thr	h	//	h/th	//	r
*tr	t	//	thr	//	tr
*kr	kr, k	//	kj	//	č
*khr	kh	//	h	//	č
*gl/r	kh (l/r)	//	kj	//	č
*xr	h	//	h, l, s	//	r
*γ	kh, (k)	//	k	//	h

表 2-6 西南支和中支的共有特征（与北支相对）

原始台语	西南支	中支	音变	北支
*ph	ph	ph	//	p
*th	th	th	//	t
*kh	kh	kh	//	k
*mw	m	m	//	f

（续表）

原始台语	西南支	中支	音变	北支
*fr	ph	ph	//	š
*tl	t	t	//	hr
*thl	th	th	//	š
*dl	l	l	//	r
*x	kh, x	kh	//	h

表 2-7　西南支和北支的共有特征（与中支相对）

原始台语	西南支	中支	北支
*dr	r	l	r
*f	f	ph	f

表 2-8　中支和北支的共有特征（与西南支相对）

原始台语	西南支	音变	中支	北支
*b	ph, (p)	//	p	p
*d	th, (t)	//	t	t
*g	kh, (k)	//	k	k
*dr	r	//	l	l
*br	phr, ph	//	pj	pj
*γw	kh (w)	//	v	v

下面简要概述我们已讨论的要点：

1）台语方言分区中最一致的判断性特征是原始台语 *thr-、*vl-、*vr-、和 *γ- 的今读。

2）北支的特点是缺乏送气塞音，其他两个语支并不具备这一特征。

3）北支非常典型的特征是声调的清浊分化，在另外两个语支中，这一特征只是部分或偶发性地保留在某些方言中。

4）北支有一个压倒性的趋势——保留 /r/ 或 /l/。这两个音有不同的来源，如 *r-、*hr、*nr、*xr。在非北支方言中，这些原始音基本演变为喉擦音的 /h/。

5）大量的声调合并是许多西南支和中支方言的特征。

6）A 调的三分出现在各种西南支和中支方言中，而北支方言通常不具备这一特征。

7）尽管北支和西南支之间的方言线非常清晰，但在中支的轮廓得出明确结论之前，仍然需要做很多的工作。

2.6　其他方面的深入探讨

尽管《比较台语手册》取得了令人信服的成就，但由于一些关键材料[1] 的获取存在困难，书中仍有一些构拟有点含混不清。李方桂、李钊祥（1983：143–146）认识到了这一问题，并且一有新材料出现，就继续修改他的构拟。

接下来，我们将聚焦于上文提到过的一些问题，并依据新材料重新审视《比较台语手册》的部分构拟。我们将首先讨论声母，然后是元音。对于辅音，我们将注意力集中在可修订的部分案例上。在元音方面，我们将触及一些综合性问题，如开闭元音的分化以及它们的转化机制。一些更大范围的问题，如附加的复辅音的构拟、声调的不规则性以及形态变化等，我们会在后文展开讨论。

2.6.1　李方桂声母构拟再考察

在《比较台语手册》中，由于缺乏可信材料，李方桂觉察到构拟中的一些不确定成分，特别是原始台语构拟中的复辅音问题。显然，某些构拟是在缺乏特定方言群语料的情况下进行的，这些方言群随后被发现具有原始台语对应的演变特征。这些同源形式也许对于一些原始台语辅音声母的构拟是至关重要的，这将会充实李方桂构拟的原始台语声母库。接下来，我们将重新考察李方桂的部分构拟。其中，提出的完整修改清单放在附录 Ⅱ 中。

1. 齿音 / 齿音复辅音改为双唇复辅音

李方桂（Li，1977：98，119，121）为"我们"一词构拟了一个齿音单辅音 *t-，为"眼""死"等部分核心条目构拟了齿音复辅音 *tr-，为"砍"等构拟了 *thr-。石家话的材料显示：我们应将这些形式处理为原始台语的双唇复辅音，并将其归入李方桂构拟的 *pr-[2]。（Gedney，1993：340，345，348，352）

2. 齿音 / 流音单辅音改为齿音复辅音

"爬行（像蚯蚓一样）""漫步（逍遥）"的构拟也需要格外注意。新的材料显示：这两个词可以追溯到原始的齿音复辅音。

对于"爬行（像蚯蚓一样）"一词，李方桂（Li，1977：98）将其构拟为 B1 调的单辅音 *t-。它在北支语言中看起来可以追溯至浊声母 *r-。试比

1　格德尼（Gedney，1989：209）在谈论台语方言分类时评论：李方桂的三分方案并不能令人完全满意，因为他着眼的是一个方言连续体的两个极端情况。

2　支撑材料来自侗水语支，如侗语、水语和仫佬语。

较武鸣中的 *ɣaai*[6]、热依中的 *raay*[5]、望谟中的 *zaai*[6]、凤山中的 *laai*[6]，这些都为 B2 调。它在石家话中类似西南支，为 *tay*[6]，但还有另一个形式 *raay*[5]，意思是"移动（迁居）"，这一形式很可能与北支方言有关。它在龙茗中为 *laay*[4]（声调可能记录有误），其声母和北支相对应。在构拟 *l- 时，李方桂并未考虑北支和中支的 /l/，大概是因为当时没有这些材料。从这些新增材料来看，这一条目应该归入李方桂构拟的 *tl。

根据西南支和中支的情况，李方桂（Li，1977：104）将"漫步（逍遥）"一词构拟为浊齿音 *d-。李方桂发现了非北支中的 *diao 和北支中的 *deu（A2）之间存在微弱的关联，很明显这是一个汉语借词，只是看起来很像台语词汇。北支这一词汇的同源语音形式都用流音 /l/ 和 B2 调，并且与西南支和中支的韵母相近，可参考热依中的 *liaw*[5]、凤山中的 *liau*[6]、武鸣中的 *liau*[6]、望谟中的 *liau*[6]。石家话中的 *thiaw*[6] 很明显是受到了西南支的影响。龙茗和万承依使用的流音声母与北支一致，如龙茗中的 *liw*[5] 和依语中的 *lêu*[5] 都是 B2 调。但是，对应出现了一些问题。这一对应既不符合李方桂构拟的 *dl（在西南支和中支对应为 /l/，在北支对应为 /r/），也不符合 *dr-（在西南支对应为 /r/）。据此，我们可将其暂拟为 *Dl-。

3. 双唇音改为流音

对于"梳头"一词，李方桂（同上：82）将其构拟为双唇清音 *hw-。根据北支的材料，我们可以将其追溯至原始台语的流音声母。这一条目在北支中都演变为流音声母，可以追溯至原始台语的 *hr-，如武鸣中的 *ɣoi*[1]、热依中的 *roy*[1]、凤山中的 *loi*[1]、望谟中的 *zoi*[1]。在石家话和临高话中，它已经演变为喉擦音 /h/：石家话中为 *hɔɔy*[2]，临高话中为 *hai*[1]，这两个读音都支持我们的假设。如果将北支纳入考虑范围，我们可将其暂拟为 *hrw-。

4. 齿擦音改为舌根音

至于"疼痛"一词，李方桂将其构拟为齿擦音 *č-。根据新材料，它似乎可以追溯至原始台语的舌根复辅音。李方桂（同上：164）关于这一词目的评论是"未见于北支方言"，现在可以做出更正了。这一条目在北支中非常普遍，可参考武鸣中的 *ket*[7]、望谟中的 *tɕet*[7]、凤山中的 *ɕiet*[5]、热依中的 *ciat*[2]、石家话中的 *keet*[6]。这些都表明原始台语的构拟应为 *k- 或 *kl-。西南支中的齿擦音很可能来自前元音所导致的舌根声母腭化，这在台语中是一个比较普遍的共时发展过程。同时，我们还发现北支和非北支之间塞音尾 /-p/ 和 /-t/ 的交替现象。这一现象偶尔也出现在其他台语方言中。

5. 流音单辅音改为舌根复辅音

至于"伞"，李方桂（同上：141）将其构拟为清音 *hl-，且注释为中

支 / 北支词汇。我们的材料显示部分西南支方言中也有类似语音形态的形式，只是声母不同，如德宏中的 *tsɔŋ⁴*、傣仂中的 *tsɔŋ³*。同时，中支也有变体形式出现，如龙茗中的 *kyɯɯŋ³*、侬语中的 *chəŋ³*。至此，它在三个语支中都有了对应的韵母和声调。从这些对应来看，这一同源形式应该归入李方桂构拟的 *kr-，这一读音在德宏、傣仂和侬语中都已经发生了腭化。

6. 构拟齿擦复辅音的必要性

在《比较台语手册》中，李方桂并没有为原始台语构拟齿擦复辅音，却构拟了大量的双唇、齿间和舌根复辅音。

正如《比较台语手册》所述，原始台语的构拟中包含了大量的齿擦音。在台语中，它们代表了一个重要的辅音类别，它们的发展演变对于我们理解台语的演化过程至关重要。我们有强有力的证据可以证明：和其他复辅音一样，原始台语中也存在齿擦复辅音。这可以从很多例子中看到。以"养"为例，这一词在西南语支方言中读为流音 /l/，但在非西南语支方言中读为齿擦音。（Li，1977：281）与此类似，"鱼钩""豪猪"等词也说明原始台语的构拟应该包括齿擦音复辅音。根据非北支方言的对应，李方桂为这两个词分别构拟了 *ʔb- 和 *hm-，但在北支中，这两个词都有齿擦音声母。如果不构拟一套齿擦复辅音，我们将无法解释这些对应关系。我们将在第 4 章中对这一问题展开进一步的讨论。

2.6.2　声母小结

根据新材料，我们重新考察了李方桂构拟的部分原始台语辅音。涉及的问题主要是关于复辅音的。其中一些构拟的修订意见已经添加到李方桂现有的原始台语语音库中；至于个别的几个例子，我们提出了额外构拟原始台语声母复辅音的建议。

2.6.3　关于李方桂构拟原始台语元音的一些思考

台语支语言的一个特殊现象是：在北支和非北支之间，前元音 /e/ 和 /ɛ/ 与后元音 /o/ 和 /ɔ/ 是互补分布的。正如李方桂的材料所证实的那样，西南语支用 /e/ 的条目，在北支中用 /ɛ/，反之亦然。/o/ 和 /ɔ/ 也是同样的情况。在李方桂（同上：269–270，271–274，277–278）的构拟中，通过假设一套对立音位 *e 和 *ɛ 以及 *o 和 *ɔ，他在西南语支和原始形式之间采用了一一对应的方案，同时假定北支方言经历了一次元音转移。

接下来，我们将证明 /e/ 和 /ɛ/ 以及 /o/ 和 /ɔ/ 之间的对立是次生性的，而非古已有之。

1. *e 低化的制约因素

李方桂（Li，1977：269）指出原始台语的 *e 在北支方言中已经低化为 /ɛ/，这一点是正确的。在台语方言中，当这个元音出现在以辅音结尾的音节中（包括所有辅音尾，不仅仅是 /-p/、/-t/、/-k/）时，特别是 /-m/ 或 /-p/ 之前，它就非常不稳定。李方桂没有特别提到的是北支方言中 *e- 低化的条件，即辅音尾是 /-n/ 和 /-t/。例如：

词项	声调	凤山	石家话
鱼鳞	D1S	tɛɛt	tlɛt
七	D1S	ɛɛt	cɛt
虱	A2	nɛn	mlɛl
谷物	D2S	nɛt	mlɛk
看	A1	lɛn	rɛl

值得注意的是最后两个例子"谷物"和"看"。在德宏、龙茗和热依等很多方言中，这两个词正在经历元音低化的过程，如德宏中的 met[5]（"谷物"）、han[1]（"看"），龙茗中的 mat[3]（"谷物"）、han[1]（"看"），热依中的 nat[1]（"谷物"）、ran[1]（"看"）。

傣仂（西双版纳）、凤山和石家话中带有 /ɛ/ 的几个词，在其他方言中的读音普遍是低元音 /a/。这也能说明 /ɛ/ 不是固有的音素。

词项	声调	泰语	寮语	德宏	傣仂	凤山	石家话
修剪	D1S	tat	tat	tat	tɛt	tɛt	tɛk/tat
刀背	A1	san	san	san	sɛn	sɛn	sɛn
颤抖	B1	san	san	san	sɛn	sɛn	sɛl

上例或许也是 *e- 低化的结果，类似于"看"。这一语音变化在西双版纳的傣仂语中格外丰富，在其中已发现成体系的变化模式。（赵瑛，1992：42–43）

在北支台语方言中，不是每一个相关的 /e/ 都受到了低化的影响。尽管不是那么普遍，下例也说明了 *e 在北支方言中的保留。

词项	声调	泰语	德宏	黑傣	凤山	石家话
豪猪	C1	men	men	mên	ɛɛn B2	men
鱼钩	D1S/D1L	bet	met	bêt	seet	seet
凉	C2	seŋ A2	—	—	ɛɛŋ	seeŋ A1
绷紧	D1S	—	let	—	neet	—

需要注意的是，北支方言凤山壮话中的 /e/ 在这类词汇中变成了长音。

2. 舒声音节 /e/—— *ɛ- 存古，还是 *e- 存古？

根据西南支方言的对应，李方桂推断西南支方言中的前元音 /ɛ/ 是原始台语 *ɛ 的存古。在李方桂看来，这个原始台语音素在北支方言中已经高化为 /e/。

但我们认为，这也是 *e- 低化的例子，而不是 *ɛ- 存古。下列证据可以支持这一观点。

在德宏中，/e/ 仍保留在舒声音节中，特别是在北支方言中。同样的情况也出现在万承侬和石家话中。所有这些方言都保留了 /e/ 和 /ɛ/ 的对立。例如：

词项	声调	德宏	侬	凤山	石家话
老	B1	ke	kê	tɕe	kee
渔网	A1	he	hê	le	ree
竹筏	A2/A1	pe² A2	pê	pe	phee A2
母亲	B2	me⁶	mê	me	mee
浸泡	B2	tse⁶	—	ɕe	see

这些词汇在西南支语言中使用 /ɛ/，如泰语、寮语、白傣和黑傣。李方桂为原始台语构拟了同样的元音。正如我们所看到的那样，德宏和万承侬与北支方言一样，在这些词汇中使用 /e/，这也能说明我们在探讨的是原始音位 *e。

*e 低化为 /ɛ/ 也出现在坎梯语中。在这里，我们发现这两个音在很多开尾音单词中存在自由替换。这说明了 *e 的低化音变在这个方言里仍在进行中。例如：

词项	声调	坎梯
渔网	A1	khɛ/khe
解开	C1	kɛ/ke
河流	A2	khɛ/khe

更多的证据来自云南省内的一个西南语支方言傣雅语。傣雅语中大多数 /e-/ 韵母的词汇都带一个腭化声母。这说明了该语音变化首先影响到声母。例如：

词项	声调	傣雅
老	B1	kje
母亲	B2	mje
胳膊	A1	khjen
脸颊	C1	kjem
客人	DS	khjek
八	D1	pjet
贵	A2	pjeŋ

在舌根鼻音韵尾前，/e/ 进一步低化为 /a/。例如：

词项	声调	傣雅
力气	A2	hjaŋ
干旱	C2	ljaŋ
红色	A1	ljaŋ
昆虫	A2	mja:ŋ

在最后一个例子中，低化同时也发展出长音。*e 元音在傣雅语中的表现是德宏 /ɛ/ 的残存形式，音值大概介于 /iɛ/ 和 /iæ/ 之间。

相似的变化也出现在石家话中，/ɛ/ 出现在舌根辅音韵尾之前且变成长音，这一点与泰语和老挝语相同。例如：

词项	声调	石家话
客人	D1L	khɛɛk
轭	D1L	ʔɛɛk
干旱	C2	lɛɛŋ
昆虫	A2	mɛɛŋ

在其他例子中，/e/ 得到保留，同时伴随次生性的长音化，就像在剥隘和凤山中那样，如石家话中的 keen[6]（"困难的"）、keem[3]（"脸颊"）、peet[6]（"八"）、peen[3]（"木板"）。对于最后一个例子，石家话中还有一个读音 pɛɛn[3]，很显然，这是受到了老挝语和泰语的影响。

关于 /e/ 和 /ɛ/ 的讨论，我们可做出如下总结：根据现代方言的材料，证据显示这两个元音都可以追溯到原始台语的 *e。低化 *e 出现在北支的入声音节中。在非北支方言里，低化普遍出现在舒声音节中，或带有次生性长音化的其他音节类型中。在后一种音节类型中，*e 仍保留在北支方言中。

3. 后元音 /o/ 和 /ɔ/

李方桂提出原始台语区分 *o 和 *ɔ，正如 /e/ 和 /ɛ/ 那样，它们在北支分别经历了低化（从 *o 到 /ɔ/）和高化（从 *ɔ 到 /o/）的过程。这两个后元音仍然保留在西南支方言中。然而，奥德里古尔持不同意见。他认为原始台语中并没有 /o/ 和 /ɔ/ 的对立。它只有两个音长对立的 *ɔ。（Haudricourt，1974）下文中，我们将呈现出支持奥德里古尔构拟一个中后元音的证据，而不是原始台语的两个元音。

李方桂的假设是基于西南支方言的证据：/o/ 只出现在促声音节中，而 /ɔ/ 在舒声和促声音节中都有。这点与北支方言存在明显的区别，因为北支与西南支的情况刚好相反。换句话说，/o/ 不出现在西南支方言中的舒声音节中；如果它在北支方言读为 /o/，那么在西南支方言中则表现为 /ɔ/。

我们更倾向于把李方桂构拟的 *o 和 *ɔ 合并为同一来源 *o，理由如下：

首先，越来越多的证据显示促声音节中 *o- 的低化不仅仅只出现在北支方言中，我们在相当多的西南支方言中也发现了该特征。类似的例子也出现在傣良和一些南部泰语方言中，如素叻他尼、苏梅岛、普吉、博他伦和董里。（Egerod，1961：85-86，88-89）与北支方言类似，上述这些方言中的"六""下降""蚂蚁""鸟"等词也读 /ɔ/。尽管与周边西南支方言有紧密接触，石家话在这类词中仍然保留了北支 /ɔ/ 的特征。

其次，尤为重要的一点是，在几个非北支方言中，*o 仍然保留在舒声音节中。德宏和万承依中有如下例子：

词项	声调	德宏	万承依	凤山
父亲	B2	po	bô	po
泉水	B1	mo	pô	ʔbo
壶	C1	mo	mô	mo
脖子	A2	xo	hô	xo
马蜂	B1	to	tô	to

这三个方言中都有 /o/ 和 /ɔ/。它们在地理位置上相距甚远，然而却拥有相同的语音特征：开尾音中保留 /o/。这不能被认为是一个地域特征或方言特征。在西南支方言中，傣卯（Young，1985）、傣那（Gedney，1976）和坎梯（Chamberlain，1975）中也出现了这一特征。在坎梯的不同方言变体中，类似的词中同样出现了 /o/ 和 /ɔ/（Jonsson，1991：102-103），这显示出在这一方言中 *o 正处在低化的过程中。

再次，下列证据表明，在西南支方言中，闭音节中的 *o 存在低化现象。

傣雅语可以提供最好的证明，因为傣雅语中的 *o 已经低化为 /a/。例如：

词项	声调	傣雅
门闩	A1	tshan
摇摆不定	A2	xwan
锤子	C2	xwan
枕头	A1	mwan
灰	B1	mwan

在西南支的其他方言中，这些词汇都用 /ɔ/。这一组词汇的一个显著特征是带有韵尾 /-n/，这很明显是傣雅语中 *o 变为 /a/ 的条件。因此，我们可以假设一个音变规则：*o → /a/（在韵尾鼻音 /-n/ 之前）。需要注意的是，除了第一个词，这一组中的其他词都是唇音化声母。这一唇音化元素可以被视为滑元音 /ua/ 的一部分。

除了 kwaap（D1，"掬"）和 swaaŋ（A1，"二"）外，以上例子都出现在 /-n/ 或 /-t/ 之前。和我们前文的假设类似，这说明这是一个条件性的音变。在傣雅的其他例子中 *o 仍然读为 /o/，也出现在唇音化声母后。例如：

词项	声调	傣雅
香	A1	hwom
哭喊	C2	hwoŋ
亲家	A1	lwoŋ
鼓	A1	kwoŋ
削皮	D1	pwok
畜栏	D2	xwok
蚂蚁	D2	mwot
外面	D2	nwok

最后，闭音节中 /o/—/o/ 对应的例子遍布整个台语方言，这完全不同于李方桂的观点。例如：

词项	声调	泰语	老挝	德宏	帕基	龙茗	热依	凤山
刺	B1	boŋ	boŋ	moŋ	moŋ	mooŋ	boŋ	ʔboŋ
胀	B1	poŋ	poŋ	poŋ	poŋ	pooŋ	poŋ	pooŋ
门柱	B2	thoŋ	—	toŋ	toŋ	tooŋ	toŋ	tooŋ
拖，拽	D2L	loot	—	—	—	loot	lot	loot

第一个词"刺"特别重要。李方桂（Li, 1977: 69, 71）指出，它在

泰语和老挝语中有一个变体 *bɔɔŋ*，但并没有对这一现象做任何评论。需要注意的是，该词在其他方言中统一读为 /o/，由此强有力地证明了 **o* 低化并伴随次生性长音化是西南语支方言的一个历时特征。

这一类型的更多例子见于德宏、万承侬和凤山中：

词项	声调	德宏	万承侬	凤山
洞	B2	*koŋ*	*chôŋ*	*ɛooŋ*
脱下	D1	*thot*	*thôt*	*toot*
波	A2	*foŋ*	—	*fooŋ*

关于最后两个例子，德宏中也有 *thɔt* 和 *fɔŋ* 的读法，这说明这一音变还未完成。

2.6.4　元音小结

不同于李方桂的九个基本元音，我们根据实例构拟了七个基本元音的系统。前文讨论了原始台语中的前中元音 /e/ 和 /ɛ/、后中元音 /o/ 和 /ɔ/ 之间并无对立，而应构拟为 **e* 和 **o*。我们修订的原始台语元音系统对于分区也有一定影响。我们已经证明了西南支方言中存在一个明显的趋势，即元音韵尾音节中 **e* 和 **o* 的低化，而北支方言这一音变主要发生在辅音韵尾的音节中。然而，大量的非北支方言呈现出与北支相似的某些存古特征及共同创新。

2.7　总结

本章主要对李方桂在《比较台语手册》中构拟的原始台语进行了评述。我们详细考察了李方桂构拟的原则，并以此为基础探讨了台语的分区特征。

根据新材料，我们对李方桂原始台语的某些构拟尝试进行了适度的修订，并给出了相应的建议。具体来说，通过将李方桂的构拟与现有的材料相对照，我们重新调整了其中的一部分。根据新材料，我们为李方桂构拟的原始台语复辅音系统增加了一些音，通过再分析，为李方桂构拟的原始台语元音系统进行了缩减。

声母：

1）根据新材料，我们必须构拟双唇复辅音 **pr-*，这些词被李方桂构拟为 **t-*、**tr-*、**thr-*；同时，一些双唇单辅音声母也应该归入这一类复辅音。

2）李方桂构拟为齿音单辅音或流音的几个词应构拟为齿音复辅音。

3）根据现代方言中的对应，我们也应为原始台语构拟一系列齿擦复辅音（将在第 4 章中展开）。

4）一系列舌根音声母应划归原始舌根复辅音。

5）北支的复辅音现象也有助于方言分区。

元音：

1）根据现代方言的共时材料，我们可以为原始台语假设一套含有七个基本元音的系统。

2）前元音 /e/ 和后元音 /o/ 都出现了元音低化现象，在不同语支的方言中呈现出不同的语音驱动音变模式。对于西南支方言来说，这影响了元音韵尾的音节；对于北支方言来说，这只影响了辅音韵尾音节中的特定类型。

第 3 章

原始台语词汇扩展——对李方桂原始台语同源词构拟的补充

李方桂在其《比较台语手册》中确定了 1 200 多个台语同源词，成功地证明了标准比较法可以应用于像台语这样有声调的非屈折语言。

在对原始台语语音系统进行令人印象深刻的构拟之前，李方桂（Li，1959，1960）根据大量区别性词汇两次提出台语的词汇分类。尽管他在《比较台语手册》中没有公开推进这一论点，但在该书中他的立场并没有改变。在《比较台语手册》中，方言词的概念表现得尤为突出。李方桂（Li，1988：84）在这一点上的立场是多么坚定，可以从他的如下想法中看出：

> 这些语群（groups of languages）在很多方面都存在差异。其中，那些对应词的语音有时有很大的不同。你可能也会发现某些词用于此语群，但不用于其他语群。把所有差异结合在一起，会让你知道这些方言群之间的差距有多大。

尽管一些台语比较专家对这种方法的实用性持保留意见[1]，但人们普遍认为词汇分类为台语亲缘分类提供了一种替代性的或有用的补充方法。

为了证明李方桂研究的重要性，我们对不同语支的方言词汇材料进行了广泛的比较研究，并发现了大量的新同源词，进一步扩展了李方桂的研究。本章的目的是研究这些新发现的同源词，了解它们在《比较台语手册》的基础上在多大程度上与台语亲缘分类有关。我们将会特别注意这些词的分布。

---

1 例如，格德尼在 1995 年与笔者进行信件交流时说："可惜，李方桂提出了台语方言的词汇分类法。"对格德尼来说，只有用音系学，而且只能通过音系学，才能进行台语方言的划分。此外，他也谈到了北部台语的区别性词汇，这与李方桂的分类法有着明显的一致性。（Gedney，1993：963–965）

为了论述方便，本书把要讨论的新同源词按语义排列。《比较台语手册》中的方言词也会在相关的地方进行讨论。结果表明，李方桂的系统需要根据新的同源词进行一些修正。我们希望这些发现能对当前的语言学理论有所启示，并对理解侗台民族的文化史，特别是对台语的亲缘分类有新的启示。

3.1　新泛台同源词

3.1.1　自然与环境

我们发现一些新的与自然和环境有关的台语同源词，这些词强调了台语民族的滨河文化。

词项	原始台语	声调	泰语	老挝	德宏	白傣	黑傣	龙茗	侬	热侬	凤山
彩虹	*Druŋ	A2	ruŋ C2	huŋ	huŋ	—	huŋ	loŋ	toŋ	武鸣 toŋ	tuŋ
洪水	*nroŋ	A2	nɔɔŋ	ɣɔɔŋ	lɔŋ	nɔŋ	nɔŋ	nooŋ	—	武鸣 rɔŋ	looŋ
湖	*hnroŋ	A1	nɔɔŋ	nɔɔŋ	lɔŋ B2	nɔŋ	nɔŋ	lɔŋ	—	rɔŋ C1	lɔŋ C1

"彩虹"这个词特别有趣，它显示了一种可以追溯到公元前的汉台词汇对应关系。在记录周朝文献的中国最古老汉语词典《尔雅》中，这个词被记作"螮蝀"。它的第二个音节似乎与台语形式相同，高本汉（Karlgren，1940：303）将其构拟为 tung，蒲立本（Pulleyblank，1991：80）则认为是 təwŋʹ。需要注意的是，现代汉语中没有使用"螮蝀"，而是用"虹"这个字来表示"彩虹"。高本汉（Karlgren，1940：303）将"虹"构拟为 *gʹung，蒲立本将其构拟为 *ɣəwŋ。有趣的是，北支台语和侬语的形式似乎更接近《尔雅》，其余语群的形式则似乎指向其他某类复辅音，我们用 *Dr- 表示。就李方桂提出的 *dr- 而言，这种形式存在一定问题。侬语、武鸣话和凤山话中的相应词汇都使用 /t/，以此对应原始台语的 *d-，而李方桂提出的 *dr- 则要求这些方言中对应的是 /l/ 或 /r/。这个词显然是一个区域性的词，它的含义在侗水语和苗瑶语中被证明与"龙"有关[1]。白保罗认

---

[1]　1995 年，笔者在美国弗吉尼亚大学召开的国际汉藏语会议上发言后，苏大卫（David Solnit）在小组讨论时也指出了类似情况。但是，在北部方言和海南岛的壮侗语中，"龙"和"虹"是不同的。关于"龙"，参见武鸣话中的 luŋ² （A2）、望谟话中的 luuŋ² （A2）、凤山话中的 lɔŋ² （A2）、临高话中的 luŋ²、黎语中的 taŋ¹。关于"彩虹"，参见临高话中的 xiaŋ¹、黎语中的 tshop⁷ 和 tshun¹。艾杰瑞在该会上提供的语料表明，越南高平的台语方言也有这种区别，参见高平话中的 luŋ（A2，"彩虹"）和 lwɔŋ（A2，"龙"）。

为这个词可能与澳台语系有关联。

　　剩下的两个词增加了我们对侗台民族作为低湿地居民的认识。这还可以从下面将要讨论的几个与水稻种植有关的农业术语中进一步看出。

3.1.2　农业词汇

　　我们还发现台语中有许多农业词汇或与农业活动相关的词汇。下面这些词提供了进一步的语言学证据，以说明台语民族曾是一个稻作文化的民族。

词项	原始台语	声调	泰	老挝	德宏	白傣	黑傣	龙茗	侬	热侬	凤山
开垦	*thraaŋ	A1	thaaŋ	thaaŋ	thaaŋ	thaaŋ	thaaŋ	thaaŋ/ laaŋ	laaŋ	laaŋ	laaŋ
浸泡	*je	B2	chεε	sεε	tse	che	che	cee	—	se	εe
排水	*khaaŋ	B1	khaaŋ	khaaŋ	xaaŋ	khaaŋ	khaaŋ	khaaŋ	khaaŋ	kwaaŋ	kwaaŋ
舀(水)	*guon	B2 C2	—	—	kɔn C2	kon C2	kon C2	—	koon C2	kon B2	kuan B2
抽穗, 结穗	*maan	A2	maan	maan	maaŋ	maan	maan	土语 maaŋ	maan	maan	faan
炒新米	*hmaw	C1	maw	maw	mau	mau	—	maw	—	—	muu
糠, 糙米	*kaak	D1L	—	kaak	帕基 kaak	kaak	kaak	kaak	kaak	kook	kook
稗草	*hwaŋ	A1	—	—	vaŋ	vaŋ	—	—	vaŋ	hoŋ	vaŋ

　　即使没有李方桂（Li, 1977）已经记录的词，上述词本身也呈现出了早期台语民族农业活动的独特面貌。在开始播种之前，先开垦土地，浸种，浸透田地（然后种上秧苗 *klaa C1），再进行适当的灌溉（排水或灌水）。到了丰收的季节，台语民族的人们会用炒新米来招待自己，这种习俗至今仍保留在台语民族群体中。

　　在台语的三个分支中，有一个同源词"荸荠"，这是一种生长在稻田中的植物。这个同源词可以进一步证明台语民族主要种植湿地作物。

词项	原始台语	声调	泰	老挝	德宏	白傣	龙茗	侬	热侬	凤山
荸荠	*xreu	C1	hεεw	hεεw	heu	heu	heew	heu	hew	leu

　　以上讨论的同源词汇为我们提供了更多令人信服的信息，让我们知道，无论今天他们定居在哪里，湿地耕种（水耕）长期以来一直都是台语民族的主要农业活动。

除了上述词外，还有几个词表明侗台民族也从事畜牧业。

词项	原始台语	声调	泰	老挝	德宏	白傣	黑傣	龙茗	侬	热依	凤山
猪食	*hmok	D1L	—	muak mok D2	mok D2	—	—	—	môk	武鸣 mook	mook
驯养	*gun	C2	khun	khun	—	—	kun	—	—	kun	kun
洞穴	*muoŋ	C2	muŋ	muŋ	muŋ	muŋ	muŋ	moŋ	muŋ	—	mɔŋ

前两个词在石家话中分别是 $mɔɔk^2$ 和 $khun^6$。泰语和老挝语中与"洞穴"相对应的词的意思是"蚊帐"，这可能存在某种关系。

我们还在泛台同源词中找到一些与工具有关的词。

词项	原始台语	声调	泰	老挝	德宏	白傣	黑傣	龙茗	侬	热依	凤山
渔网	*muaŋ	A2/ C2	—	mɔɔŋ A2	muŋ A2	moŋ A2	moŋ A2	mooŋ A2	—	muaŋ C2	muaŋ C2
桶	*thuaŋ	A1/A2/ C1	thaŋ A1	thaŋ A1	thaŋ A2	thuŋ A2	thuŋ A2	thoŋ C1	thuŋ A2	toŋ C1	toŋ C1
磨	*mua	B1/B2	moo B1	moo B1	mo B1	mo B1	—	moo B2	mu B1/2	—	mua B2
烟管	*kok	D1L	kɔɔk	kɔɔk	kɔk	kook	kok	—	kuk	kok	kook
钳子	*neep	D1L	nɛɛp	nɛɛp	lɛp	nep	nêp	—	neep	nep	nɛɛp
锄，锄草	*kuak	D1L	南泰 kuak kwak	kɔk	kuk	kuok	kuuk	kôók	kuak		kuak

前三个词似乎显示出良好的汉台对应关系，如汉语中的"网""桶"和"磨"。"磨"这个词的不规则声调似乎表明这个词是在不同时间借到台语各语支中的。值得注意的是，这个词的元音不符合李方桂的西南支台语、中支台语、北支台语的三分理论。泰语、老挝语和德宏话中都有央低元音 /a/；白傣、黑傣和侬语中都有的后高元音 /u/ 使它们形成一个语群；龙茗、热依和凤山都有一个后中元音 /o/。除德宏傣语外，这种 /a/、/u/、/o/ 的对应似乎与声调分裂模式一致，即 /a/ 用 A1，/u/ 用 A2，/o/ 用 C1。这些声调在非北支语群和北支语群之间似乎有所区别，前者有浊音，后者有清音，这是台语中的一个常见现象。但是，龙茗话因为有浊音而又属于北支语群，打破了这种分裂模式。

"锄，锄草"似乎是一个台语固有词，在西南语群的某些语言中有一些语义变化。在老挝语中，这个词的意思是"招手"，在白傣语中是"撬"的意思。

3.1.3　身体部位词

与身体部位有关的词，除了李方桂的语料中已有的十几个外，我们还发现其他一些同类词。其中，有一些在台语中广泛分布，而另一些似乎只是方言词汇。例如：

词项	原始台语	声调	泰	老挝	德宏	白傣	黑傣	龙茗	侬	热侬	凤山
腰	*Ɂeu	A1	Ɂeeu	Ɂɛɛu	Ɂeu	Ɂeo	Ɂeo	Ɂiiw	—		Ɂew	
肘	*Zuak	D1L/ D2L	sook D1L	sook D1L	sɔk	sok	sok	sook	sook		suak	ɕiak
眉毛	*vrau	A2	khiu C2	khiu C2	—	pau	pau	caw	岱语 sao/chao		—	ɛau
腋窝	*re (?)	C2/ B1	re C2	he C2	傣仍 he le C2	he C2	he C2	lee C2	—		Ɂi B1	Ɂi B1

正如吴克德（Wulff，1934：172）、奥德里古尔（Haudricourt，1974：498）和马努迈威汶（Manomaivibool，1975：355）所指出的那样，汉语中也有"腰"。在北支各方言中，这个词项分布有限，且往往是使用其他形式，如凤山话中的 *huat*（DIL）、望谟话（布依语）中的 *huuut*（DIL）、武鸣话中的 *ɣuuut*（DIL）。北支台语的说法在热侬语中是 *huat*[2]，热侬语中的 *Ɂew*[A1] 可能借自中支台语。

汉语和台语之间也可以通过"肘"建立联系，汉语中的"肘"来自古汉语 *tiog（Karlgren，1957），似乎与澳台语系有关系。（Benedict，1975：219）

至于"眉毛"，一些方言简单地使用 *khun*[A1] *ta*[A1]（"头发 + 眼睛"）表示，如德宏话以及热侬话中的 *pun*[A1] *ta*[A1]。在许多台语方言中，这个合成词的意思是"睫毛"，而不是"眉毛"。在白傣、黑傣、龙茗、岱侬和凤山中，这个词可以被构拟为 *vr-。但是，它在龙茗中的词形是异常的，对应的词里会有一个腭化唇塞音 /pj/。泰语和老挝语中的声母问题更大，为此我们提出了一个单独的、带有声调 C2 的声母 *g-。

"腋窝"在非北支方言和北支方言之间存在声母 /r/ 和 /Ɂ/ 的交替，并伴随着声调 C2 和 B1 的交替。白保罗（同上：410）将这个词归入澳台语系词汇。

除了李方桂已发现的词外，我们还找到了两个广泛分布于台语中的禁忌词。

词项	原始台语	声调	泰	老挝	德宏	傣仂	龙茗	侬	热依	凤山
阴蒂	*stet	D1L	tɛɛt	tɛɛt	tɛt	—	sit/teet	—	θit	θit
男性器官	*ɣway	A2	khuay	khuay	xɔi	xvai	vay	vay	vay	vai

第一个词的声母似乎能追溯到某类原始复辅音，我们提出用 *st- 表示。第一个字母在西南语群中已消失，第二个字母在北支方言中消失。龙茗话中兼有北支和西南支的形式。

对于"男性器官"一词，西南支中的所有语言都有一个软腭音声母，与此相对的是，其他两个分支都有唇齿音 /v/（/w/）。白保罗（Benedict，1975：352）已经确认这个词属于澳台语关系词，与南岛语有很好的对应。

我们还确定了两个动物身体部位词。这些词在三个分支的方言中都有出现。

词项	原始台语	声调	泰	老挝	德宏	白傣	黑傣	龙茗	热依	凤山	石家话
驼峰	*nok	D1L	nɔɔk	nɔɔk	lɔk	—	—	nook	nok	nɔɔk	nɔɔk
胎	*rok	D2L	rok	hok	hok	hôk	hôk	look	rok	look	rɔɔk

在列举的各方言中，"驼峰"一词在声母、韵尾和声调中都表现出规则性的对应。白保罗（同上：317–318）在台语和印尼语中的 *tanduk（"角"）之间建立了某种联系。

"胎"在龙茗话和凤山话中都是"一窝（动物）"的意思。它在泰语中有一个相关的形式 khɔɔk（D2L），意思是"产仔，子宫"。

还有几个词表现出有趣的分布模式，这些模式可能对亲缘分群有重要意义。我们将在 3.2 中进一步探讨。

3.1.4 文化信仰、社会活动及其他方面

我们还发现一些指代精神和文化生活的词汇，以及较少的日常活动词汇。在我们的材料中，下面的词项在三个分支中都有出现。这些词项让我们得以一窥台语民族的文化生活。

词项	原始台语	声调	泰	老挝	德宏	白傣	龙茗	侬	热依	凤山	石家话
鬼	*braay	A2	phraay	phaay	phaai	傣仂 phyaay	—		phyaay	phyaay	phyaai	—
						phyaay						
命	*miŋ	B2/B1	miŋ	miŋ	miŋ	miŋ	miŋ B1	miŋ A2	miŋ	miŋ B1	miŋ	—
节日	*šiaŋ	A1	ciaŋ	ciaŋ	tsen	chen	ciiŋ	cheeŋ	siaŋ	ɕiaŋ	ciaŋ

　　"鬼"的意思在一些方言中略有不同。在泰语、老挝语、德宏话和傣仡语中，它的意思是"传说中的恶魔"。它在龙茗话中指的是"一个英年早逝者的灵魂"，常用于责骂孩子。（Gedney，1991b：500）在热依语中，它的意思是"（水果、蔬菜）在成熟前被昆虫咬坏"（Gedney，1991a：324–325），这个意思也出现在凤山话中。与这个词义一致的"毁灭；破坏"的底层语义在所有方言中都有体现。

　　"命"和"节日"分别与汉语中的"命"和"饗"对应。它们在古汉语中都是阴平调。"命"在现代汉语普通话中仍然使用；"饗"在汉代以前的文献中有记录，在现代汉语中似乎已经不再使用，但在现代台语中仍在日常语言中使用。值得注意的是，在古汉语中，xiang¹有两个同形异义词，高本汉（Karlgren，1957）分别将其注释为"盛宴"和"谷物的味道"。从这两种形式之间的语义关系，我们很容易看出：谷物的香味给收获者带来了欢乐。

　　此外，我们还发现相当多的与日常活动有关的台语词汇。例如：

词项	原始台语	声调	泰	老挝	德宏	白傣	黑傣	龙茗	依	热依	凤山	石家话
嚼	*hňaay	C1/A2	yɔɔy	nyɔɔy	yaai A2	ɲaaai B2	—	—	—	ɲaai A2	ɲaay	ɲaai
咬	*ɣen	C1/C2	hɛɛn C2	hɛɛn C1	hɛn C1	hen C1	hen C1	heen C2	—	hen C2	hen C2	hɛɛn C1
喊	*ʔeu	A1/B1	ʔɛɛw B1	ʔɛɛw B1	ʔiu B1	ʔeu A1	— B2	ʔeew B1	ʔeu B1	ʔeu B1	ʔɛɛu A1	—
用手指拈	*ñep	D1S/D2S	yip D1S	yip D1S	yip D1S	yip D1S	ɲip D1S	—	ɲip/ɲep D1S/D2S	ɲap D2S	ɲap D2S	ɲip D1S
拉	*sraau	A1/B2	saaw A1	saaw A1	thaau A1	saau A1	saau A1	saaw A1	sau A1	saaw B2	ɕwaau B2	saaw A1
双手抱	*hop	D1L	hɔɔp	hɔɔp	hɔp	hop	hop	hoop	hop	hop	hoop	—
推进火里	*zon	B2/A2	son A2	son A2	son A2	sun A2	—	sɤn A2	son B1	san B2	sɔn B2	—
安放	*thraaŋ	C1	—	haaŋ	haaŋ	haaŋ	haaŋ	thaaŋ	thaaŋ	raaŋ	laaŋ	—
裸	*pluay	A1	pluay	pluay B1	poi	pəi	puɯəi	—	pəi	—	pyoi	puɯay
性交	*si	C1	—	sii	傣仡 si/se	si	—	sey	—	si	si	—

词项	原始台语	声调	泰	老挝	德宏	白傣	黑傣	龙茗	侬	热侬	凤山
踩踏板	*Diap	D2L D1L	thiip D1L	thiip	thip	thip	thip	—	tip	tiap	tiap thiip
蹲	*ʔjuoŋ	B1/ A1	yɔɔŋ B1	yɔɔŋ B1	yoŋ A1	yoŋ B1	yoŋ B1	—	yoŋ B1	yoŋ A1	ʔjuŋ — A1
横放	*ɣwaaŋ	B2	—	—	vaaŋ	xuaaŋ	khoaŋ	vaaŋ	vaaŋ	vaaŋ	vaaŋ vaaŋ

这些词项似乎都是台语固有的，在台语中分布广泛。它们的一个重要特点是某些同源词之间存在声调不规则现象。有人认为，这种不规则现象也许能为各语言边界提供一条等语线。然而，正如这组材料所显示的那样，这种声调的不规则性并不总能作为划分语群的标准。在德宏傣、侬和北支方言中，"喊"的声调是 A1，说明这是原始声调，但其余方言用的声调是 B1。"拉"根据声调将西南语群和非西南语群区分开。因此，我们不能完全依赖声调的不规则性来进行语言的亲缘分类。

在新发现的台语同源词中，有四个具有更广泛的亲缘联系，其中包括"嚼""双手抱""蹲"等。它们也出现在广西侗水语支仫佬语中（中央民族学院少数民族语言所第五研究室，1985：198、213、223），如仫佬语中的 ɲaai[3]（"咀嚼食物"）、juŋ[1]（"蹲"）、khɣəp[7]（"双手抱住"）。"咬"也被发现与澳台语系有联系。（Benedict，1975：301）

在此基础上，我们可以增加下面两个台语民族在生活中经常遇到的词：

词项	原始台语	声调	泰	老挝	德宏	白傣	黑傣	龙茗	侬	热侬	凤山
果核	*ŋuy	B1/ B2	nuay B2	nuay B1	hoi B1	hoi B1	—	huuy B1	hôi B1	ŋuy B2	ŋui
白蚁	*pluak	D1L/ D1S	pluak	puak	pok	pək	puak	pyuuk	—	武鸣 pluk	石家话 pluk

"果核"一词展现了非北支语群和北支语群之间的清浊交替。"白蚁"一词在北支方言中的声调是短 D，与之相对的非北支方言用的是长 D。

此外，我们还发现了三个描述某种台语分布区常见疾病的词：

词项	原始台语	声调	泰	老挝	德宏	白傣	黑傣	龙茗	侬	热侬	凤山
兔唇	*waau	B2	—	wɛɛu B1	vaau	veeu	veeu	veew	veeu	vaaw	vɛɛu
皮癣	*klaak	D1L	klaak	klaak	—	—	—	kyaak	—	caak	tɛaak
中暑	*šaa	A1	saa B1	—	sa	傣雅 saa	—	—	θa	sa	ɛaa

前面讨论到的新同源词只是我们的 900 多个同源词汇库中的部分例子。

3.1.5　原来认定为分布不广的同源词在泛台语中的地位

有些材料在李方桂写作时尚不可获得，我们在获取了这类材料的基础上，现在已经能够认定 20 多个词具有泛台地位，这些词被李方桂认定为只属于某个方言或某些方言分支。有十多个被李方桂（Li, 1977）标记为"北支方言找不到"的词实际上在这些语言中是存在的，如下所示：

词项	声调	热依	凤山	石家话	所在页码及词项
飞狐	B1	$baan^2$	$baaŋ^6$	$baaŋ^6$	（第 69 页，词项 11）
听	B2	—	$ɲin^6$	$ɲiim^5$	（第 173 页，词项 9）
鱼骨	C1	$kaaŋ^3$	$kaaŋ^3$	$kaaŋ^3$	（第 187 页，词项 11）
树枝	B1	—	$tɕiaŋ^5$	$kiiŋ^6$	（第 187 页，词项 31）
大	A1	$huŋ^1$	武鸣 $huŋ^1$	$luaŋ^2$ "帝王"	（第 138 页，词项 31）
蛀虫	D2	mot^5	$moot^6$	$mɔɔt^5$	（第 72 页，词项 19）
挂	C1	hoy^3	hoi^3		（第 250 页，词项 12）
贝类；螺蛳	A1	$θay^1$	$θai^1$		（第 250 页，词项 11）
鞠躬，弯腰	C1	—	kum^3	kam^3	（第 187 页，词项 35）
包围，环绕	C2	hum^6	hum^4	hum^6	（第 134 页，词项 20）
融化；铸造	B1	lo^2	lo^5	—	（第 37 页，词项 20）
去稻壳	C2	$θom^6$	$θum^4$	—	（第 162 页，词项 11）
白	D2S	cok^1	$ɕɔk^2$		（第 231 页，词项 6）
刺，刺穿	A1	—	$teeŋ^1$	—	（第 104 页，词项 17）
疯	C1	武鸣 ba^3	baa^4		（第 70 页，词项 42）

"飞狐""树枝""鱼骨""贝类；螺蛳""去稻壳""白""蛀虫""融化；铸造"等词都特别有趣，这些词和李方桂（同上）确定的许多其他文化词都表明，台语使用者在分散之前曾是一个统一的农耕群体。北支方言中留存的这些词填补了我们对早期台语民族文化和环境认识上的空白。

此外，李方桂在中支和北支方言中确认的几个词在西南支方言中也有分布，如德宏傣语。这表明这些词是泛台同源词，而非只出现于部分方言区。

词项	声调	德宏	龙州	凤山	所在页码及词项
块（量词）	B1	$kaai$ A1	$kaai$	$kaai$	（第 186 页，词项 3）
陡峭	B1	$liŋ$	$liŋ$	$liŋ$	（第 138 页，词项 9）

像，相似	*C1*	*thum B1*	宁明 *lom*	*lum*	（第 138 页，词项 26）
救赎；奉献	*B2*	*lu B1*	天保 *lou*	*lu*	（第 126 页，词项 22）
（织机）梭子	*B1*	*tau*	天保 *tau*	*tau*	（第 87 页，词项 5）
伞	*C1*	*tsɔŋ*	*liiŋ*	*luaŋ*	（第 138 页，词项 36）
水磨	*D1*	*xok⁵ D2*	侬 *lôk*	*lok*	（第 138 页，词项 21）
脏	*C1*	*sam*	*ɬam*	剥隘 *ɬaam*	（第 153 页，词项 10）

值得注意的是，在我们的材料中，除了西双版纳的傣仂语，这些词项通常不出现在其他西南支方言中。傣仂语中也会发现上面的一些词项，如 *liŋ*（B1，"陡峭"）[也见于泰语中的 *taliŋ*（B1，"陡峭的河岸"）] 和 *tsɔŋ*（C1，"伞"）（在掸语变体中很常见，如帕基语和艾顿语）。这些词的分布提出了一个有趣的问题，可能会涉及北支台语族的早期迁徙情况，这一点我们将在 3.2.2 节中讨论。

3.2 区域词／方言词：对亲缘分类的影响

正如前面所指出的那样，在《比较台语手册》出版以前，李方桂（Li，1959，1960）曾提出将词汇分类作为台语亲缘分类的一个重要标准。他在其他地方（Li，1970，1975）指出，声调的不规则性和词汇特征一样，也和亲缘分类有关。

在《比较台语手册》中，李方桂坚持这一立场，并确定了大量方言词：西南支独有方言词 8 个，西南支和中支共有方言词 86 个，西南支和北支共有方言词 59 个，中支独有方言词 3 个，中支和北支共有方言词 28 个，北支独有方言词 39 个。如上所述，86 个非北支方言词中，有 15 个为北支方言共有；28 个非西南支方言词中，也有 7 个为西南支方言所共有；同样，39 个北支方言词中，有 4 个为西南支方言所共有。

下面，我们将介绍新发现的成果，并讨论它们对亲缘分类的影响。

3.2.1 北支方言与非北支方言

因为拥有其他方言群中没有的一些词，北支方言毫无疑问是台语支中最具区别性的一个子群。这类独特的方言词，再加上一些语音特征，让奥德里古尔（Haudricourt，1963）确认石家话属于北方方言。即使像格德尼（Gedney，1993：953-955）这样不相信词汇分类法的人，也提出了一个很长的北支方言词表，并经常将其用作区分北支方言和其他方言的要素。

在新发现的几百个同源词中，许多基本词汇为北支方言所独有，其中包括四个身体部位词：

词项	原始台语	声调	热依	凤山	武鸣	石家话
膝盖	*hruŋ	C1	ruŋ	luŋ	ruŋ	ruŋ
手指	*ŋian	B2	nian	nian	niŋ	nian
脚后跟	*kleu	C1	tiaw	ceu	kyu	—
腰	*huat	D1L	huat	huat	yuuut	

在我们的语料中，"膝盖"一词在非北支语群中没有对应词。

"手指"和"脚后跟"在非北支方言中用的都是不同的词，李方桂（Li，1977：111，153）分别将其构拟为 *niu^{C2} 和 *son^{C1}。格德尼（Gedney，1993：964）在北支方言中确定了"手指"的对应形式。

非北支方言中"腰"的形式在 3.1.3 节中已经讨论过。

正如李方桂所构拟的那样，非北支方言用其他形式。例如：

词项	原始台语	声调	热依	凤山	武鸣	石家话
布	*baŋ	A2	paŋ	paŋ	paŋ	—
铁	*va	A2	faa	faa	faa	maa
柄	*taam	A1	taam	taam	taam	—
水蒸气	*suay	A1	θɯay	θooi	fui	sooy
麻雀	*hlay	C1	lay	lay	lai	—

李方桂将"布"构拟为 *phaa（C1），意思是"布，衣服"。这个形式与上例不同，它没有鼻音尾。他解释道，*phaa^{C1}"在中支台语方言中找不到，中支台语方言一般用'棉布'一词"（Li，1977：64）。台语似乎应该区分"布"和"衣服"。在台语方言中，"布"似乎有多种形式，"衣服"也一样。在我们的语料中，龙茗有 phaa^3（C1），意思是"棉被"。（Gedney，1991b：506）正如李方桂（Li，1977：64）所确认的那样，*phaa（C1）对应的北支方言形式带有一个浊音声母 *b，意思是"女衬衫或男衬衫，上装"。李方桂（同上：154）也指出，其他台语方言用另一个词 *sia（C1）表示"男衫，女衫，上衣"。

非北支方言中另一个表示"铁"的词 *hlek（D1S）已经被李方桂（同上：137）确定。这个词似乎也与澳台语系有关。（Benedict，1975：320）在我们的材料中，北支方言中也有类似的形式，如热依语中的 riak^2 和石家话中的 riak^2，意思是"一种铅"。李方桂（Li，1977：137）和格德尼（Gedney，1993：954）都确定了北支方言中的以上例词。

正如李方桂（Li，1977：108–109）所构拟的那样，"柄"在非北支方言中用 *ʔd-，声调为 C1，如德宏傣话中的 laam^4（C1）、傣仂语中的 dam^3

（C1）、龙茗中的 *dam¹*（C1）。北支方言的形式都带有清齿塞音 /t/ 和声调 A1，与侗水语支对应，如侗语中的 *taam¹*、水语中的 *taam¹*、仫佬语中的 *taam¹*、毛南语中的 *taam¹*。值得注意的是，韵母在北支方言和非北支方言之间展现了很好的对应关系。

正如李方桂（Li，1977：204）所述，所有非北支方言都用不同的词来表示"水蒸气"［*ʔaai*（A1）］。*ʔaai*（A1）也出现在北支方言中，意思是"一种由大米制成的甜酒，酒酿"，如热依语和凤山话。

至于"麻雀"，李方桂（同上：164）在非北支方言中确认了一个不同的词 *cɔɔk*（D1L）。他也注意到了剥隘话中的 *lai*（C1），这与热依、武鸣和凤山的同源词 *lai*（C1）是对应的。

在此基础上，我们还应该加上两个词——"肩扛"和"黑色"：

词项	原始台语	声调	热依	凤山	武鸣	石家话
肩扛	*guat	D2L	kuat	kwat	kɯɯt	khuat
黑色	*von	C2	fon	fon	fon	—

对于"肩扛"这个词，所有非北支方言都用一个不同的词来表示，李方桂（同上：69）将其构拟为 *ʔbɛɛk*（D1L），如傣仂语中的 *bɛk⁹*、德宏傣话中的 *mɛk³*、龙茗话中的 *meek²*。这些非北支方言形式之间似乎有着广泛的联系，如临高话中的 *vik⁷*、黎语中的 *bi:k⁷*。

"黑色"一词在北支方言中得到广泛证明。在调查的 40 种布依语方言中，36 种有这个词形，其中有些元音有变化。（中国科学院，1959：211）非北支方言用不同的词表示"黑色"，李方桂将其构拟为 *ʔdlam*（A1），如德宏傣话中的 *lam⁶*（A1）、傣仂语中的 *dam¹*（A1）、龙茗话中的 *nam¹*（A1）[1]、万承侬中的 *dam¹*（A1）。这个构拟的原始形式 *ʔdlam*（A1）在武鸣话中是 *dam¹*，在石家话中是 *ram²*，在布依语中出现于复合词 *suˡ dam¹*（"黑心"）。（Gedney，1991a：69）*ʔdlam*（A1）这种形式还有更广泛的联系，如侗语中的 *nam¹*、水语中的 *ʔnam¹*、仫佬语中的 *nam¹*、毛南语中的 *nam¹*、临高话中的 *lam¹* 和黎语中的 *dam³*。（中央民族学院少数民族语言所第五研究室，1985：270）有趣的是，和侗水语关系密切的北支方言没有用后一种形式。

与北支方言相对，下列词指向西南支 / 中支方言：

词项	原始台语	声调	泰	老挝	德宏	白傣	黑傣	龙茗
莲藕	*ʔbua	A1	bua	bua	mo	bô	bua	muu A2

1　龙茗话中也有 *foon⁶*，可能借自北支方言。

毛虫	*ʔboŋ	C1	buŋ	boŋ	moŋ	buŋ	buŋ	moŋ
说，告诉	*ʔbok	D1L	bɔɔk	bɔɔk	mɔk	bok	bok	mook
喂养（动物）	*ʔoy	B1	ʔɔɔy	ʔɔɔy	ʔoi	ʔoi	ʔoi	万承侬 ʔoi
长（空间）	*jaaw	A2	yaaw	yaaw	yaau	—	yaau	万承侬 yaau
打猎	*braan	A2	phraan	phaan	paan	paan	paan	pyaan
（天气）热	*ron	C2	rɔɔn	hɔɔn	hɔn	hon	hon	万承侬 hon
陡	*jan	A2	chan	san	tsan	chan	chan	can
久	*huŋ	A1	huŋ	huŋ	huŋ	huŋ	həŋ	万承侬 huŋ

根据我们的语料，我们在北支方言中都没有发现这些词项。"莲藕"在北支方言中用 ŋau（C2），对应汉语中的"藕"，而且也出现在临高话、侗语、仫佬语和黎语中。（中央民族学院少数民族语言所第五研究室，1985：81）

对于"毛虫"，北支方言只是简单地用统称"虫"来表示，李方桂（Li，1977：114）将其构拟为 *non^{A1}。白保罗（Benedict，1975：245）也确定这个词在台语和南岛语系之间存在联系。

"说，告诉"有一个不同的泛台同源词，这个同源词没有收录在《比较台语手册》，它可以追溯到原始台语 *nl-，如泰语和老挝语中的 law（B2）、德宏傣话中的 lau（B2/A1）、帕基语中的 lau（B2）、白傣语和黑傣语中的 lau（B2）、龙茗话中的 naw（A2）、侬语中的 lau（A1/B1）、布依语中的 naw^4、凤山话中的 nau^2。

"喂养（动物）"在某些西南支方言和北支方言中有着不同的词，见3.2.2节。白保罗（同上：333）认为"长（空间）"的台语词与南岛语系有关联，如台湾南岛语中的 *q[ə]law。李方桂（Li，1977：143，286）记录了一个表示"长；苗条"的北支方言词 *rɛi（A2）。

其余例子有泛台语或非西南支方言的对应词，它们在《比较台语手册》中已经得到构拟，如 *prau（B1，"打猎"）（同上：87）、*ʔdiat［D1L，"（天气）热"］（同上：109，282）、*hling（B1，"陡峭的"）（同上：138）、*naan（A2，"很长一段时间"）（同上：111）。像"打猎""（天气）热"和"陡"这样的词项尤其值得注意，为这类词画一条方言线会很有趣。

此外，"集市"一词也将北支方言和非北支方言区分开来：

| 词项 | 原始台语 | 声调 | 泰 | 老挝 | 德宏 | 白傣 | 黑傣 | 龙茗 | 热依 | 凤山 |
| 集市 | ? | D1L | ta-laat | ta-laat | kaat | laat | laat | laat D2 | hu A1 | hu A1 |

这里似乎涉及三个词源。大部分西南支方言和中支方言都有流音 /l/，

包括南部泰语在内，也许可以构拟一个原始流音 *hl-。相比之下，几种西北部掸语有塞音 /k/，从而可以构拟一个原始塞音 *k-。与非北支语群相反，北支方言有一个喉头擦音 /h/，因此可以构拟一个原始北支台语的 *h-。

西南支方言中的情况给亲缘分类提出了一些问题。如果像德宏话这样的方言被忽略，前面的词汇材料似乎将西南支方言和中支方言作为不同语群，因为这个词的韵母在非北支方言中非常具有规则性。或者，有人可能希望为非北支方言构拟一个 *kl-，但 *kl- 会在泰语中表现为 /kl-/，而在其他非北支方言中变为 /k-/ 或 /kj-/。

3.2.2　非西南支方言与西南支方言

1. 中支、北支联盟

在北支方言和中支方言中发现的新同源词数量几乎相等。这表明中支语群和北支语群可能作为一个子群出现。

词项	原始台语	声调	龙茗	侬	热侬	凤山
陶瓷	*hmeŋ	A1	meeŋ	—	—	mɛɛŋ
纺车	*swa	C1	saa	—	sa	swaa
鸟尾；家禽的尾巴	*suan	C1	sɤn	son	sun	suan
撑（船）	*kaaw	A1	kaaw B2	—	kaaw	kaau
隐藏	*ʔdo	C1	noo	dô	—	doo
戴（帽子）	*thlom	C1	thom	thom	sam	mɛɔ
疙瘩	*hnun	C1	nɤn	—	nun	nun
融化；溶解	*juak	D2L	cuuk	—	suak	ɕiak

"陶瓷"似乎是一个台语固有词，根据我们的材料，只有龙茗和凤山中有这个词，在侬语和热侬语中没有被发现。这个词的分布也可能会引起人类学家和历史学家的兴趣。

对于人类学家和历史学家来说，"纺车"也是一个有趣的词，因为织布是台语民族文化的重要组成部分，这在"绕线筒"（Li，1977：138）、"织布机"（同上：121）和"织布"（同上：98）等同源词中也有体现。这个词在石家话中也有出现，即 lwaa²，声调为 A1。

"鸟尾；家禽的尾巴"在西南支语群中只是简单地用"（动物的）尾巴"的泛台语形式，没有进一步区分。

"撑（船）"是一个日常用语，这进一步表明了河流航运是台语民族生活的一部分。

我们在西南支台语方言材料中也没有发现"疙瘩"和"融化；溶解"。

"害怕"似乎在侗水语中有同源词，如水语中的 qho^1、毛南语中的 $chut^1$。（中央民族学院少数民族语言所第五研究室，1985：228）白保罗（Benedict，1975：287）认为它是一个澳台语系同源词，和汉语有联系，如汉语中的"懼"。正如李方桂（Li，1977：137，139）所构拟的那样，中支和北支方言使用另一个词形 *laau（A1）来表达这个词义。

关于"听"，李方桂（同上：206）在西南支方言和北支方言之间发现了不同形式的同源词，他因此提出了原始台语的 *hŋ- 和原始北支台语的 *hŋ-，如泰语中的 ŋia（C1/B2）、热依中的 ɲia（A1）、凤山中的 ɲia（A1）和石家话中的 ɲia（A1）。另一个有"听"这一含义的词的原始台语形式已经被构拟为 *ńin（B2）（同上：173）[1]，如德宏傣语中的 ŋin（A2）、傣仂语中的 jin（A2）、龙茗话中的 yin（A2）、万承侬中的 ŋin（A2）、热依中的 ɲin（B2）、凤山中的 ɲin（B2）。

至于"够"，中支和北支方言使用另一个词来表达，而且声母都与西南方言不同，如龙茗话中的 noo（A2）、万承侬中的 dô（A1）、热依中的 to^5、凤山中的 to^6。中支方言的词形可以追溯到原始的 *ʔd-，而北支词形可以追溯至 *d-。这些对应关系向我们提出了一个原始音构拟的问题，因为 /ʔd/ 和 /d/ 在台语中很少混淆。然而，三个不同分支的方言都有同样的韵母 /-o/。此外，中支和北支方言还用汉语借词，如龙茗话中的 kaw（B1）、热依语中的 kaw（B1）、凤山中的 kau（B1），来自汉语中的"夠"（古汉语 $kəw^h$）。

白傣和剥隘中有"吐痰"的不同词形，李方桂（同上：64）为之构拟 *phi（B1）。

"阻止，阻拦"在西南支方言和北支方言中存在另一个同源词，如老挝语中的 $khaŋ^3$、德宏话中的 xaŋ（C2）、白傣语中的 $xoŋ^3$、热依语中的 $haŋ^3$、凤山中的 $haŋ^3$、石家话中的 $haŋ^3$。这个词在热依和石家话中意为"篱笆"。

"雇用"是一个典型的西南支方言词。中支和北支方言中使用不同的词来表达，如龙茗话中的 koo^2、热依语中的 ko^2、凤山中的 ko^5。它似乎借自汉语中的"雇"（中古汉语 *$kɔ^h$）。（Pulleyblank，1991：112）

也许最有说服力（最能说明西南支方言为独立的一支）的证据是西南支方言中有一组其他方言没有的基数词。例如：

词项	原始台语	声调	泰	老挝	德宏	白傣	黑傣
二十	*zaaw	A2	—	saaw	saau	saao	saao

---

[1] 李方桂（Li，1977：175）解释说，这个词"在北支方言中没有发现"，现在可以对此作出更正，如凤山中的 ɲin（B2），这与李方桂的 *ń 对应。

千	*ban	A2	phan	phan	pan	pan	pan
万	*hmun	B1	muɯn	muɯn	mun	mun	mun
十万	*sen	A1	sɛɛn	sɛɛn	sɛn	sen	sen
百万	*laan	C2	laan	laan	laan	—	laan

"二十"在所有非西南语支中用复合词 $yi^{B2}sip^{D2}$ 来表达。

"千"在非西南语支中也用不同的词来表达，似乎是很晚才借自汉语中的"千"（古汉语 $ts^hεn$），如万承侬中的 $sên^1$、凤山中的 $ɕian^1$。

数词"万"存在汉台联系，来自汉语中的"萬"（古汉语 $muan^h$）。现代汉语中的"万"似乎更接近中支和北支方言，带唇齿音，如龙茗中的 $faan^5$、万承侬中的 $faan^5$、布依中的 $vaan^2$（B1）、凤山中的 $faan^6$。西南支方言中的"万"似乎更接近古汉语形式。

有趣的是，西南支方言中的"十万"似乎与非西南支方言中的"一千"同音。

在非西南支方言中，"百万"一词没有对等的单音节词，通常使用 $paak^{DIL}faan^{B2}$（"百 + 万"）的结构。

上述词汇似乎表明西南支方言形成了一个单独的语群。

除了"百万"之外，上面提到的所有例词都被认为与南岛语系有关。（Benedict，1975：213，218）

3. 西南支、北支相关性

到目前为止，西南支方言被描写成与中支方言联合，形成一个独立的方言群。对此，我们必须为西南支、北支的联系提供类似的证据。

我们在语料中找到了以下基本词汇，作为这两个方言群的同源词例词，但是其中显然缺少中支方言的对应词。

词项	原始台语	声调	泰	老挝	德宏	白傣	热依	凤山
咀嚼	*hɲam	C1	—	nyam	yɛm	帕基	ɲam	ɲam
					C2	yɛm		
喝（液体）	*zut	D2	suut	sot	sut	sôt	suut	sut
			D2L					
嗑（瓜子）	*ket	D1	—	ket	ket	kêt	—	tɛɛt
混合，搅拌	*koy	A1	—	kɔɔy	kɔi	—	koy	kooi
排便后擦拭	*kieŋ	B1	kɛŋ	kɛŋ	kɛŋ	傣仇	—	tɕiŋ
						kɛŋ		
			C1					

移动	*hniŋ	A1	—	niŋ	luɯŋ	傣仂 nɤŋ	武鸣 niŋ	niŋ
跑	*phruat	D1L D2L	phruat	puat	—	—	puat	puɯat
绊倒	*ʔduot	D1	sa-dut	dut	—	—	dop	dɔt[5]

前三个例子与南岛语系有联系。（Benedict，1975：249，275，301）

3.1.4 节中提到了一个泛台同源词 "嚼"，也带硬腭鼻音 *hɲ。但此处举的同源词意为 "咀嚼（硬的食物）"；而且亲缘联系更广泛，如临高话中的 ŋian[2]、黎语中的 nom[3]。

"喝（液体）" 有着更广泛的联系，它在仫佬语中也被证明是 hyop[7]（D1S）。它可能与李方桂（Li，1977：109，267）构拟为 *ʔduot 的泛台同源词 "吸吮；亲吻" 有关。

"嗑（瓜子）" 似乎和 "吃""咬""啃" 等构成了一个词族。

至于 "跑"，李方桂（Li，1977：133）在西南支和中支方言中发现了不同的词，带流音声母，被构拟为 *len（B2）。上面所列举的泰语和老挝语词形的词义为 "渴望"。

我们在材料中没有发现其余例子的中支方言对应词。

除了上述例子外，我们还发现了一组描述生产活动的词，包括工具及其相关动作的词，以及与动物饲养和捕鱼有关的词。例如：

词项	原始台语	声调	泰	老挝	德宏	白傣	热依	凤山
背在背上	*ʔua	C1	ʔua	ʔua	—	—	ʔua A1	ʔoo
纺线	*šuay	A1	khra- suay	suay	—	—	—	ɕwai
赶牛，牵牛	*ʔuan	A1	—	ʔuan	ʔon	ʔon	—	ʔuan
喂养动物	*kua	A1	—	kua	kə	—	kua	kua
（动物）交配	*ʔdau	C1	kr-daw	daw	—	—	daw	daw
渡口，码头	*sok	D1L	—	sook	—	—	sok	sook
类似泥鳅的鱼	*hlut	D1S	—	lut	—	—	—	lut
泥鳅	*či	A1	—	—	tsi C1/ si A2	傣仂 tsi C1	—	ɕi A1
刺鳅	*hlaat	D1L	cha- laat	sa-laat	—	laat	raat	laat
用勺网捕鱼	*son	C1	—	nɔɔn	nɔ	son	—	sɔn

根据我们的材料，在西南支方言中，只有泰语和老挝语有"背在背上"这个词。正如李方桂（Li，1977：66）所指出的那样，台语的许多其他方言都只用 *baa（"随身携带"）。

"纺线"在西南支方言中分布有限，我们在材料中发现它仅存在于泰语和老挝语中，该词被用作名词，意思是"梭子"。这个词似乎存在着更广泛的亲缘联系，如临高话中的 sia¹、毛南语中的 sa³，以及更重要的黎语中的 hwei¹。这个黎语词可以解释台语中的变化形式。

另外几个词证明台语民族既从事动物饲养，也从事狩猎采集。

还有描述住宅和房屋建设的词也值得注意。例如：

词项	原始台语	声调	泰	老挝	德宏	白傣	热依	凤山
卧室	*druk	D2S	—	—	luk	黑傣	ruk	luk
					D1S	duk D1S		
矮屋顶	*buaŋ	A2	phəəŋ	phua:ŋ	puŋ C1	—	—	puaŋ
梁	*faan	A1	—	—	faan A2	faan	faan	faan

第一个词在德宏中的对应词的意思是"佛祖的卧室"。我们在泰语、老挝语和白傣语中都没有发现其对应形式。

"矮屋顶"和"梁"也偶尔出现在西南支方言中，并伴有声调变化。

此外，还有值得一提的是与身体部位或身体状况有关的几个词。例如：

词项	原始台语	声调	泰	老挝	德宏	白傣	布依	凤山
骨髓；眩晕	*ŋui	A2	—	ŋuy	—	—	ŋuy	ŋui
脖颈儿	*ʔdon	C1	—	ka-don	—	—	dan	dɔn
疣	*hrut	D1	huut	tuut	hut	hut	rut	lut
愚笨，白痴	*ʔŋua	B2/	ŋoo	ŋoo	ŋa	—	ʔwaa	ʔwaa
		C2	B2	B2	B1		C2	C2

在西南支语群中，老挝语是最"守旧"的方言，它保存了以上所有词。根据我们的材料，这些词在北支方言中表现得相当一致。

上述词汇在西南支方言和北支方言中的分布表明，这类词是原始台语的遗留形态，这有力地证明了原始台语分化时期这两个语群之间存在密切联系。

4. 与社会组织有关的词

在我们的语料中，有三个词显示出有趣的分布模式，并对亲缘分群造成困难。这些是与社会组织有关的词，为台语民族早期的迁徙运动提供了重要信息。例如：

词项	原始台语	声调	泰	老挝	德宏	白傣	黑傣	龙茗	热依	凤山	石家话
国家	*bɯaŋ	A2	—	—	—	—	—	pɯɯŋ	pɯaŋ	pɯaŋ	phiaŋ
国家，地区	*mɯaŋ	A2	mɯaŋ	mɯaŋ	mɯŋ	məŋ	məŋ	—	mɯaŋ	—	—
城镇，地方	*gre	A2	khrɯ	khɯa	tɕe	—	—	—	ce	tɕie	—
		C2	A2	A2	A2/B2				C2	A2	

第一个词将西南支和非西南支区分开来。这个词在汉语中似乎是 *paaŋ*[1]（"邦"），意思也是"国家"，出现在殷墟甲骨文中。高本汉（Karlgren，1957）将其构拟为 *pŭŋ*，蒲立本（Pulleyblank，1991：29）将其构拟为 *paiwŋ/pœwŋ*。尽管石家话与西南语支有着密切的联系，它仍然保留着这个词。

第二个词基本上是一个西南支方言词，在《蛮书》[1] 中有所记载。在该书中，这个词被记载为非汉族部落用来指称自己的词。（樊绰，1985：170）中国学者经常引用这个词，作为台语民族早期定居云南的语言学证据。（尤中，1985b；江应梁，1983）根据我们的语料，龙茗和万承依中没有这个词，但热依语中有，这表明热依语很可能是从白傣语中借的这个词。

最后一个词历史悠久，因为在中国古代文献记载中发现了这个词，被记为"且"。这个词常被用作地名复合词中的第一个字。作为一部记载西汉时期（公元前 206—公元 25 年）的历史著作，班固的《汉书·地理志》中对此有过记录。在今天的云南（吴光范，1988：100）、广西和贵州的台语地区，这个词仍然保留在许多地名中。这个词形在越南语中应该是 *quê*，意思是"村庄，地方"。（Taylor，1983：8）越南语很可能是从泰语中借用了这个词。

如果这类词在亲缘分群中具有判别性，那么二分方案或三分方案就都不会起作用了。

5. 德宏傣：对词汇分类法的启示

我们在前面的小节中描述了与台语亲缘分群有关的几种词汇分布模式。现在，我们来重点看一下德宏傣语，它在词汇分类方面提出了有趣的问题。

正如 3.1.5 节中所指出的那样，很多词汇以前被认为仅限于非西南支方言，但德宏傣话是我们的研究中唯一能为这些词的泛台语地位提供"关键证据链"的西南支方言。例如：

---

1 《蛮书》为唐朝樊绰所著的记载南诏史事的史书，又名《云南志》《云南记》《云南史记》《南夷志》《南蛮志》《南蛮记》，共 10 卷。

词项	原始台语	声调	德宏	龙茗	侬	热依	凤山
钻（狭窄的空间）	*ʔdon	C1	lan	—	dun	don	doon
在正中间	*deŋ	A2	teŋ A1	—	tiŋ	teŋ	tɛŋ
聚集；收集	*do	A2	to	too	to	to	to
合并；归拢	*khlon	C1	xon	can	—	con	tɕoon
河流中的急流	*hlaai	B1	laai	laay	—	raay	laai
迟到	*luot	D1L	lut	白傣	—	lot	loot
		D2S		lut			
半旧半新	*hmaŋ	A1	moŋ	maŋ	—	maŋ	maŋ
分叶，出新芽	*Muun	A1/A2	mun	muun	—	—	muun
			A2	A2			A1
一片（田野）	*raai	B2	hau	—	laay	raay	laai
弹起；飞溅	*zin	A2	sin A1	sin	—	sin	sin
挤进（小地方）	*zon	C2	sɔn A2	—	san	san	sɛn
用火焚烧	*blaam	A2	laam	—	pem	pyaam	pjaam

这些显然都是分布广泛的台语同源词。特别值得注意的是"聚集；收集""河流中的急流""挤进（小地方）""用火焚烧""一片（田野）"［与德宏傣话中的 hai^B2（"旱田"）不同］等词，这些词反映了早期的台语民族文化。但是根据我们的材料，这些词未出现在其他西南支方言中。同样要注意的是，并不是每个词都存在于龙茗和侬语这两种具有代表性的中支方言中。

尤其重要的是只有德宏傣话和北支方言所共有的那些词。下面三个例子很有启发性：

词项	原始台语	声调	德宏	热依	凤山	石家话
（先）别	*ba	B2	paa	paa	paa	phaa
撑（船）	*šeŋ	B1	seŋ	seŋ	ɕeŋ	kɯɯŋ
站	*zoŋ	A2	soŋ	soŋ	ɕɔŋ	yɔŋ

这些例子在石家话中都能找到，表明它们是常见的北支方言词。"（先）别"是北支方言中典型的带有语法功能的词。在我们的材料中，这个词没有出现在任何中支方言里。"撑（船）"对应的石家话词的意思是"撬动"，二者可能没有关系。还要注意的是，石家话中有硬腭近音 /y/，这是该语言的一个特征，代表原始台语的齿擦音，如 yak^6［"洗（衣服）"，来自原始台语 *zak］、yɔɔ^5（"直的"，来自原始台语 *zïo）、yaa^4（"烤"，来自原始台语 *čï ʔ）。

在很多情况下，这种共有的词只出现在德宏傣话、热依语和凤山话中，石家语中没有。例如：

词项	原始台语	声调	德宏	热依	凤山
刺竹	*ʔdrok	D1S	hok	dok	dɔk
捐赠，赎金	*dl/ru	B2	lu B1	ru	lu
混乱，混淆	*dliau	C2	lo A2	riaw	liaw
背篓	*jaŋ	C2	yɔŋ B2/A1	yaŋ	jaŋ
饱满；充满	*mwaak	D2L	waak	faak	faak
把米捣一下使之变白	*šop	D1S	sut	sop	ɕop
公鸡啼叫时间，更	*zau	B2	sau	saw	sau
榕树	*jam	A2	yom	yam	jam

这些都是一些日常的台语词，在每种台语方言中应该都能找到。"刺竹""背篓""饱满；充满""把米捣一下使之变白""公鸡啼叫时间，更""榕树"等词尤其能说明远在云南的德宏和相隔千山万水的广西凤山壮话有同源词关系，证明了西南支和北支有某种联系。其中，"背篓"和"公鸡啼叫时间，更"值得特别提及。在我们的语料中，西南支方言傣雅语中也有"背篓"一词，声调为A1。"公鸡啼叫时间，更"是台语中衡量时间的一个重要文化概念。需要注意的是，德宏傣话是唯一保留这个词的西南支方言，但这个词在北方言中广泛分布。这个词可能与在台语中非常统一的"早上"一词有关，李方桂（Li，1977：168）已将其构拟为 *jau（C2）。

此外，我们的语言材料显示，有几个词只是德宏和凤山共有，而热依中没有。例如：

词项	原始台语	声调	德宏	热依	凤山
击打	*ʔboŋ	C1	maŋ B2	—	bɔŋ
溅，洒	*Son	A1/A2	son A2	—	sɔn A1
泥鳅	*či	A1	ʦi B1/ si A2	—	ɕi
一片（田野）	*lok	D2	lɔk D1	—	look D2
踢（马）	*ʔeŋ	A1	ʔeŋ	—	ʔeŋ

这类词的分布给台语方言的词汇分类提出了重要的问题：上述例子有什么意义？我们如何解释这种现象？如果词汇是一个文化群体迁徙运动的痕迹，那么正如很多中国史料所记载的那样，这些词似乎表明一群北支方言使用者曾先向南迁徙，然后又向西北迁徙；也有可能存在混杂着其他台

语变体的方言，这点我们将在第 7 章讨论。我们可以在其他地方找到类似的情况来支持这类论点。一些西部侬语方言，如位于中越边境中国云南红河北岸的 Sin Fong Yiw（Gedney，1995：410），表现出中支 / 非北支方言的语音特征，却有北支方言的词汇特征。例如：

词项	声调	德宏	SFY	龙茗	龙州	热侬
两个或多个人抬	A1	haam	thaam	thaam	haam	raam
尾巴	A1	haaŋ	thaaŋ	thaaŋ	haaŋ	ruaŋ
阵雨	B2	haa	chaa	laa	haa	raa
肋骨	C1	xaaŋ	chaaŋ	laaŋ	—	θeŋ C2
耳朵	A1	hu	chuu	low	lu	rua A2
测量	A1	—	chaaw	laaw	—	raaw
米	C1/C2	xau	khaw	khaw	khaw	haw C2
兄，姐	B2/C2	pi B2	pii B2	pii B2	pi B2	pi C2

上述例子表明，Sin Fong Yiw 具有典型的中支方言语音特征，尤其是"两个或多个人抬""尾巴""阵雨""耳朵"等词。而"米""兄，姐"等词具有非北支方言特征，北支方言则使用不同的声调。

Sin Fong Yiw 虽然是一种典型的中支方言，却与北支方言共有很多词汇，这些词汇在同样位于中国的龙州话、龙茗话、雷平话等中支方言中没有出现。例如：

词项	声调	SFY	龙茗	龙州	热侬	凤山
布	A2	phaŋ A1	—	—	paŋ	paŋ
竹笋	A2	ðaaŋ	—	—	raaŋ	laaŋ
蚊帐	D1L	ðip	—	—	riap	liap
黄色	C1	hen	—	—	hen	hen
锈	C2	nay	—	—	nay	nai
集市	A1	hu	—	—	hu	hu
做	D2L	hɔk	—	—	kwa B2	kwak
疯的	D2L	paak	—	—	paak	paak

"竹笋""蚊帐""黄色""锈"等词在李方桂（Li，1977）的著作中被归入北支方言词汇，且并未在其他分支方言中出现。这些词在 Sin Fong Yiw 中出现为我们前面提出的北支台语先民先向南再向西北迁徙的假设提供了证据。这也符合宋初动荡时期侬智高及其部落受到别国统治者压迫的历史记载。（Barlow，1987）

6. 方言词汇小结

方言词汇的研究结果可以总结为：台语支语言存在大量独特的方言词，这些词可能会对台语方言分类产生影响。但是，当考虑到共有词汇时，问题就变得复杂了。图 3-1 和图 3-2 将李方桂（Li，1977）的研究结果和我们的研究结果作比较。

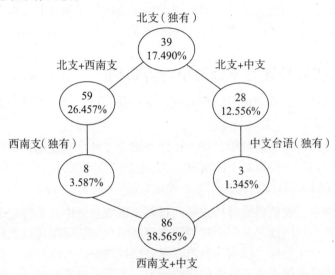

图 3-1　李方桂台语分支中的共有方言词汇
（数字指的是词数）

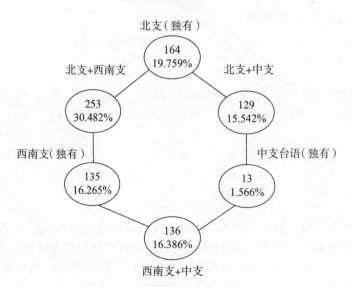

图 3-2　用新材料修订的共有方言词汇
（数字指的是词数）

从中可以看出，李方桂提出的北支方言独有的词汇比例和我们的研究结果非常相似，他提出的中支方言的独有词汇也是如此。这两组材料中，西南支方言独有词汇的数量差异相当大：李方桂的材料是 3.587%，而我们的材料占 16.265%。就共有词汇而言，李方桂的材料表明，西南支方言和中支方言的共有词汇要多于西南支和北支方言的共有词汇，但我们的新材料指向了相反的结论。此外，新的研究结果表明，可能曾有一群北支台语使用者南迁，随后又向西北迁徙。

3.3　历史比较视野下台语中的否定词

前面的章节主要讨论名词和动词，现在我们将注意力转向功能词这个重要的类别上。

在《比较台语手册》中，李方桂已经确定了两个独立的词根作为原始台语的否定词。在构拟每个词根时，他注意到"在不同方言中有不同形式"（Li，1977：71），且"存在大量的不规则对应"（同上：73）。

在本节中，我们将通过检查新的材料来研究台语中这个特定范畴存在的差异和不规则性。我们会特别注意可能出现的新同源词以及同源词的语音特征和语义结构，以期为台语亲缘分类提供一些新的见解。我们将寻求它与汉语以及侗水语之间更广泛的联系，尤其是后者与台语之间存在的密切联系。

3.3.1　比较研究的材料

下面是李方桂《比较台语手册》中的两个否定词根，及其在不同分支的几种台语方言中的对应形式：

词项	原始台语	声调	泰	老挝	德宏	白傣	黑傣	龙茗	侬	热依	凤山
不	*ʔb	B1	bɔ/ bɔɔ	bɔɔ	maau	bau	bau	maw	bô	bo/ baw	bau/ bɔ
没	*m	?	mii/ mai B2	mii/ mai B2	mu A1	—	—	mii C1/ B2	mi A2	mi A2	布依 mi A2

李方桂指出，对于"不"，傣仂语和岱语都有两种形式，前者是 *bau* 和 *bɔ*，后者是 *bau* 和 *bô*。我们手头的北支方言材料与李方桂的发现一致。但是，在德宏傣话、白傣语和黑傣语中，它只有双元音 /au/ 的形式。在龙茗话和侬语中，它有一个带有清不送气音 /p/ 的单独形式，如龙茗话中的

puu（C1）、侬语中的 *pô*（A2）。这两种中支方言显示这个词存在 /b/ 和 /p/ 交替的现象，并伴随着声调变化。格德尼（Gedney，1991b：346）指出龙茗话中的这个词形"据说很少使用"。

"没"呈现出更多声调变化，我们的材料中有 B2、A1、C1 和 A2 几种声调。值得注意的是，"没"在侬语和北支方言中与"有"同音。它在泰语、老挝语（可能还有其他一些西南支方言）中会出现一个有双元音 /ai/ 作为韵尾的交替形式。

我们的材料中除了上述形式之外，很多方言中还有更多相似的词。其中，一些似乎是方言词，而另一些则至少在三个分支中的两个中都能找到。例如：

德宏傣话：*jaŋ*$^{A1/B2}$（"没，还没"）、*ʔam*^{B1}（"不"）、*yaŋ*^{A1}*pa*^{B2}（"还没"）、*ya*^{B1}*pai*^{B1} / *pai*^{B1}（"不要"）、*m5*^{A1}（"不"）、*hɔn*^{B1}（"从不"）。

傣雅语：*ja*^{B1}（"不要"）、*jwo*$^{A1/B1}$（"还"）。

白傣：*ɲa*^{A2}（"不要"）、*hon*^{B1}（"从不"）。

黑傣：*ɲa*^{A2}（"不要"）。

龙茗话：*can*^{A2}/*caŋ*^{A2}（"还没，仍未"）、*puu*^{C1} *yaa*^{B2}（"不要"）。

侬语：*saŋ*^{A2}（"还没"）、*saŋ*^{B1}（"疑问助词"）、*men*^{C2}（"不必"）、*ya*^{A2}（"不要"）。

热侬语：*fi*^{B2}（"还没"）、*lak*^{D2}（"不要，先别"）、*pa*^{B2}（"还没，请稍等"）（如 *lak*^{D2}*pa*^{B2}）。

武鸣话：*kai*^{B1}［"别 / 不要（做）"］、*ɕaŋ*^{A2}（"尚未，还没"）。

望谟话（布依语）：*fi*^{B2}（"还没"）、*mjaau*^{C1}/*mie*^{C1}（"别"）。

凤山话：*ʔam*^{C1}（"不"）、*lak*^{D2}（"不要"）、*pa*^{B2}（"先不要做"）、*ɕaŋ*^{A2}（"还没，还没有"）、*mie*^{B1}（否定疑问助词，"或不"）。

天峨话：*fi*^{B2}（"还没"）、*ɲaa*^{B2}（"不要"）。

石家话：*bay*^{C1}（"不要，不能"）、*ŋaay*^{B2}（"还没"）、*phaa*^{B2}（"还没"）、*yaa*^{C2}（"别"）。

3.3.2　讨论

1. 李方桂的构拟

*bau/bo^{B1}（"不"）：这可能是迄今为止所研究的所有方言中最常见的形式。尽管这个形式偶尔会出现一些声调变化，如武鸣话，但它在台语中总

体呈现出了有规律的对应关系，只在某些中支方言中似乎逐渐被另一种形式 pu 所取代。这个形式在兰甘亨碑文中被发现，表明它存在于早期台语中。

*mi（"不"）：与 *bau/bo^{B1} 相比，mi 的分布范围似乎更窄。它出现在碑文中，但根据我们的材料，在傣雅语、白傣语、黑傣语或石家话中都没有 mi，这些语言都用 bau。凤山话中的 mie^{B1} 可能与 mi 有关，但 mie^{B1} 的语法化程度很高，只用作疑问助词。mi 也出现在组合形式 bo mi 中。bo mi 也出现在碑文中，可能是由 bo（"不"）+ mi（"有"）发展而来的。支持这种推测的一个证据是，在许多北支方言中，mi 与"有"这个词同音。另一个证据是，尽管现代老挝语与泰语联系紧密，但老挝语并不用 mi。德宏话中的 muu^{A1} 似乎与 mi 有关，但 muu^{A1} 的分布范围相当有限，用作否定前缀，可能来源于 ʔam^{B1} mi^{A2}（"没有"）。在望谟话中，mi 与完成体 fi^6（B2）有所区别，而在武鸣话中，mi^3 和 bau^3 可以互换使用。

2. 新发现的同源词

从我们的新材料中能清楚看到，台语中可以确定几个新发现的同源否定词。

*ɲa^{B2}（"不要"）：由于分布广泛，否定祈使词 ɲa^{B2} 是台语同源词一个很好的代表。这个形式出现在包括泰语和老挝语在内的所有三个台语方言分支中，在泰语和老挝语中为 yaa^{B1}。在南部泰语中，其形式是 naa^{A2}，有一个和 naa 拼写很像的形式广泛出现在碑文中。在德宏傣话中，我们发现了两种交替形式 ya^{B1} pai^{B1} 和 pai^{B1}。其中，前者是完整形式，后者是缩写形式。一些北支方言使用了不同的词，如热依、凤山话和武鸣话。*ɲa^{B2} 在天峨话和石家话中的形式表明了它存在于北支方言中。*ɲa^{B2} 和"完成"一词也许能建立某种联系。"完成"一词在德宏话、白傣语、龙茗话和依语中被描写为 yaa^{B1}，在热依语中是 yia^{B1}，在凤山话中是 ʔyie^{B1}。在热依语和凤山话中，lak^{D2S} 用于否定祈使。

*čaŋ^{A2}（"还没，没有，仍然没有"）：在我们的材料中，这个形式在三个分支的所有方言中都有出现。它可能和"直到"有某种关系，因为"直到"一词在黑傣语和白傣语中被描写为 ɲaŋ^{A2}，在西双版纳的傣仂语中为 jaŋ^{A2}，李方桂为此构拟了 ňaŋ^{A2}。在泰语中，yaŋ 经常与 mai^{B2} 组合，表明它们之间有着密切的联系。但是，德宏话中的材料表明它们是两个词。它在德宏话中存在两个不同的形式——yaŋ^{B2} 和 yaŋ^{A2}。前者表否定，与 caŋ^{A2} 有关，而后者的意思是"仍然，仍然是"。在我们的材料中，德宏傣是唯一保留这个原始形式的西南支语言。

在一些北支方言中，如热依话、天峨话、布依语，fi^{B2} 也有同样的功能。

在凤山话中，$\varepsilon a\eta^{A2}$ 可以和 bau^{B1} 组成复合词 $bau^{B1}\varepsilon a\eta^{A2}$，这个复合词可用于复杂的语句中，表示同样的意义。

$*ba^{B2}$：这个形式出现在德宏、热依、凤山和石家话中，表明它在原始台语中存在。德宏这个词对于保存这个形式有特殊意义。在德宏傣语中，这个词经常和 $ja\eta^{B2}$ 组合成复合词 $ja\eta^{B2}\,pa^{B2}$，表示否定的完成体"还没有"。在北支方言中，这个形式的意思是"现在别做（之后再做）"，表示说话人发出一个命令，把某项行动推迟到不久的将来。在热依语中，这个词经常和否定祈使词 lak^{D1} 一起使用，意思是"等一下（再做）"。在凤山话中，这个形式可以和 bau^{B1} 结合成 $bau^{B1}\,pa^{B2}$，表示同样的含义。根据材料，我们在其他非北支语言中找不到这个词。除了德宏傣话以外，是否还有其他非北支语言也有这个形式，将是一件值得考究的事情。

$*\eta am^{C1}$：在我们的语料中，这个形式出现在泰语（古语）、德宏傣话和凤山话这三种方言中。它也出现在许多北支方言中，但未出现在中支方言中。它在德宏傣话、凤山话和泰语中都存在声调 B1 和 C1 的交替。

$*hon^{B1}$：在我们的语料中，这个形式只在德宏傣话和白傣语中出现。它的来源未知。

$*men^{C2}$：根据我们的材料，这个否定词出现在依语中，未出现在北支方言中。通过仔细观察发现，这个词在很多非北支方言中作为词位出现，如泰语中的 $m\varepsilon\varepsilon n^{C2}$（"即使"）、老挝语中的 $mia:n^{C2}$（"抛弃，杀死"）（老挝语有一个相关形式 $m\varepsilon\varepsilon n^{B2}$，意为"是的"）、德宏话中的 $m\varepsilon n^{C2}$（"用完"）、白傣语中的 men^{C2}（"抛弃"）、龙茗话中的 $miin^{C2}$（"以免，为了不"）（如在短语 $miin^{C2}\,h\varkappa u^{C1}$ 中）。白傣语中还有另一种形式 mum^{C2}，意思是"完成"，带有后元音 /u/ 和一个双唇鼻音尾 /m/。它在泰语、老挝语、龙茗话、依语、德宏话、白傣语中可能正在发生去语法化。

3.3.3　台语否定词与侗水语和汉语的比较研究

将这些台语否定词与侗水语和汉语中的对应形式进行比较是非常有用的。

1. 台语否定词与侗水语的比较研究

我们先看一下侗水语中的相应形式：

词项	侗语	水语	仫佬语	毛南语	临高话	黎语
不（是）	$kwe^{A2}/\eta ai^{C1}$	me^{A2}	$\eta^{B1}/kh\sigma:\eta^{A1}$	kam^{C1}	$m\partial n^{A2}$	$gwai^{2}$
不（做）	$kwe^{A2}/\eta ai^{C1}$	me^{A2}	$\eta^{B1}/kh\sigma:\eta^{A1}$	kam^{C1}	$m\partial n^{A2}$	ta^{1}
未，尚未	kwe^{A2}/mi^{A2}	mi^{A2}	$taa\eta^{A2}$	$mu:i^{C1}$	$m\partial n^{A2}$	ta^{1}
不要，别	pi^{C2}	ηna^{C1}	$j\partial u^{B1}$	$j\sigma\eta^{B2}$	$m\partial n^{A2}\,ju\eta^{C2}$	ηou^{3}

由此看出，第一个台语词 *bau/bo^B1* 在侗水语中没有同源词。但是，我们可以看到，侗水语中有几个同源形式偶尔会出现在上述方言中。

台语中的 *mi/mai* 在侗语、水语和毛南语中存在类似的形式，其通用意义是"未，尚未"。仫佬语中的否定完成形式 *taaŋ^A2* 虽然有一个长音 /aː/ 和一个齿塞音声母，但与台语中的 *caŋ^A2* 存在一些联系。

毛南语 *kam^C1*、仫佬语 *ŋ^B1* 和水语 *ʔəi^C1* 似乎都与台语 *ʔam^C1* 有关联。对于台语中的否定祈使词 *na^B2*，水语、仫佬语、毛南语、临高话，甚至黎语都表现出了或多或少的密切对应关系。此外，侗语 *pi^C2* 和台语 *paa^B2* 的声母相同。临高话 *mən^A2* 似乎与台语 *men^C2* 有关联。

2. 台语否定词与汉语的比较研究

汉语否定词与台语否定词有着惊人的相似之处。例如：

汉字	高本汉的构拟	蒲立本的构拟
不	*piŭg/piəu˯* (999a)[1]	*pət/put*
否	*piŭg/piəu˯* (999e)	*puw'*
弗	*piwət/piuət* (500a)	*put*
无	*miwo/miu* (103a)	*muə*
無	*miwo/miu* (106a)	*muə*
非	*piwər/pjwei* (579a)	*puj*
未	*miwəd/mjwet* (521a)	*muj^h*
莫	*mag/muo* (802a)	*mak*
毋	*miwo/miu* (107a)	*muə*
勿	*miwət/miuet* (503a)	*mut*

由此可以看出，汉语中所有的否定词都有唇辅音声母，这是一个突出的事实。我们应该注意到，台语中的一些否定词也是如此。

前三个例子似乎形成了一个词族，这可能是同一原始形式的变体，与台语中的 *bau/bo^B1* 相对应。其中，就韵母和声调而言，第二个例子与其更接近。第一个例子和第三个例子在古汉语中有塞音韵尾，而在台语中没有这一特征。

第四个、第五个和第六个例子可能与台语 *mi/mai* 有关。其中，第四个例子和第五个例子是同一形式的变体，它的意思是"没有，不存在"。第六个例子具有通用意义"不是"，并且似乎与第四个例子和第五个例子互补使用。台语中似乎没有这样的区别。汉语中的两个声调可能为台语中

---

1 括号内容均为《汉文典》的编号。

的声调变化指向有某种关联。

第七个例子是汉语中唯一一个带有否定完成意义的词。热依语和布依语中的 fi^{B2} 似乎与这个词有关。这个范畴中的另一个台语词 $caŋ^{A2}$ 可能与汉语 "尚" 有联系，"尚" 经常用于复合词 "尚未"，意思是 "还没有"。但是，不像台语中的 $caŋ^{A2}$，"尚" 在汉语中不能单独作为自由的否定词，必须跟其他词连用。

其余三个例子都带有否定祈使意义。其中，第八个例子似乎出现得比较晚，在南部和西南部的很多方言中仍在使用。它的韵母与热依语和凤山话中的 lak^{D2} 存在对应关系，但是声母没有。第九个例子与第十个例子现在只在汉语书面语中出现，且汉语和台语中的这两个词似乎没有任何联系。台语中的 pa^{B2} 和汉语中表示 "停止" 的动词 "罢" 可能存在联系。高本汉将其构拟为 $b'ai$（26a），蒲立本将其构拟为 $baɨjk/bɛj'$。在语音形态上，其台语形式更接近现代汉语。

综上所述，汉语和台语的否定存在语音相似性，两种语言中有许多共同词，表明二者之间存在密切联系。

3.3.4　关于否定词的总结

除了李方桂（Li，1977）已经确定的那些，我们还发现了一些其他的台语否定同源词形式。其中一些是原始形式的遗留，另一些则表现出方言特征。其中一些形式的分布似乎跨越了方言的分界线，给等语线的绘制提出了棘手的问题。

在台语和相关的加岱语以及汉语之间，台语中的否定在形式和语义结构上表现出许多相似之处。这些相似性如此惊人，以至于很难认为它们完全是语言接触和借用的结果，因为它们不是那种容易借用的文化词汇。这就对语法性词素同源词在总体的历史关系中的地位，特别是在汉语和台语的亲缘关系方面提出了一些有趣的问题。

3.4　对台语亲缘分类的启示

下面结合李方桂的材料来总结我们的初步研究成果。我们的重点放在词汇材料上，因为他们被认为是亲缘分类的一个重要标准。

同源词类型	原始台语	西南支	中支–西南	西南–北支	中支	中支–北支	北支	总计（个）
李方桂数据	997	8	86	59	3	28	39	1 220

新统计数据	1 009	8	71	63	3	21	35	1 220
新增数据	344	127	64	186	10	99	131	961
新统计数据与新增数据之和	1 353	135	135	249	13	120	166	2 171
原始台语共享同源词百分比	62.32%	6.22%	6.22%	11.46%	0.59%	5.55%	7.64%	100%

由此可以得出一些概括性的观点。我们的发现支持李方桂和其他人的观点，即北支方言和西南支方言各构成一个独立的方言群。然而，我们的统计数据对目前认为中支和西南支之间有更密切联系的观点提出了质疑。我们发现，西南支和北支共有的同源词比西南支和中支共有的要多。此外，中支和北支共有的同源词数量与西南支和中支的数量大致相同。如果考虑到这一因素，中支作为一个独立方言群的地位是值得怀疑的。

在文化词汇的某些方面，有迹象表明中支和北支是一个整体，与西南支相对。然而，这三个语支之间存在交叉联系，使得二分或三分的划分方法变得相当困难。

总之，就亲缘分群而言，词汇特征和语音特征不匹配，这可能是词汇扩散造成的。

第4章

古台语咝擦音复合声母的例证及汉台语的关系

李方桂（Li，1977）在其著作《比较台语手册》中构拟了唇音（*pl/r*、*phl/r* 等）、齿音（*tl/r*、*thl/r* 等）和舌根音（*kl/r*、*khl/r* 等）三套声母，其中并没有发现咝擦复辅音。

然而，我们手头的语料表明原始台语中存在咝擦复辅音。现代台语方言中有 20 多个同源词显示了与已构拟的形式相偏离的语音对应模式，这一事实可以证实咝擦复辅音的存在。海南岛上的侗水语和黎语可以进一步证实这一观点。除非提出更多的原始音素，否则这类对应关系是无法仅根据《比较台语手册》中列出的原始台语音位库进行全面描写的。

台语咝擦音并不是新兴的议题。21 世纪初，亨利·马伯乐（Maspero，1912：79-80）观察到越南语 /s/ 和汉语 /l/ 存在语音对应，如"监狱"，在越南语中为 *sao*，在汉语中为 *lao*；"波浪"，在越南语中为 *song*，在汉语中为 *long*。基于孟语、泰语的口语和书面语、布依语以及广东话（同上：86-87）的材料，他认为越南语声母 s 是原始孟高棉语 C + r/l 型复合声母的反映形式。他引用了泰语的材料，认为相同发展进程也出现在这一语支中。尽管材料有所欠缺，但奥德里古尔（Haudricourt，1974：471）应该是首个提出原始台语 *sr-* 的语言学家。

本章将提供原始台语咝擦音的例证，并探寻深层历时关系。本章共分两个部分：第一部分提供台语内部例证，检验和讨论李方桂三个台语分支语言材料的语音特征，在材料基础上利用历史比较的方法对每一组复辅音进行构拟，以期增补李方桂的原始台语声母清单；第二部分采用侗水、临高、黎、汉语和苗瑶语言材料，着眼于更广泛的可能存在的同源关系。更重要的是，该部分将比较并分析大量的汉语和台语词汇材料，以便找寻含有咝擦复辅音的语音对应关系。其中，大部分对应关系在之前的研究成果中并没有被提及。尽管比较法的常规性原则可以用来分析大部分对照组，但部分对照组中声调和韵尾的不规则现象也会被提及，因为这些不规则现象表明两种语言之间存在词汇扩散等更深层的历史关联性。本章的目的不在于处理上述对应的起源或者本质，而是在于指明其与原始台语构拟以及古汉语音系的相关性，希望能够为原始台语构拟和台语之外的类似研究抛砖引玉。

4.1　有关现象

在进行相关讨论之前，我们先着眼于台语支语言的一些类型学特征，这些特征与咝擦音和流音密切相关。

在《比较台语手册》中，咝擦音和流音在台语方言中都呈现出有规律的对应关系。其中提出的原始台语单咝擦音共有九个，分别是 *s、*ẓ、*č、*čh、*ň、*hň、*j 和 *ʔj。与我们即将讨论的咝擦音对应关系有关的如下所示。（Li，1977：152–185）带星号的是李方桂先生的构拟，不带星号的是现代方言中最常见的反映形式。

原始台语	西南支台语	中支台语	北支台语
*s-	s-	ł-	ł-
*ẓ-	s-	ł-	ł-
*č-	č-	č-	š-
*čh-	čh-	š-	š-
*j	čh-	č-	š-

李方桂（同上：94–96）同时也注意到在北支方言中，两个唇齿擦音的复辅音都由咝擦音表示：

原始台语	西南支台语	中支台语	北支台语
*fr-	ph-	ph-	š-
*vr-	phr-	pj-	š-

此外，齿音复辅音在非北支语言中表现为齿塞音，在北支语言中则表现为咝擦音：

原始台语	西南支台语	中支台语	北支台语
*thl-	th-	th-	š-

流音则存在下列对应关系（同上：133–151，256）：

原始台语	西南支台语	中支台语	北支台语
*l-	l-	l-	l-
*hl-	l-	l-	l-
*r-	r-/h-	t-/r-/l-	r-/l-
*hr-	h-	h-	r-/l-
*dl-	l-	l-	l-

由此可见，原始台语的颤音 *r- 和 *hr- 在部分现代语言中体现为喉擦音 /h/，同一区域内的藏缅语也存在同样的现象。上述喉擦音 /h/ 也出现在下列原始台语声母中：

原始台语	西南支台语	中支台语	北支台语
*thr-	h-	h-/th-	l-

然而，有部分偏离上述模式的词汇却没有被提及。例如：

词项	声调	泰 / 老挝	德宏 / 傣仂	白傣 / 黑傣	龙茗 / 侬	布依 / 凤山	石家话
贝壳	A1	hoi/ hoi	hoy¹/ hoy¹	hoi¹/ hoi¹	hoy¹/ hoi¹	θay¹/ θai¹	—
锋利	A1	lɛɛm/ lɛɛm	lɛm¹/ lɛm¹	lɛɛm¹/ lɛm¹	leem¹/ som⁴	θam¹/ θɔm¹	lɛm¹
过滤	A2	saau/ saau	haau²/ haau⁴	— —	laau⁴/ saau¹	θaaw⁴/ θuiuau²	—
养	C2	liaŋ/ liaŋ	leŋ⁵/ leŋ⁶	leŋ⁶/ lieŋ⁶	cuiuŋ⁶/ sɤŋ⁶	ɕiaŋ⁶/ ɕiaŋ⁴	liaŋ⁶
重复	C2/B2	sam B2/ sam B2	sam⁵ C2/ sam⁶ C2	sam⁵ C2/ sam⁶ C2	sam⁵ C2/ sam⁶ C2	ram⁵ B2/ lam⁶ B2	lam¹A1

这种类型的对应与已经构拟的模式不一致。尽管李方桂在《比较台语手册》中提及了不规则对应，但并没有解决这个问题。下面我们将通过分析相关材料尝试对此进行解释。

4.2　内部例证

根据语音特征和分布情况，我们提供的一系列新声母将被分为若干组。为开展研究，我们将最大限度地提供来自所有语支语言的材料，并将特别注意此前没有使用的那些材料。每组声母的对应模式将在《比较台语手册》亲缘分类的基础上进行检验。

4.2.1 语料

我们的材料中近 30 个词汇项目指向原始台语的咝擦复辅音。其中的部分词汇在《比较台语手册》中已经列举了，我们在此增补了一些新材料。我们为每个词项进行了构拟。在具有可行性的情况下，我们修订了李方桂的构拟。部分例子已经在前面列举过。

词项	古台语声母	声调	泰/老挝	德宏/傣仂	白傣/黑傣	龙茗/侬	热依/凤山	石家话
贝壳	*sr-	A1	hoi/hoi	hoy¹/hoy¹	hoi¹/hoi¹	hoy¹/hoi¹	θay¹/θai¹	—
干燥	*sr-	C1	haau/haau	haau³/haau³	haau³/haau³	haau³/haau³	θaau³/θaau³	—
响	*sr-	A1	—/hiaŋ C2	帕基/hoŋ⁶	hooŋ¹/—	hoŋ¹	hooŋ¹	
过滤	*ʐr-	A2	saau/saau	haau²/haau⁴	—/—	laau⁴/saau¹	θaaw⁴/θwaau²	—
两（重量）	*žr-	B2/A2	—/—	hoŋ B2/hoŋ B2	傣雅 hwoŋ B2	—/chaaŋ A2	saaŋ⁴ A2/ɛaaŋ⁴ A2/	—
集中，汇合	*žr-	A2	room/hoom	hom²/hom⁴	hom⁴/hom⁴	luum⁴/—	som⁴/ɛum²	tɔɔm³
相同，相似	*žr-	B2	ruan/huan	hom⁶/hom⁵	hom⁵/huom⁵	sam²/sam² B1	sam⁵/ɛam⁶	—
楼层	*žr-	C2	raan/haan	haan⁶/haan⁶	haan⁶/thaan³ C1	laan⁶/chaan⁶	saan² B1/ɛaan⁵ B1	—
拉扯	*ʐr-	A1/B2	saau/saau A1/ haau C2	thaau¹/—	saau¹ A1/ saau¹ A1	saau¹ B2/ sau² B1	saau⁵ B2/ ɛwaau⁶ B2	saau² B1

词义	原始形式	调类						
群；串	*ǰr-	A2/B1	chum/ sum	tsum²/ tsum⁴	sum⁴/ sum⁴	som¹ A1	rum² B1/ lum⁵ B1	sum⁴
锋利	*sl-	A1	lɛɛm/ lɛɛm	lɛm¹/ lɛm¹	lɛɛm¹/ lɛm¹	leem¹/ som⁴	θam¹/ θɔm¹	lɛm¹
重复	*ẓl-	C2/B2	sam B2/ sam B2	sam⁵ C2/ sam⁶ C2	sam⁵ C2/ sam⁶ C2	sam⁵ C2/ sam⁶ C2	ram⁵ B2/ lam⁶ B2	lam¹ A1
摸；感觉	*ʐl-	B2	—/ lum	sum⁶/ sum⁵	cham⁴/ cham⁴ A2	—/ lum²	rum⁵/ θum⁶	
养，养育	*žl-	C2	lian/ lian	len⁵/ len⁶	len⁶/ lien⁶	cɯɯn⁶/ sən⁶	sian⁶/ ɕian⁴	lian⁶
冷凉	*žl-	C2	sen A2/ —	laan C1	—/ —	seen⁶	sen⁶/ ceen⁴	seen² A1
洞；开孔	*jl-	B2	chɔɔŋ/ sɔɔŋ	koŋ⁶/ tsoŋ⁵	choŋ⁵	loŋ⁵	soŋ⁵/ ɕooŋ⁶	—
倾斜，靠	*jl-	C2	chaai A2/ laai	tsaai/ tsaai⁶	chaai⁶/ chaai⁶	laay⁶	saay⁶/ ɕwaai⁴	—
阴蒂	*st-	D1L/ D1S	tɛɛt D1L/ tɛɛt	tet³/ —	—	sit³/ teet²/ θit²	θit²/ θit⁵	—
剁细；削	*stl-	D1L/ D1S	thaak/ thaak	thaak³/ thaak²	—	tyook²/ thaak²	θok²/ θɔk²	sɔʔ/ lɔʔ
摇晃；震	*ʐtr-	A2	sa- thuan/ sen	san²/ sɛn²	ɲan⁴/ san⁴	san⁴/ θan⁴	θuan⁴/ lian²	—
弄湿，使湿透	*ǰr-	A2	cham/ sam	yam²/ yam⁴	—	lam⁴/ —	—/ θɔm²	ram⁴
油煎，炒	*škh-	C1	khua/ khua	xo⁴/ xo⁴	kho³/ khua³	caau³/ chau³	saau³/ ɕaau³	

抓取食物	*ʐkl-	C1/C2	khaai A2	xui^2 / xe^2 B1	tsaai^4 A2 / khia^2 B1	laay^2 B1 / khuy^3 C1	θaay^2 B1 / θwaay^5 B1	—
肋骨	*ʐkl-	C1/C2	khraaŋ / khaaŋ	xaŋ^2 / xaŋ^4	tsaaŋ^4 / saaŋ^4	laaŋ^3 / se^3	θeŋ^6 C2 / θeŋ^6 C2	reeŋ^1 A1
水藻,海藻	*ʐgl	A2	khrai / khai	kai^2 / kai^4	kai^4 / kai^4	say^4 / θaay^4	θay^4 / θwai^2	—
抱怨;呻吟	*žgr-	A2	kraaŋ / khaaŋ	xaŋ^2 / xaŋ^4	chaaŋ^4 / chaaŋ^4	laaŋ^4 / haaŋ^4	— / ɛaaŋ^4	reeŋ^1 A1
豪猪	*šm-	C1/B1	men C1 / men C1	min^3 C1 / min^3 C1	min^3 / min^3	min^3 C1 / men^3 C1	sen^5 B2 / ɛen^6 B2	men^3 / man^3
鱼钩	*sb-	D1S	bet / bet	met^3 / bet^3	bet^2 / bet^2	myat^3 / bet^2	θet^2 / θet^5	seet

上述例子可以被分为若干组，每一组又可以被进一步分为若干个小组，下面我们将按顺序进行讨论。

4.2.2 咝擦音 + /r/

这一组的复辅音均用流音 /r/ 作为第二个辅音。从材料来看，可以提出以下几组复辅音：

1. *sr-

如前所述，奥德里古尔构拟了原始壮侗语的 *sr-。他的构拟是基于"寻找"和"洗澡"（Haudricourt, 1974: 467, 471）这两个词汇，这两个词汇在西南支语言中发喉擦音 /h/，在北支语言中发流音 /r/，在中支方言，如岱语和侬语中发咝擦音 /s/。镇宁（第31点）和水城（第36点）的布依方言中的这些词汇也发 /s/ 音，奥德里古尔对此应当甚感欣慰。同理，奥德里古尔（同上: 488, 504）提出"耳朵"和"六"等词也发擦音复辅音 *tsr-。《比较台语手册》将这些都列在 *xr- 组下。（Li, 1977: 233）

尽管李方桂没有构拟原始台语的 *sr-，但他十分在意泰语"坠饰，点缀品"发 /sr/ 音这一现象，他评论这是泰语模仿柬埔寨语借词中的 /sr-/ 发音的结果。对此，他将其简单构拟为 *s。

我们的材料中含这一复辅音的词汇在非北支语言中表现为喉音 /h/。

在北支语言中，这些词发舌叶擦音 /θ/。它们都采用第一调类。我们发现了三个例证（4.2.1 中的前三个例词）。

李方桂（Li，1977：250，252）将"贝壳"这个同源词的声母构拟为 *h-，并注释在北支语言中该词没有出现。我们的材料表明北支语言中含有这个词汇，而且普遍发舌叶清擦音 /s/（/θ/）。北支语言中有更多材料指明原始北支语言中存在 *s，如武鸣中的 sai[1]、望谟中的 sai[1]。北支方言咝擦音声母在黎语中找到支持性证据，如保定中的 tshei[1]、通什中的 tshei[1]。

李方桂（同上：149）将"干燥"这个同源词的声母构拟为 *hr-，他所有的材料都指向原始台语中的流音声母。由此可以看出，这个词在北支方言中发 /s/ 音，它在热依语中有两个交替形式——θaau[3] 和 raau[3]，这是不完全演化的凭证。

就像上述两个例子，在我们的材料中，"响"在非北支方言中发喉擦音 /h/，与北支中的 /s/ 相对。这个词可能与西南支方言中发咝擦音 /s/ 的"语音，声音"相关，如泰语中的 sian、老挝语中的 sian、德宏傣语中的 sin、傣仂语中的 sin、白傣中的 sen、黑傣中的 sien，声调均为 A1 调类。该词在中支和北支方言中表现为喉擦音 /h/，如龙茗中的 hin、万承侬中的 hin、热依语中的 hin、凤山中的 hin，声调也均为 A1 调类。

2. *ẓr-

这个声母在泰、老挝、侬语等非北支方言中为咝擦音 /s-/，在北支语言中也是如此。但是，它在部分非北支语言中为流音 /r-/，而在德宏傣语和傣仂语中表现为 /h-/，在龙茗则发 /l-/ 音。它们都属低声调类。"过滤"充分体现了这一现象。我们引用的所有方言都采用 A2 调类，元音对应也比较整齐。

3. *žr-

这个复辅音在西南支方言中表现为流音 /r-/ 或相同属性的辅音，而在中支部分语言中表现为咝擦音 /s-/ 或 /ch-/。我们在北支语言中发现了 /š-/（/ɕ/）。这组词采用第二系列声调。我们发现了四个例词。

"两（重量）"在西南支方言中偶发成 /h-/ 音，指向原始台语的 *r。我们在语料中发现有三种西南支方言采用这一形式，声调都是 B2 调类。在非西南支方言中，它在中支方言中表现为擦音 /ch-/，如万承侬。我们在龙茗中没有发现这个词。它在北支方言中表现为 /š-/。所有非西南支方言都采用 A2 声调。由此可见，西南支方言和非西南支方言之间存在 B2 调和 A2 调的交替。

"集中，汇合"这个例子只有在石家话中发齿音声母，很可能是方言创新。声调均为 A2 调类。

"相同，相似"这个例词在西南支方言中发流音 /r-/ 或类似的 /h-/，在非西南支方言中则发舌面擦音 /ɕ/。所有方言都使用 B2 调类。

"楼层"这个例子在除了黑傣之外的西南支方言中都发流音 /r/，黑傣可能受到越南语影响，发送气齿塞音 /th-/。在我们的材料中，除了龙茗，其他中支方言和北支方言都表现为咝擦音。这个例词可能与声调为 A2 的"门廊，走廊"（Li，1977：168）存在关联。另一个关联形式是"层，平台"，在台语支方言中发 C2 或 A2 调，如老挝语中的 *san*（C2）、德宏傣语中的 *tsan*⁵、傣仍中的 *tsɛn*⁶、白傣中的 *chan*⁶、黑傣中的 *chan*⁶、龙茗中的 *can*⁶、凤山中的 *ɕan*²（A2）。凤山中的这种形式似乎是后期借自不同的汉语方言。

4. *ʐr-

这个复辅音在大多数西南支方言中表现为咝擦音 /s-/，在其余方言中表现为 /h-/（/r-/）。在中支和北支语言中，其声母表现为 /š-/。南支方言和非南支方言的咝擦音存在清浊交替的现象。"推"这个例词的声母在所有的西南支方言中均发 /s/，但不包括德宏傣语，它在德宏傣语中表现为舌尖中送气齿塞音 /th-/，这可能是由于辅音融合而发生的方言创新性变化。所有西南支方言都采用 A1 调类，这表明它在历史上应当是清声母。除了石家话外，中支和北支方言都表现为 B2 调，石家话为 A1 调，明显受西南支方言所影响。中支和北支方言似乎还是使用 *ɉ-。值得注意的是，老挝语是唯一一种有替代形式 *haau* 的方言，指向 /r/，其声调为 C2 调，这个调类在不同的方言中经常与 B2 调发生交替现象。（Luo，1996a）这个词形值得继续探讨，它有可能是方言的一种表现形式，也有可能是不完全的语音变化实例。

5. *ɉr-

这个复辅音在泰语里表现为塞擦音 /čh-/，在其他非北支方言中表现为类似的 /ts-/ 或 /s-/。它在北支方言中表现为流音 /r-/。其中一个典型的例子就是"群；串"。值得注意的是，有一组相关词汇具有相似语义，这表明原始台语中曾经出现活跃的形态语法过程。（Luo，1996c：855–856）

4.2.3　咝擦音 + /l/

除了第二个辅音是边音 /l/ 之外，这组复辅音与 S + r 组类似。该组可分为若干个小组。

1. *sl-

正如 *sr-，这个原始声母在北支方言中表现为咝擦音 /θ/，而在其他非北支方言中表现为流音 /l/。我们在材料中只找到一个例词。

在我们材料中的所有非北支方言里，"锋利"这个词项都发流音 /l/，为 A 声调第一系列调类。台语"锋利"这一词族的一个特征是存在 /s/ 和 /l/ 的交替现象，这是咝擦复辅音的建设性例证。

2. *ʐl-

这个声母在我们列举的方言中呈现出 /s-/ 和 /l-/ 的交替现象，在北支语言中发 /r-/ 或 /l-/，而在非北支语言中发咝擦音 /s-/。它们都发第二系列声调。下面将通过两个例词进行阐述说明。

"重复"这个例词出现 B2 和 C2 调类交替现象，可以划分方言边界。在我们的材料里，它在中支方言和大部分西南支方言中使用 C2 调，而在泰语、老挝语和北支方言中使用 B2 调，它在石家话中的声调比较特殊，为 A1 调。

"摸；感觉"在西南支方言中出现了语音和语义的变异。它在老挝语中的对应词形表示"抚慰，爱抚"，它在德宏傣语和傣仂语中表示"（在黑暗中）摸索"。它在白傣和黑傣中的词形尽管语义上相关，但其声母、声调和韵尾的对应关系不是很整齐，所以可能与该词项并不相关。在中支方言中，它在万承侬中发 /l/。而北支方言有些语言可以发 /l-/ 和 /s-/，但语义存在细微差别，如凤山壮语中的 *lum⁶*（"抚摸"）、*θum⁶*［"（在黑暗中）摸索"］。但大部分情况下，这两个词形可以交替使用。

3. *žl-

这个复辅音在西南支方言中表现为流音 /l-/，而在中支和北支方言中表现为舌面擦音 /š-/。有两个例词可以证明。

"养，养育"这个例词的声母表现形式值得研究。这个复辅音主要是基于这个词的现代形式才得以构拟。其声调和韵尾对应整齐。尽管李方桂（Li，1977：281）注意到了"可疑的"声母不规律性，但他只构拟了这个词项的元音，没有构拟声母 [1]。这个词在侗水语支中分布广泛，如侗语中的 *sa:ŋ⁴*、仫佬语中的 *ta:ŋ⁴/la:ŋ⁵*、水语中的 *ha:ŋ⁵*、毛南语中的 *ʐa:ŋ⁴*，其中侗语和毛南语与北支台语相似，都发咝擦音。这个词的声母模式可

1　有趣的是，早在《比较台语手册》问世之前，李方桂（Li，1954：379）在一篇重要论文《台语中的复辅音》中曾经为这个词项构拟声母 *ʐl-。可能是由于没有充分的证据来证明北部方言和非北部方言之间存在 /l/ 和 /s/ 语音交替现象，因此李方桂没有把这个原始台语声母录入《比较台语手册》。

能对内部分类有所启示。

"冷凉"这个词偶发性地分布在非北支方言中，其中德宏傣语发流音 /l-/，泰语和龙茗壮语发 /s-/，而北支方言发 /C-/。除泰语是 A2 调之外，其他非西南支方言都发 C2 调。石家话发 A1 调，表明其声母为清音。德宏傣语的韵尾与广东话 laaŋ 相似。侗语和德宏傣语一样使用流音声母，读作 leŋ（C2）。

4. *jl-

这个复辅音在西南支台语中是 /ch-/，在中支中为 /l-/，在北支中为 /ɕ-/，都是低声调。我们找到了两个例词。

在《比较台语手册》中，"洞；开孔"这个词被构拟为 *j-（Li，1977：168），但中支台语的材料表明它的原始形式应该是复辅音。在西南支台语中，德宏是 koŋ⁶（A1/B2），表明原始声母是软腭音。在西南支台语中，龙茗是最为相关的方言，带流音 /l-/，词形是 loŋ⁵。值得注意的是，泰语和老挝语都有相关的词形，如泰语中的 lɔŋ（B2）、老挝语中的 lɔŋ（B2），词义也比较相近。我们在非北支台语中也找到一些相关形式，它们都有"洞，管道"之义，如泰语中的 phrooŋ（A2）、龙茗中的 pyooŋ²（B1），表明原始辅音是 *vr-。"洞"在加岱语中也有出现，这支撑了咝擦音和流音交替的论点，如仫佬中的 luŋ¹、临高中的 sǝŋ⁴、黎语（保定）中的 tshuuŋ³。

根据龙茗的对应形式，"倾斜，靠"这个词可以在此列举。龙茗的形式采用了流音 /l-/，为 laay⁶。在其他方言中，其声母一般是擦音，与李方桂（同上）构拟的 *j- 一致。除了泰语，它在其他方言中都用 C2 调。

4.2.4 咝擦音 + 齿音 + 流音

这组复辅音采用齿音中间的成分，流音可以是 /r-/ 或边音 /l-/。

1. *st-

这个声母在西南支台语中表现为不送气齿塞音 /t-/，在非西南支台语中是擦音 /s-/，都是单数调，表明原始声母是清声母。我们只发现了一个例词。

"阴蒂"这个词似乎有一个影响因素：/t-/ 出现在中高元音 /e/ 前，/s-/ 出现在高元音 /i/ 前。值得注意的是，这两个形式都出现在龙茗中，并且意义相同。万承侬和北支台语一样，也有这个词。它们都是 D1 调。有待考证的是，北支台语的词形是否与其他禁忌词有关，如 ɕiat（D2L，"女性生殖器"）也有咝擦音声母。

2. *stl-

这个复辅音在西南支方言中表现为送气齿音 /th-/，在中支方言中表现为送气音 /th-/ 或不送气音 /t-/，而在北支方言中则表现为 /s-/。它们一般为第一系列声调。"剁细；削"充分证明了这一点。值得注意的是，这个词的声母在石家话中发 /s/ 或 /l/ 音，二者是自由变体。（Gedney，1993：214，400）根据石家话的词形，我们可以构拟原始北支台语声母 *sl-。

西南支和中支方言的声母 /th-/ 让人联想到越南语的 th-，用来标记受体语言中带咝擦声母的各种汉语借词。这可以被视为 *sl- 的变体。龙茗的发音形式也显露出原始复辅音的残留。值得注意的是，西南支方言和其他非西南支方言之间存在 /-aak/ 和 /-ok/ 的韵尾交替现象，送气声母 /th-/ 和 /-aak/ 搭配，不送气声母 /t-/ 或 /s-/ 和 /-ok/ 组合。

3. *ʐtr-

这个声母主要根据"摇晃；震"在北支方言中的反映形式来构拟，它有两种交替形式（Gedney，1991a：348），如疑似自由变体的热依语中的 θuan⁴/rian⁴ 以及凤山壮语中的 θuan⁴/lian⁴，其用法以及语义和热依语一致。在泰语中，其语音形式为送气齿塞音 /th-/，一般出现在双音节词里。泰语和热依语、凤山壮语一样出现双元音 /ɯan/，这可能是受到前面辅音音质影响的结果。除了白傣之外，其他方言中的声母都为擦音 /s-/，为 A2 调。白傣和黎语都发硬腭鼻音 /ɲ/，如保定中的 ɲan¹、通什中的 ɲan¹。这个词与另一个类似的语音形式 *sanᴮ¹ 语义相关，但应当区别开来。后面这个形式在台语中的表现比较一致，均采用咝擦音 /s-/，李方桂将其构拟为清音 *s。

4. *ʄr-

由于现代方言中的反映形式呈现了诸多不寻常的变异，因此这个声母的构拟具有高度不确定性。泰语表现为塞擦音 /ch-/，老挝语表现为 /s-/。西南部方言的北边，如德宏傣语、西双版纳傣仂语等方言表现为硬腭半元音 /y-/（/j/），龙茗发流音 /l/，而北支方言发 /θ/ 音。所有方言都用低声调。"弄湿，使湿透"是典型的例子，所列举的方言都选用 A2 调类，且韵母对应整齐。

4.2.5　咝擦音 + 舌根音（+ 流音）

这组复辅音的第二个辅音为某一类舌根塞音[1]。我们发现了四个例子，

1　这类型声母被认为是古汉语的特征之一。（李方桂，1980：25–26）罗永现对汉语和台语关系中的此类型复辅音有更多讨论。（罗永现，2015）

其中一个例子似乎没有流音声母。

1. *škh-

这组复辅音在"油煎，炒"一词中有所体现，它在西南支方言表现为送气舌根塞音 /kh-/。在剩余两个分支中，它在中支方言表现为塞擦音，在北支方言表现为咝擦音。所有方言均为第一类声调，说明该复辅音的音质为清音。

2. *škl-

这组复辅音在大部分西南支方言中表现为送气音 /kh-/ 或类似的 /x-/，如泰语、老挝语和德宏傣语。白傣语发塞擦音 /ts-/，这表明它原来为复辅音。在中支方言搜集到的这个义项的声母发流音 /l/，如龙茗。我们在北支方言中只发现一个词形，发 /s-/ 音。

"抓取食物"在所调查的方言中存在一些声调变异体。除傣那（Gedney，1989：360）与北支台语一致为 B1 调外，它在西南支方言中的声调为 A2，表明其声母应该是浊辅音。白傣材料显示其声母是复辅音声母。西南支方言声调转移可能是声母简化的结果。龙茗壮语的声调也与北支台语一致，是 B1 调。石家话和西南支方言一样有舌根音声母，但声调为 C1 调，表明其声母是清辅音。泰语、老挝语、德宏傣语、白傣的声母为浊舌根塞音，由于复辅音的音质不清晰，因此我们推断复辅音中间组成部分应该是舌根塞音。这组复辅音与下一组复辅音 *ʐkl- 可能具有一定的关联性。

3. *ʐkl-

这个声母的表现形式与 *skl- 具有高度的相似性，即在大部分西南支方言中发 /kh-/ 或与之相似的 /x-/，白傣中发 /ts-/，龙茗中发 /l-/，北支方言中发 /θ/。但声调模式在所涉及的方言里表现出相反的特征，它在非北支方言中的声母是清辅音，而在北支方言中恰恰相反，都是浊辅音，显然也和 *skl- 相反。这个声母的典型例子是"肋骨"。尽管例词的声调都是 C 调，但北支方言用浊声调，非北支方言用清声调。

4. *ʐgr-

该声母在泰语中发 /khr-/，在老挝语中发 /kh-/，在西南支的其他方言中发 /k-/。它在非西南支方言中表现为 /s-/，但不包括位于中越边境的西部侬语方言 Sin Fong Yiw（发 /k-/）（Gedney，1995：523）。这个声母使用第二系列的声调。"水藻，海藻"是典型的例证。《比较台语手册》中没有这个词项，奥德里古尔（Haudricourt，1974：520）曾经记录了该词，但没有构拟其原始形式。该例词的声调和韵母都对应工整。这个声母与接下来的 *ʐgr- 有一定的关联。

5. *žgr-

该复辅音在泰语中发 /khr-/，在老挝语中发 /kh-/，在德宏傣语和傣仂语中发 /x-/，在白傣和黑傣中发 /ch-/。在中支方言中，龙茗壮语表现为流音 /l-/，万承侬表现为喉擦音 /h-/，均指向流音 /r-/。北支方言表现为擦音 /ɕ/。声调为第二调类。除了石家话采用 A1 调外，"抱怨；呻吟"在三个台语支中都是 A2 调。流音和咝擦音的交替现象在北支方言中最为常见，如凤山中的 ɕaaŋ² 和石家话中的 reeŋ¹。

4.2.6 咝擦音 + 唇音

现代台语方言中的两个例子可以表明原始台语中有咝擦复辅音，其中第二个辅音是唇音，如下文所示：

1. *sb

这组复辅音在北支方言中发 /s-/，包括石家话在内，而在其他非北支方言中发 /ʔb/。声调为第一系列调类。"鱼钩"是典型的例子。李方桂（Li，1977：69）在其可获得的材料的基础上构拟出这个词的声母是 *ʔb-，同时标记它为非北支方言辅音，但现在可以得到更正。其声调和韵母对应工整。这个词在其他加岱语中也能得到证实，侗水语支语言与北支台语的齿音一致，如侗语中的 sit⁹、水语中的 ɕit⁷、锦话中的 set⁷、莫话中的 set⁷。它在黎语中发 hwit⁷，与非北支方言唇音声母似乎有联系。

2. *šm-

这组复辅音在西南支和中支方言中发双唇鼻音 /m-/，而在北支方言中发 /š-/。"豪猪"这个例子充分说明了这一现象。李方桂（同上：75）曾经将其构拟为 *hm-，并说明这是西南支和中支方言中独有的形式。北支方言与原始北支台语的 *ŋ- 融合。所有的北支方言均为第二调类。

在侗水语支和黎语中也可以找到该词更广泛的相关性。值得注意的是，侗水语呈现了平行分化的模式，侗语分化为咝擦音（tɕʰəm⁵），韵尾为 /-m/，与此相对的是水语和仫佬语，分化成唇音，如水语中的 ʔbin³、仫佬语中的 min³。黎语与侗语和其他北支语言相同，选择咝擦音声母（tsheŋ³），韵尾是硬腭鼻音 /ɲ/。

4.2.7 内部例证总结

充分的内部例证证明原始台语存在咝擦复辅音。诚然，本书所构拟的音位是暂时性的，还存在一些不确定性，如果有更详尽的材料，应当进一步修订。这些语音构拟在解决比较台语研究的问题上迈出了第一步。

还需要指出的是，前文列举的大部分例子都有相关的汉语形式，这一点我们将在 4.3.3 节中进行说明。

4.3 外部例证

前文已经给出台语咝擦复辅音的内部例证，下文将聚焦台语和侗水语、临高语、黎语以及汉语之间可能存在的词汇联系。台语及其周围语言部分词汇的比较研究会揭示一些有趣的语音对应模式，它们可以支持咝擦复辅音假说。在一些情况下，这些对应非常确定；但有时，一些对应只能说是具有一定的可信度。

下面讨论的目的不在于处理具体现象，而在于为议题提供一些有用的材料。

4.3.1 侗水语支

据我们所知，侗水语支咝擦复辅音还没有被构拟出来。然而，像台语一样，侗水语支语言存在咝擦音和流音交替的现象。例如：

词项	侗		水
放（牛）	$sa{:}\eta^4$	毛南 $s\mathfrak{o}\eta^5$	仫佬 $la{:}\eta^6$
放	$so\eta^5$	毛南 $so\eta^5$	仫佬 $la{:}\eta^6$
喊叫	so^6		lo^5
休息	sa^5so^6		$la^5\mathord{?}nje^5$
直	$sa\eta^2$	毛南 $zja\eta^2$	$la\eta^5$
螃蟹	$t\mathfrak{a}i^6$	毛南 cai^6	仫佬 $ljai^6$
拉伸	$jo\eta^3$		仫佬 $l\phi^5$（黎语 za^3）
松开；太大	$lo\eta^6$	毛南 $so\eta^1$	仫佬 $s\mathfrak{o}\eta^1$
烫伤	毛南 $l\mathfrak{o}t^7$		sut^7
妻子	毛南 lja^3		$\mathfrak{e}a^3$
养育，培养	la^1		sa^1 仫佬 sa^1
乞求	la^6		sa^5
彩虹	$ljo\eta^2$	毛南 $cu\eta^2$	$je\eta^3$ 仫佬 $l\mathfrak{o}\eta^2$

上例表明大多数侗语的声母是咝擦音，而水语选择流音声母 /l-/。当侗语的声母是流音 /l-/ 时，水语的声母则是 /s-/ 或 /ɕ-/。关于韵母，除了水语"彩虹"（$je\eta^3$）之外，没有发现其他前元音。

下面列举的台语和侗水语支语言的语音对应也能够说明咝擦音和流音

之间的关系：

词项	侗	水	仫佬	毛南	泰	龙茗	热依
洗（衣服）	sak[7]	lak[7]	zak[7]	sak D2	sak D2	sak[4]	θak[1]
绳子	saak[5]	la:k	luk[7]	za:k[7]	chĩak D2L	cɯɯk[5]	sa:k[5]
柱子	—	laau[1]	tsɸ[4]	zaau[1]	sau A1	saw[1]	θaw[1]

第一个例子"洗（衣服）"是艾杰瑞和杨权（Edmondson & Yang，1988：157）在构拟原始形式 *s-lak 时列举的。上述三个例子都是瑟古德（Thurgood，1988：191）在构拟原始侗水语声母 *ʔl- 时所引用的。根据侗水语的对应形式，可以合理构拟咝擦复辅音。下面四个例子尤为重要，它们在仫佬语中表现为小舌化舌根音 /khɣ-/：

词项	侗	水	仫佬	毛南	泰	龙茗	热依
早	sam[1]	ham[1]	khɣam[1]	sam[1]	—	lom[5]	rom[5]
烈酒	khwaau[3]	haau[3]	khɣaau[3]	khaau[3]	lau C1	law[3]	law[3]
干	so[3]	ɣo[1]	khɣɔ[3]	sɔ[3]	—	—	ro[4]
吠	khəu[5]	chau[5]	khɣau[5]	莫语 thau[5]	hau B1	law[2]	raw[2]

仫佬语中的这个特殊声母充分说明原始加岱语中存在某种复辅音，如仫佬语中的 khɣaai[3]（"肠子"，原始台语为 *sai[C1]）、khɣaan[1]（"孙子"，原始台语为 *hlaan[A1]）、khɣa[1]（"耳朵"，原始台语为 *xhu[A1]）、khɣaai[1]（"犁"，原始台语为 *thlai[A1]）。这些例子表示亲属语言之间存在复杂的复辅音对应模式。（王均，1984：421–423）"早"这个例子同样也出现在瑟古德（Thurgood，1988：195）的研究中，他将其构拟为 *khjam[1]。

下列例子也表明原始侗台语中含有咝擦复辅音：

词项	侗	水	仫佬	毛南	泰	龙茗	热依
梳	—	se[1]	chi[1]	chi[1]	wii[1]	vey[1]	roy[1]
螺	ləu[6]	qhui[1]	khui[1]	hoi A1	hoi[1]	hoy[1]	θay[1]
字	si[6]	le[1]	lɛ[2]/ti[6]	zə[6]	chïï B2	cey[5]	凤山 ɕɯ[6]
写	le[2]	le[1]	lɛ[2]	lɛ[1]	siï A1	sʀɯ[1]	θɯ[1]
打扫；干净	lu[1]	ɕu[1]	ləu[1]	—	saï A1	sauɯ[1]	sauɯ[1]
风	ləm[2]	zum[1]	ləm[2]	ləm[1]	lum A2	lom[4]	lum[4]

除了"风"以外，其他例子都可以在汉语中找到相关词汇，如汉语中的"梳""螺""字""书"（书写）、"潊"（干净、清澈、纯净），更多讨论见 4.3.3 节。

4.3.2　黎语

黎语中存在更多令人鼓舞的例证。研究者们发现黎语和台语之间存在数量众多的对应组（欧阳觉亚、郑贻青，1983：574–578），部分例证表明原始加岱语中存在咝擦复辅音。马提索夫（Matisoff，1988：303–315）发现了若干组可以证明黎语咝擦音和原始台语流音或齿音复辅音相对应的语音模式，如原始黎语 *ʐ = 原始台语 *hl、*dl，原始黎语 *ɬ = 原始台语 *l，原始黎语 *sr = 原始台语 *thr-，原始黎语 *ts = 原始台语 *r-，原始黎语 *tsh = 原始台语 *tr、*s、*thr。

1. 原始黎语 /ʐ/ = 台语 /l/、/r/

下面例子是这组语音对应的典型代表，黎语和台语的咝擦音与流音交替很明显：

词项	黎 （保定）	原始黎语声母 （马提索夫）	泰	热依	原始台语声母 （李方桂）
剩余	za^1	*ʐ	lia A1	luua^1	*hl
黄色	$ze:ŋ^1$	*ʐ	liaŋ A1	武鸣 li:ŋ	*hl
偷，窃	zok^7	*ʐ	lak D2S	lak^1	*dl
耳朵	zai^1	*ʐ	hu A1	ruua^4 A2	*xr
睾丸	$zɯ:m^1$	*ʐ	ka-ham A1	ram^1	*thr
鸡虱	zau^3	*ɣ	rai^2	ri^4	*r

最后两个例子"睾丸"和"鸡虱"是对马提索夫（同上）的增补。

2. 原始黎语 /ɬ/ = 台语 /l/

这可能是黎语和台语之间最有规律性的语音对应模式。黎语清辅音 /ɬ/ 通常都会发展为台语的浊边音 /l-/，只有少部分例外。在少数情况下，它与原始台语复辅音相对应。例如：

词项	黎 （保定）	原始黎语声母 （马提索夫）	泰	热依	原始台语声母 （李方桂）
深	$ɬo:k^7$	*ɬ	lik D2S	lak1	*l
舌头	$ɬi:n^3$	*ɬ	lin C2	lin^6	*l
血	$ɬa:t^7$	*ɬ	liat D2L	luuat^5	*l

孩子，子嗣	ɬu:k⁷	*ɬ	luuk	luk1	*l
			D2L	D2S	
雨伞	通什 ɬe:ŋ¹	*ɬ	—	luaŋ³	*l
多，大量	ɬo:i¹	*ɬ (?)	laai A1	laay¹	*hl
干，弄干	ɬu:ŋ³	*ɬ (?)	lɛɛŋ C2	len⁶	*dr
糠，秕子	ɬi:p⁷	*ɬ (?)	klɛɛŋ	rep⁵	*kr
			D1L	D2	

马提索夫（Matisoff，1988）没有提到最后三个例子的语音对应类型。

3. 黎语 /tsh/ = 台语 /r/、/h/、/s/

正如马提索夫所发现的那样，这个黎语声母和台语 /r-/ 的对应比较典型，后者可以追溯到原始台语声母 *thr-。台语中的一些其他声母也属于这类。例如：

词项	黎（保定）	原始黎语声母（马提索夫）	泰	热依	原始台语声母（李方桂）
肩负	tsha:p⁷	*tsh	haap D1L	raap²	*thr
二人或多人抬	tsha:m⁷	*tsh	haam A1	raam¹	*thr
石头	通什 tshin¹	*tsh	hin A1	rin¹	*thr
螺；蜗牛	tshei¹	*tsh	hoi A1	θay¹	*h
洗澡	tsha:u¹	*tsh	haa B1	ra²	*xr
聚集；攒	tshuu:m³	*tsh	ruam A2	rom¹	*r

如前三个例子所示，如果这个黎语声母能够证实原始加岱语的复辅音，那么它将为我们构拟原始台语"螺；蜗牛"的声母为 *sr- 提供强有力的证据（见 4.2.1 节）。值得注意的是，黎语和台语都采用第一调类，这表明这组声母是清音。最后一个词是例外，泰语采用第二调类，这很可能是方言创新的结果。

4. 原始黎语 /r/ = 台语 /s/

这组语音可以通过"肠子"和"蜈蚣"两个基本词确立牢固的对应关系。（同上：315）

词项	黎（保定）	原始黎语声母（马提索夫）	泰	热依	原始台语声母（李方桂）
肠子	ra:i³	*r	sai C1	θay¹	*s
蜈蚣	ri:p⁷	*r	ča-khep	θi:p²	*khr (?)
			D1S		

少，更少	*rau*²	?		*siaw C1*	*θiaw*³	?
迁（房）	*re:ŋ*³	?		—	*θen*³	?

马提索夫（Matisoff，1988）和《比较台语手册》都没有给出后面两个例子，它们分别和汉语的 shǎo（"少"）和 qiān（"迁"）有关，这两个汉字都是咝擦音声母。值得注意的是，台语开音节例词都采用 C1 调类。

5. 原始黎语 /f/、/tsh/ = 台语 /r/

尽管只有一个语音对应的例子，但这种现象发生在一个常见词上，可见其绝非微不足道。

词项	黎 （保定）	原始黎语声母 （马提索夫）	泰	热依	原始台语声母 （李方桂）
头虱	*fou*¹	**sr*	*hau A1*	*rau*¹	**thr*
	黑土 *tshou*¹				

基于黎语方言的不同变异体，马提索夫假设原始黎语有咝擦音复合声母。值得注意的是，黎语和台语的声调和韵尾对应整齐。

上述黎语和台语的语音对应表明咝擦音复合声母是原始加岱语的固有特征，尤其是"耳朵""血""二人或多人抬""洗澡""聚集;攒""肠子""睾丸""肩负""头虱"等基本词汇的语音对应更能说明问题。

4.3.3 汉语和台语

1. 古汉语的咝擦音复合声母

一些汉语学家和汉藏语比较语言学家认为汉藏语系的古汉语中有咝擦音复合声母。高本汉（Karlgren，1956，1957）根据某些谐声以及部分齿音和颤音复辅音为上古汉语构拟出 **sl-* 和 **ʂl-*。雅洪托夫（Jaxontov，1960）认为，汉语的 m-~x-、ng-~x-、s-~n- 等变换应当追溯到含 **s* 及其后面一系列辅音的历史融合。李方桂（1980：24）认为，咝擦音复合声母 **sl-* 可能是从前缀 **s-* 发展而来的，如果可以构拟 **sl-*，那么就可以解释汉语普通话中含 /s-/ 和 /l-/ 的一组谐声系列。白保罗（Benedict，1972：108）提出藏缅语中有 **śr-* 和 **sr-*。他的论点通过提供越南喃字例证而与马伯乐的观点不谋而合。包拟古（Bodman，1973）坚称汉藏语存在 s- 复辅音，他的观点得到了柯蔚南（Coblin，1986）的支持。白一平（1983；Baxter，1992：45，27，203–204，222–228）坚信颤音复辅音（**tsrh-*、**tsrh-*、**dzr-*、**sr-* 和 **zr*）是中古汉语的特征之一。

现代汉语方言中也存在证据，如梅祖麟、罗杰瑞（1971）在若干北部闽语内发现十几个词存在 /s-/ 和 /l-/ 的语音交替现象。这种语音交替被认为是从原始 CL- 类型复辅音声母发展而来。普通话和广东话的"靓"也相似，这个字的一种普通话发音是 jìng，高本汉将其构拟为 *$dz'\text{iěng}$（812s[1]），蒲立本将其构拟为 dziaŋ'。这个词的声母在广东话中是流音，发 leŋ[3]，意思是"漂亮，好看，迷人"。下文将给出更多这样的例子。

2. 汉台语之间的关联

我们发现台语中 /s-/ 和 /l-/ 的语音对应类型在汉语中也存在。正如黎语和台语一样，这种咝擦音和流音的交替是双向的。为找出汉语和台语之间的历史关联，我们应当铭记高本汉（Karlgren，1933：58）的观察：

> 声母区别很大的词汇极有可能是同源词——尤其是汉语族语言材料表明简单的汉语声母经常是从冗长的声母群简化而来的。

在很多情况下，汉语的单个声母对应台语的若干个声母。从这个角度而言，台语材料可以作为检验上古汉语构拟结果有效性的极有价值的材料。此外，这类材料还可以用来解决这片区域内语言间尚未解决的历时关系问题。

在继续讨论之前，我们将归纳出汉台语音对应的一般性评论。

正如第 1 章所述，汉台关系的一个重要语音对应现象就是声调对应。吴克德（Wulff，1934）建构了汉台的声调对应，李方桂（Li，1976）、邢公畹（1962）和马努迈威汶（Manomaivibool，1975）也各自对两种语言的声调对应做出论述。简言之，汉语的平、上、去、入分别对应台语的 A、C、B 和 D 调[1]，阴和阳分别对应台语的清和浊。

上述声调模式对应作为汉台词汇对应的特征之一，也存在不规律性，参看李方桂（Li, 1976）的部分例子：汉语"股"（上声）与台语的 kha（A1）对应，汉语"鸡"（阴平）对应台语 kai（B1），汉语"稼"（去声）对应台语 kla（C1）（"稻秧"），汉语"母"（上声）对应台语 me（B2）。

值得注意的是，一些词汇的韵尾也存在语音对应。再次引用李方桂（同上）的材料：汉语"肚"（上声，无鼻音韵尾）对应台语 dung（C2）（含鼻音韵尾），汉语 wu[4]（"雾"，去声）对应台语 mok（D1，韵尾 -k），汉语"肉"（入声，上古汉语含 k 韵尾）对应台语 nua（C2/B2，没有韵尾 -k）。上述例子可以证明传统汉语音韵学的阴阳对转现象或韵尾脱落现象。然而，上述现象被当作词汇扩散来处理或许会更好，即词汇中的语音变化过

1　为避免混淆，应当指出中国语言学家在处理台语时使用了有细微差别的系统，它颠倒上声和去声的顺序，使上声对应 B 调，去声对应 C 调。白保罗也选择使用后一种系统（即中国语言学家的系统）。

于丰富，无法通过正常途径来陈述和预测，正如汉语潮州方言中大量的词汇分化。（Chen & Wang，1975；王力，1985）

以上述内容作为背景信息，下面我们将提供台语例证来阐述台语和汉语之间的密切关系。

3. 汉语流音与台语咝擦音

我们可以观察到汉语中有一组流音声母和台语的咝擦音对应，即传统的来组声母。传统汉语言文字学已经将这组声母归类为流音 /l-/ 声母，而台语则出现变体。最明显的是，北支台语方言和汉语有密切接触，台语的这组声母却一直表现为咝擦音。

下面是高本汉和蒲立本构拟的上古汉语，我们以此与李方桂先生构拟的原始台语作比较：

词项	高本汉构拟	蒲立本构拟	泰	热依	李方桂原始台语声母
捞	—	*law*	德宏 haau A2	saaw[4] A2	*ʐ
两（重量单位）	liang 736a	*liaŋ'*	德宏 hɔŋ B2	saan[4] A2	—
淋	gl̥iəm 655e	*lim*	老挝 sam A2	凤山 θɯm A2	—
冷	lieng 823h	*lajŋ'*	seŋ A2	ɕeŋ[6] C2	—

除"捞"以外，《比较台语手册》没有收录其他三个例子。"捞"在侗水语中同样表现为流音，其中侗语发 *la:u²*，水语发 *lau²*，毛南语发 *lwa:u²*，仫佬语发 *lɔ²*。侗语有一个"捞"的交替形式 *ta:u⁵*，声母是齿龈塞音，声调也和其他侗水语、热依语不一致。德宏傣语中"捞"的发音对应原始台语西南部方言的 *r-。

台语北支方言"两（重量单位）"的咝擦音声母和北部闽语（梅祖麟、罗杰瑞，1971：96）有着类似的发展。它在汉语和台语之间的声调不对应（汉语是 B1 调，台语是 B2/A2 调）。

至于"淋"，台语有一组含咝擦音声母的词族（Li，1977：41），说明这个词族的咝擦音和流音之间存在密切的关系。

汉语的厦门、潮州和福州方言中"冷"的声母也是咝擦音，分别发 *ts'in¹¹*、*ts'in¹¹*、*ts'en:eŋ²¹³*（北京大学中文系语言教研室，1964：379）。高本汉（Karlgren，1957）记录了一个现已淘汰的交替形式 *ts'ing*（"清"），还

构拟出其原始形态 *th'₁iěng*。此外，我们在《逸周书》和《诗经》中还发现另外两个相关形式，分别是"滄"和"滄"，高本汉（Karlgren，1957）将其构拟为 *th'ang*。王念孙（1983）的部分记录中也有若干和咝擦音声母相关的语音形式。值得注意的是，台语方言之间具有不规律性；而汉语和北支台语的声调和韵尾对应相对工整。

下面的例词在汉语中是流音声母，而在台语中是咝擦音声母：

词项	高本汉构拟	蒲立本构拟	泰	热依	原始台语声母
螺	—	*lwa*	*hɔɔi* A1	*θay¹* A1	*h-
廊	*lâng 735t*	*laŋ*	*chaan* A2	*saan⁴* A2	*ɟ-
窟窿	—	—	*čhɔɔŋ* B2	*son⁵* B2	*ɟ-
肋	—	*lək*	*sii* C1	*θe³* C1	*s-
蠊	—	*liam*	*saap* D1L	*θaap²* D1L	*s-
瀏	*gl₁iog 1069o*	*lɛw*	*sai* A1	*θau¹* A1	*s-
犁	*liər 519g*	*lɛj*	*thai* A1	*say¹* A1	*thl-
笼	*lung 11931*	*ləwŋ*	*sɔɔŋ* A2	*θoŋ⁴* A2	*ʐ-

"螺"在保定和通什的黎语方言中发成咝擦音 *tshei¹*，在其他闽北语若干方言中也发成咝擦音。（梅祖麟、罗杰瑞，1971：96）其汉语相关形式是"蠡"，声母也发流音，高本汉（Karlgren，1957）将其构拟为 *liəd*，蒲立本将其构拟成 *li*。

至于"廊"，汉语发舌根鼻韵尾 /-ŋ/，而台语则是齿龈鼻音 /-n/，这个交替也广泛出现在现代汉语方言中。其声调和元音对应工整。

"窟窿"在部分汉语方言中也采用流音声母，如福州话中的 *løyŋ⁴⁴*、阳江中的 *luŋ³³*、梅县中的 *luŋ⁴⁴*、粤语中的 *luŋ⁵³*。汉语中还存在两个语义相关的词汇：一个是舌根音声母的 *kǒng*（"孔"）；另一个是齿音声母 *dòng*（"洞"），表明这些发音之间存在密切的关系。黎语的这个词声母发咝擦音，如保定中的 *tshu:ŋ³*、通什中的 *tshu:ŋ³*。

"肋""蠊""瀏"在台语中发 /s-/ 音。台语"肋"的发音和蒲立本构拟的韵尾 /-k/ 不一致。汉语"蠊"对应台语"蟑螂"，二者存在双唇鼻音韵尾 /-m/ 和双唇塞音韵尾 /-p/ 的交替现象。汉语"瀏"对应台语"干净，清澈，纯净"，属平声，但汉语是浊音声母，而台语是清音声母。

侗台语支"犁"的发音在不同族群之间存在变异，它在侗水语中表现为舌根音，如侗语中的 *khəi¹*、水语中的 *kwai¹*、仫佬语中的 *khyai¹*、毛南语中的 *kwai¹*。如前所述，仫佬语的小舌化软腭塞音声母 /khγ-/ 表明原始侗台语族存在某种复辅音声母。黎语和汉语一样采用流音声母 /l/，发 *lai²*。

汉语中"笼"的声母为流音，和台语 *ʐ- 对应。其韵尾和声调对应工整。汉语中"宠"有谐声音符，其声母是塞擦音。

比起上述语音对应，更引人注意的是，一组数量可观的汉台语相关词汇在台语中发流音或含流音的复辅音，而在汉语中则表现为咝擦音。这类词汇在汉语中会出现齿龈和卷舌咝擦音，将在下个章节进行讨论。

4. 汉语卷舌音与台语流音和齿音复辅音

这组词汇在汉语中发卷舌音，而在台语中发流音。例如：

词项	高本汉构拟	蒲立本构拟	泰	热依	原始台语声母
詐	*ts'ăg 806g*	*tshe:h*	*lɔ C2*	*lo C2*	*l-*
追	*tịwər 543d*	*trwi*	*lai B2*	*lay⁵*	*l-*
铸	*dʑịug 1090a'*	*tɕuăʰ*	*lɔ B1*	*lo² B1*	*hl-*
坠	*dʑịwəd 526g*	*drwiʰ*	德宏	凤山	—
			loi A1	*looi A1*	
擢	—	*driwk/*	老挝	*lok²*	*hl-*
		droe:wk	*lok D1S*		
椿	—	*draiwŋ/*	*lak D1S*	侬	*hl-*
		droe:wŋ		*lak D1S*	

高本汉构拟"詐"的韵尾是 /-g/。台语语音形式表明这个词是个舒声音节词，更支持蒲立本的构拟。汉语和台语都为浊音声母，声调对应比较工整。

"追"在黎语中的声母发流音，如保定中的 *lu:i³*、通什中的 *lu:i³*。这种形式在苗瑶语族中也可以得到证实（见 4.3.4 节）。

"铸"的声调和韵尾对应十分整齐，高本汉和蒲立本都构拟了这个词的声母（和"船"相同）。但是，在台语中，这两个词则不同。

"坠"的声调在汉语和台语中不对应，汉语是去声，而台语采用 A 类声调，按正常的调类对应，台语应为 B1 调。汉语采用浊音声母，而台语相反，是清音声母；但是，韵母对应相对整齐。李方桂（Li，1977）没有提供该语音形式，然而根据对应形式，我们可以把它归入李方桂构拟的 *hl- 类下。

"擢"的韵尾对应工整。台语为清音声母，而汉语相反，用浊音声母（古澄母）。高本汉（Karlgren，1957）没有构拟这个词。

汉语和台语中"椿"的韵尾存在 /-ŋ/ 和 /-k/ 交替的现象。台语指向清音声母，和汉语的阴平调相一致，而与蒲立本构拟的浊音声母不符。高本汉（Karlgren，1957）也没有构拟这个词。

我们也观察到以下两组对应发音中含有流音 /l/。

词项	高本汉构拟	蒲立本构拟	泰	热依	原始台语声母
涨	—	triaŋh	nɔɔ ŋ A2	raŋ A1/ 武鸣 roŋ A2	—
蛰	tjat 287g	triat	老挝 lai A2	lay A2	*nl-

"涨"的语音对应并不确定，将其放在这里是作为一个有待解决的问题来讨论。高本汉（同上）没有构拟这个词，蒲立本构拟其声母为齿音复辅音。汉语中，"涨"一般指的是"（水）涨"。其在台语中的对应义为"洪水"，在各方言中均有出现，但热依中指"肿胀，膨胀"（Gedney，1991b：341），这可能与该词义无关。《比较台语手册》中没有列出这个语音形式，从现代方言的对应形式来看，我们可以将其归类在李方桂构拟的 *nr- 组。值得注意的是，台语和汉语的 C1 调和 A2 调存在交替现象。

"蛰"在上古汉语中为入声，高本汉和蒲立本都将其韵尾构拟为 /-t/。它在台语中的词形表明其是舒声音节词。

下列例子表明汉语的卷舌音与台语的 /r-/ 对应：

词项	高本汉构拟	蒲立本构拟	泰	热依	原始台语声母
栅	tsĕk 845g	tʂhɛ:jk	rua C2	凤山 lie B2	*r-
知	tjĕg 863a	triă/tri	ruu C2	ro⁶ C2	*r-
赘	tjiwad 863a	tɛwiaj⁴ʰ	huut D1L	rut² DIS	—

高本汉和蒲立本构拟"栅"的韵尾为 /-k/，蒲立本还认为这个词的发音有双元音。其在台语中没有出现塞音韵尾。[1]

高本汉构拟"知"的韵尾为 /-g/，而蒲立本认为韵尾是元音或元音音渡。高本汉和蒲立本都认为其有前高元音，但是台语发音包含后元音。从上述例子可以看出，汉语都采用清音声母，而台语采用浊音声母。

"赘"的台语发音似乎支持高本汉塞音韵尾的构拟。台语和汉语都指向清音声母。李方桂（Li，1977）没有列入这个例词，从台语的对应形式来看，我们可以将其归入李方桂构拟的 *hr- 组。这个语义在汉语中还有另一个表达形式"疣"，高本汉和蒲立本将其分别构拟为 *giŭg 和 *juw。

1　汉语中还存在另一个可能相关的表达方式——"篱"，带流音声母。但从元音对应角度来看，"栅"似乎是更好的例子。

下列三个例子在汉语中发卷舌音，对应台语的齿音复辅音：

词项	高本汉构拟	蒲立本构拟	泰	热依	原始台语声母
斩	tsăm 611a	tʂɛm	ham C1	ram³ C1	*thr-
鐰	t̠ṣiə̠u 132f	tʂuwh	hiau B1	rew² B1	*thr-
舟	ȶiôg 1084a	tɕuw	rïa A2	rua⁴ A2	*dr-

前两个例词在上古汉语中属于同一组声母，高本汉和蒲立本都进行了很好的构拟。在台语西南支和北支方言中，这两个词的声母表现为流音，在中支方言中表现为齿音，李方桂将其构拟成齿音复辅音 *thr-。其声调、韵尾以及语义的对应十分整齐。

高本汉构拟"舟"的韵尾为 /-g/。尽管高本汉和蒲立本认为这个词的原始声母是清音，与台语中的浊音声母相反，但韵尾和声调在汉语和台语中相互对应。关于流音声母，汉语中有一个双音节词"舳舻"（上古汉语 druwk lə）（Pulleyblank，1991：199，413），指的是"首尾相接的船只"。《广雅》中也记载了六个带流音声母的相关例词。（王力，1985：305）

另一个有意思的例子就是"颤"，具有下列对应关系：

词项	高本汉构拟	蒲立本构拟	泰	热依	原始台语声母
颤	śian 148s	tɕianʰ	sathɯan A2	θɯan⁴/ rian⁴ A2	—

汉语中的"颤"有两种读音，其中一个声母是送气塞擦音 /ch/。汉语还有另一个字来表达这个含义"震"，为去声，高本汉将其构拟为 ȶïən（455s），蒲立本将其构拟为 tɕinh。这三种读音形式与李方桂（Li，1977：153）所构拟的台语 *san（B1）在声调上相互对应。但是，这里所列举的台语形式看上去与构拟的汉语形式更加相近。

含古汉语精母和庄母的若干例子也可以总结如下：

词项	高本汉构拟	蒲立本构拟	泰	热依	原始台语声母
攒	dzʼwân 153l	dzwanh	rɔəm A2	rom¹ A1	*r-
蚤	tsôg 1112d	tsawʼ	hau A1	raw¹	*hr-
择	dʼak 790n	trəijk/ trɛ:jk	lïak D2L	le²	*l
棕	tsung 1177C	tsəwŋ	tɔɔŋ A1	loŋ¹	*tl-

"攒"在现代汉语中有两个读音：一个是清音声母（zǎn，上声）；另

一个是浊音声母（cuán，送气，阳平），后面这个和台语的声调更接近（A调类）。高本汉和蒲立本只给出后面这个读音。这两种语言存在韵尾 /-n/ 和 /-m/ 的交替现象，这并不鲜见。

台语和汉语的"蚤"存在 C1 调和 A1 调交替的现象，两种语言都是清音声母，韵尾的对应十分工整。

"擇"的声调和韵尾对应工整。它在台语和汉语中都是浊音声母。

"棕"在台语中一般表示"大树叶"，其声调和韵尾对应工整。

这一组还包括几个带介音 /-i-/ 的词。例如：

词项	高本汉构拟	蒲立本构拟	泰	热依	原始台语声母
迹	$tsi̯ak$ 800h	tsiak	ri A2	ri^4 A2	*r-
接	$tsi̯ap$ 635e	tsiap	rap D2S	—	*r-
酒	$tsi̯ôg$ 1096k	tsuw'	lau C1	law^3 C1	*hl-
荐	$dẓ'i̯ən$ 432a, b	dẓenh	—	ram^5 B2	—
盡	$dẓ'i̯ĕn$	dzin'	老挝 lun A2	lun^4 A2	—

"迹"的台语形式似乎表明它是一个开音节词。但是汉语是入声，高本汉和蒲立本都将它的韵尾构拟为 /-k/。汉语是清辅音声母，与之相对，台语是浊音声母。韵母对应整齐，但是声调对应比较杂乱。古汉语谐声及文字学证据表明，这个词是咝擦复辅音声母。《说文解字》中记载的形式"鼅"，意为"鹿的踪迹"。它的反切声母——"鹿"的声母是流音；另一个音素"速"，声母为咝擦音，暗示它在上古汉语中或许存在咝擦音和流音交替的现象。

"接"的声母在汉语和台语中存在清浊的区别。高本汉和蒲立本将其构拟成腭音，这可以解释为原始复辅音的残留。

台语"酒"被认为是上古汉语借词。（Li，1945）奥德里古尔（Haudricourt，1974：542）为侗台语构拟了同源词，并跟越南语 ruou 作比较，同时指出该词和汉语可能存在关系。吴克德（Wulff，1934：249）建立了台语和汉语交替形式"醪"（láo，"浊酒，酒糟混合的酒"）之间的对应关系。后面这个语音形式现已淘汰，高本汉（Karlgren，1957）将其构拟为 *glôg，蒲立本（Pulleyblank，1991：184）将其构拟为 *law。李方桂和高本汉都认为后面这个词是后期的汉语借词。但高本汉暗指二者之间的联系应该发生在更早的时候。侗水语这个词项的形式（见 4.3.1 节）表现得十分清楚。仫佬语声母采用软腭舌根音 /krɣ-/，这是证明原始台语存在某种复辅音的强有力证据（见 4.3.1 节）。回归汉台语比较，从韵尾来看汉语读音 láo 最接近台语，但是声调不对应；带咝擦音声母的形式是对应的。

4.2.3 节已经讨论过"荐"这个词项，其汉语和台语之间存在韵尾 /-n/ 和 /-m/ 的交替现象，声调对应整齐。

"盡"在台语中表示"最终的，最后"。其韵母对应十分整齐，尤其是 /-n/，但是声调不相互对应。

5. 汉语送气塞擦音与台语流音

这组例词在汉语中选用送气塞擦音声母（古汉语穿母和澄母），而台语中则表现为流音。汉语的送气塞擦音声母包括卷舌音和齿擦音。下面给出部分卷舌音声母的例词：

词项	高本汉构拟	蒲立本构拟	泰	热依	原始台语声母
廛	d'ịan 204a	drian	rïan A2	ran⁴ A2	*r-
拆	fǎk 792d	trʰɛːjk	lit D2S	lit¹ D2S	*l-
迟	fịər 596d	dri	laa C1	—	*hl-
锄	dẓ'ịo 460	dziə	—	rok¹ D2S	—
闯	tiəm 659a	tṣhiaŋʾ	—	loŋ C2	—

高本汉和蒲立本把第一个词构拟为双元音，可以在泰语中得到证实。从《诗经》（Baxter，1992：749）的例证来看，蒲立本构拟的齿音复辅音似乎更加合理。其声调和韵尾的对应很整齐。这一现象在其他加岱语中也可以得到广泛证实，如侗语中的 ja:n²、仫佬语中的 hɣa:n²、水语中的 ɣa:n²、毛南语中的 na:n¹、黎语中的 ru:n¹、临高语中的 lan²。

汉语和台语的"拆"的韵尾存在 /-k/ 和 /-t/ 的交替现象。它在侗语、毛南语和黎语中的声母也是流音，如侗语中的 lit⁸、毛南语中的 lit⁸、黎语中的 le:k⁷。仫佬语和临高话选用咝擦音声母：仫佬语中的 tshe:k⁷、临高语中的 sek⁷。这些变异体本身表明古代台语存在某种复辅音声母。

汉语中的"迟"是浊音声母，台语是清音声母。汉语采用 A2 调，台语为 C1 调。但是，石家话中的 thlaa⁴（"迟"）与汉语一致。

"锄"只出现在我们材料的北支台语方言中，意为"轻轻地锄"。其在台语中的发音有韵尾 /-k/。高本汉和蒲立本对它的构拟都没有塞音韵尾。

"闯"在汉语中有两个读音，其中一个读音的韵尾是鼻音 /-ŋ/，其声调和韵尾与台语相互对应。

不少汉语齿擦音声母和台语的流音声母对应。例如：

词项	高本汉构拟	蒲立本构拟	泰	热依	原始台语声母
彩	*tsəg 942a*	*tshəjˀ*	*laai A2*	*laay⁴ A2*	**dl-*
槽	—	*dzaw*		*rua¹*	**hr-*
赐	*sięg 850t*	*siəʰ*	—	凤山	—
				look⁵ D1L	
從	*dziung 1191d*	*dzuawŋ*	凤山	*ruaŋ⁴ A2*	—
			luaŋ² A2		

值得注意的是，高本汉将"彩"的尾音构拟为 /-g/，而蒲立本将其构拟为 /əj/。其现代汉语的读音和台语形式的韵母相对应，都是 /aai/，但声调不对应。就规则对应而言，台语形式应该是 C 调。台语形式否定了高本汉韵尾 /-k/ 的构拟。

汉语和台语中的"槽"出现了清音、浊音声母交替的现象，汉语中的声母为浊音；但是，两种语言的声调均为 A 调类。

"赐"是汉语和台语咝擦复辅音声母的有力证据。需要注意的是，它在汉语中的声旁"易"（含腭化半元音 /j/）表明某种咝擦音的存在。凤山的韵尾 /-k/ 支持高本汉构拟的韵尾 /-g/。

"從"的声调和韵尾对应工整，语义也相互对应。台语形式似乎仅限于北支方言。

下列三个清送气塞擦音（古汉语清母）也属于这一类型：

词项	高本汉构拟	蒲立本构拟	泰	热依	原始台语声母
漆	*ts'jět 401b*	*tsʰit*	*rak D2S*	凤山	**r-*
				lak D2S	
晴；旱	—	*dziajŋ*	*lɛɛŋ C2*	*reŋ⁶ C2*	**dl-*
竊	*ts'iat 309a*	*tsʰɛt*	*lak D2S*	*lak D2S*	**dl-*

"漆"在汉语中的韵尾为 /-t/，台语中的韵尾为 /-k/。汉语是浊音声母，台语是清音声母。汉语的韵尾是前高元音 /i/，台语是中低元音 /a/。

"晴；旱"的韵尾对应十分工整。汉语和台语都是浊音声母。但是，汉语的声调是 A2 调，台语的声调则是 C2 调。

"漆"和"竊"的汉语韵尾都是 /-t/，而在台语中的韵尾是 /-k/。汉语是清音声母，而台语是浊音声母。

6. 汉语齿塞音与台语流音 / 齿音复辅音

这些例证在汉语中表现为齿擦音 /s-/，属于上古汉语声母。而在台语中，

声母表现为 /r-/ 和 /l-/，可以追溯到原始台语中的 *hr-、*r-、*hl-、*thr- 或 *nl/r-。

下面三个例子中，汉语的 /s-/ 和台语的 /l-/ 对应：

词项	高本汉构拟	蒲立本构拟	泰	热依	原始台语声母
伞	—	san'	德宏	luaŋ³ C1	*hl-
			tsoŋ³ C1		
孙	swən 434a	swən	laan A1	laan¹ A1	*hl-
（宽）松	—	—	luam A1	lom¹ A1	*hl-

李方桂将原始台语"伞"的声母构拟为 *hl-，并指明这是北支方言词汇。李方桂或许无法接触到西南支方言的词形，如含咝擦音声母 /ts-/ 的德宏傣语。值得注意的是，汉语和台语之间存在韵尾 /-n/ 和 /-ŋ/ 的交替现象。它的声调相互对应。

吴克德在汉语和台语之间建立了"孙"的关系。这个例词曾被作为汉藏联系的证据而提出，在古藏语中的辅音十分复杂，是 mtshan（Coblin，1986：88）这个词可能也和苗瑶语有关，因为苗瑶语呈现了流音声母的遗留痕迹（见 4.3.4 节）。汉语的相关词读作 shēng（"甥"），意为"姊妹的孩子"，李方桂（Li，1971）将其声母构拟为 *sr-。

"（宽）松"的汉语和台语读音出现舌根鼻音韵尾 /-ŋ/ 和双唇鼻音韵尾 /-m/ 相互交替的现象。此外，其声调和元音对应整齐。4.3.1 节讨论了这个义项在侗水语里的对应词。

我们还找到三个例词，汉语读音声母 /s-/ 对应台语 /r-/：

词项	高本汉构拟	蒲立本构拟	泰	热依	原始台语声母
缩	ṣiôk 1029c	ṣuwk	hot D1S	rot D1S	*hr-
洒	slĕg 878i	ṣaij'/ṣɛ:'	raat D2L	ruat⁵ D2L	*r-
快速	suk 1222i	səw	reu A2	riu⁴ A2	*r-

"缩"的台语读音有韵尾 /-t/，与此相对，汉语的韵尾是 /-k/。由于汉语文字学表明"缩"的声旁含有流音声母 /l-/，所以高本汉把它列举为上古汉语咝擦复辅音声母 *sl- 的证据。李方桂（1980）、包拟古和蒲立本沿用了高本汉对其声母的构拟形式 *sl-。值得注意的是，关于"洒"，高本汉为其构拟的韵尾是 /-g/，而台语读音韵尾是 /-t/。

至于"快速"，汉语采用韵尾 /-k/ 和清辅音，而台语采用双元音韵母和浊音声母。在此，我们又得到了一个汉语"-V + k"对应台语"-V"的例证。

下列例子也可以证明汉语中的 /s-/ 对应台语齿音复辅音：

词项	高本汉构拟	蒲立本构拟	泰	热依	原始台语声母
梭	—	swa	huuk D1L	rok² D1L	*thr-
隼，鹰	snjwən 467a	swin'	龙州 lam B2	lam⁵ B2	*dl-
笋	sjwěn 392	nswin'	—	laaŋ⁴ A2	*nl/r-

"梭"是重要的文化词汇。高本汉没有给出其汉语读音形式。台语形式表明它有韵尾 /-k/。

"隼，鹰"的汉语读音采用齿鼻音韵尾 /-n/，台语读音采用双唇鼻音 /-m/。其声调相互对应。

就像"伞"一样，李方桂指出含齿音复辅音声母的"笋"仅限于北支台语。这里又出现了 /-n/ 和 /-m/ 韵尾交替的现象。其声调和元音都不对应。

上述例词是后元音，但也存在前高元音（下面例词中的汉语拼音 /x/ 的音值等同于 /ɕ/，后接前高元音 /i/ 和前央元音 /ü/）。

词项	高本汉构拟	蒲立本构拟	泰	热依	原始台语声母
（相）像	dzjang728a	zjaŋ	—	lum³ C1	*hl-
锡	siek 850n	sejk	lek D1S	riak² D1L	*l-
猩	sieng/sěng 812s	ɕiajŋ/sɛjŋ	liŋ A2	liŋ⁴ A2	*l-
泄	sjat 443h	siat	rua B2	ro B2	*r-
笑	sjog 1150a	siaw	hua A1	riaw¹ A1	*xr-
铦	siam 621a	siam	lɛɛm A1/ lem¹	θam¹ A1/ θem¹A1/ lem¹ A1	—

"（相）像"的中文读音采用双元音和鼻音韵尾，但台语读音采用后元音和双唇鼻音韵尾。高本汉和蒲立本构拟的汉语读音都为浊音声母，但台语的声调表明声母应该是清辅音。其声调相互对应。

"锡"在汉语中指"锡"这种金属，而在泰语里的对应词意为"铁"，在许多台语方言中意为"大锅"，可以看出它可以指各式各样的金属。其声调和韵尾的对应很整齐；但是，汉语为清音声母，而台语是浊音声母。

汉语"猩"的读音同样是清音声母，台语是浊音声母。其声调和韵尾相互对应。这个读音在苗瑶语中也有出现，带流音声母（见 4.3.4 节）。

"泄"的汉语构拟形式表明它是闭音节，而在台语中是开音节。

"笑"的韵尾相互对应，但是声调不对应。台语读音不支持高本汉构

拟的韵尾 /-g/。

"銛"在热依语中有两个交替形式：一个是咝擦音声母；另一个是流音声母。柯蔚南（Coblin，986：131）为其构拟了一个声母为 *sl- 的汉藏语词根。

下面的"血"这个例词十分有趣。尽管吴克德（Wulff，1934：167–168）认为它的语音对应"有问题"，但还是建立了它的汉台语词汇联系。显然，他被另一个关联形式 liuet 给迷惑了，他认为该例词的流音声母显示了双重不规则性。其声母可以追溯到上古汉语舌根擦音 *x-（古汉语晓母）或 *γ-（古汉语匣母），在台语中则表现为 /l-/。

词项	高本汉构拟	蒲立本构拟	泰	热依	原始台语声母
血	χiwat 410a	xwet	liat D2L	luat⁵	*l-

可以看出其声调和韵尾相互对应。这个例词被认为是汉藏语系的同源词。（Benedict，1972；Coblin，1986；Haudricourt，1974）

"熏"也存在相同类型的语音对应：

词项	高本汉构拟	蒲立本构拟	泰	热依	原始台语声母
熏	χiwən 461a	xun	lon A2	luan⁴ A2	—

人们经常认为该例词的汉语形式和台语声母为唇腭音的 *gwan（A2）相关（Manomaivibool，1975：322），但是台语中的这个词是名词，意为"烟（火）"，可能和汉语中的"烟"相关，古汉语读作 *'iən（Karlgren，1957：133）或 *ʔen（Pulleyblank，1991：355）。这里引用的例子被认为在上古汉语中应该是舌根音声母。李方桂（Li，1971）没有给出这个读音形式。

下列例子也可以被归入这组读音中：

词项	高本汉构拟	蒲立本构拟	泰	热依	原始台语声母
眩（晕）	g'iwen 366d	γwenh	lian C1	luan² B1	*hl-
陷	g'ɛm 672c	γəimʰ/γɛ:mʰ	lom B1	lom² B1	*hl-

"眩（晕）"在泰语中意为"平顺"，是 C1 调，可能与汉语没有关联。

"陷"的声调对应工整，但是韵尾不完全对应。汉语有一个关系词"沦"，声母是流音，声调为 A2 调。

7. 汉语半元音与台语流音

汉语中有若干词项带腭化半元音 /j-/（古汉语影母和余母），与台语的流音 /l-/ 和颤音声母 /r-/ 对应。例如：

词项	高本汉构拟	蒲立本构拟	泰	热依	原始台语声母
余	djo 82l	jiǎ	lia A1	lua^1 A1	*hl-
裕	giug 1202h	juǎ	laai A1	laay^1 A1	*hl-
疫	djěk 851c	jwiajk	ha B1	ra^2 B1	*hr-
阴	ʼjəm	ʔim^h	rom B2	ram^5 B2	*r-
畲	djo 82f	jiǎ	rai B2	ri^5 B2	*r-
埏	ṣian 203e	jian	hon A1	ran^1 A1	*xr-

"余"在汉语中发浊音声母，而在台语中发清音声母，汉语和台语都是 A 调，韵尾对应非常整齐。

"裕"的韵尾和声调似乎对应得都不太整齐，"裕"的上古音属余母屋部，《广韵》羊戊切，去声，台语发流音韵母 /aai/ 和 A 调。

"疫"在台语中是清音声母，没有韵尾 /-k/。汉语则普遍认为其发浊音声母，高本汉和蒲立本都将其韵尾构拟为 /-k/。

根据高本汉和蒲立本的观点，上古汉语"阴"是零声母。如果台语形式有参考价值，那么应该重新认定高本汉和蒲立本的构拟。

"畲"在台语中同样发颤音 /r-/，但是声调对应不是很整齐。需要注意的是，它在汉语中与"余"同音异义，两个汉字共享同一个声旁。而其在台语中的声母和韵母都不相同。

"埏"的台语词义为"路"。它在汉语和台语中存在清浊声母的区别，台语为清声，汉语为浊声。

下列例子表明，汉语 /j-/ 和台语的齿音复辅音对应：

词项	高本汉构拟	蒲立本构拟	泰	热依	原始台语声母
养	ẓiang 732j	jiaŋˈ	liaŋ C2	siaŋ^6 C2	(*ẓl-)^1
易	djěk 850a	jiajk	lɛɛk D2L	凤山 luak D2	*dl-
奥（拉）	dju 126a	juǎ	laak D2L	laak^5 D2L	*dl-
衍	gʼjan 197a	jianˈ	lon C2	lon^6 C2	*dl-
盈	dʼjěng 815a	jiajŋ	tem A1	rim^1 A1	*tl-

我们在前文已经给出"养"的构拟形式，并讨论了其语音。正如上例所示，其在汉语中是上声，与台语的 C 调相对应。韵尾对应也十分工整。汉语形式和《诗经》中的"将""将要，培育，支持"有关系。高本汉（Karlgren，1957）将其古音构拟为 tsjang，蒲立本（Pulleyblank，1991：

1　本书这类圆括号意为它是本书新构拟的，《比较台语手册》中没有。

149）将其构拟为 *tsiang*，都是清音咝擦音声母。这是加岱语的同源词，在苗瑶语中也存在（见 4.3.4 节）。奥德里古尔（Haudricourt，1974：471）同样也指出了汉 – 壮侗语的这组对应，但是没有对其声母进行构拟。

"易""奥（拉）""衍""盈"在汉台语之间的韵母对应相当整齐。汉语中的"易"为余母锡韵，对应台语 *dleek*。"奥（拉）"的古汉语为余母侯韵，对应台语 *dlaak*，入声。"衍"的古汉语为余母元韵，上声，对应台语 *dlon*（C2）。台语中"盈"的韵母和汉语对应十分工整，汉语古音余母耕韵，平声，对应台语为 A 调；韵尾存在 /-ŋ/ 和 /-m/ 的交替现象；台语读音表明其声母为浊音，而在汉语中为清音声母。

8. 汉语卷舌音与台语流音或齿音复合声母

这组词汇在汉语中是卷舌音声母，属于古汉语的审母，而台语中可以追溯到原始齿音复合声母或流音。

词项	高本汉构拟	蒲立本构拟	泰	热依	原始台语声母
舌	*dʲat* 288a	*ziat*	*lin* C2	*lin⁶* C2	*l-
涮	—	*ʂwainʰ/ʂwɛːnʰ*	*laaŋ* C2	*luaŋ⁶* C2	*l-
拴	—	—	*laam* B2	*laam⁵* B2	*l-
蜕	*siwad* 324a	*ɕwiajʰ*	*lut* D1S	*lot²*	*hl-
孰	*dʲôk* 1026a	*dzuwk*	*rai* A2	*lau* A2	*l-
梳	—	*ʂiə*	*wii* A1	*roy¹* A1	*hw-

"舌"在一些汉语方言中也发流音声母。在粤语中，它有两种读音：*sit²²* 和 *lei²²*。它在其他汉语方言中也发流音声母，其中包括梅县中的 *li⁴²* 和阳江中的 *lei⁴⁵⁴*。汉语和台语的韵尾 /-t/ 和 /-n/ 相互交替。

"涮"的汉语和台语韵尾存在 /-n/ 和 /-ŋ/ 的交替现象。因为汉字的声旁是流音声母，所以它的汉语形式表明其古声母为咝擦音复合声母。它的元音和声调对应很整齐。

"拴"的汉语韵尾是硬腭鼻音 /-n/，而台语韵尾是双唇鼻音 /-m/。高本汉（Karlgren，1957）和蒲立本（Pulleyblank，1991）都没有收录这个词。其声调表明了较晚期的语言接触。

汉语"蜕"的一个读音为 tuì，高本汉（Karlgren，1957：97）（t'wâd、t'wâr）和蒲立本（Pulleyblank，1991：313）（tʰwiajʰ）就这个读音分别构拟了原始语音。它在汉语和台语中都是清音声母。台语中也有相关形式，如泰语中的 *ruut*（D2L）、热依语中的 *rot⁵*，声母是浊音，意义很相近。

"孰"在汉语中为浊音声母，上古汉语构拟含有韵尾 /-k/，而原始台语是舒声音节词。台语的声调和现代汉语声调相互对应。台语形式表明原始语是双元音。黎语声母中含流音，如通什黎语中的 ʔaˀraˀ，带前缀。

汉语"梳"的发音是咝擦音复合声母的很好例证，声旁为"疏"，表明与流音有关联。李方桂根据西南支方言和中支方言的对应语音形式为原始台语构拟唇齿塞音声母，而北支方言的同源词表明原始台语声母应该是 *hr-。台语和汉语都是清音声母，声调相互对应。

有时候，汉语卷舌音对应台语的齿音复辅音。例如：

词项	高本汉构拟	蒲立本构拟	泰	热依	原始台语声母
舓	dʼjěk 867f	ziəˀ/ziˀ	lia A2	lia⁴ A2	*dl-
赎	dʼjuk 1023t	zuawk	—	ru⁵ B2	*dl-
虱	ʂjɛt 506a	ʂit	rïat D2L	ruat⁵ D2L	*dr-
折	ʈiat 287a	dziat	hak D1S	rak² D1S	*thr-

"舓"在汉语和台语中都是浊音声母，元音对应十分整齐，但是声调并非相互对应。相对于高本汉构拟的 /-k/ 韵尾，台语发音更支持蒲立本构拟的开音节词。它的侗语和黎语形式跟台语一样采用流音声母，如侗语中的 ljaˀ、黎语（元门）中的 leiˀ。它在粤语中也发流音声母 lai³⁵，与 sai³⁵（"训读"）可以交替使用。值得注意的是，汉语福州方言和侗台语一样发流音声母，读作 liaʔ³³。

"赎"的汉语韵尾是 /-k/，而台语中是开音节。热依语读音表明它的原始声母是 *dr-。它在汉语和台语中都是浊音声母。其元音对应具有规律性。

"虱"是汉藏语经常列举的例词。白保罗（Benedict，1972：198）构拟藏缅语原始声母 *śr-，李方桂构拟上古汉语读音 *srjətə。（Bodman，1973：385）汉语发清音声母，台语则是浊音声母。韵尾对应工整。临高语和台语一样发流音声母（liat⁸）。

下面两个例子的汉语禅母对应台语的流音：

词项	高本汉构拟	蒲立本构拟	泰	热依	原始台语声母
勺	ɖiok 1120a	dziak	—	rok² C2	—
视	djər 553h	dzi	lɛɛ	yu³/⁶ C1/C2	—

"勺"在汉语中是浊音声母，在台语中是清音声母。台语读音更支持高本汉构拟的后元音韵母 /-ok/，而不是蒲立本构拟的中低元音 /-ak/。原始台语声母可以构拟成 *dr-。

121

台语"视"的读音出现差异性。除了北支方言，它在其他方言中是流音声母 /l-/，为 A 调，原始声母可以构拟成 *l-。德宏、帕基等方言发 B1 调。北支方言发硬腭半元音 /y-/，如热依语和凤山壮语，ʔju⁴（C1）表明原始北支台语声母为 *ʔj-。值得注意的是，汉语书写形式有两个自由变体，其中一个是"眂"，声旁为氏，与粤语中的另一个形式"睇"同音异形，这表明它们是不同方言的词汇。台语声母和声调的变异再次指向词汇扩散的作用。

4.3.4　苗瑶语族

汉台语咝擦音和流音交替的现象在苗瑶语中也可以找到类似的类型学现象，我们将通过下列例子（中央民族学院苗瑶语研究中心，1987）进行阐述。

词项	苗（川贵）	苗（滇东北）	布努瑶	勉瑶	标敏瑶
冷	sen⁴	—	θrŋ⁴	tɕuəŋ³	tɔŋ³
捞	tɕe¹	ʂa⁵	lau⁴	ɬu⁷	ɬɔ⁴
养	zi⁶	zu⁶	ɕoŋ	juŋ⁴	—
犁	—	滇东 tɕo²	ɕai¹	lai²	lai²
梭	—	—	zuak¹		
舐	zi⁸	za⁸	ja⁸	bie⁶	bia⁴
伞	shaŋ⁵	—	ɬoŋ³		
铸	liu¹	la⁵	ʑe³	tu²	ɕia³
孙	lhaŋ¹		ɬan¹	—	suən¹
猴	lei¹	lie¹	—	—	—
拆	lo²/ 川西 tshe³⁷	ʈha	—	tshɛ⁷	thiɛ⁷
淹	lhiə⁵	—			
锡；铁	lhə	lho⁵	ɬyu⁵	ɬie⁷	ɬia⁷
打破	lo³	lo³	lɤ⁴		
余	lei⁸	—	ɬɤ⁴		
追	leu³	loey³		tsuei¹	tsui¹
湿	tɕo⁴	—	ɕa⁵	liem²	duai⁴
踪迹，痕迹	ɣə²	ly³	zi⁴	—	tsl̩⁷

可以清楚看出，"冷""捞""犁"等词项在苗瑶语中发咝擦音，与台语北支方言一致。"铸""猴""拆"等词项在列举的方言中发流音或咝擦流音。这些例子似乎揭示了包含苗瑶语族在内的语言底层关系。

4.4 总结

本章提供了台语存在一系列咝擦音复合声母的例证，并提供了众多语音对应现象以支持这一观点。尽管在许多情况下，由于材料缺乏，难以推测语音构拟，但本书依然提供了一系列咝擦音复合声母，以增补李方桂（Li，1971）的构拟。

台语咝擦音复合声母显示了很多有趣的分组特征。北支方言和非北支方言之间可以作区分，这是因为在非北支方言中表现为一系列声母（如唇音、流音和舌根音）的词项在北支方言中都是咝擦音（大部分为塞擦音）。此外，对于西南支方言而言，体现出不规则性的词项在北支方言和中支方言中会有诸多共同点。更准确地说，对于含有齿擦音和舌根音的复辅音，北支方言和中支方言一般都有咝擦音，而西南支方言则是喉擦音和舌根音。对于含有塞擦音、齿塞音和流音的复辅音，中支方言的独特性体现在有流音声母或显示出变体，有时和西南支方言一致，有时又和北支方言一致，不同方言的表现不同。

如果能够检验区域内的侗水语和其他加岱语语料，就能查找到其中更多的联系。我们可以从台语和侗水语中找到类似的对应模式。从这个角度看，我们的咝擦复辅音假设为这些语言族群之间的深层历时关系提供了进一步的证据。

当比较了台语和汉语词汇材料时，咝擦复辅音问题会变得更加棘手。汉语和台语之间发现了 90 多个词存在咝擦音和流音的对应关系。我们可以看到，与台语流音对应汉语咝擦音相比，汉语咝擦音与台语流音对应的例证明显更多。汉语和台语之间没有固定的语音对应程式，但显然对应关系在很多情况下都非常具有说服力；而在其他例子中，我们只能确定部分对应关系，如声母或韵母对应，但二者无法同时对应。这种看似不规则的对应组似乎显示了词汇扩散的作用。总体来看，大部分对应关系可以支持先前上古汉语的构拟工作，其余则提出了新的课题。

虽然就这些对应关系提出可靠的观点之前还有许多工作要做，但我们的咝擦音复合声母假设为汉台语之间可能存在的同源关系带来了新的曙光。无论是否存在同源关系，二者在历史长河中必然有着紧密的联系。总而言之，该区域语言词汇间的有趣联系，可以为早期华南地区和东南亚语言状况的复杂性提供些许启示。

第 5 章

台语调类不规则性再探

在音位系统上，台语支各语言具有相当一致的特征。它们之间建立了一系列有规则的对应关系，其中包括四个调类，各有两个同位异音，以表明其分别来源于清声母和浊声母。但是，仍有一些调类不规则的情况需要调查研究。李方桂（Li，1971，1977）、格德尼（Gedney，1989）对此类现象各自提出了一些解释。

本章并非旨在对台语调类不规则性提供穷尽性的处理办法，而是旨在通过提供和分析更多的语料[1]来补充李方桂的解释。关注的问题包括：

1）台语不同方言群中调类不规则的分布模式。

2）最常见的几种不规则调类的类型。

3）台语一些方言中调类的进一步分化与合并。

4）调类不规则性对台语比较研究的意义。

一些相关现象将在第 6 章进行探讨。

5.1　调类的不规则性：一些共时的事实

5.1.1　台语不规则调类的一些常见模式

台语调类系统的运作大体上基于潜在的清浊分化原则，台语比较学者（Brown，1962；Gedney，1972a，1972b；Li，1977）已经用几种办法制定出规则。然而，令人困惑的是，有些词项在北支台语与非北支台语之间存

1　本章所引用的新语料包括德宏、帕基（西南支台语）、龙茗、侬 [中支台语，彼得·罗斯（信件交流）]、武鸣和凤山。鉴于笔者手头有比较详细的德宏、龙茗和凤山的语言材料，将重点关注这些材料。为便于调类比较，各种方言的具体调值将在本章末尾简略描述。这里所引的七溪侬语是位于高平和谅山之间的一种方言。正如罗斯所说，所用语料可能有方言之间的混合，因为发音人曾接触过不同的方言。但这种方言不会与本书末尾附录 I 中引用的万承侬相混淆。

在高声调和低声调的转换。正如李方桂（Li, 1971, 1977）所描述的那样，有相当数量的非北支台语方言的清声字在北支台语方言中是浊声。

1. 西南支、中支台语 A1—北支台语 A2

词项	泰语	龙州	剥隘
坑，沟	*khum A1*	*khum A1*	*kum A2*
拿	*thïï A1*	*thïï A1*	*tïï A2*
耳	*huu A1*	*huu A1*	*lïï A2*

2. 西南支、中支台语 A2—北支台语 A1

词项	泰语	龙州	剥隘
来	*maa A2*	*maa A2*	*maa A1*
种子	*fan A2*	*fan A2*	*fan A1*

3. 西南支、中支台语 B1—北支台语 B2

词项	泰语	龙州	剥隘
厚，密	*thii B1*	*thii B1*	*tii B2*
骑	*khii B1*	*kwii B1*	*kii B2*
豆	*thua B1*	*thuu B1*	*tuu B2*
边	*phaai B1*	—	*paai B2*

4. 西南支、中支台语 C1—北支台语 C2

词项	泰语	龙州	剥隘
屎	*khii C1*	*khii C1*	*hai C2*
米	*khau C1*	*khau C1*	*hau C2*
雄性	*phuu C1*	*puu/phuu C1*	*puu C2*

除了上面几种模式，李方桂也注意到下面的几种模式：

5. 西南支、中支台语 C1—北支台语 B1

词项	泰语	龙州	剥隘
寡妇	*maai C1*	*maai C1*	*maai B1*
棉	*faai C1*	*phaai C1*	*faai B1*
水煮	*tum C1*	—	*tum B1*

6. 西南支、中支台语 C1—北支台语 B2

词项	泰语	龙州	剥隘
节	*khɔɔ C1*	—	*hoo B2*
淹没	*thuam C1*	*thuum C1*	*tum B2*
坚固，稳	*man C1*	—	*man B2*

7. 西南支、中支台语 D1S—北支台语 D2S

词项	泰语	龙州	剥隘
熟	*suk D1S*	*łuk D1S*	*ɕuk/łuk D2S*
中靶	*thuuk D1L*	*thuk D1S*	*tik D2S*

8. 西南支、中支台语 D2S—北支台语 D1S

词项	泰语	龙州	剥隘
弯曲	*khot D2S*	*kut D2S*	*kut D1S*
吹，扇	*phat D2S*	—	*pat D1S*　（Li，1977：36—40）

李方桂推测，这些调类的变化可能有三个方面的因素：

1）声母变异的形态语法过程。

2）原始辅音声母之间的交替。

3）声调与辅音的共同交替。

但是，格德尼（Gedney，1989）等其他学者不完全赞同这样的解释。

格德尼认为，这样奇特的现象必然反映了台语更早期的阶段，每个语支一定已经存在不同形式的条件性分化，其本质仍需进一步调查研究。问题如下：如果是现在的情况，那么什么有可能源于原始声调系统？近期的创新现象是什么？我们如何解释这样的现象？在尝试解决这些问题之前，我们需要考虑更多的事实。

5.1.2　更多的调类不规则现象

除了上面几种类型的调类不规则外，我们在语料中还发现了以下几种类型。下文提供了一些德宏和凤山的例子，因为我们在这方面有丰富的语料。有些调类不规则性呈现出该语支的特点，有些则是零星的变化。来自其他方言的语料将在 5.2 节提供。

1. 德宏 A2—凤山 C2

词项	德宏	凤山
（一种）渔网	*mɔŋ²*	*muaŋ⁴*
蹒跚	*sɔn²*	*ɕɔn⁴*
竹竿	*haau²*	*saau⁴*
混淆	*lo²*	*liau⁴*

2. 德宏 C2—凤山 A2

词项	德宏	凤山
荒	*hə⁵*	*fua²*

槟榔	pu^5	—
采集	to^5	to^2
碟子	$paan^5$	$paan^2$
守卫	$phaɯ^5$	$taɯ^2$

3. 德宏 B2—凤山 C2

词项	德宏	凤山
一些	$maŋ^6$	$ʔbaaŋ^4$
打	$maŋ^6$	$ʔbɔŋ^4$
哥 / 姐	pi^6	pi^4
钝	pom^6	pum^4
碎片	$sɛn^6$	sen^4
背篓	$yɔŋ^6$	$jaŋ^4$

4. 德宏 C2—凤山 B2

词项	德宏	凤山
重复	sam^5	$ɕam^6$
欺负	xaa^5	haa^6
舀	$kɔn^5$	$kuan^6$
难[1]	$laan^5$	$naan^6$
噎，卡	$kɛn^5$	$keen^6$

5. 德宏 C2—凤山 C1

词项	德宏	凤山
碰撞	tum^5	tam^3
咀嚼	$jɛm^5$	$ɲam^3$
伺候	$tsaɯ^5$	$saɯ^3$

6. 德宏 A1/A2—凤山 B2

词项	德宏	凤山
拉	thaau A1	ɕwaau B2
很多；重复	lam A1	lam B2
虾	ŋeu A2	ɲaau B2
触碰，抚摸	ŋom A2	lum B2

---

1 这个词项可能与汉语的"难"有关。

7. 德宏 A1—凤山 B1

词项	德宏	凤山
块	$kaai^1$	$kaai^5$
弯腰	$kɔŋ^1$	$kuŋ^5$
逗痒	tsi^1	$tɕi^5$

8. 德宏 A1—凤山 C1

词项	德宏	凤山
重孙	len^1	len^3
湖	$loŋ^1$	$loŋ^3$
翻转	$faan^1$	$vuan^3$
蒸	$ləŋ^1$	$naŋ^3$
结冰	$tuŋ^1$	$tɕooŋ^3$
担子	$xɔn^1$	$hoon^3$

9. 德宏 B1—凤山 C1

词项	德宏	凤山
成长；升起	me^3	maa^3
碗柜	$xeŋ^3$	$liŋ^3$

以上不规则类型并不能涵盖所有，更多的调查将会挖掘出新的不规则形式。

5.1.3　一些现代方言中的调类交替

如前所述，李方桂（Li，1977：41）推测调类的差异很可能源于原始的形态音位学过程，并从泰语中引用了一些例子来支持他的这一推论。有证据可以证实李方桂的观点。很多现代方言中可以找到调类交替，它们可能对调类的不规则特征有所启示。

1. A1—A2

这一模式出现在广西融水县三防壮语（北支方言）中（Edmondson & Wei，1997）。例如：

词项	三防
火	$fi^1 — fi^2$
柴火	$fun^1 — fun^2$
手	$fuŋ^1 — fuŋ^2$
力量	$ze{:}ŋ^1 — ze{:}ŋ^2$

风	$zum^1 — zum^2$
扁担	$ŋgaan^1 — ŋgaan^2$
人	$ŋgwun^1 — ŋgwun^2$

2. A1—C2

这一模式出现在石家话中。例如：

词项	石家话
笛子	$pii^2 — pii^6$
诱饵	$ɲua^2 — ɲua^6$
嘴含	$ŋaam^1 — ŋaam^6$

3. B1—B2

这一模式出现在广西融水县三防壮语（北支方言）中。例如：

词项	三防
坐	$zaaŋ^5 — zaaŋ^6$
夜晚	$ŋam^5 — ŋam^6$
亮	$zooŋ^5 — zooŋ^6$

4. B2—C2

这一模式出现在德宏和石家话中。例如：

词项	德宏
踩，踏	$jan^6 — jan^5$
做生意	$kaa^6 — kaa^5$

词项	石家话
麻风	$ruan^5 — ruan^6$
飞狐	$maŋ^5 — maŋ^6$

5. A1—B1

这一模式出现在德宏中。例如：

词项	德宏
芭蕉花	$pi^1 — pi^3$
蔓延	$phe^1 — phe^3$
经过	$lan^1 — lan^3$

6. C1—C2

这一模式出现在德宏和石家话中。例如：

词项	德宏
摔倒	$lom^4—lom^5$
包围	$lɔm^4—lɔm^5$

词项	石家话
链，索	$soo^3—soo^6$
切	$ban^3—ban^6$
脾	$maam^3—maam^6$
剔（牙）	$cim^3—ciim^6$

7. C1—B2

这一模式出现在龙茗和石家话中。例如：

词项	龙茗	石家话
改变	$kaay^3$	$kaay^5$
年轻人	$phow^3$	pow^5

词项	石家话
一串（水果）	$pum^3—pum^5$
妈妈	$mee^3—mee^5$
因为	$kham^3—kham^5$
说	$yaa^3—yaa^5$

8. B1—C1

这一模式出现在德宏、龙茗和武鸣中。例如：

词项	德宏
倒塌	$lom^3—lom^4$
盖	$hom^3—hom^4$
软	$ʔɔn^3—ʔɔn^4$

词项	龙茗
陡	$liŋ^2—liŋ^3$
光滑	$luun^2—luun^3$
臀部	$kom^2—kom^3$
倒置	$khom^2—khom^3$

词项	武鸣
煮	tum^5—tum^3
（一）堵（墙）	faa^5—faa^3
盖	kom^5—kom^3

其中，有些模式比其他模式更为常见，如 B1—C1、C1—C2、C1—B2 等。

5.1.4　台语调类合并的常见模式

与调类交替相关联的是调类合并，它有助于解释调类不规则性的发生学关系。这样的调类合并和分化模式是台语分类的一个重要标准。

我们在语料中发现几种常见的调类合并模式。

1. B2 = A1

这一模式以德宏、坎梯、岱依以及很多其他掸语方言为代表。例如：

词项	德宏	坎梯
兄长	pii^6	pi^1
码头	taa^6	taa^1
一些，部分	$maaŋ^6$	$maaŋ^1$
外婆	yaa^6	yaa^1

这种调类合并模式是德宏、坎梯的典型特征，也是掸语的特色之一，并向周边语言逐步扩散。需注意的是，只有部分 A 调类，也就是格德尼的 A2、A3，即清不送气塞音、喉塞音和前喉化塞音受到影响。斯特雷克（Strecker，1979a：175，202）曾对一些老挝语方言进行研究，并发现相似的调类分化模式，这进一步支持了我们的假设。

2. B1 = A1

这一模式出现在坎梯中，B1 和 A1（格德尼的 A1 调，即清送气声母）合并。例如：

词项	坎梯	词项	坎梯
手掌	$phaa^4$	骂	naa^4
墙	$phaa^4$	厚	naa^4
肩	maa^4	送	$sɔŋ^4$
狗	maa^4	二	$sɔŋ^4$

这一模式与 2.1.1 节提到的模式似乎有关联，该模式同样包括 B2 和

A1 合并，这一掸语特点也存在于所有的南部泰语和几种侬语方言变体中。它很可能是因为 B2 和 A1 合并后进行了独立的发展过程。仍需注意的是，这一特征很可能是 B2 跟 A1 合并后产生的类比音变。

3. B1 = B2

这一模式出现在 Mène 语中。（Chamberlain，1991a）Mène 是越南义安省的一种台语方言。例如：

词项	Mène
旧	*kaw²*
小腿	*kɛŋ²*
傍晚	*kam²*
深红	*kam²*
龟	*taw²*
灰烬	*taw²*

据张伯伦（Chamberlain，1975）所述，在他所调查的 46 种非北支台语中，有 7 种具有这一特征。钦县所讲的台语也属这一类型。

4. C1 = C2

这一模式出现在镇宁[1]（点 31）和水城（点 36）这两个布依方言以及南部壮语（李方桂的中支）的扶绥方言中。例如：

词项	镇宁	水城	扶绥
舌	*lin³*	*lin³*	*lin³*
长大	*maa³*	*maa³*	*maa³*
马	*maa³*	*maa³*	*maa³*
弟，妹	*nuaŋ³*	*nuaŋ³*	*noŋ³*
水	*zaŋ³*	*zaŋ³*	*nam³*
人，男人	*pəu³*	*pu³*	*pu³*

这种调类合并被认为是最近的共同创新，因为镇宁和水城在地理上相当近。关于这种类型的调类交替现象，德宏和石家话中也有一些类似的例子（见前文）。

5. B1= C2

这一模式出现在石家话中。例如：

1　艾杰瑞曾指出，在镇宁，原来的全清塞音（格德尼的 C2）已经变成送气音，如"伯母"为 *pha³*，而非 *pa³*，这一情况更为复杂。

词项	石家话
旧	kaw^6
稻米	γaw^6
象	$saa\eta^6$
擤（鼻涕）	$sa\eta^6$
区分	$taa\eta^6$
问候	$tho\circ\eta^6$

调形变化的细微差别可能是该语言里这一类型调类合并的影响因素。在石家话中，与这一调类合并模式相关的 C1 调属于中降调（用赵元任的五度标音系统应记为 31），B1 调是略微降调的中平调（32）。在这种情况下，像"稻米"一类的词很容易降为 C2 调，并与 B1 调合并。

6. B2 = C1

这一模式出现在侬语和泰语中。龙茗和石家话偶尔有所反映，它们中有这两个调相互交替的情况。例如：

词项	侬
码头	taa^3
等	$thaa^3$
雄性	phu^3
父亲	pho^3
布	$phaa^3$
边	$phaai^3$

侬语可能在与北支方言和附近的中支方言接触后，通过创新完成了这一调类合并。标准泰语中也存在相似的情况，如"码头"B2 调和"等"C1 调合并成 thaa B2。值得注意的是，C1 在一些北支方言和中支方言中属于中平调，B2 在相同数目的语言中属于低平调，如龙茗 C1 为 33 中平，B2 为 11 低平。从调形变化角度来看，这些声调倾向于合并。

此外，我们发现还有很多其他类型的调类合并模式，如钦县的 C2 = A1、广西上思（广西区语委研究室，1994：20）和普泰语（Brown，1962）中的 C2 = B2，以及张伯伦（Chamberlain，1975）总结的很多中支和北支方言中的大量调类合并。

5.1.5　调类的进一步分化

调类合并是现代台语方言的一个特色，同时它也出现了进一步的调类分化。

1. 北支台语方言中 C1 调的分化

在广西贵州交界地区的一些北支台语方言中发现了 C1 调的系统性分化，前喉塞化声母从 C1 调分化为 C2 调。例如：

词项	德宏	龙茗	武鸣	凤山	罗甸
得	*lay C1*	*nay C1*	*ʔday C1*	*ʔday C2*	*ʔday C2*
村庄	*maan C1*	*maan C1*	*ʔbaan C1*	*ʔbaan C2*	*ʔbaan C2*
甘蔗	*ʔoi C1*	*ʔooy C1*	*ʔoi C1*	*ʔoi C2*	*ʔoi C2*
搂，抱	*ʔum C1*	*ʔom C1*	*ʔum C1*	*ʔum C2*	*ʔum C2*

大部分的布依语和西北部壮语都具有这一典型特征，前喉化声母在这些语言中被处理成浊声母。格德尼的热依语也属于这一情况。但并非所有的北支方言都参与了这一分化过程。更靠南的语言，如武鸣和其他台语、侗水语还保持 C1 调。同时，《布依语调查报告》表明，40 种调查的布依语方言中有 6 种没有出现这一分化。

2. 北支台语方言中 B1 调的分化

这一类型的调类分化同样出现在上面谈及的语言中，尽管具有这一特征的方言数量比较少，但其演变的条件完全一样。例如：

词项	德宏	龙茗	武鸣	凤山	罗甸
刺穿	*mɔŋ B1*	*mooŋ B1*	*ʔbooŋ B1*	*ʔbooŋ B2*	*ʔbooŋ B2*
肩	*maa B1*	*maa B1*	*ʔbaa B1*	*ʔbaa B2*	*ʔbaa B2*
泉	*moo B1*	*moo B1*	*ʔboo B1*	*ʔboo B2*	*ʔboo B2*
小伙子	*maau B1*	*maaw B1*	*ʔbaau B1*	*ʔbaau B2*	*ʔbaau B2*
斑点	*laaŋ B1*	—	*ʔdaaŋ B1*	*ʔdaaŋ B2*	*ʔdaaŋ B2*

这一分化模式为北支方言的相关讨论进一步提供了证据。

在一些非北支台语方言中，存在略有不同的分化模式，即清擦音声母（格德尼的第 1 排）使用 B1 调，清不送气声母和喉音声母（格德尼的第 2、第 3 排）使用 B1' 调（Chamberlain，1975），但张伯伦没有提供这些语言的语料。

5.2 调类不规则对应的讨论

5.2.1 A 调

众所周知，在大多数台语中，A 调分化以 123-4 为典型模式，如大部分北支方言；此外，还有不大常见的 1–234 分化模式，如泰语；也存在其他的分化模式，如 1-23-4 和 12-34。有一套词汇的声调在北支的语言中常常表现为与浊声母有关，而在其他语支的语言中则表现为与清声母有关，反之亦然。台语学家据此认为，这种清浊的差别形成了北支台语与非北支台语之间的一条分界线。

我们认为，这样的清浊区分并不完全适用于亲缘分类。几乎所有的北支台语（除石家话外）都遵循倾向于浊音的原则，但是非北支方言并非如此。人们发现，在西南支的很多语言中，这种清浊分化的模式完全没有规律，有时表现出北支台语的特征，有时则不然。这表明非北支方言经过调类的分化之后，一定经历了不同的发展变化，其中可能会有调类的进一步分化，由此导致了目前调类上的变动。

1. 北支台语与非北支台语 A1 调和 A2 调之间的变换

李方桂（Li，1966，1977）和格德尼（Gedney，1989：239）都以此作为北支台语与非北支台语的一条区分性特征。

词项	德宏	帕基	龙茗	侬	武鸣	凤山	石家话
右	kaa A1	—	saa A1	soa A1	kwaa A2	kwaa A2	khwaa A2
哪个	lau A1	—	hau A1	dai A1	lau A2	lau A2	—
只（量）	too A1	too A2	tuu A1	tua A2	tuu A2	tua A2	thua A2
编辫子	fə A1	—	phuuu A1	phuua A1	pu A2	puua A2	—
苦	xom A1	khom A1	khom A1	khôm A1	ham A2	ham A2	ɣam A2
坑	xum A1	—	kom A2	khum A1	kum A2	kum A2	khum A1/A2
来	maa A2	maa A2	maa A2	maa A2	maa A1	maa A1	maa A1
男	saai A2	caai A2	caay A2	chai A2	saai A1	saai A1	saay A1
穗	hoŋ A2	hoŋ A2	luuŋ A2	ruôŋ A2	ɣuŋ A1	luaŋ A1	—

在这方面，为何西南支和中支方言不同于北支方言？这里有两个理论互相矛盾。李方桂认为，如此成系统的调类变化反映的是原始声母的交替。为此，他构拟了两套原始声母。格德尼却认为，这样的调类变化表现的是原始声调更早期的阶段，随后这些原始声调根据这些语言中声母的分化才分出不同的调类。为此，格德尼（同上：240）另外构拟了一系列浊音声母（即他所列的 *B、*D、*G 等），以便解释这一事实。

格德尼的解释为我们的分析提供了一个出发点。根据对原始声母不同的表现方式，以上例子引导我们去描画西南／中支台语支与北支台语支之间的分界线。但面对如下的例子，我们的假设又似乎无法成立。

词项	德宏	帕基	龙茗	侬	武鸣	凤山	石家话
拿	tu A2	tu A2	thyu A1	thu A1	tu A2	tu A2	thuɯ A2
成为	pen A1	pen A2	pin A2	pen A2	pan A2	pan A2	phan A2
里面	lau A2	nau A2	nau A2	dau A1	dau A1	dau A1	rɤɤ A1
黄金	xam A2	kham A2	kim A1	kim A1	kim A1	tɕim A1	ɣam A2
失败	sum A2	sum A2	—	—	tɕom A1	ɕom A1	
藤	xə A2	傣仍 xə A2	khaw A1	khaw A1	kau A1	kau A1	—

上面列举的第一个词项"拿"很重要。需注意的是，帕基和德宏中的这个词项均为 A2 调，与北支台语一致，这说明它带有一个浊音声母。与此相对的是，其他非北支台语是 A1 调。帕基和德宏在地理位置上远离北支台语区，这一事实说明这个词项反映的必然是调类分化时期的原始浊声母，帕基和德宏依然保留了原始的形式。根据格德尼（Gedney，1989：242）的调查，白傣也是 A2（tïï[4]），表现出北支台语的特征。需注意的是，帕基和德宏的词形中是一个全清声母，而非北支台语中却是一个送气声母。李方桂曾引用这一词项作为区分北支台语与非北支台语的一个例子。其余词项显示，中支台语是一个中间过渡带，有时表现出非北支台语的特征，还有时表现出北支台语的特征。

来自侗水语支的语料表明，北支台语保留了原始音调，而非北支台语没有保留。例如：

词项	侗	水	仫佬	毛南
动物类别词	tu A2	to A2	tɔ A2	tɔ A2
坑	tɕəm A2	qom A2	—	tʂəm A2
拿	tɕi A2	tai A2	—	—

对于 A2 和 A1 之间的变动，侗水语支的语言与北支台语都是 A1 调。例如：

词项	侗	水	仫佬	毛南
黄金	təm A1	tim A1	cɔm A1	cim A1
藤	taau A1	jaau A1	hjaau A1	mbjaau A1

另一个有助于阐明这一观点的词项是"哪个"。这个词项在很多西南支台语中都是 A1 调，如标准泰语 nai[1]、德宏 lau[6]、帕基 nau[6]、傣仍 dai[1]、白傣 dau[1] 等。中支台语则表现出不确定性。（Li，1977：129）武鸣的 lau[A1/2] 也具有不确定性。其他北支台语为 A2 调，如望谟、凤山 lau[2]（来

源于古台语 *r/l A2）。有趣的是，龙州和武鸣的例子与侗水语具有一些共性，如水语 nau²、仫佬 ŋau¹/nau²。这一词项调类的不确定性表明，我们讨论的是原始声调分化的残余形态。同样，武鸣的"玉米穗"为 A2，这与其他北支台语不同。武鸣的这一词项可能受语言接触所影响。值得注意的是，在这方面，侗水语也是 A2 调，与非北支台语相同。

北支台语相对一致，但非北支台语在这方面并非如此。这一事实表明，前者已经完成清浊分化，而后者尚未完成清浊分化。

2. A1 调和 A2 调不区分

虽然大部分台语，特别是除了三防壮语外的北支台语支的语言，都保留着清高－浊低的区别，但有些语言 A 调的分化则以其他方式进行。Mène 语是一个很好的例子。在 Mène 语中，A 调有合并的趋势。有些词项在其他台语中通常是清声母（A1 调），但在 Mène 语中却是 A2 调（格德尼的 A4 调）。例如：

词项	Mène
女孩	saaw A2
头发	phom A2
狗	maa A2
老鼠	nuu A2

这些词项的声母属于格德尼的 A1 调，对应台语大多数语言中的 A 调第一系列。然而，它们在 Mène 语中对应的是第二系列。事实上，Mène 语中 A 调第一系列有并入第二系列的倾向。例如：

词项	Mène
中间	kaaŋ A2
下巴	kaaŋ A2
厚	naa A2
田	naa A2

在石家话中可以找到反例。北支台语中有些词项为 A2 调，而在石家话中为 A1 调，这表明原始声母相同，不作区分，或清浊交替。例如：

词项	石家话
盖屋顶	vɔɔŋ A1
柴火	vuul A1
船	rua A1

就这个调而言，三防的浊声母有大规模清化的倾向，尤其是浊擦音和软腭音。例如：

词项	三防
房屋	*zaan A1*
谷壳	*zam A1*
铁	*faa A1*
下巴	*ŋgaaŋ A1*
喉	*ŋgoo A1*
烟	*ŋgon A1*

石家话中偶尔有 A1—A2 交替现象，既有北支台语的特征，也有西南支台语的影响。例如：

词项	石家话
坑	*khum A1/A2*

3. 条件分化

以前喉塞化为条件，A1 调有转化为 A2 调的情形，如同为中支台语方言的广西德保和龙茗中带喉塞声母的 A1（A1G）已经转化为 A2。例如：

词项	德保	龙茗
轻	*bau A2*	*maw A2*
鼻子	*daŋ A2*	*naŋ A2*
森林	*doŋ A2*	*noŋ A2*
好	*dai A2*	*nay A2*
药	*ʔja A2*	*yaa A2*

A1 低化现象是一些中支台语、清迈以及类似的兰纳方言的特性，可能是调类分化后的一个创新。

4. A1 调进一步分化

德宏、坎梯以及一些西南支台语的情况略有不同。在德宏，A1 出现分化，清送气声母保留更原始的 A1 调（高调），而全清声母和喉音声母（格德尼的 A2 调和 A3 调）派生出 A1'（中平 33，并入 B2）。例如：

词项	德宏
腿	*xaa¹ A1*
手臂	*xɛn¹ A1*

头发	*phom¹ A1*
狗	*maa¹ A1*
中间	*kaaŋ⁶ A1'*
乌鸦	*kaa⁶ A1'*
鱼	*pa⁶ A1'*
鼻子	*laŋ⁶ A1'*

坎梯（Harris，1976：113）跟德宏一样，也有这样的区分。例如：

词项	坎梯
腿	*khaa A1*
手臂	*khɛɛn A1*
狗	*maa A1*
皮肤	*naŋ A1*
厚	*naa A1*
吃	*kin A1'*
中间	*kaaŋ A1'*
瘦	*maaŋ A1'*
鼻子	*naŋ A1'*
蚂蟥	*piŋ A1'*

在南部壮语方言大新中（属于李方桂的中支），A1 调进一步分化。全清和喉塞化声母诱发另一个声调，即 A1'（高降调 53，与高平 55 调的 A1 对立），而送气塞音和其他声母则保留原来的 A1 调。例如：

词项	大新
厚	*naa A1*
多	*laay A1*
死	*haay A1*
看见	*han A1*
去	*pai A1'*
鱼	*pyaa A1'*
轻	*bau A1'*
好	*dei A1'*

同样作为南部壮语，邕宁话中 A1 调的分化以前喉塞化为条件。这一调类的词汇若带有前喉塞声母，则派生出 A1'[中升略降 354，与该语言的 C2（中升 35）十分接近]，而其他则保留 A1 原调。例如：

词项	邕宁
狗	*maa A1*
去	*pai A1*
线	*mai A1*
身体	*dwaŋ A1'*
好	*di A1'*
胆	*bai A1'*

石家话中也有类似的次清声母（格德尼的 A1 调）与全清、喉音声母（格德尼的 A2 调和 A3 调）的区分。（Gedney，1993：XXIV）例如：

词项	石家话
狗	*maa A1*
灵魂	*hɔn A1*
皮肤	*naŋ A1*
崖石	*phraa A1*
盖子	*vaa A1'*
爷爷	*taa A1'*
乌鸦	*kaa A1'*
死	*praay A1'*

但是，石家话中有这两个音交替的情形，这表明次清声母和全清声母的分化是近期现象，而且可能是与附近老挝语接触的结果。

词项	石家话
来	*maa A1—maa A1'*
多	*laay A1—laay A1'*
虫子	*nɔɔn A1—nɔɔn A1'*
问	*thaam A1—thaam A1'*

北支台语的调类相当稳定，A1 调的这种分化模式，在我们目前所掌握的其他北支台语的语料中尚未发现。因此，石家话的例子反映了西南支台语的影响。这表明 A1 调的分化属于非北支台语的一个共同创新。

5. A2 调和 C2 调

这一模式出现在德宏和凤山中，如 5.1.2 节所示，德宏为 C2 调，凤山为 A2 调。例如：

词项	德宏	帕基	龙茗	侬	武鸣	凤山
荒地	*hə C2*	—	*fuu A2*	—	*fua A2*	*fua A2*
槟榔	*pu C2*	*pu C2*	*pyaw A2*	*mjau A2*	—	—
聚集	*to C2/A2*	*tɔ C2*	*too A2*	*to A1*	*to A2*	*too A2*
碟子	*phaan C2*	*paan C2*	*puun A2*	—	*puun A2*	*paan A2*
守卫	*phaw C2*	*phaw A1*	*phaw A2*	*phaw A2*	—	*taw A2*

我们掌握的语料显示，A2 调更有可能是这一调类分化的原始形式。例如，李方桂（Li，1977：90）将"槟榔"一词构拟为 A2 调。词项"碟子"似乎与汉语有关联，在侗水中也和非西南支台语一样为 A2 调。需注意的是"聚集"一词，德宏有一个交替形式：*to⁶*（A2），这表明 C2 为近来的创新。在最后一个例词中，帕基显示为 A1 调，不同于德宏。非西南支台语为 A2 调。来自其他语言的语料也表明，A2 调可能是原始调。

北支台语 A 调类清浊对立相对整齐，这表明该语支的语言经历了包含调类分化的历时演变过程。我们手头的材料证明北支台语保留了原始声调。其他语支语言中的调类变化显示，这一调类在这些语言中相当不稳定，暗示着进一步的调类分化还在进行中。清浊对立作为语言分类的一个标准应当谨慎使用，这是因为声母的清浊对立不只是北支台语所特有，一些非北支台语也具有这一特征。

5.2.2　B 调

1. B1 调和 B2 调的转换

我们发现，这一调类转换在非北支台语与北支台语中有所区别，正如李方桂所提出的那样，前者的 B1 调已经转变为后者的 B2 调。例如：

词项	德宏	帕基	龙茗	侬	武鸣	凤山	石家话
筷子	*thu B1*	—	*thow B1*	*thu B1*	*tau B2*	*tu B2*	*thuu B2*
豆	*tho B1*	*tho B1*	*thuu B1*	*thu B1*	*tu B2*	*tua B2*	*thua B2*
密	*thi B1*	*thi B1*	*they B1*	*thi B1*	*tei B2*	*tii B2*	*thii B2*
骑	*xi B1*	*khi B1*	*khwey B1*	*khuy B1*	*kui B2*	*kəi B2*	*khoy B2*

如 A1 调清浊对立一样，这一情况反映了非北支台语与北支台语不同的分化模式。之前阐述过的调位变体的合并模式可能对这种转换有所暗示。尽管存在语言接触，石家话的这些词项依然保留了北支台语 B2 调的特征。

格德尼指出的一个奇特特征是声母的限制。只有软腭和齿塞音出现在这一模式当中。值得注意的是，三防壮语与非北支台语一样都有清声调 B1，即今天的软腭浊声母 /ŋg-/。例如：

词项	三防
关节	*ŋgoo B1*
对，双	*ŋguu B1*
扩大	*ŋgu B1*
焚烧	*ŋgywom B1*

但也只有三防的这一组声母表现出这个特点。在其他方面，三防和其他北支台语一样，都保持低声调的特点。

李方桂为这一模式引用的另一个例子是"种类，样"，它带有前喉塞的腭近音 *?j-*。这个例词似乎不大符合这个分化模式。在大多数非北支台语中，这个同源词为 B1 调，但在龙茗中却是 B2 调（*yɯɯŋ⁵*），符合北支台语的特点。

这一分化模式的侗水语支同源词表明，北支台语保留了原始浊音声母，非北支台语由此进行分化。例如：

词项	侗	水	仫佬	毛南
筷子	*ɕo B2*	*tso B2*	*tsø B2*	*tso B2*
豆	*to B2*	*to B2*	*tau B2*	*tau B2*
密	—	*tai B2*	—	*ti B2*

非北支台语偶尔也有相反的情况。例如：

词项	德宏	龙茗
瘟疫	*haa B2*	*laa B2*
厌食	*tsaaŋ B2*	*caaŋ B2*

正如李方桂为原始台语所构拟的那样，第一个词项"瘟疫"在很多其他台语中通常是 B1 调，而第二个词项"厌食"在北支台语中是 B1 调。

2. B1 调和 C1 调

这一类型很常见，非北支台语为 C1 调，而北支台语为 B1 调。例如：

词项	德宏	帕基	龙茗	侬	武鸣	凤山	石家话
煮	*tom C1*	*tom C1*	*tom C1*	*tôm C1*	*tum B1*	*tum B1*	—
蓬乱	*yuŋ C1*	*yuŋ C1*	*yuŋ C1*	*ɲuŋ C1*	*ɲuŋ B1*	*ɲuŋ B1*	*ɲuŋ B1*
房间	*hɔŋ C1*	—	*hooŋ C1*	*hooŋ C1*	—	*hooŋ B1*	*hɔɔŋ B1*
喂小孩	—	*pɔn C1*	*poon C1*	*poon C1*	*pun B1*	*pun B1*	*puun B1*

我们掌握的语料显示，主要是带后元音的词项参与这一分化过程。元

音似乎在这一类型的调类分化中起了作用，但其演变机制和功能尚不清楚。这些声调中的哪一个有可能来源于原始声调？德宏、龙茗和武鸣各自都有几个词项出现了 B1 和 C1 调类交替的情形。例如：

词项	德宏
倒塌，陷落	lom B1—lom C1
盖	hom B1—hom C1
软	ʔɔn B1—ʔɔn C1

词项	龙茗
陡	liŋ B1—liŋ C1
光滑	lun B1— lun C1
臀部	kom B1—kom C1
扑倒	khom B1—khom C1

词项	武鸣
煮	tum B1—tum C1
（一）堵（墙）	faa B1—faa C1
盖	kom B1—kom C1

德宏的例子在中支和北支台语中均为 B1 调。值得注意的是，"（一）堵（墙）"和"盖"两个词项在泰语中同样表现为 B1 调。我们可以从这一语言事实推断出，西南支台语和中支台语发生了共同创新，这些语言中的原始 B1 调变成了 C1 调。"倒塌，陷落"在龙茗中为 C1 调，在龙州中也是 C1 调（lum）。武鸣中的例子展示了其与中支语言接触的结果。在其他北支方言中，这些词项通常为 B1 调。非北支台语的不确定性及北支台语的一致性表明，这一组词的 B1 调更接近原始台语。

此外，还有北支台语保留了原始声调，而西南支台语和中支台语进行了共同创新。德宏是一个很好的例子。在德宏中，有相当一部分与 B1 调有关联的词项变成了 C1 调。例如：

词项	德宏
膝盖	kaau C1
撤退	thoi C1
广阔	kaaŋ C1
奴隶	xaa C1
虾	koŋ C1
板的类别词	pɛn C1

这些例子对非北支台语中 B1 调到 C1 调的分化有所启示。在德宏中，很明显，有一些 B1 调词汇已经变成 C1 调，这是西南支台语的一个创新。

3. B2 调和 C2 调

这个分化模式很重要。"肉"等词项在非北支台语中为 C2 调，而在北支台语中为 B2 调。

词项	德宏	帕基	龙茗	侬	武鸣	凤山
肉	lə C2	nə C2	nɯɯ C2	nɯa C2	noo B2	noo B2

李方桂（Li，1977：41，111）引用的另一个例子是"小"，它在非北支台语中为 C2 调，而在剥隘中为 B2 调。尽管这个模式中这样的例子很少，但是它很重要，因为它发生在"肉"这一非常基本的词汇上，这意味着调类的转变正在进行。李方桂为这两个词构拟了 C2 调，并假设这是原始的调类。不过，我们对这一构拟有所质疑。例如：

词项	龙茗
盖	kom C2
时间	mɯɯ C2
击打	hoon C2
栅栏	luu C2
一起	pyoom C2
词	suɯɯ C2
重复	sam C2

正如李方桂所构拟的那样，这些词项的声调与原始 B2 调有关联，但在龙茗中它们却是 C2 调。这意味着龙茗这样的语言中已经发生了调类的转变，即原始的 B2 调已经转变为 C2 调。如果这一假设成立，那么下例也应该和北支台语一样为 B2 调。

词项	龙茗	凤山
打	hoon C2	hoon B2
围栏	luu C2	lia B2

来自德宏的几个词项也能够提供证据：

词项	德宏	凤山
相同；重复	sam C2	ɕam B2
欺负	xaa C2	haa B2
嘻	kɛn C2	tɕeen B2
舀出	kɔn C2	kuan B2

"一起"这个词项也被李方桂构拟为 C2 调。但来自很多语言的语料表明，B2 调更有可能是原始声调。在白傣和黑傣中，这个词项也是 B2 调，进一步证实了德宏和一些其他方言中的创新性转换。需注意的是，这个词项在德宏中有一个交替的形式 *hom B2*，与北支台语的形式一样。余下的例子可以用相同的方法来解释。

综上所述，B 调类的不规则性有如下特征：

1）非北支台语和北支台语中有些词项清浊分化。

2）北支台语保留了原始声调，而非北支台语发生了转变。

3）在非北支台语内部，中支台语更有可能表现出正在进行中的调类历时演变。

4）非北支台语中有些词汇的 B2 调转变为 C2 调，其中最底层的转变是可以检测的。

5.2.3　C 调

1. C1 调和 B1 调

这一类型的不规则性出现在北支台语和其他台语方言中，但其出现受到一定的限制。例如：

词项	德宏	帕基	龙茗	侬	武鸣	凤山	石家话
年轻	*lum B1*	*num B1*	*nuum A2*	*num B1*	*nom C1*	*nom C1*	*num B1*
织布	*tam B1*	*tam B1*	*tam B1*	*tam B1*	*tam C1*	*tam C1*	*tam C1*

李方桂（Li，1977：40）对这类"真正的调类交替"没有给出解释。在德宏和龙茗中，有少数的 B1 调词项与原始 C1 调有关。例如：

词项	德宏
长大	*me B1*
碗柜	*xeŋ B1*

词项	龙茗
光滑	*lun B1*
倒扣	*khom B1*

这些例子说明了非北支台语的一个调类转变，即 C1 调已经转变成 B1 调。这一模式可能与 5.1.2 节讨论过的 B1—C1 交替有关系。龙茗的两个词项都与 C1 调交替，这表明调类转变正在进行中。这个模式的一个重要词项"几"，曾被李方桂（Li，1975：271）列为台语方言学的一个方言线。

该词项在很多西南支台语中为 B1 调，但在非西南支台语中却为 C1 调。例如：

词项	德宏	傣仂	帕基	龙茗	侬	武鸣	凤山	石家话
几	*kii B1*	*kii B1*	*kii B1*	*kii C1*	*kii C1*	*kei C1*	*tɕii C1*	*kii C1*

上例表明，这个词项在龙茗、侬语和石家话中为 C1 调，对比一下"织布"的调类，龙茗和侬语与西南支台语的调类一样。需注意的是，"光滑""扑倒""几"在侗水和临高中均为 C1 调。这就进一步表明，C1 调是原始声调，在西南支台语中已经变成 B1 调。西南支台语的这一特征正在扩散到中支台语，这种调类转变在中支台语中依然在进行。同时，它也表明，原始 C1 调转变为 B1 调在西南支台语是一个近来的创新，这一过程在西南支台语中已经完成，目前正在向附近的中支台语扩散。

2. C1 调转换为 B2 调

西南支台语和北支台语有相似的 C 调、B 调转换模式，其中西南支台语为 C1 调，北支台语则呈 B2 调。中支台语更像是中间过渡地带，有时和西南支台语一样，有时又与北支台语相同。

词项	德宏	帕基	龙茗	侬	武鸣	凤山
淹	*thom C1*	*thom C1*	*thuum C1*	*thuôm C1/B2*	*tum B2*	*tum B2*
稳	*man C1*	*man C1*	*man B2*	*man C1/B2*	*man B2*	*man B2*

李方桂把这种类型的调类转变归因于原始辅音交替和调类交替的共同作用。对于"淹"这个词项而言，格德尼（Gedney，1989：243）推测北支台语的形式是非北支台语的一个变体，因为非北支台语的形式更接近原始声调。

这个模式的另一个例子出现在一个可能与汉台有关的词上——"布"，它在汉语中为去声，在非北支台语中为 C1 调（与汉语阴上对应），在北支台语中为 B2 调（与汉语阳去对应）。

词项	泰	德宏	帕基	龙茗	侬	武鸣	凤山
布	*phaa C1/B2*	*pha C1*	*pha C1*	*phaa C1*	*pha C1/B2*	*puu B2*	*pɰa B2*

这个例子似乎表明，我们讨论的是台语中的两个同源异体词。非北支台语中都显示为 C1 调，且带有低中元音；而北支台语中为 B2 调。该词项在北支台语中表示"衣服""上衣"，而非"布"。这使我们觉得该词显示的汉台关联性有些勉强。事实上，北支台语有一个表示"布"的本族词 *paŋ²*（A2），它似乎可以排除掉汉语和台语中这两个词形有所关联的可能。

正如前文指出，北支台语保留了原始声调，而非北支台语 C1 调通过调类合并或调类影响而出现。值得注意的是，侬语和泰语的这两个调类合并为一，这很可能是由调类影响所致。在帕基中，这两个调几乎一样——都是降升调，C1 调带有喉塞韵尾。此外，武鸣和凤山中的这两个调也有相似之处——二者都是平调（C1 调在武鸣中是高平 55，在凤山中是低平 22；B2 调在二者中都是中平 33）。它们在德宏中也是两个平调，C1 是低平 11，B2 是中平 33。这两个声调极易混淆。在侬语和泰语中，这两个声调的合并阐明了这一点。这也有助于解释三个台语支中这两个声调的波动变化。

3. 西南支台语 / 中支台语 C1 调与北支台语 C2 调

这一调类变化模式相当具有系统性。该模式在文献中经常被引用，来作为非北支台语和北支台语的一个区分性特征。和 A 调一样，这个模式再次表明调类分化后这两大语支的不同之处。例如：

词项	德宏	龙茗	武鸣	凤山	罗甸	石家话
粪便	xii C1	khii C1	hai C2	hai C2	hai C2	ɣay C2
稻谷	xau C1	khaw C1	hau C2	hau C2	hau C2	ɣaw C2
啃	hɛn C1	heen C2	heen C2	heen C2	heen C2	—
肋骨	xaaŋ C1	se C1	seeŋ C2	seeŋ C2	ɣeeŋ C2	hooŋ A1
晾衣杆	saau C1[1]	saaw C1	saau C2	saau C2	saau C2	yaaw C2
碗	—	thuuy C1	tui C2	toi C2	toi C2	thooy C2
雄性	phu C1	—	pou C2	pu C2	pu C2	phuu C2
围绕	keu C1	keew C1	hew C2	heeu C2	heeu C2	heew C2

奇特的是，这一变调仅发生在带特定辅音的词项上。我们掌握的语料显示，这一组中的大部分词项与软腭音（四例）、咝音（二例）有关，再加上两个零星的例子：一个是齿塞音；另一个是双唇塞音。带唇塞音的"男人"有些不确定性。该词在德宏中有两个形式，其中一个是 A1，现在已变成人称名词前缀。它在西双版纳傣语中为 pu，是 C1 调，带有不送气塞音，与北支台语一致。

有几种可能性可以解释这一调类变化模式，其中之一是与 C 调分化的方式有关。如 5.1.4 节所述，在一些现代台语中，C1 调和 C2 调没有分别。这些语言中的 C 调依然保留着清浊不分的原始声母。这组词项的调类差异反映了这种原始声母的特点。另一个可能性是与调值有关。需注意的是，北支台语和非北支台语的这两个调的调值具有共性。德宏在这方面或

---

1 德宏有一个交替形式 haau[2]，为 A2 调，与帕基相同。德宏和帕基中的这一例子证明了调类的进一步分化，这可能是辅音简化后调类重新整合的结果。

许可以说明问题。德宏的 C1 调和 C2 调都是降调（C1 调是中降，C2 调是高降），这与大部分北支台语 C2 调为降调的情形很相似，和大部分布依语和北支壮语方言也一样。因此，调类变化很容易混淆。还有一种可能性是与 C1 调的进一步分化有关。一些北支台语中有这种情况，如热依和凤山中前喉塞化的音会触发调类的此类分化。如果事实的确如此，那么 C2 调也许就是北支台语的一个创新。但这似乎不大可能，因为上述词项并不属于这一类声母。

我们手头的材料证明，北支台语保留了原始声调，与 A 调、B 调情况十分相似。来自侗语江麓方言、水语水庆方言和环江毛南语（中央民族学院少数民族语言所第五研究室，1985）的同源词表明，我们上面讨论的是一组浊声母。例如：

词项	侗	水	毛南
稻谷	qəu C2	ʔau C2	hu C2
粪便	qe C2	qe C2	ce C2
碗	tui C2	tui C2	—

和 A 调一样，我们发现非北支台语中带 C2 调的词项在北支台语中为 C1 调。例如：

词项	德宏	凤山
碰撞	tum C2	tam C1
咀嚼	yɛm C2	ɲam C1
伺候	tsau C2	sau C1

"碰撞"在非北支台语中的声调更具不规则性：在帕基中为 A2 调，在白傣中为 B1 调，在黑傣中为 A1 调，在万承侬中为 A1 调。在我们的语料中，包括石家话在内的所有北支语言都是 C1 调。这表明，C1 调更有可能是原始声调。"咀嚼"在帕基中为 C1 调，与北支台语一样。"伺候"为汉台语关系词，我们掌握的所有非北支台语材料显示为 C2 调，与北支台语形成对比。尽管与西南支台语有接触，但这个词项在石家话中保留了 C1 调。非北支台语的不规则调类表明，这些语言的这类词项正在重整调类。

4. 西南支台语 B2 调与北支台语 C2 调

这个模式相当整齐，且例子较多。"哥哥；姐姐"是其中最重要的词项，李方桂为其构拟了原始台语声调 B2。李方桂推测，北支台语调类的不规则性很可能源于调类的连读变音。因为这个词项常与"弟弟；妹妹"（nɔŋ C2）合用，后者很可能会影响到前者的调形。

李方桂的解释可说明这一模式的调类变化。邕宁（参见 5.2.1 节）在这方面为我们提供了西南支台语和北支台语的一个间接联系。在邕宁，清声调以前喉塞化为条件额外派生 A1' 调，与 C2 调的调形很相似，前者为中升降（354），后者为中升（35）。邕宁 A1' 的分布与德宏的情况十分相似，后者有一个调与 B2 调进行了合并。德宏和石家话中 B2—C2 交替的情况或许能解释这一调类变化的发生学关系。在石家话中，与这一变化有关的 C2 调（32）和 B2 调（52）均为降调。

但是，C2 调可能是这一变化中的原始调类。在龙茗中，有几个原调为 C2 调的词显示为 B2 调。例如：

词项	龙茗
大象	*cɯɯŋ B2*
引诱	*loo B2*
脾	*maam B2*
舅妈	*naa B2*
边	*paŋ B2*

在其他台语中，这些词项通常都是 C2 调。需注意的是，在“大象”和“边”中，龙茗有一个调与 C2 调交替，这表明 B2 调为方言的近来创新。

从调类的规则对应来看，C2 调是这一变化中的原始调类。我们发现，一些西南支台语方言和北支台语一样为 C2 调，而其他的西南支台语却为 B2 调。例如：

词项	泰	老挝	德宏	白傣	黑傣	龙茗	热依	凤山
挤进	*nɛɛn* B2	—	*len* C2	*nên* B2	—	*nen* B1	*nen* C2	*nɛn* C2
脏	*ŋoy* B2	*ŋuaay* B2	*vaai* C2	*ʔôi* B1	*ʔuôi* B1	*ŋooy* C2	*ŋuay* C2	*ŋoi* C2
移开	*khlɯan* B2	*khɯan* B2	*kaan* C2	*kaan* C2	*kaan* C2	—	*cian* C2	*tɕian* C2

下面来自德宏和凤山的例子进一步表明 C 调为原始声调。

词项	德宏	凤山
一些	*maaŋ B2*	*ʔbaaŋ C2*
打	*maŋ B2*	*ʔbɔŋ C2*
噘嘴	*mən B2*	*ʔbɯn C2*

值得注意的是，这里有调类的混合，即调类分化和转变的结合。"一些"正如李方桂所构拟的那样为 C1 调。在北支台语中前喉化声母会触发 C1 调和 B1 调的进一步分化，即带有这类声母的词项会分化出第二系列声调。"打"就属于此类。这些例子说明，经过北支台语 C1 调到 C2 调的分化后，德宏中这类词项一定已经获得了 B2 调。这一音变表明，有两个层次的调类变化正在进行，随着北支台语 C1 调到 C2 调的分化，西南支台语转变为 B2 调。

下面的例子能更好地阐明调类分化和调类转变的混合情形。

词项	泰	傣仂	龙茗	热依	凤山
潮湿	chum B2/C1	tsum B2	sam A2	sum C2	ɛum C2

该词项在西南支台语中以 B2 调为代表，在北支台语中以 C2 调为代表，将两大语支区分开来。值得注意的是，该词在泰语中与 C1 调合并，这很可能暗示了这一调类转变的来源。我们可以假设，在转到目前的 B2 调之前，西南支台语可能在调类进一步分化的时候，已经从北支台语中获得了 C 调。"碎片"一词反映了这样的演变路径。

词项	德宏	帕基	龙茗	侬	热依	凤山	石家话
小刺	sɛn B2/ sem C1	seen C1	sim C1	seen C2	sen C2	ɛen C2	kheel C2
钝	pom B2	pum C1	—		pum C1	pum C2	pum C2

在我们手头的语料中，这些例子在西南支台语中显示为 C1 调，而在德宏中，"小刺"有两个形式，其中一个和该语支其他成员一样为 C1 调，另一个为 B2 调。德宏中的这一词项支撑了我们的假设，创新调类转变正出现在西南支台语中。

5. C1 调 与 A1 调

这一模式似乎可将西南支台语与其他台语区分开来。该模式最重要的词项为"重孙"。在我们的语料中，"重孙"在所有的西南支台语中均为 A1 调，而在其他台语中则为 C1 调。

词项	德宏	帕基	龙茗	侬	武鸣	凤山
重孙	len A1	len A1	lin C1	len C1	lan C1	lɛn C1

它在西南支台语——白傣和黑傣中均为 A1 调。它在石家话中也是 A1 调，表现出与附近泰语、老挝语接触的特点。该词项区分了西南支台语和其他台语。

"头"这一词项值得进一步考查。李方桂（Li，1977：123）构拟了该词项在非北支台语中的原始声母 *thr-，并说明了在北支台语中未发现该词项。而我们掌握的语料显示，北支台语中有一个语音上相似的形式，为 C1 调。

词项	德宏	帕基	龙茗	侬	武鸣	凤山
头	*hu A1*	*ho A1*	*thuu A1*	*hua A1*	*yau C1*	*tɛau C1*

张伯伦（Chamberlain，1991a）的研究显示该词在 Mène 语中的读音为 *hua A2*。这样的核心词在不同方言组里表现不同，这一点值得注意。从阿含语的词形来看，如李方桂给原始西南支台语所构拟的那样，人们会给原始西南支台语构拟清 r 音 *hr-。

"头"在侗水语和黎语中的调类或许能为其原始声调提供一些线索。该词项在侗语中为 $ka{:}u^3$，在仫佬中为 kyo^3，在毛南语中为 ko^3，在黎语中为 $gwou^3$，这些声调都与北支台语一致。值得注意的是，石家话中的 $thraw^3$ C1 这一形式支持李方桂构拟的声母，同时可以解释该词项在现代方言中的不同表现形式。北支台语和黎语的语料表明，该声母一定经历了不同的发展阶段。可为北支台语构拟软腭复辅音 *kl/r-，之后发展成中支台语的 *thr-，再简化成西南支台语的 *hr-。

该词项声调在西南支台语中的不规则性可以被认为是声母简化的结果。在很多西南支台语中，带喉擦音的词项通常为 A1 调，如"看见""寻找""抬""尾""石头"等。可能其声母被简化的同时，声调也被同化了。

西南支方言中有一个词可以证明这样的观点：该词项在非北支台语中享有创新特征。例如，泰语、老挝语的一些西南支台语中有一个带 C1 调的词形，即泰语中的 *klaw C1* 和老挝语中的 *kaw C1*，二者都有"皇冠""头的顶部"的具体含义。在泰语中，该词项成为皇家专用的代名词。由此可以推测，这些语言中"头"的形式进一步分化，创新形式成为通常的用法，而原始形式的使用语境却受到限制。

"蒸"这一词项进一步阐明了 C1 调到 A1 调的分化。德宏是我们所掌握的语料中唯一显示为 A1 调的。

词项	德宏	帕基	龙茗	侬	热侬	凤山
蒸	*ləŋ A1*	*nuŋ C1*	*nuŋ C1*	*nuŋ C1*	*naŋ C1*	*naŋ C1*

德宏这一形式可能派生于其他台语。该词项在其他台语中均为 C1 调，和李方桂所构拟的一样。但有时候，西南支台语会表现出一些变体。例如：

词项	德宏	傣仂	热依	凤山
翻（身）	*faan A1*	*fun C2*	*vɯan C1*	*vɯan C1*
凝固	*tuŋ A1*	*daŋ C1*	布依 *zoŋ C1*	*tɕooŋ C1*

这两个词项在傣仂中有不同的代表形式，傣仂与德宏接触密切。在我们所掌握的语料中，中支台语未发现有这些词项。傣仂的不规则性表明，这些词从北支台语扩散到西南支台语后，西南支台语被赋予原生调。它在德宏中继续发展，变成 A1 调，而在北支台语中仍为 C1 调。例如：

词项	德宏	热依	凤山
担子	*xɔx A1*	*hon C1*	*hon C1*

非北支台语中未发现有该词项。德宏显然是这一原始形式的存古。C1—A1 的交替可作为区分北支台语和非北支台语的一个判断标准。

综上所述，大多 C 调类的不规则性出现在清声系列里。从 C1 调到其他调类的转变是非北支台语的一个特色。有些是调类相互影响的结果，其他则是受声母简化的影响所致。北支台语、非北支台语 C2 调和 B2 调之间的转变有发生学方面的原因，也有调类进一步分化方面的原因。

5.2.4　D 调

1. 非北支台语 D1S 与北支台语 D2S

这一模式与 A 调的情形相似，不同语支语言之间清声系列和浊声系列相互交替。我们掌握的语料显示，参与这一变调的主要是咝音和齿音声母。例如：

词项	德宏	帕基	龙茗	侬	武鸣	凤山
十	*sip D1S*	*sip D1S*	*sip D1S*	*sip D1S*	*sip D2S*	*ɕip D2S*
熟	*suk D1S*	*suk D1S*	*sok D1S*	*suk D1S*	*suk D2S*	*ɕuk D2S*
中（靶）	*thuk D1S*	*thuk D1S*	*thap D1S*	*thuk D1S*	*tuk D2S*	*tuk D2S*
雄性	*thuk D1S*	*thuk D1S*	*tɤk D1S*	*tak D2S*	*tak D2S*	*tak D2S*
捡，拾	*yop D1S*	*yip D1S*	*yop D2S*	*ɲip D2S*	*ɲap D2S*	*ɲap D2S*
战争；贼	*suk D1S*	*suk D1S*	*cak D2S*	*sak D2S*	*suk D2S*	*ɕak D2S*

值得注意的是，与非北支台语不同，"雄性"在侬语和北支台语、龙州中共享 D2S 调。（Li，1977：37）最后两个例子在中支台语与北支台语中均为 D2S 调，这表明在这一模式中，中支台语没有完全遵循西南支台语的发展模式。

有时候，情况正好相反，西南支为浊声调，而北支为清声调。例如：

词项	德宏	龙茗	凤山
轻砍	tsɘk D2S	cak D1S	ɕak D1S
闪	mɛp D2S	myap D2S	ʔjap D1S
掏；夺	tsak D2S	yok D1S	ʔjɔk D1S
竹条	kɛp D2S	—	tɕip D1S

这可能与德宏和其他非北支台语声母分类的方式有关，它与北支台语的声母分类方式不同。

2. D1L 调与 D2L 调之间的对转

与上面论及的 D 短调的不规则性相似，D 调中其他成系统的调类变化出现在西南支 / 中支台语与北支台语之间，即 D1L 调变成北支台语的 D2L 调，变化条件是前喉化声母的有无和元音的长短。其他台语方言中带前喉化声母和长元音的词项，在凤山等一些北支台语方言中已经变成 D2L 调。例如：

词项	德宏	帕基	龙茗	侬	热侬	凤山
谷壳	kaap D1L	kɛp D1L	leep D2L	kep D2L	rep D2L	leep D2L
肘	sɔk D1L	sauk D1L	sook D1L	sook D2L	suak D2L	ɕiak D2L
蛀虫	mɔt D1L	mɔt D1L	moot D2L	mot D2S	mot D2L	moot D2L

上例与 A 调、B 调、C 调的情形很相似，在中支台语和北支台语中为浊声调，在西南支方言中为清声调。

在某些情况下，也有反例出现，即在非北支台语，如德宏中为浊声调 D2L，而在北支台语中为清声调 D1L。例如：

词项	德宏	傣仂	龙茗	侬	热侬	凤山
旱蚂蟥	taak D2L	taak D2L	taak D2L	taak D1L	taak D1L	taak D1L
刮	xɔt D2L	xɔt D2L	—	khuat D2S	hot D1L	hoot D1L
铲除	tsaak D2L	tsaak D2L	cak D1S	cak D1S	—	ɕak D1S
猪食	mok D2L	mok D2L	—	—	mok D1L	mook D1L
迟缓	lut D2L	—	—	—	lot D1L	loot D1L

李方桂（Li，1977：104）将"旱蚂蟥"构拟为 D2L 调。但是，它在侬语和北支台语中为 D1L 调，这表明它在侬语和北支台语里为清声母。李方桂（同上：209）为"刮"构拟 D1L 调，这与他所掌握的泰语和其他方言语料一样。有趣的是，它在德宏和傣仂中都是 D2L 调。它在帕基中

也是 D2L 调。"铲除"在德宏和傣仂中均显示了元音的长度，并且是从通常为 D1S 调的其他台语中派生而出。我们在所掌握的中支台语语料中没有发现最后两个例子，但它们在北支台语和西南支台语中泾渭分明，这是因为二者的声母处理方式不同。

综上所述，我们可根据 D 调的波动变化划分出北支台语和西南支台语。中支台语显示的变体与北支台语保持一致。

5.3　总结

我们重新论述了台语调类的不规则性，这样的现象归因于发生学及区域性因素。我们在不同方言组里发现了调类变化的某些类型，它们以声母分化为条件。尽管问题悬而未决，需要更多的实证研究，但目前我们可做出如下总结：

1）北支台语被发现保留了原始声调模式，相关的侗水语支语言平行共时的事实可以为证；其他台语支语言已发展出多样、次生的调类模式。

2）将清浊分化作为区分非北支台语与北支台语的唯一特性，需谨慎，因为非北支台语并不总是以此来区分的。

3）A1 调类的进一步分化是非北支台语的一个特点，北支台语并不具备。

4）在一些北支台语支语言中，我们发现喉音声母可以引发 B 调、C 调的条件性转变，其调类发展是次生的，这或许可以解释北支台语和非北支台语之间的部分调类波动变化。

5）不同语支语言之间的调类变化也可以通过原始调类交替的次层来解释，它们常反映在某些现代方言的调类成对与合并之中。

6）调形的相似性也可以解释方言中一些调类的波动变化。

7）可以提出划分北支台语和非北支台语的两条方言线：（1）"肉"；（2）"头"。

本章所引方言调值如下所示：

● 德宏

1）升调（24）：*maa¹*，"狗"；*xaa¹*，"寻找"。

2）高降（53），有些转写为高平（55）：*maa²*，"来"；*xaa²*，"茅草"。

3）低平（11）：*maa³*，"肩"；*xaa³*，"嫁女"。

4）低降（31）：*maa⁴*，"大麻，疯"；*xaa⁴*，"奴隶，屠杀"。

5）中降（43），有些转写为高降（53）：*maa⁵*，"马"；*xaa⁵*，"诽谤"。

6）中平（33）：*me⁶*，"妈妈；女性"；*xaa⁶*，"分叉；眩晕"；*kat¹*，"咬"；*ket³*，"鳞"；*kaat¹*，"芥菜"；*maak³*，"水果"；*lit⁵*，"拆"；*lok⁵*，"鸟"；*lok⁵*，"外"；*laak⁵*，"拉"。

表 5-1 德宏声调的来源

A	B	C	DS	DL
1	3	4	1/3	5
6	3	4	1/3	5
6	3	4	1/3	5
2	6	5	1/3	5

● 帕基

1）中平（33），词尾处略升：*kai¹*，"即"；*maa¹*，"肩"。

2）高（55）：*maa²*，"来"；*naa²*，"稻田"。

3）降升调（324？），带喉塞韵尾：*maa³*，"发疯；精神病"；*naa³*，"脸"。

4）降（42）：*maa⁴*，"马"；*nam⁴*，"水"。

5）降升（214）：*kaa⁵*，"价；贸易"；*khɔ⁵*，"关节"。

6）高升（45）：*maa⁶*，"狗"；*khaa⁶*，"腿"；*kat¹*，"咬"；*maak¹*，"水果"；*nok⁴*，"鸟"；*laak⁴*，"拉"。

表 5-2 帕基声调的来源

A	B	C	DS	DL
6	1	3	1	4
6	1	3	1	4
6	1	3	1	4
2	5	4	1	4

● 龙茗

1）高平（55）：*maa¹*，"狗"。

2）高升（45）：*laa²*，"阵雨"。

3）中平（33），声门化：*maa³*，"发疯；精神病"。

4）低降（21），从半低到低：*maa⁴*，"来"。

5）低平（11）：*laa⁵*，"霍乱，瘟疫"。

6）降调（212），从半低到低，然后再升到半低，声门化：maa^6，"马"；lok^3，"拔起"；$mook^2$，"雾"；lok^5，"小孩，子孙"；$mook^5$，"鼻涕"。

表 5–3　龙茗声调的来源

A	B	C	DS	DL
1	2	3	3	5
1	2	3	3	5
4	2	3	3	5
4	5	6	3	5

● 侬语

1）中平（33）：maa^1，"狗"；$khaa^1$，"腿"。

2）中降（221）：maa^2，"来"；kaa^2，"茅草"。

3）高降升（424）：$kheu^3$，"牙齿"；paa^3，"伯母"。

4）中降（312），后尾略升：maa^4，"马"；faa^4，"天空"。

5）中升（24）：$khoo^5$，"关节"；paa^5，"山地；荒野"；$ch\hat{e}p^1$，"疼，痛"；$bjook^1$，"花"；$n\hat{o}k^4$，"鸟"；$toot^6$，"撒（网）"。

表 5–4　侬语声调的来源

A	B	C	DS	DL
1	3	5	1	4
1	3	5	1	4
1	3	5	1	4
2	5	4	1	4

● 武鸣

1）中升（24）：naa^1，"厚"；γaa^1，"寻找"。

2）中降（21）：naa^2，"稻田"；$vaai^2$，"水牛"。

3）高平（55）：naa^3，"脸"；paa^3，"姑妈"。

4）半高降（42）：maa^4，"马"；γam^4，"水"。

5）中升（35）：naa^5，"箭"；tam^5，"矮"。

6）中平（33）：taa^6，"河；渡口"；tau^6，"灰"；pak^3，"种"；$paak^3$，"嘴"；γak^6，"偷"；εaak^6，"绳子"。

表5-5 武鸣声调的来源

A	B	C	DS	DL
1	5	3	5	6
1	5	3	5	6
1	5	3	5	6
2	6	4	5	6

● 凤山

1）中升（24）：laa^1，"寻找"；faa^1，"墙；分区"。

2）低平（11）：faa^2，"铁"；kaa^2，"堵"。

3）半低平（22）：laa^3，"下面"；kaa^3，"杀"。

4）高降（42）：εaa^4，"刀"；lam^4，"水"。

5）高平（55）：laa^5，"传染病"；paa^5，"荒地；丛林"。

6）中平（33）：taa^6，"河"；$naam^6$，"泥土"；hap^5，"关"；$paak^5$，"嘴"；kap^2，"抓"；$laak^6$，"根；拉"。

表5-6 凤山声调的来源

A	B	C	DS	DL
1	5	3	5	5
1	5	3	5	5
1	6	4	5	5
2	6	4	2	6

第 6 章

台语词族初探

6.1 引言

90 多年前，对中国语言学做出重要贡献的杰出汉学家、东方学家高本汉（Karlgren，1933：9）就该领域的方法论提出了富有见地的观点：

> 只有每个语族内部的遗留问题得以解决，汉语的比较语言学才能得到妥善处理。汉语词需要根据发生学关系进行梳理和分组，台语和藏缅语也应该如此。在此基础上，我们才能着手比较三个语族的词族，以期得到可靠的结论。

在高本汉有关汉语词族的方法论发表 40 多年后，马提索夫在 1978 年提出语言比较的"有机论"。基于藏缅语族语言的身体部位名称，马提索夫成功地阐释了"语义变异"理论。这一理论的任务是判别同源词变体，马提索夫认为，该理论是构拟藏缅语和其他东南亚语言的关键。在近期的一篇文章中，他再次强调了这一方法的重要性："现有的任何词源都必然显示出一些形态音位学的变异，甚至会展现原始语阶段的特征，因此东南亚语言需要根据词族进行构拟，而不是根据一成不变的单个词根。"（Matisoff，1992：46）

在传统的历史比较语言学术语中，词族指特定语言中与同一原始音素在词源上相关的词形变体。它们也被称作同源异形词[1]，是"具有非偶然性语音、语义关系的一组词"（Matisoff，1978：18）。换句话说，词族是在语音和语义方面部分相关的一组变体形式，和英语中以 spl- 或者 sn- 等字母串为词首的词非常相似。

如果去翻阅汉藏系语言任何一本比较详尽的词典，我们就会惊讶地发现，这些语言有数量庞大的词族，它们在某种程度上可被归类为由语

1　该种词常被用于印欧的传统行文中。（Hoenigswald，1983：167–171）

义界定的族群。其中蕴含的形态学过程尤为复杂，如声调替换，这是汉藏语系语言区别于印欧语系语言的特点之一。例如，拉祜语 *là* 是动词"来"，*lâ* 是致使义助词，*lā* 还是受益义助词（Matisoff，1978：22–23），这个例子可以很好地说明一种语言内部异体词之间具有语音/语义方面的相似性，这是很不常见的现象。同理，在语音方面，词族包含辅音声母和韵尾的交替。当我们在几种语言之间进行异体词的比较时，问题就会变得更加复杂。典型的例子是汉藏语的身体词"腹"，它有大量的同义异体词，如古汉语中为 **piôk*，林布语（Limbu）中为 *səpok*，那加语（Naga）中为 *tepok*，马加里语（Magari）中为 *mi-Tuk*，加洛语（Garo）中为 *ok*，拉祜语中为 *ɔ̀-fɨ́-qō*，景颇语中为 *pù-hpam*，坦木鲁语（Tamlu）中为 *hwum*。这些词之间语义相关，声母都是双唇音 /p/、/m/、/f/、/w/，这使得它们可以被归类到同一词族中，不过加洛语中的双唇音已经丢失。

本章的目的在于列举台语词族的一些例证。由于话题的范围太大，我们将只列举一些常见的词族，语义场涉及"杆；手柄""潮湿""遮盖，隐藏""弯，弯曲""摔倒，撞倒""平的；片；宽""把持""分离；移除""锋利的；戳；刺""打开；宽的""熄灭；黑的""制造噪声""扩散；扩大；扩展""切，割；破坏""击打，撞击，猛击"等。相关的词根以 /k-/、/p-/、/l-/ 和 /s-/ 为声母，以 /-i/、/-e/、/-a/、/-o/、/-an(t)/、/-ak(ŋ)/、/-en/、/-om(p)/、/-ok(ŋ)/、/-on(t)/ 等为韵尾。本章将研究这些词族的历史演变关系以及反复出现的形态交替模式。下面列举的语言材料主要来源于李方桂的《比较台语手册》中的构拟形式，除此之外，还包括一些新近的材料，以及田野调查中发现的很可能是新同源词的材料。必要时，我们还参考了其他相关的语言材料。本章只是抛砖引玉，希望引发一些关于此话题的后续研究，并能给台语研究、区域比较研究的学者提供一些有益的材料。

6.2　一些台语词族

关于台语声调对应不整齐的现象，李方桂（Li，1977：41）认为有证据表明原始台语像泰语一样，构词过程中产生了同源异调，以区别词义。他进一步区分了两个类型：一类具有相同的声母和元音；另一类具有不同的声母。他从泰语中引用了一些例子，其中包括 *khaa B2*（"价格"）和 *khaa C2*（"买卖"）、*koŋ A1*（"圆圈"）和 *koŋ B1*（"弯"）、*cum C1*（"浸泡"）和 *chum B2*（"湿的"）、*pan B1*（"旋转"）和 *phan A2*（"缠绕"）。我们将在下文列举更多类似的例子。

6.2.1　C-om/um 类型

这是台语中最常见的类型之一，有些词族的韵尾可能会有些变化，偶尔会变成 /-p/ 或者 /-n/。

1. 擦音 + um——"湿，浸泡"

李方桂所列举的"湿的，潮湿"一词出现在台语的各个语言中，绝大多数是咝擦音声母。

词项	声调	泰	老挝	德宏	白傣	黑傣	龙茗	侬	热侬	凤山
浸泡	B1/ C1	*cum* B1	*cum* B1	*tsum* B1	*chum* B1	*chum* B1	*cam* C1	*chum* C1	*sum* C1	*εum* B1
潮湿	B2/ C2	*chum* B2	*sum* B2	*yam* B2	*chum* A2	*chum* B2	—	*chom* A1/B1	*sum* C2	*εum* C2

三个语支中都呈现出声调变化。"浸泡"在西南支和北支中是 B1 调，在中支和热侬中是 C1 调。白傣和黑傣中还有一个 C1 调的词——*cham C1*，意为"蘸酱"，和上面 B1 调的"浸泡"有所不同。李方桂（Li, 1977：166）注意到泰语中还有一个 C1 调的自由变体，但这一现象没有出现在其他语言中。

龙茗中没有"潮湿"的对应词。它在侬语中是一个拟声词，表示物体扔到水里发出的声音（Bé，Saul & Wilson，1982：43），这应该是侬语后来发展出来的词。它在多数西南支台语中是 B2 调，但在德宏中是 A2 调，以 /-a/ 为韵尾，在北支台语中是 C2 调。它在凤山中的对应词义是"湿润"。

"浸泡"和汉语中的"浸"似乎有对应关系，高本汉（Karlgren, 1957：177）将其构拟为 *tsjəm*，蒲立本（Pulleyblank，1991：158）将其构拟为 *tsim^h*。

此外，"潮湿"还和"淋湿"的语义相关，在台语支各个方言中表现为不同的声母。例如：

词项	声调	老挝	德宏	白傣	黑傣	龙茗	侬	热侬	凤山
淋湿	A2	*hum*	*yam*	*ham*	*tôm*	*tom*	*tom* B2	*tum*	*tum*

虽然声母对应不整齐，但是声调对应很整齐，只有侬语是 B2 调。李方桂（Li，1977：105，107）为该词构拟声母 **d-*，声称西南支台语中没有对应的词。我们认为这个词的原始形式应该包含复辅音，因此将其构拟为 **dr-*。

此外，两个与水相关的词也可以归入该词族，它们都是齿塞音声母。例如：

词项	声调	泰	德宏	白傣	黑傣	龙茗	侬	热侬	凤山
水煮	C1/B1	tom	tom	tum	tum	tom	tom	tum	tum
		C1	C1	C1	C1	C1	C1	B1	B1
淹没	C1/B2	thuam	thom	thôm	thôm	thuum	thum	tum	tum
		C1	C1	C1	C1	C1	C1	B2	B2

如果我们认为整个词族的基本元音是 /u/，那么北支台语和非北支台语之间似乎存在 /u/ 和 /o/ 的交替。同样，"水煮"和"淹没"的声调也将北支台语和非北支台语区分开来，它们在北支台语中是 B1 调和 B2 调，在非北支台语中是 C1 调。

我们还发现一个表示"蘸（水）"的词，声母是咝擦音，但韵尾是 /-up/。

词项	声调	泰	德宏	白傣	黑傣	龙茗	侬	热侬	凤山
蘸；弄湿	D2S	chup	tsup	chup	chup	yop	yup	yup	yup

此外，该词在各语言中都带有致使义。

台语中还有一个词表示"浸泡"之义，其元音多数是前元音 /e/，没有双唇鼻音韵尾 /-m/。

词项	声调	泰	老挝	德宏	白傣	黑傣	龙茗	侬	热侬	凤山
浸泡	B2	chɛɛ	sɛɛ	tse	chɛ	chɛ	cee	se	se	ɛe

该词很可能与汉语中的"渍"有关联。

2. 咝擦音 + om/em——"锋利；刺"

该词族一般以擦音 /s-/ 为声母，以 /-om/ 和 /-em/ 为韵尾，方言间存在一些变体。例如：

词项	声调	泰	老挝	德宏	白傣	黑傣	龙茗	侬	热侬	凤山
尖锐	C1/A1	siam	siam	sem	sem	—	siim	sêm	sam	sɔm
		C1	C1	C1	C1		C1	C1	A1	A1
戳	A1/B1/C2	siam	siam	sam	sam	siem	som	cham	sam	sam
		A1	A1	A2	B1	A1	C2	B1	C2	B1
顶部	A1	cɔɔm	mɛɔɔ	tsɔɔm	chom	chom	coom	—		
刺	C1/C2	sian	sian	sɛm C1	sêm	siên	sim	sên	sen	ɛen
		C1	C1	sɛn B2	C1	C1	C2	C2	C2	C2

从上面可以看出，各语言间存在声调交替的现象。"尖锐"在北支台语中是 A1 调，在其他语言中是 C1 调。龙茗中还有一个交替词形 som A2，

和北支台语比较接近。李方桂（Li，1977：153）将其构拟为 C1 调，认为北支台语中没有对应的形式。这个说法应该予以更正。

"戳"在三个语支中都有出现，我们在语料中发现了四个声调。除了白傣，它在西南支台语中大致是 A 调。它在德宏中是 A2 调，这说明它的声母是一个浊辅音。它在中支台语的某些语言中是 C2 调，如龙茗和热依；它在白傣、侬语和凤山中是 B1 调。此外，这个词在白傣中还表示"刺绣"。

"顶部"在北支台语中没有对应的词。"刺"在北支台语和非北支台语中存在清浊交替，同时在一些方言中存在韵尾 /-m/ 和 /-n/ 的变化。这两个词项在《比较台语手册》中都没有被提及。

在上述词项中，"顶部"和"刺"似乎为汉台关系词，对应汉语中的"尖"和"签"。"尖锐"在侗水语支的毛南语和海南岛的临高语和黎语中也能够被找到，分别是 sam^1、$tsiam^1$ 和 $tsum^1$。

该词族中出现了 /s/ 和 /l/ 交替的现象。例如：

词项	声调	泰	老挝	德宏	白傣	黑傣	龙茗	侬	热依	凤山
尖锐	A1	lεεm	lεεm	lem	lem	lεm	leem	lem	lem	—
割	A2/	lem	liam	lem	chim	chim	lim	lêm	liam	liam
	B1	A2	B1	A2	A1	A1	A2	A2	A2	A2
尖锐物体类别词	C1	lêm	lêm	lεm	lim	—	leem C2	—	—	—
角	B1	liam	liam	lεm C1	lem	liem B2	liim	—	—	—
尖	B2/ C1	lim B2	lîm B1	lim C1	ʔdim C1	ʔdim C1	liim B1	—	lim C2	liam C2

"尖锐"似乎和上面列举的带咝擦音 /s-/ 的词项紧密相关。凤山中没有以 /l-/ 为声母的词，只有以咝擦音为声母的形式。"割"的声调对应不整齐，它在多数方言中是 A2 调。在非西南支台语中，该词的语义发生变化。在侬语和北支台语中，它表示"镰刀"；而在龙茗中，它表示"尖锐的边角"。

"尖锐物体的类别词"主要出现在西南支台语中。它在龙茗中表示"修剪均匀"，不作类别词，语义差异比较大。

"角"和"尖"在德宏和老挝语中出现了元音交替现象，声调也不时发生变化。格德尼（Gedney，1991a：192）认为，热依中的"刺"属于比较罕见的形式。白傣和黑傣中的"刺"都是齿音 /ʔd/，这表明应该将该词的原始形式构拟为复辅音 *ʔdl-。这两个词似乎都和汉语中的"棱"有对应关系。除了"角"，上面的词在《比较台语手册》中都没有被提及。

3. 流音 + om——"摔倒；推翻；倒塌"

表示"摔倒；倒塌"的词有两个，它们在台语中分布广泛。李方桂为其构拟了两个原始形式：一个是 B1 调；另一个是 C2 调。它们的声母都是流音 /l-/，韵尾都是 /-om/。

词项	声调	老挝	德宏	白傣	黑傣	龙茗	侬	热依	凤山
陷	B1	lom	lom	lum	lum	lom	vam	lom	lɔm
摔倒，推倒	C2	lom	lom	lum	lum	lom	lom	lam	lam

"陷"在台语各方言里的声调和韵母对应整齐。"摔倒，推倒"的意义则存在一些差异，它在西南支台语中表示"推倒人、树、建筑物"，在中支台语和北支台语中只表示"推倒"，没有"倒塌"的意思。中支台语和北支台语中有一个以 /t-/ 为声母、声调为 B1 调的词，表示"倒塌"的意思，如龙茗中的 tom[2]、侬语中的 tom[1]、凤山中的 tɔm[5]。有趣的是，泰语和老挝语中的 thalom B1 表示"倒塌，塌陷"，和中支台语、北支台语具有对应关系，显然是同一个语族。李方桂在《比较台语手册》中没有讨论这个词项。

泰语和老挝语中还出现一个派生词，分别是 lɔm A1 和 lôm C1，表示"融化"。德宏和龙茗中也有类似的词，是 C1 调，意义稍有变化。德宏的形式似乎与 lom B1（"倒"）交替使用，而它在龙茗中表示"因为超载而下沉"。不管是 tom B1，还是 lom C1，都给亲缘分类增加了难度。

此外，还有两个以 /-n/ 为韵尾的词也值得关注，它们都是流音声母。

词项	声调	泰	老挝	德宏	白傣	黑傣	龙茗	侬	热依	凤山
落（叶）	B1	lon	lon	lon	lon	lôn	loon	—	lan	lɔn
倒塌；山崩	B1	—	lan	lan	lan	laŋ	loon	lan	len	lɛn

"倒塌；山崩"在黑傣中以 /-ŋ/ 为韵尾，有别于其他方言。李方桂在《比较台语手册》中也没有讨论这个词项。

4. r/s/t + om——"收集；聚集"

这个词族和前文中的"摔倒"词族在语音方面较为接近，只是声母出现一些变化。例如：

词项	声调	泰	老挝	德宏	白傣	黑傣	龙茗	侬	热依	凤山
收集	A1	rɔm	hɔm	hɔm	hɔm	hom	thoom	hom	rom	loom
	A2									

加入	B2	ruam	mɔɔm	hɔm	hom	hom	loom	hom	ram	lam
群聚	A1/ C1	mɔɔm A1	mɔɔm A1	tum A1	tom A1	—	toom A1	thɔɔm A1	lum C1	lum C1
树<u>丛</u>	B1	rum A2	rum A2	sɛm A2	ləm	luəm	lom C1/ luum A2	hum	rum	lum
聚会	A2	chum	sum	tsom	sum	sum	coom	chom	—	ɛam
打包	B2	sum A1	sum B2	tsum A2	tom C1	tom C1	som A1	chum B1sum	—	ɛum B2	ɛuə B2
<u>重复</u>; <u>重叠</u>	B2/ C2	sam B2	sam B2	sam C2	sam C2	sam C2	sam C2	sam B2	sam B2	ɛam B2
聚集	A2	khlum A1	kuam	xum	lôm	tôm	—	lôm	—	—

第一个词项除了在龙茗中的声母是送气齿音 /th-/ 外，在上面所列语言中的声母对应整齐。

第二个词项和第一个词项较为接近，在北支台语中表示"自我重复"，可能和泰语、老挝的对应词没有直接的对应关系，但和表示"重复;重叠"的词项具有对应关系。老挝中还有一个相关词 hoom（A2 调），表示"联结；团结"。

"群聚"的声调出现一些分化，它在北支台语中是 C1 调，在其他方言中是 A1 调。

其他词项则出现许多意义分化现象，其中也包含很多语义的交叉。"树丛"在泰语和老挝中表示"人群聚集"，它们看起来似乎没有直接的对应关系。但泰语和老挝中都有一个比较相关的词，分别是 klum（B1 调）和 kum（B1 调），含义和"树丛"很接近。"树丛"在白傣和黑傣中表示"交叉;重叠"，在万承依中表示"人群的聚集"，和"聚会"较为接近。"聚会"在泰语和老挝中兼作名词和动词，但在其他方言里主要是作动词。"聚会"在石家话中是 sum⁴，似乎涉及某种咝擦音复辅音，详细讨论见 5.2.2 中的"一起""重复"。

"打包"在德宏中表示"组，群"。它在白傣和黑傣中都是清舌尖中塞音，都是 C1 调。它在老挝中还有另一个词 loom（B2 调），声母是边音 /l-/，韵母是长音 /-oo/。这可能是方言创新，也可能是原始台语形态替换过程中的保留。

"重复；重叠"一词的声调在中支某些方言和其他方言间出现 B2 调和

C2 调两种分化，语义和表示"收集"的词出现交叉现象。

最后一个词项主要出现在非北支台语中。

5. k + om——"遮盖，隐藏"

表示"遮盖，隐藏"这一语义的词族在台语里大概是最能产的，声母为舌根塞音或喉塞音，韵尾为 /-am/、/-om/ 或者 /-um/。例如：

词项	声调	老挝	德宏	白傣	黑傣	龙茗	侬	热侬	凤山
遮盖	B1	hom	hom	hum	hom	hom	hum	ham	hɔm
盖（盖子）	B1	kɔm	kɔm	kom	kom	khom	kom	kam	kɔm
用篱笆围	C2	lom	lɔm	lom	lom	loom	—		
保护	C2	khum	kum	kum	—	kom	hom	hum	hum
（伤口）愈合	C1/ B1	hɔm C1	hom C1	hom B1	hom B1	—	hom B1		
埋葬	A1	—	—	—	—	ham	—	ham	ham
倒扣，倒置	C1	khuam	xɔm	khuam	khuom	khom	khɔm	hom	hɔm

第一个词项最稳定，在列举的所有语言中都是喉音声母，声调也非常有规律。

第二个词项在词形上对应整齐，但在西南支台语中出现一些语义上的变化，如在老挝中表示"怀抱（睡着的小孩）"，在德宏中表示"棺材；杯子"，在白傣中表示"停止哭泣"，在黑傣中表示"怀抱"。"盖（盖子）"这个词义在德宏中保留得最好，因为棺材和杯子都有盖子。值得注意的是，德宏和老挝中都有一个派生形式，分别为 kom 和 kua:m，都是 A1 调。此外，德宏、白傣和侬语中都有一个意义相关的以塞擦音为声母的词：德宏中是 tsom B1，意为"把一些东西放到容器中藏起来"；白傣中是 chom B1，意为"把蛋放到窝里孵化"；侬语中是 chom A1，意为"藏起来"。我们在其他方言中没有找到它们的对应词。

"用篱笆围"和"保护"出现了一些语义交叉的现象。如果我们把语义标准作为优先考虑因素，那么侬语、热侬和凤山中表示"保护"的词应该移至"用篱笆围"这个意义下。但是，这三个语言中词形的声母和其他语言中的声母对应不上。

除了主要出现在北支台语中的"埋葬"，其他词的原始形式都可以被构拟为 *-om 或者 *-um。此外，西南支台语和中支台语中还有一些意义相近的词。例如：

词项	声调	泰	老挝	德宏	白傣	黑傣	龙茗	侬	热侬	凤山
盖起来	A2	khlum	kuam A1	xum	lôm	tôm	lom	lôm	—	—
遮（脸）	C1	hum	kom	hom	hum	khom	khom	—	—	—

第一个词项在侬语中表示"（给植物）培土"。第二个词项的声母出现一些变异，它在泰语、德宏和白傣中的声母是喉擦音，在老挝和中支台语中则分别为舌根塞音 /k-/ 和 /kh-/。我们在北支台语材料中没有找到这两个词项的对应形式。

此外，西南支台语中还有一些可归入该类的词，如泰语中是 *klɔɔm B1*，意为"抱在怀里（哄睡）"；老挝中是 *ŋum B1*，意为"遮盖"以及 *ŋum C1*，意为"用手遮盖"；德宏中是 *kom A1/B2*，意为"遮盖"；白傣中是 *kôm C2*，意为"保护"以及 *chum A2*，意为"溺爱孩子"；等等。

还有一个同源词变体也在台语中广泛出现，下列词项的声母都带舌根鼻音 /ŋ-/。

词项	声调	老挝	德宏	白傣	黑傣	龙茗	侬	热侬	凤山
遮盖	A2	ŋam	ŋam	ŋam	ŋam A1	ŋuɯm	ŋam	ŋam	ŋam

它在老挝和德宏中表示"遮挡；处于阴处"，在白傣和侬语中表示"用嘴唇遮盖起来"。石家话中的 *ŋam A2* 也表示这个含义，它在龙茗中表示"山洞"，在热侬和凤山中表示"低头（让人看不见）"。

下列这些词均带喉塞音声母：

词项	声调	老挝	德宏	白傣	黑傣	龙茗	侬	热侬	凤山
含（在嘴里）	A1/B1	ʔom	ʔom	ʔum	ʔom	ʔom	ʔum	ʔam B1	ʔɔm B1
泅；焐（熟）	B1	ʔɔm	ʔom	ʔum	—	ʔom	ʔom	ʔam	
放锅里藏起来	B1	ʔum	ʔom	ʔum	ʔom	ʔoom A1	—	ʔom A1	ʔom A1
包围	C1	ʔoom	ʔom	ʔôm ʔum	ʔôm	ʔoom	ʔam	—	—
锅；罐头	A1	ʔoom	ʔam	ʔom	ʔôm	ʔoom	ʔom	—	ʔɔm

"含（在嘴里）"声调出现分化，在北支台语中是 B1 调，在其他方言中是 A1 调。李方桂（Li，1977:244，248）为这个词构拟了两个原始形式：一个是 *ʔom A1*（28 条），表示"含（在嘴里）"；另一个是 *ʔaam B1*（29 条），

表示"满口"，以此说明它们来源不同。

我们手头的材料表明，"含（在嘴里）"和"沤；焐（熟）"是同一个原始词根的词素变体，后来在不同的现代方言中发生了声调和语义的分化。它们在西南支台语和中支台语中的声调和韵尾都发生了创新。李方桂（同上：248）的注解指出，"含（在嘴里）"在阿含语中的对应词表示"咬一口"。因此，这个词和"满口"的语义较为接近，在中支台语和北支台语中是 B1 调，韵尾为 /-aam/，在西南支台语中被构拟为 *gam A2。（同上：198, 200）北支台语中也有一个词 kaam A2，表示"含在两颊之间"，和"含（在嘴里）"较为相似。

从前文可以看出，北支台语使用同一个词表示"含（在嘴里）"和"沤；焐（熟）"两种相差甚远的概念。下面这三个词可以组成一个词族。

词项	原始台语	西南支	中支	北支
含（在嘴里）	*gaam A2	ʔom A1	ʔom A1	ʔom B1/kaam A2
满口	*ʔaam B1	kam A2	ʔaam B1	ʔaam B1
沤；焐（熟）	*ʔom B1	ʔom B1	ʔom B1	ʔom B1

"放锅里藏起来"在西南支台语中是 B1 调，在其他方言中是 A1 调，在北支台语中表示"水煮"。在我们的语料中，"包围"只出现在中支台语和西南支台语中。"锅；罐头"在德宏和凤山中表示"闷热；令人窒息"，可能与"放锅里藏起来"一词有关。

台语中还出现一些韵尾为 /-p/、声母为舌根音的相关同源词。例如：

词项	声调	泰	德宏	白傣	黑傣	龙茗	侬	热侬	凤山
谷壳	D1L	klɛɛp	kɛp	kep	kep	keep	chep	kaap	leep D2
竹帽，草帽	D1S	老挝 kup	kup	kup	kup	kip	khôp	cap	tɛɔp
把洞盖住	D1S	klop	kɔp	kap	kap	—	kop		
盖（盖子）	D2L/D2S	khrɔɔp	kɔp	khop	khop	—	khop		kɔp
盒子	D2L	ʔap D1S	—	ʔɛp D1S	kap D2S	hoop	hoop	haap	haap

"谷壳""竹帽，草帽""箱子"等词都可以被看作某种形式的"盖子"，因此被纳入该词族。"盒子"或许跟汉语中的"盒"构成关系词，蒲立本（Pulleyblank, 1991：123）将其构拟为 ɣəp/ɣap。

不管是西南支台语，还是中支、北支台语，都出现了一些相关的同源词，如德宏中的 *kap D1*，意为"竹筒（有盖子的）"，*kɔp D1*，意为"马鞍"（盖住马背）以及 *kɔp D2*，意为"用绷带缠起来"；白傣中的 *khop D1*，意为"门槛"；黑傣中的 *khop D1*，意为"窗框"；侬语中的 *kop D1*，意为"缝床单或者被子"；凤山中的 *koop D1*，意为"缝（被单或床单）"。

这个词族还有两个变体——"隐蔽；秘密"和"笼子"，其声母是流音 /l-/ 或者 /r-/。

词项	声调	泰	德宏	白傣	黑傣	龙茗	侬	热侬	凤山
隐蔽；秘密	D2S	lap	lap	lap	lap	lap	lap	lap	lap
笼子	D1S	—	—	lop D2	lop D2	lop	lap	rap	lap

还有一些词也是以 /-ap/ 为韵尾，如"熄灭""闭（眼睛）"和"关（门）"。这几个词的声母有 /ʔd-/、/l-/ 和 /h-/ 的交替，它们在下面这些方言中都是清辅音。

词项	声调	泰	老挝	德宏	白傣	黑傣	龙茗	侬	热侬	凤山
熄灭	D1S	ʔdap	ʔdap	lap	ʔdap	ʔdap	nap	ʔdap	ʔdap	ʔdap
闭（眼睛）	D1S	lap	lap	lap	lap	lap	lap	lap	lap	lap
关（门）	D1S	hap	hap	hap	hap	hap	hap	hap	hap	hap

这三个词的音、义对应整齐，李方桂将它们的声母分别构拟为 *ʔd-、*hl- 和 *h-。

"闭（眼睛）"在艾顿、帕基、德宏以及北支台语中都表示"黑暗"。这为三个词的语义关联提供了线索，即"当人闭上眼睛或者把火灭掉，就是黑暗"。

这些词还出现在其他加岱语言中，如侗语、水语、仫佬语、毛南语、临高话和黎语。这说明这种同源关系的范围更大。

词项	声调	侗	水	仫佬	毛南	临高	黎
熄灭	D1S	—	ʔdap	dap D2	lap	jap	zap
闭（眼睛）	D1S	ɲap	—	njap	khap	—	kɯp
关（门）	D1/D2	—	hap D1/ ŋəp D2	ŋap/ ɲap D2	ŋap	hɔp	tshop

"关（门）"在一些台语方言中还有一些变体，如德宏中的 *hup/ʔup D1*、白傣中的 *ŋap D1*、黑傣中的 *ŋuop D2*、龙茗中的 *ʔap D2*、热侬中的 *ʔup D1*、凤山中的 *ʔup D1*。有意思的是，它在白傣、黑傣和水语、仫佬中

的说法相同。

鲍尔（Bauer，1994）指出，东南亚许多语言中都有表示"遮盖，隐藏"含义的词，并且语音形式也较为相似，属于一种区域特征。不过，从现有研究来看，其他东南亚语言的变体形式远远不如台语丰富。

6. k + am——"抓；握；触摸"

与"遮盖"这个词族类似，台语中还有描述手部动作的一个词族，以舌根音为声母，以 /-am/、/-om/、/-um/ 为韵尾。

词项	声调	老挝	德宏	白傣	黑傣	龙茗	侬	热侬	凤山
抓	A1	kam	kam	kam	kam	kam	kam	kam	kam
擒，抓获	A2	kum	—	kom	kom	kom	kam	kam	kam
		A1							
触摸	A2/B2	kham	sam	xum	ŋom	ŋom	—	武鸣	tɕum
		A2	B2	B2	A2	A2		tɕum B2	B2

第一个词对应非常整齐，它也表示"一把"之义，因此也可以被用作量词。第二个词的声调和韵母出现一些分化，在老挝中是清声母；在西南支台语和中支台语（除侬语外）中的韵母是 /-om/，在北支台语中的韵母是 /-am/；此外，凤山中还有一个意思相同的词——kɔm A2，和西南支台语、中支台语相同。"触摸"的情形刚好相反，它在北支台语中的韵母是 /-um/，在西南支台语中的韵母是 /-am/。有意思的是，不同于其他西南支台语，它在德宏和北支台语中都是 B2 调。"触摸"在多数方言中都有对应形式且意义较为接近，只是声母有些变化，如傣仂中是 lum B2，意为"触摸"；龙茗中是 lum B2，意为"触摸"；热侬中是 lum B2/rum B2，意为"感觉"以及 sum B2，意为"媒婆"；凤山中是 lum B2，意为"触摸"以及 sum B2，意为"摸索"。"抓"可能对应于汉语中的"擒"，蒲立本（Pulleyblank，1991：255）将其构拟为 gim。

下面的三个常用词也可以被纳入本词族，它们以舌根音为声母，以 /-p/ 为韵尾。

词项	声调	老挝	德宏	白傣	黑傣	龙茗	侬	热侬	凤山
抓住	D2S	kap	kap	kap	kap	kap	kap	kap	kap
捧	D1L	kɔɔp	kɔp	kɔp	kɔp	koop	koop	kop	koop
用双手围起来	D1L	hɔɔp	hɔp	hɔp	hɔp	hop	hoop	hop	hoop

李方桂（Li，1977：200）认为，"抓住"在西南支台语中一般表示"紧"

的含义。

　　另外两个词在列举的方言中对应整齐。李方桂（同上）没有提及最后一个词。

7. k + an——"茎，杆，柄"

　　李方桂（同上：186）发现了一个表示"茎，杆，柄"的台语同源词。同时，他意识到该词在西南支台语中存在长音 /aa/ 和短音 /a/ 的交替现象，在北支台语中出现了 B1 调和 A2 调两个声调的交替，B1 调表示"手柄"，A2 调表示"水果的叶柄"。我们认为，这三个词是同一个词族中的同源词变体，如下所示：

词项	声调	泰	老挝	德宏	白傣	黑傣	龙茗	侬	热依	凤山
茎，杆	C1	kaan	kaan	kaan	kaan	kaan	kan	kan C1/ kon B1	—	koon B1
叶柄	B1	—	—	ŋɛn	kwin	kwin	—	—	kan B1	kan B1
手柄	A2	khan	khan	kan	kan	—	kan C1	kan	kan	kan

　　第一个词和第二个词的关系较为密切，李方桂将它们分在了一组。虽然它们在西南支台语中为同一个词，但是在其他方言中为两个词。"茎，杆"这个词在侬语和凤山中都有一个交替词形，分别是 koŋ B1 和 kooŋ B1。虽然这两个词的声母和语义都对应整齐，但是其韵尾为 /-ŋ/，这说明可能是因为来源不同。"叶柄"在德宏、白傣和黑傣中发生了语义变化。它在德宏中表示"（瓜、果）尖"，在白傣和黑傣中表示"奶头"。"手柄"在黑傣、龙茗中没有对应的词，在其他语言中对应整齐。

　　此外，这个词族中还有两个词——"扁担"和"挑（一头）"。

词项	声调	泰	老挝	德宏	白傣	黑傣	龙茗	侬	热依	凤山
扁担	A2	khaan	khaan	kaan	kaan	kaan	kaan	kaan	haan	haan
挑（一头）	A2	khɔɔn	khɔɔn	kɔn	kon	kon	koon	kon	kon	koon

　　"挑（一头）"是台语固有词，指用扁担、棍子等把单一物件像挑担一样搭挂在肩上。台语中的"扁担"似乎跟汉语中的"杆"或者"竿"具有对应关系。

6.2.2　C-ŋ 词族

1. k + aaŋ——"宽广；辽阔；横跨"

　　这组词都有舌根声母和韵母 /-aaŋ/。

词项	声调	泰	老挝	德宏	白傣	黑傣	龙茗	侬	热依	凤山
宽广	C1/ B1	kwaaŋ C1	kwaaŋ C1	kaaŋ C1	kwaaŋ C1	kwaaŋ C1	kwaaŋ B1/C1	khaaŋ B1	kwaaŋ B1	kwaaŋ B1
横躺	A1	khwaaŋ	kwaaŋ	xaaŋ	xwaaŋ	khwaaŋ	vaaŋ B2	vaaŋ A1/B1	vaaŋ	vaaŋ
横跨	B2	—	—	vaaŋ	xwaaŋ	khwaaŋ	vaaŋ A1	vaaŋ B2	vaaŋ A1/B1	vaaŋ
张开	A1	kaaŋ	kaaŋ	kaŋ C1	khaaŋ	kaaŋ	khaaŋ	khaaŋ	kaaŋ	kaaŋ

李方桂（Li，1977：236，238）构拟了两个相关的台语形式：一个是不送气舌根塞音声母 *kw-，意为"宽"；另一个是送气声母 *kh-，意为"辽阔"。他指出，"宽广"的声调出现分化，在北支台语中是 C1 调，在非北支台语中是 B1 调。

"横躺"与李方桂的"辽阔"相对应。在李方桂的材料中，剥隘中的"辽阔"和"宽广"是同一个词。在中支台语和北支台语中，这个词的声母都是唇齿擦音 /v-/。

第三个词和第二个词极为接近。事实上，由于它们的语义十分相似，因此龙茗、黑傣和侬语都是由同一个词来表示。除了白傣和黑傣，它们在其他方言中的声母都是双唇音 /v-/（/w-/），在西南支台语德宏中也是如此。

最后一个词，除了在德宏中，都是 A1 调。它的声母出现 /k-/ 和 /kh-/ 的分化，/kh-/ 出现在中支台语和白傣中，/k-/ 则出现在非中支语言中。

"宽广""横躺""横跨""张开"分别可以跟汉语中的"广""横"和"张"建立对应关系。

2. k + oŋ——"弯曲；弯腰；弓"

李方桂（同上：203）在给"拱起的；弯曲的"一词的注解中指出："原始台语有很多声母不同、声调不同的词，它们都表示'拱起的；弯曲的'。"台语中有很多与该词义相关的词。

这一词族主要是以舌根音为声母，以 /-ŋ/ 为韵尾，后圆唇元音为 /o/。李方桂（同上：188，199）构拟了两个词形：一个是 *koŋ A1，意为"弓"；另一个是 *goŋ C2，意为"弯曲"。他也注意到泰语中的 koŋ B1，意为"弯曲的"，但是没有对其进行构拟。这三个词分布在台语各支方言中。

词项	声调	泰	老挝	德宏	白傣	黑傣	龙茗	侬	热依	凤山
弓	A1	koŋ	koŋ	koŋ	kuŋ	—	koŋ	koŋ	koŋ	koŋ
弯；拱	B1	kɔŋ	kɔŋ	kɔŋ	kɔŋ	kɔŋ	kɔŋ	kɔŋ	kɔŋ	kɔŋ

| 弯曲 | C1 | khooŋ | koŋ | kɔŋ | kuŋ | — | koŋ | koŋ | koŋ | kɔŋ |
| | C2 | C1 | A1 | C1 | | | | | | |

李方桂认为，第一个词在泰语、老挝语中还表示"圆圈；车轮"。德宏中还有三个词形，分别是 *kuŋ A1*、*kɔŋ A1* 和 *koŋ A2*，前两个词是"弯腰"的变体，最后一个词表示"纺织的轮子"。白傣中还有一个词 *kwaŋ A1*，表示"圆圈"。侬语中有一个词 *kooŋ A2*，表示"弯腰"。"弯；拱"在各个语言中对应整齐。"弯曲"的声调在某些西南支台语和非西南支台语中出现分化。此外，部分西南支台语和北支台语中还有一个 C2 调的形式，表示"绕圈"。

| 词项 | 声调 | 泰 | 老挝 | 德宏 | 白傣 | 黑傣 | 龙茗 | 侬 | 热依 | 凤山 |
| 弯；绕圈 | C2 | khooŋ | khooŋ | koŋ | kuŋ | — | — | — | kuŋ | kuŋ |

该词在北支台语中表示"门后，角落"。

这些词形分别和汉台中的"弓""躬""拱"相对应。汉语和台语之间的声调对应也较为整齐。

此外，这个词族中还有两类变化形式也具有相似的意思。第一类是以 /-m/ 为韵尾，只发现一个在台语中广泛分布的词形，但个别方言里能找到更多形式。

| 词项 | 声调 | 泰 | 老挝 | 德宏 | 白傣 | 黑傣 | 龙茗 | 侬 | 热依 | 凤山 |
| 鞠躬 | C1 | kɔɔm | kɔɔm | kɔm | kum | kom | kom | kom | kum | kum |

该词的声母和声调对应整齐。除了白傣，它在北支台语中的韵母为 /u/，在其他方言中的韵母是 /o/，在白傣中的韵母也是 /u/。这个词的发生学联系范围较广，在侗水、海南岛的临高、黎语中都能找到对应关系。

| 词项 | 侗 | 毛南 | 临高 | 黎 |
| 鞠躬 | kom^3 | $\eta gɔ{:}m^3$ | $ʔom^3$ | hom^2 |

此外，我们在德宏、白傣和武鸣中还发现了其他相关词，如德宏中的 *kɔm C2*，意为"弯下来"以及 *kɔm A2*，意为"鞠躬"；白傣中的 *kom A1*，意为"弯曲"；武鸣中的 *kom A2*，意为"弯腰"。

第二类是以 /-t/ 为韵尾，相关的两个例词如下所示：

词项	声调	泰	老挝	德宏	白傣	黑傣	龙茗	侬	热依	凤山
缠绕	D1S	khot	khot	xot	xut	—	kot	kot	kut	kut
弯曲	D2S	khot	khot	kot	kot	—	—	kot	—	kut

"缠绕"和"绕的圈"出现声母的清浊分化，前者是清声母，后者是浊声母。这两个词很可能和"蕨草"有关系，因为"蕨草"末端的形状像一个线圈，李方桂（Li，1977：188）将"蕨草"构拟为 *kut D1S。这两个词和汉语中的"曲""屈"具有对应关系。高本汉（Karlgren，1957）和蒲立本（Pulleyblank，1991）都将这两个词构拟为入声。

此外，李方桂（Li，1977：199）在《比较台语手册》中构拟为 *go A2 的词也与"弯曲"意义相关，一般出现在中支台语和北支台语中，如龙茗中的 koo A2、侬语中的 koo A2、热侬中的 ko A2、凤山中的 koo A2，可作为"弯曲"这个词族的补充。

3. k/h + a/oŋ——"产生噪声；回音"

台语中，和"噪声"相关的词也可以被构成一个词族，它们的声母是舌根音或者喉音，韵母是 /-aŋ/ 或者 /-oŋ/。例如：

词项	声调	泰	老挝	德宏	白傣	黑傣	龙茗	侬	热侬	凤山
回声	C1	kɔɔŋ	kɔɔŋ	kɔŋ C2	kɔŋ C2	kɔŋ	sooŋ	heŋ	huaŋ	huaŋ
咆哮	C2	rɔɔŋ	hɔɔŋ	hɔŋ	hɔŋ	hɔŋ	looŋ	hɔŋ	rɔŋ	looŋ
鼓	A1	klɔɔŋ	kɔɔŋ	kɔŋ	kɔŋ	kɔŋ	kooŋ	chooŋ	cɔŋ	tɕooŋ
响声	A1/ A2	—	—	hoŋ A1	daŋ A1	daŋ A1	hoŋ A1	hoŋ B1	—	hooŋ A2
呻吟	A2	khraaŋ	khaaŋ	xaŋ	chaaŋ	chaaŋ	laaŋ	haaŋ	—	ɛaaŋ

李方桂（同上：143，187，221）对前三个词进行了构拟。"回声"在西南支台语和非西南支台语之间出现了不规则的辅音交替。在非西南支台语中，它在龙茗中是以擦音为声母，在侬语、热侬和凤山中是以喉擦音 /h-/ 为声母。它在白傣和黑傣中是 C2 调，表示声母是浊辅音。"咆哮"和"鼓"在各语言中对应整齐。

"响声"和"回声"有关系，李方桂（同上：108）为其构拟的声母为 *ʔd-。然而，根据德宏、侬语和凤山的材料，这个词应该被构拟为复辅音。"响声"和"呻吟"没有出现在李方桂的构拟中。"呻吟"在所有被引用的语言中的韵尾、声调对应都较为整齐，泰语、白傣、黑傣和凤山中的情况表明，其原始形式应该是舌根复辅音 *gr-。它在老挝和德宏中的流音丢失，而在龙茗和侬语中的流音保留，舌根音丢失。

从声调来看，台语中的"回声"似乎可以和汉语中的"响"相对应（"响"为上声，对应台语中的 C 调）。台语中的"响声"可以跟汉语中的

"哼"相对应（"哼"为平声，对应台语中的 A 调）。

在我们的语料中，"讲"在西南支台语中没有对应形式，但是在侗水语和临高中能找到对应形式。

词项	声调	龙茗	侬	热依	凤山	侗语	仫佬	毛南	临高
讲	C1	kaan	kaan	kaan	kaan	qaan	caan	caan	kaŋ

该词对应于汉语中的"讲"，上声。

此外，还有一个与"声音"有关的词，声母为擦音 /s-/ 或者 /h-/。

词项	声调	泰	老挝	德宏	白傣	黑傣	龙茗	侬	热依	凤山
声音	A1	sian	sian	siŋ	seŋ	sieŋ	hiŋ	hiŋ	hiŋ	hiŋ

该词对应于汉语中的"声"，阴平（对应于台语 A 调），意义也相同。

6.2.3 "击打；撞击"

这个词族能产性较高，声母一般是舌尖中塞音，韵母则可以分为三类：第一类是开音节；第二类韵尾是双唇音 /-m/ 或者 /-p/；第三类韵尾是软腭音 /-k/ 或者 /-ŋ/。

1. 舌尖中塞音 + V

第一类有五个词：

词项	声调	泰	老挝	德宏	白傣	黑傣	龙茗	侬	热依	凤山
击打	A1/A2	tii A1	tii A1	—	ti A1	ti A1	—	—	ti A2	ti A2
挑战	C2	thaa	thaa	taa	taa	taa	—	taa	taa	
（用头）撞	A2	thɔɔ	thɔɔ	to	to	to	too	to A1	—	taa C1
打架	B1	dɔɔ	dɔɔ	bi	—	—	—	—	doy	doi
		A1								
敲开	B1	tɔɔi	tɔɔi	tɔi	toi	toi	—	toi	toy	toi

"击打"出现了声母清浊的分化，它在北支台语中是浊声母，在其他方言中是清声母；我们在语料中没有找到它在德宏和中支台语中的对应词。

"挑战"主要出现在西南支台语中。它在热依中表示"估计"，这个词义可能跟"挑战"没有关联。

"（用头）撞"在西南支台语和中支台语中都是 A 调，在凤山中是 C 调。如果只看声调的话，将这个词放到"挑战"一行比较合适。但是基于语义，我们还是把它单列出来。

"打架"一词的分布范围较为有限，就我们的材料而言，它只是出现在了泰语、老挝、德宏和北支台语中。它在老挝中表示"降低"，在德宏中表示"滑倒"，这可能是因为来源不同。

最后一个词对应整齐。

"挑战""（用头）撞"和"打架"都能在汉语中找到对应关系，参照汉语中的"赌""抵"和"斗"。

2. t + V + k/ŋ

这组词描述用力击打、撞击的动作，模拟声音是这组词音形式的理据。例如：

词项	声调	泰	老挝	德宏	白傣	黑傣	龙茗	侬	热依	凤山
中（靶）	D1/	thuuk	thuuuk	thuk	thuk	thuk	thuk	tək	tuk	tuuk
	D2	D1L	D1L	D2	D2	D1	D1S	D1S	D2S	D2S
打猎	D1S	—	tuk	tək	—	—	tɤk	tək	tuk	tuk
敲打	D1L	tuuk	tuuk	tɔk	tok	tɔk	took	tok	tok	took
拳打	D2L	—	thuak	tɔk	—	thək	tok	tok	tok	took
						D1S	D2S			
击打	A1/	thɛŋ	teŋ	teŋ	—	teŋ	teŋ	teeŋ	teeŋ
	A2	A2	A2	A2		A2	A2	A1	A1
掐；刺	C2	—	thɛɛŋ	teŋ	teŋ	teŋ	theeŋ	theeŋ	tiŋ	tiŋ
							C1	C1	C1	C1
（用棍）戳	B2	—	thaŋ	thaŋ	taŋ	taŋ		taŋ	taŋ	taŋ
				B1				B1		
舂（米）	B1	—	duaŋ	—	dəŋ	—	—	dəŋ	duaŋ	duaŋ

前两个词在各个语言中或多或少存在一些语法化现象。正如李方桂（Li, 1977:101）所解释，第一个词还可以表示"便宜"，可能是从"中（靶）"引申而来的。第二个词在一些语言中是一个非常常用的词，还可以表示"参加（某种活动）"。这个词的本义是"打猎"，这一词义在北支台语和老挝语里表现较为明显。（同上：102）

"敲打"在列举的各语言中的语音和语义对应整齐。"拳打"可能是从"敲打"中派生而来。它在老挝语中的词形表示"反对"。它在龙茗中的对应词是复合词 tok[4] sook[2]（"肘部"）中的一个语素。它在热依中的形式表示"跳跃"，在凤山中的形式表示"对抗"。

"击打"的声调在引用的方言中出现了一些分化，我们在手头的泰语和老挝语语料中没有找到其对应词。它在北支台语中一般表示"中靶"。

"（用棍）戳"在北支台语中表示"（用重器）使劲击打"，它在石家话中的对应词是 *thaŋ B2*，在德宏中的对应词表示"猛冲"，在白傣中意为"生气地说"。

"舂（米）"零星地出现在台语的三个支系中，不过对应很整齐。

3. t + m/p

这一组有四个词，其中两个是以 /-m/ 为韵尾，另外两个是以 /-p/ 为韵尾，都是日常生活常用词。

词项	声调	泰	老挝	德宏	白傣	黑傣	龙茗	侬	热依	凤山
击打	D2S	thup	thup	thup	tap	tap	top	tup	tup	tup
扇；拍	D1S	top	top	tɔp	top	top	taap	taap	taap	tɔp
舂（米）	A1	tam	tam	tam	tam	tam	tam	tam	tam	tam
撞击	C1/	thum	tam	tum	tum	tum	tam	tam	tam	tam
	B1	C1	C1	C2	B1	B1	C1	B1	C1	C1

第一个词在德宏中表示"混乱"。除了白傣、黑傣、龙茗等中支台语，它在其他方言中都是以 /-up/ 为韵母。

"扇;拍"除了在中支台语中的元音是 /aa/，在多数语言中都是以 /-op/ 为韵母。

"舂（米）"在各语言中对应整齐，只是在北支方言中的语义出现了一些分化，它在热依中表示"撞击"，但在凤山中表示"推进去"。

最后一个例词的声母和声调出现了分化。它在泰语中是送气音声母 /th-/，声调对应整齐。它在德宏中是浊辅音声母。它在白傣、黑傣和侬语中是 B1 调，但在其他语言中是 C1 调。它在热依和凤山中表示"顶撞"。

关于"舂（米）"，台语中还有一个相关词，带噝擦音声母：

词项	声调	泰	老挝	德宏	白傣	黑傣	龙茗	侬	热依	凤山
舂（米）	C2	scɔ	sɔcɔ	sɔm	som	som	soom	sôm	sum	sum

该词的韵母出现了分化，在北支台语中为 /-u/，在其他方言中为 /-o/。

6.2.4　k/t + on/t 类型

台语中有一个词族，其语义和"切""分离""片；块；部分"等概念相关，声母一般是舌根音、流音，韵母是 /-on/、/an/。

1. k + on/t——"切；割；片；阻止"

这个词族比较能产。例如：

词项	声调	泰	老挝	德宏	白傣	黑傣	龙茗	侬	热依	凤山
横切	B1	—	—	xan	xan	—	—	—	—	kan
收割	A2	kon B1	kon B1	kɔn B1	—	kan	kon	kon	—	kɔn
分离	A1/C1	khan C1	khan C1	xan C1	xan C1	khan C1	kheen A1	kheen A1	hen A1	heen A1
连根砍	B2/B1	khɔɔn B2	khoon B2	kon B2	kun B2	kon B1/2	kon B1	kon C2	—	kɔn B1
边界	A2	khɛɛm	khɛɛm	him	xem/him	him	heen	hen	hen	heen
堤坝	A2	khan	khan	xan	khan	khan	han	han	han	han
门闩	A1	klɔɔn	kɔɔn	kɔn	kɔn/tsɔn	kɔn	—	kon	—	tɕoon
堵住	C2	khɛɛn	khɛɛn	kɛn	kɛn	kɛn	keen	keen	cen	tɕen

尽管有些词的词义出现了交叉，但它们之间的关系显而易见。

"横切"的分布不广，在我们的材料中，只出现在三种语言里。

"收割"被李方桂（Li，1977：187）构拟为清辅音声母 *k-，但我们的材料表明它应该被构拟为浊声母 *g-，因为它在中支台语、北支台语以及黑傣中都是 A2 调。

"分离"的声调出现了分化，它在西南支台语中是 C1 调，在其他语言中是 A1 调。此外，它在西南支台语和非西南支台语间也出现了类似的元音交替现象，使西南支台语与其他方言区分开来。

"连根砍"的词义出现了分化。它在泰语和老挝等西南支台语中表示"砍倒"，在德宏、白傣、黑傣中表示"连根拔起"，在侬语中表示"拔起"，在支部台语中一般表示"砍"。

李方桂（同上：215，218）指出，在西南支台语中是以 /-m/ 为韵尾，在其他语言中是以 /-n/ 为韵尾。不过，它在各方言中的声调、声母对应整齐。

"堤坝""门闩"和"堵住"这三个词的语音、语义对应整齐。"堵住"在热依和凤山是以舌面音为声母，从舌根音变为舌面音这种语音变化在北支台语中很常见。此外，它在凤山中有一个交替声调——B2 调。

如果进一步查找，我们还会发现更多词，如老挝中的 *kan A1*（"阻拦"）、*kaan A1*（"修剪"）、*koon A1*（"剃"）、*kia:n A1*（"剪短"）、*khan A1*（"分离"）、*khia:n C1*（"堤坝"）、*khoon B2*（"切下"）；德宏中的 *kən B2*（"篱笆"）、*kaan C2*（"掰"）、*kən B2/A1*（"领地"）、*xaan B1*（"被切下来"）、*xen A2*（"限制"）、*xɔn A2*（"切"）、*xin A1*（"妨碍"）。由于篇幅有限，我们在此不作深入讨论。

这些词让我们想到另一个台语词"斧头"，它和砍的动作密切相关。

词项	声调	泰	老挝	德宏	白傣	黑傣	龙茗	侬	热侬	凤山
斧头	*A1*	*khwaan*	*khwaan*	*xaan*	*xoan*	*khoan*	*khwaan*	*khaan*	*vaan*	*vaan*

还有一个相关的词"砍"，它以唇齿擦音 /f-/ 为声母。

词项	声调	泰	老挝	德宏	白傣	黑傣	龙茗	侬	热侬	凤山
砍	*A2*	*fan*	*fan*	*fan*	*fan*	—	*fan*	*fan*	*fan*	*fan*

这个词在三个支系中都是 A2（阳平）调。

还有一些以 /-t/ 为韵尾的词也可以被纳入这一词族。例如：

词项	声调	泰	老挝	德宏	白傣	黑傣	龙茗	侬	热侬	凤山
切割	*D1S*	—	*kat*	*kət D2*	*kət*	*kut*	—	*kat*	*kat*	*kat*
离婚	*D2L*	—	*huat D1*	*haat*	*haat*	*kət*	—	*haat D1/D2*	*haat D2*	*haat D2*
停止	*D2S*	—	*huat D1*	*het*	*hot*	*kot*	*hoot*	*het*	*het*	*heet*
分隔	*D1L*	—	*kheet*	*xɛt D2*	*xit*	*khit*	*khat*	*het*	—	*heet*
阻碍	*D1S*	*kiit*	*kiit*	*kit*	*kit*	*kit*	*kit*	*kit*	*cit*	*tɕit*
刮	*DLS*	*khɔɔt*	*khɔɔt*	*xut D1/ xɔt D2*	*xut*	*khut*	—	*hot D1*	*hot*	*hoot*
撕坏	*D1L*	*khaat*	*khaat*	*xaat*	*xaat*	*khaat*	*khaat*	*khaat*	*kaat*	—

"切割"这个词在德宏中表示"阻碍"，在白傣中表示"魔鬼（把人的生命切短）"。老挝中还有两个相关词——*khat D1*（"剥夺"）和 *khat D2*（"分离"）。

"离婚"这个词在老挝中表示"晾干；消失"，在德宏中表示"私奔"。白傣中还有一个词 *xaat D1* 也表示"离婚"，它是清声母；还有一个相关词 *kaat D2*，表示"砍倒"。这个词在北支台语中一般表示"在河流浅的地方筑坝（捕鱼）"。

"停止"在龙茗和侬语中意为"穿破（鞋底）"，在北支台语中一般表示"使（河流）干涸"。这几个词可能和西南支台语中的词不同源，或许和上面表示"离婚"的词密切相关。这还有待于进一步研究。

"分隔"在引用的方言中出现了语义分化，因此前文所列举的相关形式也只是作为初步建议。它在老挝中表示"区域"，在德宏中表示"割断（关系）；筑坝"，在白傣中表示"打扰（人）"，在黑傣和凤山中表示"划线隔离"，在侬语中表示"拿出最后的钱财、谷物"。（Bé，Saul & Wilson，1982：96）

最后三个词在上述语言中对应整齐。

此外，西南支台语中一些相关的词形也值得进一步关注，如老挝中的 *khaat D2*（"谋杀"）、*kuat D1*（"阻止"）；德宏中的 *xat D1*（"阻止，妨碍"）、*ket D1*（"分离；扰乱"）、*kuut D1*（"停止"）。更多的实证工作将有助于这些形式的研究。

2. t/r/l + on/t——"部分；片；块"和"分离"

台语中的一些词可以组成词族，它们的声母是舌尖中塞音或者流音，韵母是 /-on/ 或者 /-ot/，主要表示"部分；片""分离"。以 /-on/ 为韵母的词表示"部分；片；切成片"，以 /-ot/ 为韵母的词表示"分离"的动作。例如：

词项	声调	泰	老挝	德宏	白傣	黑傣	龙茗	侬	热依	凤山
割除；修剪	A1	tɔɔn	tɔɔn	tɔn	tɔn	tɔn	toon	tɔɔn	ton	toon
聚会	C1	tɔɔn	tɔɔn	tɔn A2	tɔn	tɔn	—	tɔɔn	ton	toon
拔掉	A1/ B1	thɔɔn	thɔɔn	thɔn B1	thɔn B1	thɔn B1	thoon A1	tɔn B1	ton B1	toon B1
段；片	B2	thɔɔn	thɔɔn	tɔn	tɔn	toon B1	ton	ton	ton	toon
切；片	A1/A2/ B1	raan A1	haan A1	hɔn A2	hɔn A2	hɔn A2	—	—	ron B1	loon B1

前两个词对应整齐。第二个词只有在德宏中是 A2 调。第三个词的声调出现了分化，它在西南支台语中是 A1 调；除了侬语之外，它在其余语言中都是 B1 调。"段；片"这个词只有在黑傣中是 B1 调。"切；片"的语义出现了分化，它在泰语中表示"修剪树木的顶部"，在老挝中表示"分享"，在德宏、白傣和黑傣中表示"截短"，在北支台语中表示"切肉"。

此外，北支台语中还有一个相关词，热依中是 *ron C2*，凤山中是 *loon C2*。这个词描述砍树枝的动作，和泰语中对应词形的词义较为接近。"切；片"的声调出现了分化，它在北支台语中是 B 调，在其他语言中是 A 调。泰语、老挝中的声调表示其声母是清辅音，德宏、白傣和黑傣中的声调则表示其声母是浊辅音。同时，泰语和老挝中的主要韵母是长音 /-aa/，其他语言中的主要韵母是后元音 /-o/。

西南支台语中还有一些相关词，语音形式也较为接近。例如：

词项	声调	泰	老挝	德宏	白傣	黑傣	龙茗	侬	热依	凤山
树桩	C1	ton	ton	ton/lon	ton	ton	—	—	—	—
段	B1	tɔɔn	tɔɔn	tɔn	tɔn	tɔn	—	—	—	—
切掉；缩短	A2	thɔɔn	thɔɔn	tɔn	tun	tun	—	—	—	—
单只	A2	thoon	thoon	ton A1	—	—	—	—	—	—
切东西	A2	thuan	thuan	tun	ton	—	—	—	—	—
片段	A1	tɔɔn	tɔn	tɔn	—	—	—	—	—	—

这些词的词义只能作为参考，因为主要是根据泰语、老挝语来释义。在我们的材料中，中支台语和北支台语中没有找到对应关系。西南支台语中一些词的词义也出现了差异，如"切掉；缩短"在白傣和黑傣中表示"结束"；"单只"在德宏中表示对人尊称的分类词；"切东西"在德宏中表示"家族"，在白傣中表示"火把"。进一步的研究将有助于揭示一些内部分组的特征。

最后，如果吃饭可以被看作将一天分为几个部分的事情，那么本词族还有一个词：

词项	声调	泰	老挝	德宏	白傣	黑傣	龙茗	侬	热依	凤山
餐；顿	B1	toon A1	toon A1	—	—	—	toon	toon	—	toon

它在泰语和老挝中表示"时段"。上述材料中，"餐；顿"仅出现在中支台语和北支台语中。

"段；片""餐；顿"分别和汉语中的"段""顿"具有对应关系，声调都是去声。其他可能相关的汉语词还有"断"和"短"。

以上讨论的 t/r/l + on/t 词族和前文讨论的 k + on/t 词族具有明显的语义关联。

本词族中还有一些关系密切的词，其声母是流音 /l-/、/r-/，韵母是 /ot/、/ut/。这组词似乎有拟声特征，类似于英语中的 /sl-/，描写分离、滑动等动作。例如：

词项	声调	泰	老挝	德宏	白傣	黑傣	龙茗	侬	热依	凤山
（使）分离	D2L	*ruut*	*huut*	*hut*	*hut*	*hut*	*luut*	*hut*	*rot*	*loot*
挣下	D1S	*lut*	*lut*	*lut*	*lot*	*lot*	*lot*	*lot*	*lot*	*lut*
										D2S
滑落	D2L	*lɔɔt*	*tɔɔl*	*lɔl*	*lot*	*lot*	*loot*	*hot*	*rot*	*loot*
（使）分开；挣	D1L	*lɔɔt*	*tɔɔl*	*lɔl*	*lɔt*	*lɔt*	*loot*	*loot*	*rot*	*loot*
延迟	D1L	—	*luut*	*lut* D2	*lut*	—	*lut*	*lot*	*lot*	*loot*

第一个词最为常用，李方桂（Li，1977：143）将其释义为"把谷子从稻穗上扯下来"。第二个词和第一个词词义接近，只是声母、韵母长短不同。这两个词描述物体离开底部或者因外力离开底部而移动的情形。"滑落"在西南支台语中是以 /l-/ 为声母，在其他语言中是以 /r-/ 为声母。"（使）分开；挣"一词在西南支方言中意为"（动物）流产"。李方桂（同上：138）将这一词条归入词族"滑落；分离"，认为西南支台语中的韵母是短元音 /-ut/，北支台语中的韵母是长元音 /-oot/。根据语料，我们将它们处理为两个同源异体词条，李方桂的"滑落"对应于我们的"（使）分开"，我们在北支台语中能找到一些相关证据。"延迟"的韵母出现了 /-u/ 和 /-o/ 的分化，它在西南支台语中是 /-u/，在北支台语中是 /-o/，在中支台语中则是 /-u/ 和 /-o/。这个词应该是"摔倒；滑行"的进一步引申。

还有一个相关词零星地出现在这三个支系的各种语言中。它在西南支台语中是以 /l-/ 为声母，在其他方言中是以 /n-/ 为声母，这说明其原始台语是复辅音 *nl/r-*。

词项	声调	泰	老挝	德宏	白傣	黑傣	龙茗	侬	热依	凤山
逃跑；离开	D2L	—	*lot*	*lɔt*	—	—	*noot*	—	—	*noot*
										D1L

这个词在老挝语中的对应词意为"离开；消失"。

这一组还有一个相关词，其声母是舌尖中音 /th-/，专指脱衣服的动作。

词项	声调	泰	老挝	德宏	白傣	黑傣	龙茗	侬	热依	凤山
脱（衣服）	D1L	*thɔɔt*	*tɔɔt*	*thot*	*thot*	*thot*	*thoot*	*thoot*	*tot*	*toot*

这是一个日常用词，我们调查的每一种台语方言中都有这个词，而且对应整齐。这个词和汉语中的"脱"有对应关系。不过，汉语中"脱"的

词义较为宽泛，它可以作为及物动词，也可以作为不及物动词，可表示"脱掉，脱落；剥掉；摆脱，逃脱"，"脱（衣服）"只是其中的一种含义。

6.2.5 p/b-en 类型——"木板；扁；片；盘"

这组词在台语内部的声母、韵母较为一致。其声母主要是双唇塞音 /p-/，有时是 /ph-/，元音主要是中、前元音 /ɛ/ 和 /e/，韵尾是鼻音 /-n/。

词项	声调	泰	老挝	德宏	白傣	黑傣	龙茗	侬	热依	凤山
木板	C1/B2	pɛɛn C1	pɛɛn C1	pɛn C1/B2	pen C1	pen C1	peen C1	peen C1	pen C1	peen B2
扁	C1	pɛɛn	pɛɛn	pɛn	pen	pen	peen	paan	—	pɛɛn/paan
片	B1	phɛɛn	phɛɛn	phɛn	phen	phen	phiin C1/B1	phen	—	peen
盘	A2/C2	phaan A2	—	phaan C2	phaan C2	—	—	phen A2	paan A2	paan A2
薄片，块（量词）	A1	phuuun	phuuun	phuun	phuun	phuun	phen	pin	—	—

第一个词出现在上述所有语言中，它在绝大部分的语言中是 C1 调。它在凤山中是 B2 调，这表明声母是浊辅音。德宏中有一个词和凤山中的对应，词义是"扁平的盖子"，声调是 B2 调。"扁"在很多语言中和"木板"词形相同，因此李方桂把它们视为一个词。但是我们看到，侬语和凤山中的材料表明它们是来源不同的两个词。作为扁平物体的类别词"片"在各方言中的语音、语义对应整齐。龙茗的两个声调互相替换，属于同一来源的自由变体。"盘"的声调出现了 C2 和 A2 的交替现象，它在泰语、侬语和北支台语中是 A2 调，在德宏和白傣中是 C2 调。最后一个词似乎和"片"相关，可以被看作语法化的产物，作为薄、扁平物体的类别词，其词义的使用范围较窄。该词未见于北支台语。

除了最后一个词，上述词在汉语中都能找到对应关系：

汉字	声调
板	上
扁	上
片	去
盘	阳平

"木板"在北支台语中的声调和在汉语中的声调对应不甚整齐，但是其他词的声调能和汉语中的声调对应整齐。"扁"和"片"在汉语和台语中对应整齐，可能是汉借词。A2 调的"盘"是较早的汉借词，C2 调可能是较晚的汉借词。"木板"和"扁"还出现在侗水、临高和黎语中，这说明这个词具有广泛的发生学联系。相关词形如下所示：

词项	侗	水	仫佬	毛南	临高	黎
木板	*phjin B1*	*ʔmen B1*	*pjen B1*	—	*ben C1*	*be:n²*
扁	*pje C1*	*pjen C1*	*pjen C1/pjaan C1*	*paan C1*	*fen C1*	*be:n²*

侗水、临高和北支台语中都有两个不同的词形分别表示"木板"和"扁"。黎语、中支台语和西南支台语中都是同一个词形表示这两个词义。原始台语中的这两个概念可能是同一个词，后来发展为现在的两个词。

6.2.6 "劈开；分开；分离"与"扩散；打开；繁殖"

很多表示"劈开；分开；分离"和"扩散；打开；繁殖"的词都是双唇音声母。

1. 唇音 + 元音——"扩散；扩大；分离"

这是一个较为能产的词族。其声母出现最多的是双唇塞音 /p-/、/ph-/ 和 /b-/，以及唇鼻音 /m-/ 和唇齿音 /w-/。其韵母包括前元音、央元音和后元音。这组词一般表示"扩散；扩大，扩展"。下列词出现在李方桂（Li，1977：62–87）的构拟中。

词项	声调	泰	老挝	德宏	白傣	黑傣	龙茗	侬	热侬	凤山
摊开	A1/ B1	*puu*	*puu*	*pi* *B1*	*paa* *A2*	—	*pu* *C2*	—	*pi* *B1*	*pi* *B1*
扩大，扩展	B1	*phɛɛ*	*phɛɛ*	*phe*	*phɛ*	*phɛ*	*pe B2*	—	—	—
溢出	B1	*baa*	*baa*	*ma*	*ba*	*ba*	*maa*	—	—	—
铺开	A1	*ʒʒɛ*	*ʒʒɛ*	*me B1*	*bɛ*	*bɛ*	—	*be*	*be*	*be*
肥胖	A2	*phi*	*phi*	*pi*	*pi*	*pi*	*pey*	*pi*	*pi*	*pi*
芭蕉花	A1	*plii*	*pi*	*pi*	—	—	*pey*	*pi*	*pi*	*pi*
释放	B1	*plooi*	*pɔɔi*	*pɔi*	*poi*	*poi*	*pyuuy*	*pôi*	—	—
张开双臂	A2	*waa*	*waa*	*wa*	*wa*	*wa*	—	*wa*	—	—
生长	C1	*maa*	*maa*	—	*ma*	*ma*	*maa*	*ma*	*ma*	*maa*

前三个词可以被归为一类，都表示"扩散"。"摊开"一词的声调和韵母出现了分化，北支台语中是 B1 调，在中支台语和西南支台语中是 A1 调；

它在北支台语中是以 /-i/ 为韵母，在中支台语和西南支台语中是以 /-u/ 为韵母，只有德宏和北支台语一样是以 /-i/ 为韵母。它在中支台语、西南支台语中似乎和汉语中的"铺"有对应关系。北支台语中的声调和"扩大，扩展"的声调对应，但词义不同。"铺开"在上述语言中对应整齐。"肥胖"和"芭蕉花"的声母、声调和词义在上述语言中对应较为整齐。"释放"和"张开双臂"没有出现在北支台语中。最后一个词出现在台语的三个支系中，但是德宏中没有。

下列词项和上面词项关系密切，可以作为李方桂（Li，1977）的补充。

词项	声调	泰	老挝	德宏	白傣	黑傣	龙茗	侬	热侬	凤山
播撒	B1	—	phiu A2	phaau	phiu	phiu	phyaaw	phaau	pyaaw	pjaau
涂抹	C1	—	paay	—	—	—	paay	paai	—	paai
喷洒	B1	phuʔ D2S	phuu	phu	phu	phuu A2	phu	pyo	pjoo	
掰开	B1	bi	bi	mi	bi	bi	mey	bi	bi	bi
赤裸	A1	pluay	puay	poi B1	pəi	puəi	—	pəi/poi		pjoi

这些都是原始台语同源词。第一个词在老挝、白傣和黑傣中是以 /-iu/ 为韵母，在其他语言中是以 /-aau/ 为韵母。此外，它在老挝中的 A2 调属于特殊情况。"涂抹"在西南支台语中的分布有限，只出现在老挝语中。"喷洒"在泰语中呈入声，在其他方言中都是舒声，B1 调。它在龙茗中为 A2 调。最后两个词在三个语支中对应整齐。

如果我们将方言词也考虑在内，西南支台语中还有一些与上述语义相关的词。例如：

词项	声调	泰	老挝	德宏	白傣	黑傣
扩展	A2	phaa	phaa	paa	paa	—
扩散	A1	poo	poo	pə	pə A2	pə A2
扩散开	B1	pree	phɛɛ	phɛ	phe	phe
显示	B1	phloo	phoo	po		
很多	A2	phɔɔ	phɔɔ	po	po	po
铺开；使暴露	A1	baa	bee	—	bo	bo

这些词都没有出现在非西南支台语中。这类词在老挝等语言中出现较多，如果进一步研究，可能还会发现更多。

2. 唇音 + 元音 + k/ŋ

这组词的词义和上一组词相似。以 /-k/ 为韵尾的词通常和"分离；撕开""添加；发展"等概念较为相关，以 /-ŋ/ 为韵尾的词一般表示"膨胀；延伸；扩大"。例如：

词项	声调	泰	老挝	德宏	白傣	黑傣	龙茗	侬	热侬	凤山
劈开	D1L	phɛɛk	phɛɛk	phek	phɛk	phɛk	pheek	—	peek	peek
分离	D2L	phraak	phaak	phaak	paa	paak	pyaak	paak	pyaak	pyaak
剥开	D1L	pɔɔk	pɔɔk	pɔk	pək	puɯə	pook	pɔɔk	pok	pook
皮	D1L	pluak	puɯak	pək	pək	puɯə	puɯuk	puɯk	pyaak	pjaak
劈开	D1L	baak	baak	maak	baak		maak	baak	baak	baak
竹筒	D1L	bɔɔk	book	mɔk	book	book	mook	book	bɔk	book
岸	D2L	faak	faak	faak	faak	phaak	phaak	faak	faak	—

"劈开"和"分离"在上述语言中对应整齐。"剥开"在白傣和黑傣中是央元音，在其他方言中是后元音。"皮"在北支台语中是以 /-aak/ 为韵母，在其他方言中是以 /-ɯak/ 为韵母。这四个词分别和汉语中的"劈""别""剥""肤"具有对应关系。剩下的三个词可能是台语固有词，从我们的材料看，这三个词在三个语支中都有分布。

我们在西南支台语中还能找到一些例子：

词项	声调	泰	老挝	德宏	白傣	黑傣	龙茗	侬	热侬	凤山
组；边	D2L	puuk D2	phuak D2	pok D2	pok D2	pok D2	—	—	—	—
划开	D1L	bɛɛk	bəək	mo D2	bɛ B1	—	—	—	—	—

这些词主要出现在西南支台语中，我们在手头的材料中没有发现它们出现在其他语支。此外，台语中还有一些词表示膨胀、扩大、发展等概念。

词项	声调	泰	老挝	德宏	白傣	黑傣	龙茗	侬	热侬	凤山
施放（肥料）	D2L	phɔɔk	phɔɔk	pɔk	pok	pok	pook	pɔɔk	pok	pook
分发	D1L	faak	faak	faak	faak	phaak	phaak	faak	faak	faat
孵化	D2S	fak	fak	fak	fak	fak	fak	fak	fak	fak
花朵	D1L	dɔɔk	dɔɔk	mɔk	bok	bok		bɔɔk	—	—

除了非北支台语词汇"花朵"，上面列出的其他词均能在汉语中找到对应关系，如"敷""发"和"孵"。凤山中的"分发"和汉语中的"发"

韵尾相同，都是 /-t/，但该词在其他方言中是以 /-k/ 为韵尾。

德宏傣语和北支台语共享一个词，描写稻穗结得硕大、饱满，跟下面要讨论的词项有关联。

词项	声调	泰	老挝	德宏	白傣	黑傣	龙茗	侬	热依	凤山
（稻穗）硕大，饱满	D2L	—	—	maak	—	—	—		faak	faak

该词在德宏中的声母是双唇鼻音 /m-/，在北支台语中的声母是唇齿擦音 /f-/。西南支台语中还有一个类似的词，表示"很多"。

词项	声调	泰	老挝	德宏	白傣	黑傣	龙茗	侬	热依	凤山
很多	D2L	maak	maak	maak	mak	mak	—	—	—	

这个词在白傣和黑傣中表示"经常"，其元音是短 /a/，可能是因为来源不同。

如果"多"是该词族重要的语义成分，那么"百"也自然属于这一类。

词项	声调	泰	老挝	德宏	白傣	黑傣	龙茗	侬	热依	凤山
百	D1L	paak	paak	paak	paak	paak	paak	paak	paak	paak

我们认为，这个词借自汉语中的"百"。"百"在粤语中是 paak，保留了韵尾 /-k/。

"膨胀；扩大"的概念还体现在下列词项中，它们都是以双唇塞音为声母，以舌根鼻音 /-ŋ/ 为韵尾。

词项	声调	泰	老挝	德宏	白傣	黑傣	龙茗	侬	热依	凤山
膨胀	A2	phɔɔŋ	phɔɔŋ	pɔŋ	pɔŋ	pɔŋ	pooŋ	pɔɔŋ	pɔŋ	pooŋ
							B1			
肿胀	B1	pɔŋ	pɔŋ	pɔŋ	pɔŋ	—	pooŋ	pɔŋ	pɔŋ	pooŋ
							C2			
束；捆	A2	phuan	phuan	pɔŋ	pɔŋ	puoŋ	puuŋ	pɔŋ	—	—
组	C2/	phooŋ	phɔŋ	pɔŋ	puŋ	puoŋ	pɔŋ	pɔŋ	pɔŋ	pooŋ
	A2	A2	A2	A2	A2	C2	B2	A2	C2	C2
散播	B1	pleŋ	peeŋ	—	piŋ	peŋ	—	peŋ	peŋ	peeŋ
						A1				
放开	B1	puɯŋ	puɯŋ	pɔŋ	puɯŋ	puɯəŋ	puuŋ	puŋ	puɯaŋ	puɯaŋ

上面的词可以进一步分为三组，每组两个词。第一组是"膨胀"和"肿

胀"，它们出现了声母清浊交替现象，李方桂（Li，1977）没有讨论其中的清声词。

第二组是李方桂（同上：66）在《比较台语手册》中讨论的"束；捆"和"组"。我们认为，"束；捆"可以进一步分化为两个变体，因为部分西南支台语将这个同源词区分为"束；捆"和"组"。北支台语中没有与"束；捆"对应的词，而是使用另一个词。"组"在有些语言中还有其他变体，如白傣中的 *poŋ A1*、德宏中的 *paaŋ A1*、热依中的 *paaŋ A1*、凤山中的 *paaŋ A1*。这些词和汉语中的"帮（伙）"应该具有对应关系，都是阴平调。

第三组是"散播"和"放开"，它们在上述语言中出现了语义变异。"散播"在北支台语中表示"绷；拉紧（兽皮等）"。"放开"在西南支台语中也出现了语义变异，它在德宏和黑傣中表示"闲逛"，在德宏中还表示"赤脚走路"，在热依中表示"流产"。这两个词可以作为《比较台语手册》的补遗。

第一组、第三组词分别和汉语中的"澎""绷"具有对应关系。

这个词族还包括一个词"蓬松"。李方桂（同上：69）也讨论过该词。

词项	声调	泰	老挝	德宏	白傣	黑傣	龙茗	侬	热依	凤山
蓬松	A1	—	—	*moŋ*	—	—	*moŋ*	—	*ʔboŋ*	*ʔboŋ*

这个词没有出现在泰语、老挝、白傣、黑傣和依语中，只出现在北支台语以及个别西南支和中支台语中。

泰语、老挝等西南支台语中还能找到一些词，如泰语中的 *plaaŋ A1*（"显示；证明"）、*puɯuŋ A1*（"扩散"）、*boŋ B1*（"自由"）、*baaŋ B1*（"分离，分开"）；老挝中的 *beŋ B1*（"膨胀"）、*pooŋ A1*（"扩大"）、*phɛɛŋ A1*（"展示"）。

3. 双唇 + 元音 + n/t

这个词族的韵尾是 /-n/ 或者 /-t/，虽然能产性不是很强，但是也非常重要。它们一般表示"劈开；分开，分离"或者"扩大；发展"。

词项	声调	泰	老挝	德宏	白傣	黑傣	龙茗	侬	热依	凤山
分开	A1	*pan*	*pan*	*pan*	*pan*	*pan*	*pan*	*pan*	*pan*	*pan*
世代；年代	A1	*paan*	*paan*	*paan*	*paan*	*paan*	*paan B2*	*paan*	*paan*	*paan*
稻穗	A2	*maan*	*maan*	*maan*	*maan*	*maan*	—	*maan*	*maan*	*faan*
冒水	C1	—	*bɔɔn*	—	—	—	*mon*	*bun*	*ʔbun*	*ʔbun*

词项	声调	泰	老挝	德宏	白傣	黑傣	龙茗	侬	热依	凤山
噘嘴	A1/ C1	—	bʉan A1	mən A1	bun A1	bun A1	mon C2	bun C1	ʔbun C1	ʔbun C1
天空	A1	bon	bon	—	bən	bʉən	mʉʉn	bən	ʔbun	ʔbun

"分开""世代；年代""冒水"分别和汉语中的"分""班"和"喷"具有对应关系。"天空"在白傣、黑傣、龙茗和侬语中表示"月亮"，来源于原始台语声母 *ʔbl/r-。（Li，1977：91）

此外，还有一些词也可以被纳入这个词族，如热依中的 pʉan A2（"解开"）、pʉan B2（"留起来"）；凤山中的 pʉan A2（"堆积"）、pʉan B2（留起来"）；泰语中的 baan A1（"打开"）、phoon A2（"堆积"）、phaan A2（"扩大"）、mʉʉn A2［"睁开（眼睛）"］；老挝中的 moon A2（"大的"）、phuun B2（"多"）、mʉʉn A2［"睁开（眼睛）"］。"睁开（眼睛）"一词还出现在其他非北支台语中，如白傣中的 mun A2、黑傣中的 mun A2、龙茗中的 men C1 和侬语中的 mun A2。

还有以 /-t/ 为韵尾的词。例如：

词项	声调	泰	老挝	德宏	白傣	黑傣	龙茗	侬	热依	凤山
切片	D1L	paat	paat	paat	paat	paat	paat	paat	paat	paat
时段	D1L	baat	baat	maat	baat	baat	maat	baat	ʔbaat	ʔbaat
伤口， 伤疤	D1L	baat	baat	maat	baat	baat	maat	baat	ʔbaat	—
扫除	D1S	pat	pat	pat	pat	pat	pat	pat	pat	pat
打谷	D1S	fat	fat	fat	fat	phat	phat	fat	fat	fat
瞎	D1L	bɔɔt	tɔɔt	mɔt	bot	bot	moot	bot	ʔbot	
掐	D1S	bit	bit	mit	bit	bit	mit	bit	ʔbʉt	ʔbʉt
溢出	D2L	fɔɔt	fʉat	fot	fət	phʉət	—			fʉat
抹掉	D1/ D2			pɔt D2L			maat D2	maat D2	ʔwuat	ʔbʉat

前三个词对应整齐，都是以双唇塞音为声母，以 /-aat/ 为韵尾。接下来的三个词也对应整齐，都是以 /-at/ 为韵尾。"掐"在北支台语中是后、展唇元音 /ɯ/，在其他方言中是前、高元音 /i/。"溢出"的韵母出现了 /-ɯat/ 和 /-ot/ 的分化，如在台语和德宏中是 /-ot/。"抹掉"的声母出现了分化，在德宏中是 /p-/，在中支台语中是 /m-/，在热依中是 /ʔw-/，在凤山中是 /ʔb-/。"抹掉"和汉语中的"抹"具有对应关系。

还有一组相对来说不太常用的词，声母为唇化音。例如：

词项	声调	泰	老挝	德宏	白傣	黑傣	龙茗	侬	热侬	凤山
清除	D1L	kwaat	kwaat	kaat	—	kuat	kweet	—	kwaat	kwaat
月份	D2L	ŋuat	ŋuat	—	—	—	ŋuut	—	ŋuat	ŋuat

"月份"和汉语中的"月"具有对应关系。高本汉（Karlgren，1957：92）将"月"构拟为 ŋgiwăt，蒲立本（Pulleyblank，1991：388）将其构拟为 ŋuat。

更有意思的是，还有一组以双唇复辅音为声母的词。下面是广泛分布在台语中的两个例子：

词项	声调	泰	老挝	德宏	白傣	黑傣	龙茗	侬	热侬	凤山
摔倒	D2L	phlaat	pha-laat	paat	phaat	pha-laat	pyaat	paat	pyaat	pyaat
摘下	D1L	plɔɔt	poot	pɔt	put	pot	—	pot D1S	pot D2	pjeet

这两个词显然和 6.2.4 节中讨论的"滑落""（使）分离"组有关系，都含有"滑倒，摔倒"的意思。

6.2.7 k-V 类型

1. "叫，喊；说话"

言语行为是人类最基础、最重要的交流方式。台语中很多词涉及这方面的人类活动。它们的声母主要是声门音，韵母主要是复韵母 /-eu/、/-au/、/-aau/。

词项	声调	泰	老挝	德宏	白傣	黑傣	龙茗	侬	热侬	凤山
叫，喊	B1/ A1	ʔεεw	ʔεεw	ʔiw A1	ʔεɔ B2	ʔεɔ	ʔeew	ʔeu	ʔew	ʔεεu A1
邀请	B2/ A1	—	hiw B2	yiu B2	thiu A1	thiu A1	viiw A1	heu C2	hew B2	heu B2
消息	B1	—	khaau	xaau	khaau	—	khaau	—	haau	haau

李方桂（Li，1977）没有讨论上面的这些词，其实它们在台语中分布较广，应该属于原始台语形式。前两个词在不同方言中出现了声调分化。"叫，喊"在很多语言里是 B1 调，但在德宏和凤山中是 A1 调。它在白傣中是 B2 调，属于方言的创新发展。"邀请"在所引用的方言中出现了语义变异，它在老挝中表示"一种愉快的声音"；在德宏中是作为后缀，表示巨

大的声响；在白傣、黑傣和龙茗中表示"说悄悄话"；在侬语中表示"做暗号"；在北支台语中表示"邀请"。这三个词的声母不同，可能是因为来源不同，但是它们的韵尾是相同的。

还有一个词"告诉，说"，在有些方言中的声母是流音，在另一些方言中的声母是舌尖鼻音，如下所示：

词项	声调	泰	老挝	德宏	白傣	黑傣	龙茗	侬	热侬	凤山
告诉，说	B2/ A2	law B2	law B2	lau B2	lau B2	lau B2	naw A2	lau A1	naw A2	nau A2

"消息""告诉，说"可能分别和汉语中的"告""闹"具有对应关系，汉语中带长元音韵母 /-aau/。"告诉，说"在台语各方言中都是短元音 /-au/，声母是 /l-/ 或者 /n-/，表明其原始台语是复辅音。"闹"在汉语中一般表示"噪声；制造噪声；吵闹"等，高本汉没有对这个词进行构拟。

有声交流形式不限于人类。台语中普遍出现一个描述狗吠声的词，语音形式和上词较为接近：

词项	声调	泰	老挝	德宏	白傣	黑傣	龙茗	侬	热侬	凤山
狗吠	B1	haw	haw	hau	hau	hau	law	hau	raw	lau

这个词在台语中对应整齐，可能和汉语中的"吼"具有对应关系。不过，汉语中的"吼"语义较广，可以表示人类或者非人类的"吼叫，咆哮"。

2."扭弯；缠绕"

这一组也是舌根音声母，韵母和上个词组中的类似。

词项	声调	泰	老挝	德宏	白傣	黑傣	龙茗	侬	热侬	凤山
缠绕	C1	kiau	kiau	keu	kiu B1	kieu B1	keew	keeu	hew C2	heeu C2
扭绕	A1	kliau	kiau	kiu	kiu	—	keew	keeu	cew	tɕiu C1
剪刀	A2	khiau	khiaw	xeu	keu B1	kieu B1	keew	keeu	ciaw	tɕiau
折（断）	C1	ʔiau	ʔiau	—	ʔeu	ʔɛu	ʔeew	ʔeeu	ʔew	ʔeew B1

前两个词关系较为接近，在引用的部分方言中声调出现了一些分化。"缠绕"在北支台语中是 C2 调，在白傣、黑傣中是 B1 调，在其他语言中是 C1 调。第二个词在凤山中是 C1 调，在其他语言中是 A1 调。"剪刀"

一词在西南支台语中一般表示"镰刀"。李方桂（Li，1977）对于上词均有讨论。"缠绕"和汉语中的"绞""绕"具有对应关系，这两个汉字都是上声。

6.3　总结

词形变化在台语的发展中具有重要作用，也是台语的重要特征。

词形的派生为构拟原始台语提供了不可或缺的信息，有助于我们了解台语的历时演变机制，能够为台语内部分组提供新的分类依据。

台语词族同样能够为该区域的比较语言学学者提供具有重要价值的语料。其类型学特征将有助于我们理解东亚、东南亚地区的语言状况，对更高层次的构拟也具有重要意义。

基于上述材料，我们可以得出以下共识：

1）一些区分性的词法（形态学）特征将台语一分为二，西南支台语应该成为一个独立的分支。

2）部分词族与词族之间有时候出现交叉重合的情形，边界多少有些模糊。

3）台语中有相当数量具有特征的词族，这些词的来源能给我们提供一些重要线索，以便帮助我们了解台语民族在不同历史阶段所展现的文化价值。

4）台语词族既有自己的特点，又和汉语以及关系更远的加岱语具有相同的类型学特征，这将再次激起学界对语言亲属关系的讨论。

第7章

对研究结果的概括及对未来研究的建议

　　基于新的共时材料，本书对李方桂的《比较台语手册》做了重新检验：这些材料是在李方桂的原始台语构拟中没有得到充分体现的 900 多个同源词。在大多数情况下，这些新词是在《比较台语手册》出版后发表的台语原始材料中找到的，这些材料包括格德尼（Gedney，1991a，1991b，1993，1994，1995，1996）的几大卷台语方言词典，还有《德宏傣—英词典》（Luo，1999），以及胡达克（Hudak，2008）编撰的台语比较词汇。笔者的母语北部壮语凤山方言的词汇也被纳入本书考察范围。

　　本书的研究范围仅限于检验李方桂比较台语研究中一些关键的相互关联的方面，重点放在使用新的材料重新检验李方桂的原始台语声母库藏（第 3 章）上；本书主要是重新确认，但也提出了一些新的构拟，特别是一系列以咝擦音起首的辅音丛（第 4 章）。本书对原始台语词库也做了增补，并分析了这些增补的词汇对于方言划分差异问题产生的重要影响（第 3 章）。声调的不规则对应及其如何与方言划分相关联等问题都有提及（第 5 章），同时还论及原始台语中很可能存在的一些活跃的形态音位过程和派生形态，它们是导致共时对应中某些明显的不规则现象的一种原因（第 6 章）。总体而言，由于篇幅限制，台语中的元音对应问题尚未能在本书的研究中得以深入探讨，不过本书对李方桂的原始台语的元音总藏做了一点特定条件限制下的简化（第 2 章），这种简化若可接受，则表明在将来的研究中元音或许应该得到进一步的关注。

　　此外，本书的研究还简要关注了李方桂的《比较台语手册》中没有直接涉及的两类额外源材料，它们处在狭义的比较方法的范围之外。首先，是对汉语史料的梳理和概括，虽然这种概括尚未清晰可见，但至少会对台语的历史比较研究提供一个有用的背景，特别是涉及方言土语的进一步划分（第 2 章）。其次，是关照了当台语和汉语两种材料之间的关联性尤为明显时所呈现出来的某些特定的一致性，如以咝擦音起首的辅音丛的情形

（第 4 章）。

研究中遇到的主要问题以及对该领域未来的研究建议总结如下。

7.1 比较方法在原始台语构拟中的应用

李方桂在《比较台语手册》中对台语的原创性构拟有力地证明了标准印欧语比较法的原则可以成功地应用于台语。如图 7-1 所示，李方桂论证的总体价值得到了本书研究结果的证实，而非挑战。这里的证据也因此间接地表明，原始台语作为一个同质度比较高的语言，其存在的时间并不是特别长，专家们估计在 2 000 年左右。（Gedney，1965a；Matisoff，1990；Wyatt，1984）

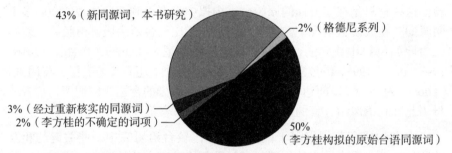

43%（新同源词，本书研究）

2%（格德尼系列）

3%（经过重新核实的同源词）

2%（李方桂的不确定的词项）

50%（李方桂构拟的原始台语同源词）

图 7-1　李方桂的原始台语和新同源词组的百分比

李方桂对原始台语的构拟绝大部分都严格遵循了新语法学派的规律性原则，但在《比较台语手册》的注释中也讨论了一些不规则之处。在 2 188 个构拟的原始台语词源（包括本书研究中提出的）中，超过一半（1 220 个）的词源已出现在《比较台语手册》中，其中有 40 多个被视为"不确定"。李方桂（1983）后来重新调整了一些词项。李方桂的材料库中在声调对应上不规则的 39 个词源可以归入格德尼（Gedney，1989）提出的新系列中，本书研究也发现另外 22 个"格德尼系列"的新词项。另一个重要的类别是那些表明有形态音位交替变化的词族。我们已证明，李方桂的原始台语词源中有 135 个可以被归入这一类别，而从新的材料中可以添加另外 53 个。本书讨论的新同源词（961 个）现在构成了原始台语词汇的重要组成部分，其中有几十个是基于有限的材料构拟的，因此也只能是尝试性的。

运用比较法的标准程序，李方桂从他能得到的十几种现代方言构成的大量语料库中拟定了原始台语 129 个音位总藏。如图 7-1 所示，在声母和声调方面，本书提出的大部分原始台语新项目都是直接包含在这一总藏里，从而证实了李方桂的结论是可信的。因此，对原始台语词库的扩展主要是沿着李方桂的线路进行的，但有时这需要后续的修正，如认识到起首辅音这一额外的"格德尼系列"以及本书提出的咝擦音起首的辅音丛这一系列。更概括地说，尽管本研究提出了一些修订建议，有规则的音变这一基本假设得到了本研究提供的补充材料的支持。

在《比较台语手册》中，李方桂提到了原始台语中可能存在活跃的形态音位派生过程，但是他没有对这一假设进行详细解答。本书的第 5 章和第 6 章沿着这一研究方向做了进一步的探索，对声调不规则对应的某些模式已按照规则音变或作为典型的连续演变实例进行了分析。由于给台语提出了词族这一概念，我们提供了大量的证据来证明台语词库中含有大量的词族。所有这些在这一语族的词汇发展中发挥了关键作用，同时也为解释那些只能归为语音对应的不规律现象提供了一种合理的方法。

尽管如此，台语中的某些不规则现象，特别是这里所审查的新词汇材料，给标准的比较法带来了困难。解释不规则现象的另一条路径可能是方言混合。一个明显的例子就是大量的西南支台语词汇涌入石家话当中，如今，这种北支台语方言被老挝和泰国东北部说西南支台语方言的人群所包围。石家话保留着许多北支台语特有的词汇和其他特征，但现在这些特征连同一些明显的西南支台语特征一起共存于该方言中。事实上，其他方言中可能也存在因词汇有两种来源而出现语音交替的现象，如德宏方言里广泛出现的一种 /x/ 和 /s/ 交替的现象也可能是方言混合导致的情形（详见 7.3）。

解释某些不规则形式，或许可以通过考察汉语中不同层次的借词来进行。当本书中提到的一部分新台语同源词组显示出与汉语有平行对应时，这些问题就会被尝试性地论及，尤其是在第 4 章，但要全面处理汉台语问题就超出了本书的研究范围。之所以会出现不规则的对应模式，可能是因为不同的汉语方言在不同时期把同源词项输入不同的台语方言里。据此，李方桂（Li，1976）和马努迈威汶（Manomaivibool，1975）提出了汉台语关系论，其依据是：一些相同的同源词项呈早期汉台共同语传承形式和晚期汉语借词的对立。数词"万"就是其中很好的例子，该词项在西南支台语方言和非西南支台语方言里呈现出不规则的对应形式，加上声调不规则对应的其他实例，都清楚地表明这是从不同的汉语方言借词所致（详见 7.4）。

然而，必须指出的是，李方桂对比较法的运用前后并不完全一致，"每个对应词集构拟一个原始形式"这一熟悉的规则也并没有总是得到最严格意义上的贯彻。例如，在原始台语声母构拟中，一些不规则现象并没有得到很好的解释或充分处理（虽然一定程度上的不规则现象可以接受）。此外，就元音而言，"每个对应词集构拟一个原始形式"这一规则似乎又被推到一个可能不自然的极端，得出了单一元音与数量极大的复杂元音之间的各种各样的对应情形。这就产生了一些问题，如从子语言的类型学特征来看，这些元音构拟究竟会有多"真实"。通过建议如何能对这种情况寻求一些补救措施（Sarawit，1973；Strecker，1983），我们在第 3 章对原始台语的元音系统做了精简处理，因为我们主张 /e/ 与 /ɛ/ 和 /o/ 与 /ɔ/ 这两对中元音的对立是条件使然，而非继承而来。

7.2 词汇分类和语音分类：哪一种是更可行的工具？

由于深谙台语中的一些语音特征存在疑问，李方桂发现单独将语音准则应用于台语方言的分类是存在问题的。因此，作为另一种方法，他引入了词汇分类。这一方法论使李方桂有别于其他台语比较专家。在他的整部著作中，词汇分类这一主题是显而易见的。对他来说，不同的词汇项必须被视为在一些子语言中业已丢失了的遗传特征的残余。

毫无疑问，李方桂的词汇分类将北支台语确立为与西南支台语对立的一大分支，而本书的研究也对他的这一划分提供了强有力的支持。尽管李方桂热衷于证明将台语划为三大分支，但本书中审核的新材料却显示，其词汇三分法处在一个越来越薄弱的基础之上（见图 7-2）。然而，李方桂的语音分类标准描绘的却是一幅略有不同的画面，因为北支台语与西南支台语之间在声调方面有一些相似特征，而西南支台语与中支台语之间则在声母方面存在相似特征。事实上，李方桂的语音标准在确立一个中支台语分支上更为可行（见图 7-3）。

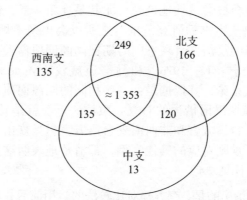

图 7-2　本书中发现的台语方言之间共有的词汇特征

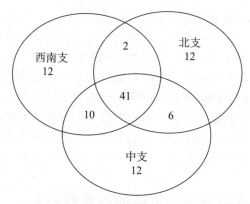

图 7–3　《比较台语手册》中台语方言之间共有的语音特征
（图中数字为声母辅音数量）

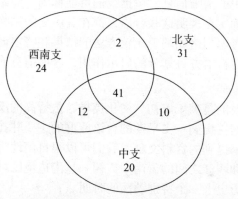

图 7–4　本研究和《比较台语手册》中台语共有的语音特征
（图中数字为声母辅音数量）

　　可以看出，词汇标准和语音标准产生的结果差别很大。我们认为，考虑到台语各方言内部的复杂性，包括诸如同源词反映的是继承下来的不同的形态音位变化形式等某些特殊的形态特征，仅靠词汇分类或音系分类都不能给台语的方言划分提供令人满意的解释。我们的实证研究表明，语音特征和词汇特征之间往往存在着不匹配的现象。当我们对李方桂的中支方言进行更为仔细的检验时，情况尤其如此。语音分类倾向于在西南支方言和中支方言之间建立更紧密的分支关系，而词汇标准似乎显示出北支与中支的关系更为紧密，特别是把某些文化因素考虑在内时。更进一步地说，某些词汇特征为北支方言与西南支和中支方言的一个小支系所共有，这或许表明，在历史上的某个阶段，这些方言之间的关系比现在表现得更为密切。

我们已核查的证据表明，就台语的情形而言，语音标准对一个时间相对较短的方言分支行之有效。语音特征在地理范围较近的方言中更为一致，这表明这些语言使用者较少移动。词汇特征倾向于以一种较难预测的方式扩散。假设语言随其使用者的移动而移动，那么哪种语言分类模式更为可行呢？既然词汇特征有时是追溯不同方言变体之间关系的唯一可用线索，那为什么要在确定方言分支结构时将它们排除在外呢？这些问题还有待解决。在我们看来，遵循李方桂的实践，采取探索与兼收并蓄的路径似乎是更好的解决方案，在方言分支划分中综合语音标准和词汇标准。

7.3　历史证据以及一个可能的西北台语支

虽然在第 1 章中审核的现有的历史证据没有为我们提供太多的有关台语人群早期历史的清晰信息，包括我们可能称为"原始台语时期"的特征，但这些证据确实在表明这些台语人群在其历史的稍晚阶段可能进行过某些迁移活动。考虑到诸如基于比较方法的结果和特定词汇项的分布等严格的语言学证据对台语方言划分的启示作用，这些信息或许还是有一些价值的。

特别值得提及的是关于宋初"文化英雄"侬智高的汉语史料记载，这些记载几乎都会间接提到一支早期的台语族群的主要驻扎地以及他们的军事功绩。阅读本书提到的资料文献，我们可以很自信地将这个驻扎地定位到现在介于红河和西江之间的云南—广西—越南边境区域。汉语史料描绘了这个台语族群历史上一个特别动荡的时期。

怀特（Wyatt，1984）认为，红河是早期台语族群一个重要的文化和地理边界。他相信原始台语的分化时间可能是公元纪元最初的几个世纪，而且分化一定是由中原帝国向南扩张引发的，这一扩张很可能导致部分台语人群向南部高地区域，即如今的越南北部迁移，或许也远至老挝的东北部。根据怀特（同上：6）的说法，当时原始台语的分化是这样进行的：

> 在公元纪元的最初几个世纪里，当汉人和越南人逐渐加强对红河流域的行政和军事控制并不断沿着河谷向西北方向移动时，他们实际上就把早期的台语族群分成了两大支系。那些留在红河流域北部和东北部的族群，例如广西的壮族和越南的土族和侬族，他们在语言和文化上都产生了分化。

如果怀特提出的这一分化过程可以持续几个世纪，那么这与关于侬智高及其追随者处在宋朝早期的情况描述是高度吻合的。侬智高及其族群是被宋朝和越南的统治者一起镇压的。据史料记载，侬智高先是被越南人俘虏，当被宋朝狄青部队追杀而被迫撤退时，他和他的族人不得不南下，而后向西北进入云南，他原本计划在那里重建军队。

考虑到这一描述可能存在的事实，我们或许会在汉文的史料记载中找到支持另立一个台语方言分支的证据，这一分支可被称为西北方言。在本书的研究中主要以德宏为代表的这组方言分支会提出一些方言划分方面的问题。一方面，这组分支方言与北支方言有许多共同的词汇项，但这些词汇项却未见于其他西南支台语方言；另一方面，这组方言又主要具有西南方言的语音特征。但需要注意一些非西南方言的语音特征，如德宏方言中广泛可见的 /x/ 与 /s/ 的交替现象。这种情形会不会是后来方言混合导致的结果呢？对于这种可能性，一些非正式的支持证据在第 1 章中已有所提及：这来自德宏傣语和西双版纳傣仂语这两种语言使用者的主观印象，他们认为他们的语言相去甚远，甚至不能互相理解（而傣仂语的使用者在理解周边诸如老挝语和泰国北部方言等其他西南方言时没有什么困难）。如果能被接受，那么依据这一假设所做的台语方言分支结构将如图 7-5 所示：

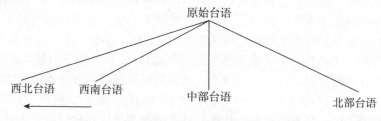

图 7-5 基于特定词汇分布的台语方言四分法

这支西北台语可包含诸如坎梯语在内的所谓"北部掸语"方言，或许也可包括北部和西北部的其他外围西南方言，因为这些方言与德宏方言有一些共同特征。综合汉文史料，不妨这样猜想，这支台语的使用者的祖先首先从他们的家乡向南迁移，然后再向西北迁移。后来，说西南方言的一部分人群可能沿着湄公河向北推进，与说西北方言的人杂居一处。这些语言使用者在后续的接触中逐渐获得了这些新语言或方言的语音特征，但同时又保留了他们母语中的关键词汇项，因而更具北部方言的特征。图 7-5 中箭头表示了这样一个过程。

上述推测的目的并不是要确立德宏的历史关系，而是想通过举例来说明，在某些情形下，历史证据可以与从台语方言某些特定词汇项的分布中获得的相关发现相互印证。这种类型的推理也可以解释为什么一些重要的基本文化词汇被北部方言和红河北岸的某些中支方言，以及（地理上远离）这些方言分支的德宏傣语所共享。因此似乎有理由认为，这些没有为其他台语方言所共享的词汇是原始台语（或可被称为后原始台语）族群的某一分支先向南而后再向西北迁移的轨迹，这一分支人群的早期家乡在广西和贵州一带。这将为由艾杰瑞和李锦芳（Edmondson & Li, 1996）提出的"语言走廊"（language corridor）这一新近理论提供支持。

7.4　未来研究方向：汉台的借词接触、亲缘关系和证据

除了 7.1 中已经提到的与不规则对应相关的汉语借词问题外，原始台语词库中还存在大量的显示汉台对应关系的词项（Li, 1976；Manomaivibool，1975，1976）。如前所述，对于某些类别的词项，马努迈威汶（Manomaivibool，1976）能够区分出汉语向泰语输出的借词的不同层次，她相信这些词项是在不同的历史时期被借入的。但在其他情形下，其对应关系错综复杂，要确定借词的方向极为艰难。

原始台语从其他语言尤其是汉语中吸收了相当数量的借词，这是大家普遍认同的。毫无疑问，这些词项中很多都已变成原始台语词库的一个重要组成部分。事实上，如果我们把有可能存在汉台关系的每一个词项都从原始台语词库中剔除，那目前已经确立的原始台语同源词总数将只剩下一半左右。从原始台语里剔除的将是诸如"头""腿""手臂"这样的基本词汇、亲属关系词、"鸡""马""大象"之类的动物词汇，连同类似于"洗""说""切"的一些日常概念以及许多其他概念。否定标记这样的一些基本的语法词项也将被剔除。这就引出了一些方法论方面的问题：我们如何将"固有词"与"借词"区分开来？标准是什么？什么情况下借词在比较研究中才算有价值？

为了试图解答原始台语的咝擦音起首的辅音丛问题，我们调查了台语诸方言中近 30 组同源词形式。这些形式的一个特点是同源词组在所引用的方言中很少出现。虽然更为宽广的对应关系有时可以通过关系更为久远的侗水语和黎语来寻求，但在许多情况下，一次尝试意味十足的构拟也只能就基于单一的一组同源词来进行。这组辅音特征非同寻常，把一大批（超过 80 对）有可能性的汉台关系词复杂化了，这些关系词表现出咝擦音与流音的对应关系。大多数情形下，这些词在台语里是流音，而在汉语里是咝擦音。在很多情况下，能确立的只能是局部关系，也就是在声调、声母或韵尾上。我们也许会问：这些关系的本质是什么？我们又能从中得出多少结论？

咝擦音只是一个更为广泛的问题的一个例子，如果我们希望从一个更为清晰的视角来考察台语和汉语的关系，咝擦音及相关问题就需要解决。这种情况也很可能存在于其他类型的辅音，即唇音、齿音和软腭音中。意

识到我们对这类词的地位的认识仍然非常有限，就会令人警醒。现阶段我们还远远不能回答上面提出的关于借用关系还是传承关系的问题。正如李方桂（Li，1988：91）所说：

> 但问题的重点是……这些类型的词可能都是相关的，只是其中的一些，当然，很明显是借自另一个语言。

我们面临的一项任务是在早期研究（Wang，1966；Li，1976；Manomaivibool，1975）的基础上再接再厉，通过包含本书的研究中发现的词项来确定一个有相当容量的词汇库，其中的词汇为李方桂上面所指的显示清晰的汉台关系的这类词（也可能在周边其他语言里有所显现）。接下来我们需要继续确立对应模式并就这些关系可能意味着什么形成假设。我们应该对这一切持开放的态度并相信比较台语研究在不久的将来可以通过解决这类问题而取得进展。

白一平. 1983. 上古汉语 *sr- 的发展. 语言研究, (4): 22–26.

百越民族史研究会. 1982. 百越民族史论集. 北京: 中国社会科学出版社.

百越民族史研究会. 1985. 百越民族史论丛. 南宁: 广西人民出版社.

北京大学中国语言文字系语言学教研室. 1964. 汉语方言词汇. 北京: 文字改革出版社.

曹泽田. 1978. 贵州水城硝灰洞旧石器文化遗址. 古脊椎动物与古人类, 16 (1): 67–82.

陈国强, 等. 1988. 百越民族史. 北京: 中国社会科学出版社.

陈吕范. 1990. 泰族起源问题研究. 北京: 国际文化出版公司.

陈永龄. 1987. 民族词典. 上海: 上海辞书出版社.

戴裔煊. 1948. 《僚族》研究. 民族学研究集刊, (6): 55–86.

刀世勋. 1956. 傣仂语情况介绍. 中国语文, (7): 44–48.

刀世勋. 1982a. 巴利语对傣语的影响. 民族语文, (6): 1–12.

刀世勋. 1982b. 西双版纳老傣文声韵系统初探. 民族学报, (2): 93–129.

樊绰. 1985. 云南志校释. 赵吕甫, 校释. 北京: 中国社会科学出版社.

范宏贵. 1989a. 试探壮族与越南岱族、侬族的古今关系. 范宏贵, 顾有识. 壮族论稿. 南宁: 广西人民出版社, 160–175.

范宏贵. 1989b. 唐宋时期壮族地区的奴婢问. 范宏贵, 顾有识. 壮族论稿. 南宁: 广西人民出版社, 200–212.

范宏贵, 顾有识. 1989. 壮族论稿. 南宁: 广西民族出版社.

范宏贵, 唐兆民. 1980. 壮族族称的缘起和演变. 民族研究, (5): 40–44.

方国瑜. 1985. 元代云南行省傣族史料编年. 昆明: 云南人民出版社.

方国瑜. 1987. 中国西南历史地理考释. 北京: 中华书局.

费孝通. 1951. 关于广西僮族历史的初步推考. 费孝通民族研究文集新编: 上卷. 北京: 中央民族学院出版社.

冯承钧. 1932. 西域南海史地考证译丛四编: 卷一. 上海: 商务印书馆.

冯承钧. 1940. 西域南海史地考证译丛四编: 卷四. 上海: 商务印书馆.

冯承钧. 1963. 中国南洋交通史. 香港: 和平出版社.

广西区语委研究室. 1994. 壮语方言土语音系. 南宁: 广西民族出版社.

广西壮语研究委员会研究中心. 1958. 壮汉词汇. 南宁: 广西民族出版社.

贵州社会科学院. 1979. 夜郎考: 卷一. 贵阳: 贵州民族出版社.

贵州社会科学院. 1982. 夜郎考：卷二. 贵阳：贵州民族出版社.

贵州社会科学院. 1983. 夜郎考：卷三. 贵阳：贵州民族出版社.

韩肇明. 1981. 论宋代侬智高是广西壮人. 贵州民族研究，（4）：73–84.

韩振华. 1985. 秦汉西瓯骆越（瓯骆）之研究. 百越民族史研究会. 百越民族史论丛. 南宁：广西人民出版社，159–165.

何光岳. 1989. 百越源流史. 南昌：江西教育出版社.

洪波. 1991. 台语声母 ʔb、ʔd 的变异. 民族语文，（1）：43–48.

侯方岳，李景煜. 1985. 滇越、掸、傣源流. 百越民族史研究会. 百越民族史论丛. 南宁：广西人民出版社，70–88.

侯哲安，张亚英. 1985. 百越简析. 百越民族史研究会. 百越民族史论丛. 南宁：广西人民出版社，35–46.

胡承志. 1973. 云南元谋发现猿人类牙齿化石. 地质学报，（1）：65–71.

黄国安. 1982. 论侬智高. 东南亚纵横，（1）：21–26.

黄体荣. 1985. 广西历史地理. 南宁：广西民族出版社.

黄现璠. 1962. 侬智高起兵反宋是正义的战争. 广西日报，4 月 2 日.

黄现璠. 1980. 广西壮族简史. 南宁：广西人民出版社.

黄现璠. 1983. 侬智高. 南宁：广西民族出版社.

黄振南. 1982. 侬智高. 广西民族研究所少数民族研究中心. 壮族历史人物传. 南宁：广西人民出版社.

黄振南. 1983. 也谈广源州和侬智高. 印支研究，（4）：25–29.

黄振南. 1986a. 三谈广源州和侬智高. 东南亚纵横，（4）：18–22.

黄振南. 1986b. 又谈广源州和侬智高. 广西民族研究，1：53–58.

江应梁. 1983. 傣族史. 成都：四川民族出版社.

江应梁. 1990. 中国民族史：1–3 卷. 北京：民族出版社.

蒋炳钊. 1985. "濮"和"越"是我国古代南方的两个不同民族. 百越民族史研究会. 百越民族史论丛. 南宁：广西人民出版社，1–16.

李方桂. 1940. 龙州土语. 上海：商务印书馆.

李方桂. 1943. 莫话记略. 台北：历史语言研究所.

李方桂. 1956. 武鸣土语. 台北：历史语言研究所.

李方桂. 1971. 上古音研究. 清华学报，9（1–2）：1–61.

李方桂. 1980. 上古音研究. 北京：商务印书馆.

李方桂，李钊祥. 1983. 原始台语的 *kh 和 *x. 民族语文，（6）：7–9.

李干芬. 1985. 侬智高到大理的几个问题探讨. 广西民族研究，（1）：55–60.

李昆声，祁庆富. 1985. 南诏史话. 北京：文物出版社.

李微. 1984. 侬智高反宋问题浅论. 岭南文史，（1）：100–106.

李钊祥. 1984. 石屏傣话的韵尾. 中国民族语言学术讨论会论文. 北京：中国

社会科学院民族研究所，150–164.

梁敏. 1983. 壮侗语族量词的产生和发展. 民族语文，（3）：8–16.

梁敏. 1986a. 我国壮侗语族研究概况. 民族研究动态，（4）：21–25.

梁敏. 1986b. 壮侗语族诸语言名词性修饰词组的次序. 民族语文，（5）：14–22.

梁敏. 1987. 论台语的故乡. 翁独健. 中国民族史研究. 北京：中央民族学院出版社，264–286.

梁敏. 1989a. 从饮食文化看壮侗诸族的亲缘关系. 民族研究，（1）：83–90.

梁敏. 1989b. 壮侗诸语言表示领属关系的方式及其演变过程. 民族语文，（3）：21–31.

梁敏. 1990. 仡央语群的系属问题. 民族语文，（6）：1–8.

梁敏. 1994. 原始侗台语构拟中的一些基本观点. 民族语文，（6）：57–59.

梁敏，张均如. 1988. 广西壮族自治区各民族语言的相互影响. 方言，（2）：87–91.

梁敏，张均如. 1993. 侗台语送气清塞音声母的产生和发展. 民族语文，（5）：10–15.

梁敏，张均如. 1996. 侗台语概论. 北京：中国社会科学院出版社.

林惠祥. 1936. 中国民族史. 上海：商务印书馆.

林少棉. 1991. 拉基语的系属问题. 语言研究，（2）：134–148.

凌纯声，等. 1953. 中泰文化论集. 台北：中华文化出版事业委员会.

刘锡蕃. 1934. 岭表纪蛮. 上海：商务印书馆.

柳宗元. 1961. 柳河东集. 北京：中华书局.

龙耀宏. 1992. 侗语和仡佬语的语音比较研究——兼谈侗族同仡佬族的历史关系. 贵州民族研究，（4）：129–144.

陆明天. 1985. 秦汉前后岭南百越主要支系的分布及其族称. 百越民族史研究会. 百越民族史论丛. 南宁：广西人民出版社，143–158.

罗美珍. 1983. 试论台语的系属问题. 民族语文，（2）：30–40.

罗美珍. 1990. 傣语动词的虚化. 民族语文，（3）：61–70.

罗美珍. 1993. 论方言——兼谈傣语的划分. 民族语文，（3）：1–10.

罗美珍. 1994. 三论台语的系属问题. 民族语文，（6）：1–11.

罗永现. 2015. *SK- 复辅音声母在汉语和台语里的反映. 洪波，吴福祥，孙朝奋，编. 梅祖麟教授八秩寿庆学术论文集. 北京：首都师范大学出版社，408–435.

吕思勉. 1934. 中国民族史. 上海：上海书局.

马长寿. 1962. 南诏国内的部族组成和奴隶制度. 上海：上海人民出版社.

梅祖麟，罗杰瑞. 1971. 试论几个闽北方言中的来母 s- 声字. 清华汉语研究学报（台湾），（1 & 2）：95–106.

孟尊贤. 2007. 傣汉词典. 昆明：云南民族出版社.

孟尊贤，方伯龙. 1991. 汉傣词典. 昆明：云南民族出版社.

莫俊卿，雷广政. 1985. 干栏式建筑与古越人源流. 百越民族史研究会. 百越民族史论丛. 南宁：广西人民出版社，229–249.

倪大白. 1990. 侗台语概论. 北京：中央民族学院出版社.

欧阳觉亚，郑贻青. 1963. 黎语概况. 中国语文，（126）：432–441.

欧阳觉亚，郑贻青. 1983. 黎语调查报告. 北京：中国社会科学出版社.

欧阳修. 1975. 新唐书. 北京：中华书局.

潘悟云. 1995. 对华澳语系假说的若干支持材料. 王士元，编. 汉语的祖先. 中国语言学报，（8）：113–144.

覃圣敏，等. 1987. 广西左江流域岩壁画考察与研究. 南宁：广西民族出版社.

覃兆福，陈慕贞. 1986. 壮族历代史料荟萃. 南宁：广西民族出版社.

芮逸夫. 1948. 僚（獠）为仡佬（狇狫）试证. 史语所集刊，（第二十本上）：343–356.

芮逸夫. 1956. 僚人考. 史语所集刊，（28）：727–769.

芮逸夫. 1969. 壮人来源初探，史语所集刊，39（2）：125–154

桑耀华. 1983. 茫蛮和金齿族试论. 云南社会科学，（3）：81–88.

苏建灵. 1992. 明代初年壮族的分布区. 民族研究，（3）：55–61.

苏永勤. 1989. 古壮字字典. 南宁：广西民族出版社.

粟冠昌. 1980. 试论侬智高的国籍和他一生的活动. 广西师范学院学报（哲学社会科学版），（4）：88–96.

童玮，刀孝宗. 1958. 西双版纳傣语的人称代词概述. 少数民族语文论集，（1）：56–63.

王吉林. 1976. 唐代南诏与李唐关系之研究. 台北：黎明文化事业公司.

王均. 1984. 壮侗语族语言简志. 北京：民族出版社.

王力. 1985. 汉语语音史. 北京：中国社会科学出版社.

王念孙. 1983. 广雅疏证. 北京：中华书局.

韦庆稳. 1953. 广西壮族的方块字. 中国语文，（7）：21–22.

韦庆稳. 1965. 水语概况. 中国语文，（138）：400–412.

韦庆稳，覃国生. 1980. 壮语简志. 北京：民族出版社.

文物编辑委员会. 1979. 文物考古工作三十年. 北京：文物出版社.

文物编辑委员会. 1984. 新中国的考古发现和研究. 北京：文物出版社.

翁独健. 1990. 中国民族关系史纲要. 北京：中国社会科学出版社.

吴安其. 1986. 温州方言的壮侗语底层初探. 民族语文，（4）：37–42.

吴光范. 1988. 云南地名探源. 昆明：云南人民出版社.

吴茂霖，张森水. 1975. 贵州桐梓发现的古人类化石及其文化遗物. 古脊椎动物与人类，13（1）：14–23.

吴汝康. 1959. 广西柳江发现的人类化石. 古脊椎动物与人类，1（3）：9–10.

吴震方. 1936. 岭南杂记. 上海：商务印书馆.

吴宗济. 1958. 武鸣壮语中汉语借词的音韵系统. 语言研究，（3）：25–70.

谢启晃，等. 1989. 岭外壮族汇考. 南宁：广西民族出版社.

邢公畹. 1955a. 汉台语构词法的一个比较研究. 中国语文参考资料选集. 北京：中华书局，4–68.

邢公畹. 1955b. 汉语 "子" "儿" 和台语助词 luk 试释. 中国语文参考资料选集. 北京：中华书局，143–153.

邢公畹. 1962. 论调类在汉台语比较上的重要性. 中国语文，（111）：15–27.

邢公畹. 1979. 论汉藏语系的比较语法学. 南开学报：哲学社会科学版，（4）：68–74.

邢公畹. 1983. 汉语遇、蟹、止、效、流五摄的一些字在侗台语里的对应. 语言研究，（1）：134–168.

邢公畹. 1986. 汉语和侗台语的 -m、-ŋ 交替现象. 民族语文，（4）：1–15.

邢公畹. 1989. 红河上游傣雅语. 北京：语文出版社.

邢公畹. 1990. 台语 -am、-ap 韵里的汉语关系词. 民族语文，（2）：1–12.

邢公畹. 1991. 汉语南岛语声母的对应——L. 沙加尔《汉语南岛语同源论》述评补正. 民族语文，（70）：23–35.

邢公畹. 1992. 台语 -ok 韵是汉台语比较的关键. 民族语文，（6）：1–10.

邢公畹. 1993. 汉台语比较中的深层对应. 民族语文，（5）：4–9.

邢公畹. 1995. 汉台语舌根音声母字深层对应例证. 民族语文，（1）：5–17.

邢公畹. 1999. 汉台语比较手册. 北京：商务印书馆.

徐松石. 1935. 粤江流域人民史. 上海：中华书局.

徐松石. 1946. 泰族壮族粤族考. 上海：中华书局.

阳吉昌. 1988. 简论甑皮岩遗址植物群及其相关问题. 考古，（1）：90–93.

尤中. 1985a. 先秦时期的 "百越" 民族. 百越民族史研究会. 百越民族史论丛. 南宁：广西人民出版社，47–56.

尤中. 1985b. 中国西南民族史. 昆明：云南人民出版社.

游汝杰. 1982. 论台语量词在汉语南方方言里的底层遗存. 民族语文，（2）：33–45.

喻翠容. 1984. 布依语. 王均，等. 壮侗语族语言简志. 北京：民族出版社，125–208.

喻翠容. 1986. 傣拉话里的一些音变现象. 民族语文，（2）：29–33.

喻世长. 1956a. 布依语几个声母的方音对应研究. 语言研究，（1）：283–297.

喻世长. 1956b. 布依语语法研究. 北京：科学出版社.

喻世长. 1958. 布依文为什么要和壮文联盟？中国语文，（69）：134–137.

原思训，陈铁梅，胡艳秋. 1986. 广西宁明花山崖壁画的14C年代研究. 广西民族研究，（4）：27–34.

袁家骅. 1952. 广西壮语方言分布概况和创制文字的途径. 中国语文，6：5–7.

袁家骅. 1954. 壮族语文问题. 中国语文，（23）：12–15.

袁家骅. 1963. 壮语 /r/ 的方音对应. 语言学论丛，（5）：187–218.

袁家骅，张元生. 1958. 壮语词法初步研究. 少数民族语文论集，（1）：1–40.

云南社会科学院历史研究所. 1986. 云南地方民族史论丛. 昆明：云南民族出版社.

曾骐. 1982. 百越地区的新石器时代文化. 百越民族史研究会. 百越民族史论集. 北京：中国社会科学出版社，29–46.

张公瑾. 1958. 在与汉语比较中看傣语的动词"au"的用法. 少数民族语文论集. 北京：中华书局，64–73.

张光直. 1958. 泰国的史前文化. 凌纯声. 中泰文化论集. 中国台北：中华文化出版事业委员会，189–202.

张均如. 1980. 原始台语声母类别探索. 民族语文，（2）：31–40.

张均如. 1983. 壮侗语族塞擦音的产生和发展. 民族语文，（1）：19–29.

张均如. 1986. 壮侗语族语音演变的趋向性、阶段性、渐变性. 民族语文，（1）：27–37.

张均如. 1987. 壮语文麻土语的音类演变. 民族语文，（5）：10–18.

张均如. 1988. 广西平话对当地壮侗语族语言的影响. 民族语文，（3）：51–56.

张均如. 1990. 瑶族拉珈语与壮侗语族语言的比较. 民族语文，（6）：38–49.

张均如. 1995. 侗台语轻唇音的产生和发展. 民族语文，（1）：28–33.

张均如，等. 1999. 壮语方言研究. 成都：四川民族出版社.

张雄. 1989. 中国中南民族史. 南宁：广西人民出版社.

张一民. 1985. 西欧骆越考. 百越民族史研究会. 百越民族史论丛. 南宁：广西人民出版社，130–142.

张永祥，等. 1989. 汉—苗词典（黔东方言）. 贵阳：贵州民族出版社.

张增祺. 1990. 中国西南民族考古. 昆明：云南人民出版社.

赵吕甫. 1985. 云南志校注. 北京：中国社会科学出版社.

赵瑛. 1992. 论西双版纳傣文元音 ǎ、ε 的音变问题. 民族语文，（5）：42–43.

郑贻青. 1996. 靖西壮语研究. 北京：中国社会科学院少数民族研究所.

郑张尚芳. 1990. 古吴越地名中的侗台语成分. 民族语文，（6）：16–18.

中国科学院. 1959. 布依语调查报告. 北京：科学出版社.

中国科学院少数民族语言研究所. 1961. 壮语概况. 中国语文，（109）：72–79.

中央民族学院苗瑶研究中心. 1987. 苗瑶语方言词汇集. 北京：中央民族学院

出版社.

中央民族学院民族研究所. 1981. 民族研究论文集：卷一. 北京：中央民族
学院出版社.

中央民族学院民族研究所. 1984. 民族研究论文集：卷三. 北京：中央民族
学院出版社.

中央民族学院少数民族语言研究所第五研究室. 1985. 壮侗语族语言词汇集.
北京：中央民族学院出版社.

周维衍. 1984. 再谈广源州和侬智高. 印支研究，（3）：28–32.

周耀文. 1983. 傣语孟定方音及其文字. 民族语文，（6）：10–15.

朱俊明. 1982. 古越族起源及与其他民族的融合. 百越民族史研究会. 百越民
族史论集. 北京：中国社会科学出版社，276–288.

朱俊明. 1985. 濮越异同论. 百越民族史研究会. 百越民族史论丛. 南宁：广西
人民出版社，28.

朱俊明. 1990. 夜郎史稿. 贵阳：贵州人民出版社.

Abramson, A. & Erickson, D. M. 1992. Tone splits and voicing shifts in Thai:
Phonetic plausibility. *Haskins Laboratories Status Report on Speech Research*.
New York: Haskins Laboratories, 255–262.

Abramson, A. S. & Luangthongkum, T. 2009. A fuzzy boundary between tone
languages and voice-register languages. In G. Fant, H. Fujisaki & J. Shen
(Eds.), *Frontiers in Phonetics and Speech Science*. Beijing: The Commercial
Press, 149–155.

Anon. 1982. *Ratchabandidsathan Dictionary*. Bangkok: Royal Institute.

Anwar, S. D. (Ed.). 1978. *Language, Culture and History: Essays by Mary R. Haas*.
Stanford: Stanford University Press.

Baccam, D. & Fippinger, D. 1989. *Tai Dam-English, English-Tai Dam Vocabulary
Book*. Decorah: The Anundsen Publishing.

Baldi, P. (Ed.). 1990. *Linguistic Change and Reconstruction Methodology*. Berlin &
New York: Mouton.

Bandhumedha, N. 1987. Reflections on Thai society from language point of
view. In A. Buller (Ed.), 1987, July 3–6. *Proceedings of the International
Conference on Thai Studies*. Canberra, Australia, 231–240.

Barlow, J. G. 1987. The Zhuang minority peoples of the Sino-Vietnamese frontier
in the Song period. *Journal of Southeast Asian Studies, 18*(2): 250–269.

Barua, B. & Phukan, N. N. D. (Eds.). 1964. *Ahom Lexicons: Based on Original Tai
Manuscripts*. Assam: Department of Historical and Antiquarian Studies in
Assam.

Bauer, R. 1994, October 12–16. "To cover, conceal", their secrets revealed. The 27th International Conference on Sino-Tibetan Languages and Linguistics, Paris, France.

Baxter, W. H. 1992. *A Handbook of Old Chinese Phonology*. Berlin: Mouton de Gruyter.

Bayard, D. T. 1970. Excavations at Non Nok Tha, Northeastern Thailand, 1968: An interim report. *Asian Perspectives,* (13): 109–143.

Bé, V. T., Saul, J. E. & Wilson, N. F. 1982. *Nung Fan Slihng-English Dictionary*. Manila: Summer Institute of Linguistics.

Bee, P. J. 1972. Kan in modern standard Thai. *Journal of the Siam Society,* 60(2): 87–134.

Benedict, P. K. 1939. Semantic differentiation in Indo-Chinese. *Harvard Journal of Asiatic Studies,* (4): 213–229.

Benedict, P. K. 1940. Studies in Indo-Chinese phonology. *Harvard Journal of Asiatic Studies,* (5): 101–127.

Benedict, P. K. 1941. *Kinship in Southeast Asia*. Doctoral dissertation, Harvard University.

Benedict, P. K. 1942. Tai, Kadai and Indonesian: A new alignment in Southeastern Asia. *American Anthropologist,* (44): 576–601.

Benedict, P. K. 1943. Studies in Thai kinship terminology. *Journal of the American Oriental Society,* (63): 168–175.

Benedict, P. K. 1945. Chinese and Thai kin numeratives. *Journal of the American Oriental Society,* (65): 33–37.

Benedict, P. K. 1947. Languages and literatures of Indochina. *Far Eastern Quarterly,* (6): 33–37.

Benedict, P. K. 1948a. Archaic Chinese *g and *d. *Harvard Journal of Asiatic Studies,* (11): 197–206.

Benedict, P. K. 1948b. Tonal systems in Southeast Asia. *Journal of the American Oriental Society,* (68): 184–191.

Benedict, P. K. 1966. Austro-Thai. *Behavior Science Notes,* 1(4), 227–267.

Benedict, P. K. 1967a. Austro-Thai Studies 1. Material Culture. *Behavior Science Notes,* 2(3), 203–244.

Benedict, P. K. 1967b. Austro-Thai Studies 3. Austro-Thai and Chinese. *Behavior Science Notes,* 2(4), 275–336.

Benedict, P. K. 1972. The Sino-Tibetan tonal system. *Langues et Techniques, Nature et Societe,* (1): 25–33.

Benedict, P. K. 1975. *Austro-Thai Language and Culture with a Glossary of Roots.* New Haven: HRAF Press.

Benedict, P. K. 1976a. Austro-Thai and Austroasiatic. *Oceanic Linguistics Special Publications,* (13): 1–36.

Benedict, P. K. 1976b. Sino-Tibetan: Another look. *Journal of the American Oriental Society, 96*(2): 167–197.

Benedict, P. K. 1979. Vocalic transfer: A Southeast Asia areal feature. *Acta Orientalia,* (40): 229–252.

Benedict, P. K. 1982. Vietnamese /s/ and /x/: The chu nom evidence. *Linguistics of the Tibeto-Burman Area, 6*(2): 105.

Benedict, P. K. 1987. Archaic Chinese initials. In M. Ma, Y. N. Chan & K. S. Lee (Eds.), *Wang Li Memorial Volumes: English Volume.* Hong Kong: Joint Publishing, 254–271.

Benedict, P. K. 1990. *Japanese-Austro-Thai.* Ann-Arbor: Karoma.

Benedict, P. K. 1994. Retrograde reconstruction in Southeast Asia. In K. L. Adams & T. J. Hudak (Eds.), *Papers from the Second Annual Meeting of the Southeast Asian Linguistics Society.* Phoenix: Program for Southeast Asian Studies, Arizona State University, 15–23.

Benedict, P. K. 1996, October. *Paul K. Benedict's contribution to old Chinese reconstructions.* The 29th International Conference on Sino-Tibetan Languages and Linguistics, Rijksuniversiteit, Leiden, Netherlands.

Benedict, P. K. 1997. Tai languages: Key to Austro-Tai. In A. S. Abramson (Ed.), *Southeast Asian Linguistics Studies in honor of Vichin Panupong.* Bangkok: Chulalongkorn University Press, 25–28.

Benedict, P. K. & Matisoff, J. A. 1972. *Sino-Tibetan: A Conspectus* (No. 2). Cambridge: Cambridge University Press.

Bickner, R., Hudak, T. J. & Peyasantiwong, P. (Eds.). 1986. *Papers from a Conference on Thai Studies in Honor of William J. Gedney.* Ann Arbor: Center for South and Southeast Asian Studies.

Billard, R. 1963. Les cycles chronographiques chinois dans les inscriptions thaies. *Bulletin de l'École Française d'Extrême-Orient, 51*(2): 403–431.

Blackmore, M. 1967. The ethnological problems connected with Nanchao. In F. S. Drake (Ed.), *Historical, Archaeological and Linguistic Studies on Southern China, South-East Asia and the Hong Kong Region.* Hong Kong: Hong Kong University Press, 58–69.

Blagden, C. O. 1894. Early Indochinese influence in the Malay Peninsula as illustrated by some of the dialects of the aboriginal tribes. *Journal of the Royal Asiatic Society, Straits Branch,* (27): 21–56.

Bodman, N. C. 1973. Some Chinese reflexes of Sino-Tibetan s-clusters. *Journal of Chinese Linguistics,* (1): 383–396.

Bradley, C. B. 1909a. Indications of a consonant shift in Siamese since the introduction of alphabetical writing. *Transactions and Proceedings of the American Philological Association,* (38): 19–29.

Bradley, C. B. 1909b. The oldest known writing in Siam. *Journal of the Siam Society,* 6(1): 1–64.

Bradley, D. 1985. *Language Policy, Language Planning and Sociolinguistics in South-East Asia.* Canberra: Research School of Pacific Studies.

Briggs, L. P. 1949. The appearance and historical uses of the terms Tai, Thai, Siamese, and Lao. *Journal of the American Oriental Society,* (69): 60–73.

Brown, C. H. 1979. A theory of lexical change (with examples from folk biology, human anatomical partonomy, and other domains). *Anthropological Linguistics,* (21): 257–276.

Brown, C. H. 1981. Growth and development of folk zoological life-forms in Polynesian languages. *The Journal of the Polynesian Society,* (90): 83–111.

Brown, J. M. 1962. *From ancient Thai to modern dialects: A theory.* Doctoral dissertation, Cornell University.

Brown, J. M. 1966. The language of Sukhothai: Where did it come from and where did it go? *Social Science Review,* (3): 40–42.

Brown, J. M. 1976. Dead consonants or dead tones? In T. Gething, J. G. Harris & P. Kullavanijaya (Eds.), *Tai Linguistics in Honor of Fang-Kuei Li.* Bangkok: Chulalongkorn University Press, 28–38.

Brown, J. M. 1979. Vowel length in Thai. In T. L. Thongkum et al. (Eds.), *Studies in Tai and Mon-Khmer Phonetics and Phonology in Honour of Eugénie J.A. Henderson.* Bangkok: Chulalongkorn University Press, 10–25.

Brown, J. M. 1985. *From Ancient Thai to Modern Dialects and Other Writings on Historical Thai Linguistics.* Bangkok: White Lotus.

Burnay, J. 1927a. Note sur les tones et les initiales du vieux siamois a l'epoque de Sukhodaya. *Journal of the Siam Society,* 21(2): 103–117.

Burnay, J. 1927b. The origins of the Sukhodaya script. *Journal of the Siam Society,* (21): 87–102.

Burnay, J. 1931a. L'or des fourmis au Siam. *BEFEO,* (31): 212–213.

Burnay, J. 1931b. Siamese U0 = ai. *Journal of the Siam Society,* (24): 80.

Burnay, J. (Ed.). 1938a. *Chrestomathie Siamoise*. Paris: Paul Geuthner.

Burnay, J. 1938b. Notes Siamoises. *BEFEO*, (38): 281–284.

Burnay, J. & Coedes, G. 1927. Notes d'etymologie tai. Le nom de nombre "cent". *Journal of the Siam Society*, (20): 49–52.

Burnay, J. & Coedes, G. 1928a. ฏ et ค et leur origine. *Journal of the Siam Society*, 21(2): 119–126.

Burnay, J. & Coedes, G. 1928b. Note sur notre transcription des parlers tai. *Journal of the Siam Society*, (21): 83–85.

Bé, V. T., Saul, J. E. & Wilson, N. F. 1982. *Nung Fan Slihng English Dictionary*. Manila: Summer Institute of Linguistics.

Carpenter, K. 1986. Productivity and pragmatics of Thai classifiers. *BLS*, (12): 14–25.

Carthew, M. 1952. The History of the Thai in Yunnan 2205 B.C.–A.D. 1253. *Journal of the Siam Society*, (40): 1–38.

Chamberlain, J. R. 1972a. The origin of the Southwestern Tai. *Bulletin des Amis du Laos*, (7–8): 233–244.

Chamberlain, J. R. 1972b. Tone borrowing in five northeastern dialects. In J. G. Harris & R. B. Noss (Eds.), *Tai Phonetics and Phonology*. Bangkok: Central Institute of English Language, 43–46.

Chamberlain, J. R. 1975. A new look at the history and classification of the Tai languages. In J. G. Harris & J. R. Chamberlain (Eds.), *Studies in Tai Linguistics in Honor of William J. Gedney*. Bangkok: Allied Printers, 49–66.

Chamberlain, J. R. 1977. *An introduction to Proto-Tai zoology*. Doctoral dissertation, University of Michigan.

Chamberlain, J. R. 1991a. Mène: A Tai dialect originally spoken in Nghê An (Nghê Thinh), Vietnam. *Journal of the Siam Society*, 79(2): 103–123.

Chamberlain, J. R. (Ed.). 1991b. *The Ramkhamhaeng Controversy: Collected Papers*. Bangkok: The Siam Society.

Chang, K.-C. 1962. Major problems in the culture history of Southeast Asia. *BIHP*, (13): 1–26.

Chang, K.-C. 1964. Prehistoric and early historical culture horizons and traditions in South China. *Current Anthropology*, 5(5): 359, 368–375, 399–400.

Chang, K.-C. 1976. *Early Chinese Civilization: Anthropological Perspectives*. Cambridge & London: Harvard University Press.

Chang, K.-C. 1981. In search of China's beginnings: New light on an old civilization. *American Scientist*, 69(2): 148–160.

Chang, K.-C. 1986. *The Archaeology of Ancient China*. New Haven: Harvard University Press.

Chen, M. Y. & Wang, W. S-Y. 1975. Sound change: Actuation and implementation. *Language*, 51(2): 255–281.

Clark, M. & Prasithrasint, A. 1985. Synchronic lexical derivation in Southeast Asian languages. In S. Ratanakul, D. Thomas & S. Premsrirat (Eds.), *Southeast Asian Linguistic Studies Presented to André-G. Haudricourt*. Bangkok: Mahidol University, 34–81.

Coblin, W. S. 1986. *A Sinologist's Handlist of Sino-Tibetan Lexical Comparisons*. Netteltal: Steyler Verlag.

Cochrane, W. W. 1910. *The Northern Shans: A Brief Historical Outline*. Leslie Milne: Shens et Home.

Coedes, G. 1966. *The Making of Southeast Asia*. H. M. Wright (Trans.). London: Cox & Wyman.

Colquhoun, A. R., Hallett, H. S. & De Lacouperie, T. 1885. *Amongst the Shans*. London: Field & Tuer.

Compton, C. J. & Hartmann, J. F. (Eds.). 1992. *Papers on Tai Languages, Linguistics and Literatures in Honor of William J. Gedney on His 77th Birthday*. DeKalb: Center for Southeast Asian Studies.

Conklin, N. F. 1981. *The semantics and syntax of numeral classification in Tai and Austronesian*. Doctoral dissertation, University of Michigan.

Credner, W. 1935. Cultural and geographical observations made in the Tali (Yunnan) region with special regard to the Nanchao problem. Erik Seidenfaden (Trans.). *Journal of the Siam Society*, 27(2): 135–151.

Damrong R. 1949. *Sadeeng Banyaay phong Sawadaan Siam (History of Siam)*. Bangkok: Khurusapha Press.

Danvathana, N. 1987. *The Thai Writing System*. Hamberg: Buske.

Davidson, J. H. C. S. 1987a. Another source of information on Ayuthaya Thai. In J. H. C. S. Davidson (Ed.), *Lai Su' Thai: Essays in Honour of E. H. S. Simmonds*. London: School of Oriental and African Studies, 63–72.

Davidson, J. H. C. S. 1991. *Austroasiatic Languages: Essays in Honour of H. Shorto*. London: Psychology Press.

Davies, G. W. & Iverson, G. K. (Eds.). 1992. *Explanation in Historical Linguistics* (Vol. 84). Amsterdam & Philadelphia: John Benjamins.

Davies, H. R. 1990. *Yunnan: The Link Between India and the Yangtze*. Cambridge: Cambridge University Press.

Davies, R. 1970. *A Northern Thai Reader*. Bangkok: The Siam Society.

Day, A. C. 1966. *The syntax of Tho, a Tai language of Vietnam*. Doctoral dissertation, University of London.

De Lacouperie, T. A. 1885. The cradle of the Shan race. Introduction to A. R. Colquhoun. *Amongst the Shans*. London: Field & Tuer, iv–xxi.

De Lacouperie, T. A. 1887. *The Languages of China Before the Chinese*. London: David Nutt.

DeLancey, S. 1986. Toward a history of Tai classifier systems. In C. G. Craig (Ed.), *Noun Classes and Categorization*. Amsterdam: John Benjamins, 437–452.

Dell, F. 1969. Langues en contact et changements phonetiques: notes sur l'histoire des finales en Bu-yi (Dioi). *Bulletin de la Societe Linguistique de Paris*, (64): 184–220.

Denlinger, P. B. 1967. Chinese and Thai. *Monumenta Serica*, (24): 35–41.

Denlinger, P. B. 1989. The Chinese-Tai linguistic relationship: A formal proof. *Monumenta Serica*, (38): 167–171.

Diffloth, G. 1976. *An Appraisal of Benedict's Views on Austroasiatic and Austro-Thai Relations*. Kyoto: Center for Southeast Asian Studies.

Diffloth, G. 1977. Mon-Khmer initial palatals and "substratumized" Austro-Thai. *Mon-Khmer Studies*, (6): 39–58.

Diller, A. V. N. 1976. A note on Proto-Tai *ml-. In T. Gething, J. G. Harris & P. Kullavanijaya (Eds.), *Tai linguistics in Honor of Fang-Kuei Li*. Bangkok: Chulalongkorn University Press, 39–46.

Diller, A. V. N. 1979a. How many tones for Southern Thai? In D. L. Nguyen (Ed.), *South-East Asian Linguistic Studies* (Vol. 4). Canberra: Research School of Pacific Studies, 117–129.

Diller, A. V. N. 1979b. Tones, segments and Thai regional society. In P. Tuaycharoen et al. (Eds.), *Studies in Tai and Mon-Khmer Phonetics and Phonology in Honour of Eugénie JA Henderson*. Bangkok: Chulalongkorn University Press, 60–93.

Diller, A.V.N. 1982. A new high tone for Southern Thai. In D. Bradley (Ed.), *Papers in Southeast Asian Linguistics No. 8: Tonation*. Canberra: Research School of Pacific Studies, 133–154.

Diller, A. V. N. 1985a. High and low Thai: Views from within. In D. Bradley (Ed.), *Language Policy, Language Planning and Sociolinguistics in South-East Asia*. Canberra: Research School of Pacific Studies, 51–76.

Diller, A. V. N. 1985b. Tones and vowels in Southern Thai: A diachronic anomaly. In S. Ratanakul, D. Thomas & S. Premsrirat (Eds.), *Southeast Asian Linguistics Presented to A.-G. Haudricourt*. Bangkok: Mahidol University, 310–354.

Diller, A. V. N. 1988. Consonant mergers and Inscription One. *Journal of the Siam Society*, (76): 46–63.

Diller, A. V. N. 1992a. Tai languages. *International Encyclopedia of Linguistics* (Vol. 4). Oxford: Oxford University Press, 128–131.

Diller, A. V. N. 1992b. Tai languages in Assam: Daughters or ghosts? In C. J. Compton & J. F. Hartmann (Eds.), *Papers on Tai Languages, Linguistics and Literatures in Honor of William J. Gedney on His 77th Birthday*. DeKalb: Center for Southeast Asian Studies, 5–43.

Diller, A. V. N. 1994. Tai languages: Varieties and subgroup terms. *Thai Yunnan Project Newsletter*, (25): 8–17.

Dockum, R. 2019. *The tonal comparative method: Tai tone in historical perspective*. Doctoral dissertation, Yale University.

Dodd, W. C. 1923. *The Tai Race, Elder Brother of the Chinese*. Cedar Rapis: The Torch Press.

Don, B. 1989. *Tai Dam-English, English-Tai Dam Vocabulary Book*. Eastlake: Summer Institute of Linguistics.

Donaldson, J. 1970. *Tai-Vietnamese-English Vocabulary*. Saigon: Bo Gido Duc Xuat Ban.

Downer, G. B. 1959. Derivation by tone-change in classical Chinese. *Bulletin of the School of Oriental and African Studies*, (22): 258–290.

Downer, G. B. 1963. Chinese, Thai and Miao-Yao. In H. L. Shorto (Ed.), *Linguistic Comparison in Southeast Asia and the Pacific*. London: School of Oriental and African Studies, 133–139.

Drans, J. 1942. *Contribution à L'etude de la Phonetique Siamoise: Les Consonnes Nasales Initiales*. Tokyo: Maison Franco-Japanaise.

Durie, M. & Ross, M. (Eds.). 1996. *The Comparative Method Reviewed: Regularity and Irregularity in Language Change*. New York: Oxford University Press.

Dutton, T., Ross, M. & Tryon, R. (Eds.). 1992. *The Language Game: Papers in Memory of Donal C Laycock*. Canberra: Research School of Pacific Studies.

Edmondson, J. A. 1992. Fusion and diffusion in E, Guangxi Province, China. In T. Dutton, M. Ross & R. Tryon (Eds.), *The Language Game: Papers in Memory of Donal C Laycock*. Canberra: Research School of Pacific Studies, 135–144.

Edmondson, J. A. 1994. Change and variation in Zhuang. In K. Adams & T. J.

Hudak (Eds.), *Papers from the Second Annual Meeting of the Southeast Asian Linguistic Society*. Tempe: Asu Center for Asian Research.

Edmondson, J. A. & Gregerson, K. J. 2007. The languages of Vietnam: Mosaics and expansions. *Language and Linguistics Compass*, 1(6): 727–749.

Edmondson, J. A. & Li, J. F. 1996. The language corridor. *Pan-Asiatic Linguistics*, IV(3): 981–989.

Edmondson, J. A. & Solnit, D. B. (Eds.). 1988. *Comparative Kadai: Linguistic Studies Beyond Tai*. Dallas: Summer Institute of Linguistics & University of Texas at Arlington.

Edmondson, J. A. & Solnit, D. B. (Eds.). 1997a. *Comparative Kadai: The Tai Branch*. Dallas: Summer Institute of Linguistics & University of Texas at Arlington.

Edmondson, J. A. & Solnit, D. B. 1997b. Comparative Shan. In J. A. Edmondson & D. B. Solnit (Eds.), *Comparative Kadai: The Tai Branch*. Dallas: Summer Institute of Linguistics & University of Texas at Arlington, 337–359.

Edmondson, J. A. & Yang, Q. 1988. Kam Tai initials and tones. In J. A. Edmondson & D. B. Solnit (Eds.), *Comparative Kadai: Linguistic Studies Beyond Tai*. Dallas: Summer Institute of Linguistics & University of Texas at Arlington, 143–166.

Edmondson, J. A. & Wei, F. 1997. The tonal cylinder in Sanfang Zhuang. In J. A. Edmondson & D. B. Solnit (Eds.), *Comparative Kadai: The Tai Branch*. Dallas: Summer Institute of Linguistics & University of Texas at Arlington, 35–56.

Egerod, S. 1957. The eighth earthly branch in Archaic Chinese and Tai. *Oriens*, 10(2): 296–299.

Egerod, S. 1959a. A note on some Chinese numerals as loan words in Tai. *T'oung Pao*, (47): 67–74.

Egerod, S. 1959b. Essentials of Khün phonology and script. *Acta Orientalia*, 24(3–4): 123–146.

Egerod, S. 1959c. Swatow loan words in Siamese. *Acta Orientalia*, (23): 137–156.

Egerod, S. 1960. The etymology of Siamese/dajjin/ "to hear". *T'oung Pao*, (48): 423–425.

Egerod, S. 1961. Studies in Thai dialectology. *Acta Orientalia*, (26): 43–91.

Egerod, S. 1970. Distinctive features and phonological reconstructions. *JAOS*, 90(1): 67–73.

Egerod, S. 1971. Phonation types in Chinese and Southeast Asian languages. *Acta Linguistica Hafniensia, 13*(2): 159–171.

Egerod, S. 1976. Benedict's Austro-Thai hypothesis and the traditional view of Sino-Thai relationship. *CAAAL,* (6): 51–60.

Filbeck, D. 1973. Pronouns in Northern Thai. *Anthropological Linguistics,* (15): 345–361.

Fippinger, D. C. 1971. Kinship terms of the Black Tai people. *Journal of the Siam Society, 59*(1): 65–82.

Fippinger, J. & Fippinger, D. 1970. Black Tai phonemes, with reference to White Tai. *Anthropological Linguistics, 12*(3): 83–97.

Gedney, W. J. 1947. *Indic loanwords in spoken Thai.* Doctoral dissertation, Yale University.

Gedney, W. J. 1961. Special vocabularies in Thai. *Georgetown University Institute of Languages Monograph Series on Languages and Linguistics,* (14): 109–114.

Gedney, W. J. 1964. A comparative sketch of White, Black, and Red Tai. *Social Science Review* (Bangkok), (1): 1–47.

Gedney, W. J. 1965a. Review of J. Marvin Brown: From Ancient Thai to Modern Dialects. *Social Science Review* (Bangkok), (32): 107–112.

Gedney, W. J. 1965b. Yay, a Northern Tai language in North Vietnam. *Lingua,* (14): 180–193.

Gedney, W. J. 1967. Thailand and Laos. In T. A. Sebeok (Ed.), *Current Trends in Linguistics: Vol. 2. Linguistics in South-East Asia.* The Hague: Mouton.

Gedney, W. J. 1970. The Saek Language of Nakhon Phanom Province. *Journal of the Siam Society, 58*(1): 67–87.

Gedney, W. J. 1972a. A checklist for determining tones in Tai dialects. In M. E. Smith (Ed.), *Studies in Linguistics in Honor of George L Trager.* The Hague: Mouton, 423–437.

Gedney, W. J. 1972b. A puzzle in comparative Tai phonology. In J. G. Harris & R. B. Noss (Eds.), *Tai Phonetics and Phonology.* Bangkok: Central Institute of English Language, 52–57.

Gedney, W. J. 1976. On the Thai evidence for Austro-Thai. *CAAAL,* (6): 65–86.

Gedney, W. J. 1989. *Selected Papers on Comparative Tai Studies.* Ann Arbor: Center for South and Southeast Asian Studies.

Gedney, W. J. 1991a. Comments on linguistic argument relating to Inscription One. In Chamberlain (Ed.), *The Ram Khamhaeng Controversy.* Bangkok: The Siam Society, 193–226.

Gedney, W. J. 1991b. *William J. Gedney's the Tai Dialect of Lungming*. Ann Arbor: Center for South and Southeast Asian Studies.

Gedney, W. J. 1991c. *William J. Gedney's the Yay Language*. Ann Arbor: Center for South and Southeast Asian Studies.

Gedney, W. J. 1993. *William J. Gedney's the Saek Language*. Ann Arbor: Center for South and Southeast Asian Studies.

Gedney, W. J. 1994. *William J. Gedney's Southwestern Tai Dialects*. Ann Arbor: Center for South and Southeast Asian Studies.

Gedney, W. J. 1995. *William J. Gedney's Central Tai Dialects*. Ann Arbor: Center for South and Southeast Asian Studies.

Gedney, W. J. 1996. *William J. Gedney's Tai Lue Language*. Ann Arbor: Center for South and Southeast Asian Studies.

Gedney, W. J. 1997a. "Near" and "far" in Tai. In J. A. Edmondson & D. B. Solnit (Eds.), *Comparative Kadai: The Tai Branch*. Dallas: Summer Institute of Linguistics & University of Texas at Arlington, 267–289.

Gedney, W. J. 1997b. *William J. Gedney's Tai Dialect Studies: Glossaries, Texts, and Translations*. Ann Arbor: Center for South and Southeast Asian Studies.

Gething, T. W. 1966. *Some aspects of semantic structure in standard Thai*. Doctoral dissertation, University of Michigan.

Gething, T. W. 1967. The Ramkhamhaeng Inscription. In H. J. Benda et al (Eds.), *The World of Southeast Asia*. New York: Harper and Row, 4–44.

Gething, T. W. 1968. Structural redundancy in Thai semantics. *Language, 44*(2): 813–818.

Gething, T. W. 1972. *Aspects of Meaning in Thai Nominals: A Study in Structural Semantics* (Vol. 141). The Hague: Mouton.

Gething, T. W. (Ed.). 1975a. *A Tai Festschrift for William J. Gedney, on the Occasion of His Fifth Cycle of Life Birthday Anniversary*. Honolulu: University of Hawai'i.

Gething, T. W. 1975b. Location in Thai and Lao. In J. G. Harris & J. R. Chamberlain (Eds.), *Studies in Tai Linguistics in Honor of William J. Gedney*. Bangkok: Allied Printers, 196–201.

Gething, T. W. 1976. Note on Lao personal pronouns. In T. Gething, J. G. Harris & P. Kullavanijaya (Eds.), *Tai linguistics in Honor of Fang-Kuei Li*. Bangkok: Chulalongkorn University Press, 103–112.

Gething, T. W. 1977. Polysemy and historical semantics in Thai. *Anthropological Linguistics, 19*(3): 99–103.

Gething, T. W. 1979. Two types of semantic contrast between Thai and Lao. In T. W. Gething & D. L. Nguyen (Eds.), *Papers in South East Asian Linguistics 6: Tai Studies in Honor of William J. Gedney*. Canberra: Research School of Pacific Studies, 37–41.

Gething, T. W. 1986a. Selective development of the Thai lexicon. *Crossroads, 3*(1): 118–122.

Gething, T. W. 1986b. The Thai language as a map of Thai culture. In R. Bickner, T. J. Hudak & P. Peyasantiwong (Eds.), *Papers from a Conference on Thai Studies in Honor of William J. Gedney*. Ann Arbor: Center for South and Southeast Asian Studies, 143–148.

Gething, T. W., Harris, J. G. & Kullavanijaya, P. (Eds.). 1976. *Tai Linguistics in Honor of Fang-Kuei Li*. Bangkok: Chulalongkorn University Press.

Gething, T. W. & Nguyen, D. L. (Eds.). 1979. *Papers in South East Asian Linguistics 6: Tai Studies in Honor of William J. Gedney*. Canberra: Research School of Pacific Studies.

Goodenough, W. H. 1975. Forward to P. K. Benedict. *Austro-Thai Language and Culture: With a Glossary of Roots*. New Haven: HRAF Press, xii–ix.

Grierson, G. A. 1904. *Linguistic Survey of India: Vol. 2. Mon-Khmer and Siamese-Chinese Families*. Calcutta: Office of the Superintendent of the Government.

Griswold, A. B. & Na Nagara, P. 1971. The inscription of King Rama Gamhen of Sukhodaya (1292 A.D.). *Journal of the Siam Society, 59*(2): 179–228.

Griswold, A. B. & Na Nagara, P. 1972. King Lödaiya of Sukhodaya and his contemporaries, epigraphic and historical studies, No. 10. *Journal of the Siam Society, 60*(1): 21–152.

Haas, M. R. 1942a. The use of numeral classifiers in Thai. *Language,* (18): 201–205.

Haas, M. R. 1942b. Types of reduplication in Thai (with some comparisons and contrasts taken from English). *Studies in Linguistics, 1*(4): 1–6.

Haas, M. R. 1958. The tones of four Tai dialects. *BIHP,* (29): 817–826.

Haas, M. R. 1964. *Thai-English Student's Dictionary*. Stanford: Stanford University Press.

Haas, M. R. 1969. Sibling terms as used by marriage partners. *Southwestern Journal of Anthropology,* (25): 228–235.

Haas, M. R. 1970. Review of Current Trends in Linguistics 2: Linguistics in East Asia and South East Asia. *American Anthropologist,* (72): 188–190.

Hall, D. G. F. 1981. *A History of Southeast Asia* (4th ed.). London: Macmillan.

Hansell, M. 1988. The relationship of Be to Tai. In J. A. Edmondson & D. B. Solnit

(Eds.), *Comparative Kadai: Linguistic Studies Beyond Tai*. Dallas: Summer Institute of Linguistics & University of Texas at Arlington, 239–287.

Harris, J. G. 1972. Phonetic notes on some Siamese consonants. In J. G. Harris & R. B. Noss (Eds.), *Tai Phonetics and Phonology*. Bangkok: Central Institute of English Language, 8–22.

Harris, J. G. 1975. A comparative word list of three Tai Nua dialects. In J. G. Harris & J. R. Chamberlain (Eds.), *Studies in Tai Linguistics in Honor of William J. Gedney*. Bangkok: Allied Printers, 202–230.

Harris, J. G. 1976. Notes on Khamti Shan. In T. Gething, J. G. Harris & P. Kullavanijaya (Eds.), *Tai Linguistics in Honor of Fang-Kuei Li*. Bangkok: Chulalongkorn University Press, 113–141.

Harris, J. G. 1986. The Persian connection: Four loanwords in Siamese. *Pasaa, 16*(1): 9–12.

Harris, J. G. & Chamberlain, J. R. (Eds.). 1975. *Studies in Tai Linguistics in Honor of William J. Gedney*. Bangkok: Allied Printers.

Harris, J. G. & Noss, R. B. 1972. *Tai Phonetics and Phonology*. Bangkok: Central Institute of English Language.

Hart, D. V. 1977. *Thailand: An Annotated Bibliography of Bibliographies*. DeKalb: Center for Southeast Asian Studies.

Hartmann, J. F. 1976. The waxing and waning of vowel length in Tai dialects. In T. Gething, J. G. Harris & P. Kullavanijaya (Eds.), *Tai linguistics in Honor of Fang-Kuei Li*. Bangkok: Chulalongkorn University Press, 142–159.

Hartmann, J. F. 1979a. Comparative aspects of Lue syntax. In D. L. Nguyen (Ed.), *Southeast Asian Linguistic Studies: Vol. 4. Pacific Linguistics C-49*. Canberra: Research School of Pacific Studies, 1–15.

Hartmann, J. F. 1979b. Syllable m in Tai-Lue and neighboring Tai dialects. In T. W. Gething & D. L. Nguyen (Eds.), *Papers in South East Asian Linguistics 6: Tai Studies in Honor of William J. Gedney*. Canberra: Research School of Pacific Studies, 97–107.

Hartmann, J. F. 1980. A model of alignment of dialects in Southewestern Tai. *Journal of the Siam Society, 68*(1): 72–86.

Hartmann, J. F. 1981. Computations on a Tai Dam origin myth. *Anthropological Linguistics*, (23): 183–201.

Hartmann, J. F. 1984. *The Linguistic and Memory Structure of Tai-Lue Oral Narrative*. Canberra: Research School of Pacific Studies.

Hartmann, J. F. 1986a. Style, scope, and vigor in comparative Tai research. In R.

Bickner, T. J. Hudak & P. Peyasantiwong (Eds.), *Papers from a Conference on Thai Studies in Honor of William J. Gedney.* Ann Arbor: Center for South and Southeast Asian Studies, 171–184.

Hartmann, J. F. 1986b. The spread of South Indic scripts in Southeast Asia. *Crossroads, 3*(1): 6–20.

Hartmann, J. F. 1986c. Varieties of Tai dam script. *Crossroads, 3*(1): 97–103.

Hashimoto, M. J. & Matisoff, J. A. 1976. *Genetic Relationship, Diffusion and Typological Similarities of East and Southeast Asian Languages: Papers of the 1st Japan U.S. Joint Seminar on East and Southeast Asian Linguistics.* Tokyo: Japan Society for the Promotion of Science.

Haudricourt, A. G. 1948. Les phonemes et le vocabulaire du thai commun. *Journal Asiatique,* (236): 197–238.

Haudricourt, A. G. 1949. La conservation de la sonorité des sonores du thai commun dans le parler thô de Cao-bang. *PICO,* (21): 251–252.

Haudricourt, A. G. 1952. Les occlusives uvulaires en thai. *Bulletin de la Société Linguistique de Paris,* (48): 86–89.

Haudricourt, A. G. 1956. De la restitution des initiales dans les langues monosyllabiques: Le problème du thai commun. *Bulletin de la Société Linguistique de Paris,* (52): 307–322.

Haudricourt, A. G. 1958. Les Sêk de la province du Cammon (Laos), migration thai ou deportation chinoise? *JA,* (246): 107–108.

Haudricourt, A. G. 1960. Note sur les dialects de la région de Moncay (Vietnam du Nord). *BEFEO, 50*(1): 161–177.

Haudricourt, A. G. 1961. Bipartition et tripartition des systèmes de tons dans quelques langues d'Extrême-Orient. *Bulletin de la Société de Linguistique de Paris, 56*(1): 163–180.

Haudricourt, A. G. 1963. Remarques sur les initiales complexes de la langue Sek. *Bulletin de la Société Linguistique de Paris,* (58): 156–163.

Haudricourt, A. G. 1967. La langue Lakkia. *Bulletin de la Société Linguistique de Paris, 62*(1): 165–182.

Haudricourt, A. G. 1972. Two-way and three-way splitting of tonal systems in some Far Eastern languages. In J. G. Harris & R. B. Noss (Eds.), *Tai Phonetics and Phonology.* Bangkok: Central Institute of English Language, 58–86.

Haudricourt, A. G. 1974. Explication et commentaire. In R. Shafer (Ed.), *Introduction to Sino-Tibetan* (Part 5). Wiesbaden: Otto Harrossowitze, 453–525.

Haudricourt, A. G. 1975. A propos du puzzle de W. J. Gedney. In J. G. Harris & J. R. Chamberlain (Eds.), *Studies in Tai Linguistics in Honor of William J. Gedney*. Bangkok: Allied Printers, 252–258.

Haudricourt, A. G. 1976. Les occlusives sonores du Kam-Sui. In T. Gething, J. G. Harris & P. Kullavanijaya (Eds.), *Tai linguistics in Honor of Fang-Kuei Li*. Bangkok: Chulalongkorn University Press, 160–161.

Haudricourt, A. G. 1978. Review of F. K. Li, a handbook of comparative Tai. *Bulletin de la Société Linguistique de Paris, 73*(2): 449–450.

Henderson, E. J. A. 1949. Prosodies in Siamese: a study in synthesis. *Asia Major* (New Series), *1*(2): 189–215.

Henderson, E. J. A. 1959. The tones of the Tai dialect of Songkhla. *BIHP*, (30): 233–235.

Henderson, E. J. A. 1964. Marginalia to Siamese phonetic studies. In D. Abercrombie (Ed.), *In Honour of Daniel Jones*. London: Longmans, 415–424.

Henderson, E. J. A. 1965. The typology of certain phonetic and morphological characteristics of Southeast Asian languages. *Lingua*, (15): 400–434.

Henderson, E. J. A. 1975. Phonetic description and phonological function: Some reflections upon back unrounded vowels in Thai, Khmer and Vietnamese. In J. G. Harris & J. R. Chamberlain (Eds.), *Studies in Tai Linguistics in Honor of William J. Gedney*. Bangkok: Allied Printers, 259–270.

Hoàng, V. M. 1994. *Nghiên Cứu Ngôn Ngữ Các Dân Tộc Ở Việt Nam*. Thành phố Hồ Chí Minh: NXB Khoa Học Xã Hội.

Hock, H. H. 1986. *Principles of Historical Linguistics*. New York: Mouton.

Hock, H. H. 1987. Regular contact dissimilation. In G. Cardona & N. M. Zide (Eds.), *Festschrift for Henry Hoenigswald on the Occasion of His Seventieth Birthday*. Tübingen: Gunter Narr Verlag, 143–154.

Hoenigswald, H. M. 1983. Doublets. In F. B. Agard (Ed.), *Essays in Honor of Charles F. Hockett*. Leiden: E. J. Brill, 167–171.

Holm, D. 2004. *Recalling Lost Souls: The Baeu Rodo Scriptures, Tai Cosmogonic Texts from Guangxi in Southern China*. Bangkok: White Lotus Press.

Holm, D. 2013. *Mapping the Old Zhuang Character Script: A Vernacular Writing System from Southern China*. Leiden: E. J. Brill.

Holm, D. & Meng, Y. Y. 2015. *Hanvueng: The Goose King and the Ancestral King: An Epic from Guangxi in Southern China*. Leiden: E. J. Brill.

Hudak, T. J. 2008. *William J. Gedney's Comparative Tai Source Book*. Honolulu: University of Hawai'i Press.

Hudak, T. J. 2010. *William J. Gedney's Concise Saek-English, English-Saek Lexicon.* Honolulu: University of Hawai'i Press.

Huffman, F. E. 1973. Thai and Cambodian: A case of syntactic borrowing? *JAOS, 93*(4): 488–509.

Huffman, F. E. (Comp.). 1986a. *Bibliography and Index of Mainland Southeast Asian Languages and Linguistics.* New Haven & London: Yale University Press.

Huffman, F. E. 1986b. Kmer loanwords in Thai. In R. Bickner, T. J. Hudak & P. Peyasantiwong (Eds.), *Papers from a Conference on Thai Studies in Honor of William J. Gedney.* Ann Arbor: Center for South and Southeast Asian Studies, 199–210.

Hundius, H. & Kolver, U. 1983. Syntax and semantics of numeral classifiers in Thai. *Studies in Language, 7*(2): 165–214.

Hyman, L. M. 1970. The role of borrowing in the justification of phonological grammars. *Studies in African Linguistics,* (1): 1–48.

Hymes, D. (Ed.). 1964. *Language in Culture and Society.* New York: Harper and Row.

Indigenous Languages of Thailand Research Project. 1977. *Bibliography of Tai Language Studies.* Bangkok: Central Institute of English Language.

Intrachat, P. 1983. Southern Thai VTU: An etymological speculation. *Journal of the Siam Society, 71*(1–2): 6–9.

Itkonen, E. 1984. On the "rationalist" conception of linguistic change. *Diachronica, 1*(2): 203–216.

Jakobson, R. 1962. Sur la théone des affinités phonologiques entre les langues. In R. Jakobson (Ed.), *Selected Writings I: Phonological Studies.* The Hague: Mouton, 234–246.

Jataputra, N. 1981. *Orthographic reform in the Thai language.* Doctoral dissertation, Northwestern University.

Jaxontov, S. E. 1960. *Consonant Combinations in Archaic Chinese.* Moscow: Oriental Literature Publishing House.

Jaxontov, S. E. 1964. *Glottochronology and the Sino-Tibetan Linguistic Family.* Moscow: Nauka.

Jenner, P. N., Thompson, L. C. & Starosta, S. (Eds.). 1976. *Austroasiatic Studies* (Part I). Honolulu: The University Press of Hawai'i.

Jepson, J. 1991. Typological models and diachronic change in Chinese. *Linguistics, 29*(1): 5–32.

Jones, R. B. 1965. On the reconstruction of Proto-Thai. *Lingua,* (14): 194–229.

Jones, R. B. 1966. Comparative Thai studies: A critique. In B. Shin, J. Boisselier &

A. B. Griswold (Eds.), *Essays Offered to G. H. Luce by His Colleagues and Friends in Honour of His Seventy-fifth Birthday* (Vol. 1). Ascona: Artibus Asiae, 160–163.

Jones, R. B. 1970. Classifier constructions in Southeast Asia. *JAOS,* (901): 1–12.

Jones, R. B. 1976. Tone shift in Tai dialects. In T. Gething, J. G. Harris & P. Kullavanijaya (Eds.), *Tai linguistics in Honor of Fang-Kuei Li*. Bangkok: Chulalongkorn University Press, 171–178.

Jonsson, N. L. 1991. *Proto Southwestern Tai*. Doctoral dissertation, State University of New York at Albany.

Kam, T. H. 1980. Semantic-tonal processes in Cantonese, Taishanese, Bobai, and Siamese. *Journal of Chinese Linguistics, 8*(2): 205–240.

Karlgren, B. 1933. Word families in Chinese. *Bulletin of the Museum of Far Eastern Antiquities,* (5): 5–120.

Karlgren, B. 1940. *Grammata Serica*. Stockholm: Bulletin of the Museum of Far Eastern Antiquities.

Karlgren, B. 1956. Cognate words in Chinese phonetic series. *Bulletin of the Museum of Far Eastern Antiquities,* (28): 1–18.

Karlgren, B. 1957. *Grammata Serica Recensa*. Stockholm: Bulletin of the Museum of Far Eastern Antiquities.

Keightley, D. N. (Ed.). 1983. *The Origins of Chinese Civilization*. Berkeley & Los Angeles & London: University of California Press.

Kerr, A. D. 1972. *Lao-English Dictionary*. Forest Grove: Catholic University of America Press.

Khanittanan, W. 1973. *The influence of Siamese on five Lao dialects*. Doctoral dissertation, University of Michigan.

Khanittanan, W. 1982. *Collected Articles on Language and Linguistics*. Bangkok: Thai Studies Program.

Khanittanan, W. 1984. Usage of address forms: A comparative study of three social groups. *Proceedings of the International Conference on Thai Studies* (Vol. 7). Canberra: The Australian National University, 1–12.

Khanittanan, W. 1987. Some aspects of linguistic change in the language usage of King Rama IV, Rama V and Rama VI. In A. Buller (Ed.), *Proceedings of the International Conference on Thai Studies* (Vol. 3). Canberra: The Australian National University, 53–70.

Khanittanan, W. 1988. Some observations on expressing politeness in Thai. *Language Sciences, 10*(2): 353–362.

Khanittanan, W. & Placzek, J. 1986. Historical and contemporary meanings of Thai khwan: The use of lexical meaning change as an indicator of culture change. In B. Matthews & J. Nagata (Eds.), *Religion, Values and Development in Southeast Asia*. Singapore: ISEAS Publishing, 146–168.

Krishnamurti, B., Masica, C. P. & Sinha, A. K. (Eds.). *South Asian Languages: Structure, Convergence and Diglossia* (Vol. 3). New Delhi: Motilal Banarsidass Publishing House.

Kullavanijaya, P. 1982. Kan suksa phasa thai nai ngae phas choeng prawat. *Sat Haeng Phasa*, (2): 55–62.

Kullavanijaya, P. 1992. *Phochanukrom Cuang-Tai*. Bangkok: Chulalongkorn University Press.

Lafont, P.-B. 1962a. Les écritures du Pali au Laos. *BEFEO*, (50): 395–405.

Lafont, P.-B. 1962b. Les écritures tay du Laos. *BEFEO*, (50): 367–393.

Li, C. 1928. *The Formation of the Chinese People: An Anthropological Inquiry*. Cambridge: Harvard University Press.

Li, F.-K. 1938. Languages and dialects. *Chinese Year Book*, (9): 43–51.

Li, F.-K. 1943. The hypothesis of a preglottalized series of consonants in Primitive Tai. *BIHP*, (11): 177–188.

Li, F.-K. 1944. The influence of the primitive Tai glottal stop and pre-glottalized consonants on the tone system of Po-ai. *Bulletin of Chinese Studies*, (4): 59–68.

Li, F.-K. 1945. Some old Chinese loan words in the Tai languages. *Harvard Yenching Journal of Asiatic Studies*, (8): 333–342.

Li, F.-K. 1947. Phonology of the Tai dialect of Wu-Ming. *BIHP*, (12): 293–303.

Li, F.-K. 1948. The distribution of tones and initials in the Sui language. *Language*, (24): 160–167.

Li, F.-K. 1949. Tones in the riming system of the Sui language. *Word*, (5): 262–267.

Li, F.-K. 1954. Consonant clusters in Tai. *Language*, (30): 368–379.

Li, F.-K. 1956. Siamese *wan* and *waan*. *Language*, (32): 81–82.

Li, F.-K. 1957a. The Jui dialect of Po-ai: Phonology. *BIHP*, (28): 551–566.

Li, F.-K. 1957b. The Jui dialect of Po-ai and the Northern Tai. *BIHP*, (29): 315–522.

Li, F.-K. 1959. Classification by vocabulary: Tai dialects. *Anthropological Linguistics*, (1): 15–21.

Li, F.-K. 1960. A tentative classification of Tai dialects. In S. Diamond (Ed.), *Culture in History, Essays in Honour of Paul Radin*. New York: Columbia University Press, 951–959.

Li, F.-K. 1962. Initial and tonal development in Tai dialects. *BIHP*, 34(1): 31–36.

Li, F.-K. 1964. The phonemic system of the Tai Lü language. *BIHP, 35*: 7–14.

Li, F.-K. 1965. The Tai and Kam-Sui languages. *Lingua,* (14): 148–179.

Li, F.-K. 1966. The relationship between tones and initials in Tai. In N. H. Zide (Ed.), *Studies in Comparative Austroasiatic Linguistics: Vol. 5. Indo-Iranian Monographs.* The Hague: Mouton, 82–88.

Li, F.-K. 1970. Some tonal irregularities in the Tai languages. In R. Jakobson & S. Kawamoto (Eds.), *Studies in General and Oriental Linguistics.* Tokyo: TEC Corporation for Language and Educational Research, 415–422.

Li, F.-K. 1971. On Siamese *jaai. BIHP, 42*(3): 337–340.

Li, F.-K. 1972. The development of Archaic Chinese *ə. Langues et Techinques, Nature et Société,* (1): 15–163.

Li, F.-K. 1973. Some dental clusters in Tai. *Bulletin of the School of Oriental and African Studies, 36*(2): 334–339.

Li, F.-K. 1974. Tai Languages. *Encyclopedia Britannica (15 ed.): Macropaedia 17.* Chicago: University of Chicago Press, 989–992.

Li, F.-K. 1975. Some words for Thai dialectology. In J. G. Harris & J. R. Chamberlain (Eds.), *Studies in Tai Linguistics in Honor of William J. Gedney.* Bangkok: Allied Printers, 271–273.

Li, F.-K. 1976. Sino-Tai. *CAAAL,* (3): 39–48.

Li, F.-K. 1977. *A Handbook of Comparative Tai.* Honolulu: The University Press of Hawai'i.

Li, F.-K. 1977–1978. Siamese *khot. Monumenta Serica, 33*(1): 403–406.

Li, F.-K. 1980. Laryngeal features and tone development. *BIHP, 51*(1): 1–13.

Li, F.-K. 1988. *Linguistics East and West: American Indian, Sino-Tibetan, and Tai.* Berkeley: Regional Oral History Office.

Li, F.-K. 1992. The Tai languages. In C. J. Compton & J. F. Hartmann (Eds.), *Papers on Tai Languages, Linguistics and Literatures in Honor of William J. Gedney on His 77th Birthday.* DeKalb: Center for Southeast Asian Studies, 1–4.

Lin, S. M. 1994. Questions concerning the affiliation of the Lachi. *Kadai,* (4): 59–78.

Long, Y. H. 1994. A phonological comparison of Kam and Gelao as well as the historical relation between Kam and Gelao. *Kadai,* (4): 23–39.

Luo, M. Z. 1992. A second discussion of the genetic classification of the Kam Tai languages. In C. J. Compton & J. F. Hartmann (Eds.), *Papers on Tai Languages, Linguistics and Literatures in Honor of William J. Gedney on His 77th Birthday.* DeKalb: Center for Southeast Asian Studies, 44–54.

Luo, Y. X. 1996a. *The subgroup structure of the Tai languages: A historical-comparative study*. Doctoral dissertation, Australian National University.

Luo, Y. X. 1996b. Tonal irregularities in Tai revisited. *Mon-Khmer Studies*, (25): 69–105.

Luo, Y. X. 1996c. Word families in Tai: A preliminary account. *Pan-Asiatic Linguistics* (Vol. 3). Bangkok: Institute of Language and Culture for Rural Development, 850–882.

Luo, Y. X. 1999. *A Dictionary of Dehong, Southwest China*. Canberra: Research School of Pacific and Asian Studies.

Mangrai, S. S. 1981. *The Padaeng Chronicle and the Jentung State Chronicle Translated*. Ann Arbor: Center for South and Southeast Asian Studies.

Manomaivibool, P. 1975. *A study of Sino-Thai lexical correspondences*. Doctoral dissertation, University of Washington.

Manomaivibool, P. 1976. Layers of Chinese loanwords in Thai. In T. Gething, J. G. Harris & P. Kullavanijaya (Eds.), *Tai linguistics in Honor of Fang-Kuei Li*. Bangkok: Chulalongkorn University Press, 79–84.

Martinet, A. 1953. Remarques sur le consonantisme sémitique. *Bullitin de la Société Linguistique de Paris*, (49): 67–78.

Maspero, H. 1912. Etudes sur la phonétique historique de la langue anamite: Les initiales. *BEFEO, 12*(1): 1–127.

Matisoff, J. A. 1978. *Variational Semantics in Tibeto-Burman*. Philadelphia: Institute for the Study of Human Issues.

Matisoff, J. A. 1988. Proto-Hlai initials and tones: A first approximation. In J. A. Edmondson & D. B. Solnit (Eds.), *Comparative Kadai: Linguistic Studies Beyond Tai*. Dallas: Summer Institute of Linguistics & University of Texas at Arlington, 289–321.

Matisoff, J. A. 1990. On megalocomparison. *Language, 66*(1): 106–120.

Matisoff, J. A. 1992. Southeast Asian languages. *International Encyclopedia of Linguistics*, (4): 46–49.

Matisoff, J. A. 1993. Review of Selected Papers on Comparative Tai Studies. *Language, 69*(1): 178–182.

McFarland, G. B. 1944. *Thai-English Dictionary*. Stanford: Stanford University Press.

Meillet, A. 1912. L'évolution des formes grammaticales. *Scientia*, (12): 384–400.

Mikami, N. 1984. Some observations on the Thai language in the Sukhothai inscriptions. *Proceedings of the International Conference on Thai Studies*, (VII): 1–20.

Miller, R. A. 1956. Phonology of the Thai dialect of Nakhon Sithamarat. *Orbis*, (5): 250–258.

Moravcsik, E. A. 1978. Language contact. In J. H. Greenberg (Ed.), *Universals of Human Language* (Vol. 1). Stanford: Stanford University Press, 93–132.

Morey, S. D. 2007. File "Phake Dictionary" in collection "Tangsa, Tai, Singpho in North East India", bundle. *Handle*. Retrieved December 4, 2023, from Handle website.

Moskalev, A. A. 1971. *Grammatika Yazyka Czuan*. Moscow: Nauka.

Mote, F. W. 1964. Problems of Thai prehistory. *The Social Science Review* (Bangkok), *2*(2): 100–109.

Nacaskul, K. 1962. *A study of cognate words in Thai and Cambodian*. Master's thesis, University of London.

Nacaskul, K. 1971. *Parallelism in the use and construction of certain grammatical and lexical items in Cambodian and Thai: A typological comparative study*. Doctoral dissertation, University of London.

Nguyen, D. L. (Ed.). 1974. *South-East Asian Linguistic Studies* (Vol. 1). Canberra: Research School of Pacific Studies.

Nguyen, D. L. (Ed.). 1976. *South-East Asian Linguistic Studies* (Vol. 2). Canberra: Research School of Pacific Studies.

Nguyen, D. L. (Ed.). 1979a. *South-East Asian Linguistic Studies* (Vol. 3). Canberra: Research School of Pacific Studies.

Nguyen, D. L. (Ed.). 1979b. *South-East Asian Linguistic Studies* (Vol. 4). Canberra: Research School of Pacific Studies.

Nishida, T. 1955. Mako-Suigo to kyotwu Taigo. *Gengo Kenkyo*, (28): 30–62.

Nishida, T. 1960. Common Tai and archaic Chinese. *Transactions of the Kansai University Institute of Oriental and Occidental Studies*, (49): 1–15.

Oliveira, M. A. D. 1991. The neogrammarian controversy revisited. *International Journal of the Sociology of Language*, (89): 93–105.

Oshika, B. R. T. 1973. *The relationship of Kam-Sui-Mak to Tai*. Doctoral dissertation, University of Michigan.

Oshika, B. R. T. 1979. The Kam-Sui-Mak and Northern Tai languages. In T. W. Gething & D. L. Nguyen (Eds.), *Papers in South East Asian Linguistics 6: Tai Studies in Honor of William J. Gedney*. Canberra: Research School of Pacific Studies, 125–149.

Pankhuenkhat, R. 1976. *Synchronic comparative study of modern Thai and modern Lanna*. Doctoral dissertation, Deccan College.

Panupong, V. 1978. Some basic problems of semantics concerning certain types of homophonic-graphic words in Thai. In W. U. Dressler & W. Meid (Eds.), *Proceedings of the Twelfth International Congress of Linguists*. Innsbruck: Institut für Sprachwissenschaft der Universität, 217–221.

Parker, E. H. 1890. The early Laos and China. *The China Review,* (19): 67–106.

Pearson, R. 1983. The Ch'ing-lien-kang culture and the Chinese Neolithic. In D. N. Keightley (Ed.), *The Origins of Chinese Civilization*. Berkeley & Los Angeles & London: University of California Press, 119–146.

Penth, H. 1971. A Note on pün. *Journal of the Siam Society, 59*(1): 209–210.

Penth-Huguenin, P. 1942. L'évolution de la langue Thai (Siamoise) sous l'influence des langues européennes. *BEFEO,* (B): 3–5.

Philips, B. S. 1983. Lexical diffusion and function words. *Linguistics, 21*(3): 487–499.

Pittayawat, P. 2009. *The phonology of Proto-Tai*. Doctoral dissertation, Cornell University.

Pontalis, P. L. 1909. L'invassion Thaïe Indochine. *T'oung Pao, 10*(4), 495–512.

Prasithrathsint, A. 1988. Change in passive constructions in written Thai from 1802 to 1982. *Language Sciences,* (10): 363–393.

Pulleyblank, E. G. 1965. Close/open ablaut in Sino-Tibetan. *Lingua,* (14): 230–240.

Pulleyblank, E. G. 1983. The Chinese and their neighbours in prehistoric and early historic times. In D. N. Keightley (Ed.), *The Origins of Chinese Civilization*. Berkeley & Los Angeles & London: University of California Press, 411–466.

Pulleyblank, E. G. 1991. *Lexicon of Reconstructed Pronunciation in Early Middle Chinese, Late Middle Chinese, and Early Mandarin*. Vancouver: University of British Columbia Press.

Ratanakul, S. 1990. Tai peoples and their languages: A preliminary observation. In P. Ratanakul & U. K. Than (Eds.), *Development, Modernization, and Tradition in Southeast Asia: Lessons from Thailand*. Bangkok: Mahidol University, 49–111.

Ratanakul, S., Thomas, D. & Premsrirat, S. (Eds.). 1985. *Southeast Asian Linguistics Presented to A.-G. Haudricourt*. Bangkok: Mahidol University.

Reid, L. A. 1988. Benedict's Austro-Tai hypothesis—An evaluation. *Asian Perspective, 26*(1): 19–34.

Renfrew, C. 1989. Models of change in language and archaeology. *Transactions of the Philological Society, 87*(2): 103–55.

Robinson, E. R. 1994. *Further classification of Southwestern Tai "P" group languages*. Master's thesis, Chularlongkorn University.

Roney, B. C. 1978. *The Nan-chao kingdom and frontier policy in Southwest China during the Sui and Tang Periods*. Doctoral dissertation, Princeton University.

Ross, M. 1996. Contact-induced change and the comparative method: Cases from Papua New Guinea. In M. Durie & M. Ross (Eds.), *The Comparative Method Reviewed: Regularity and Irregularity in Language Change*. New York: Oxford University Press, 180–217.

Ross, P. 1991. *Comparative Tai theory and central Tai*. Bachelor honor's thesis, Australian National University.

Ross, P. 1996. Dao Ngan Tay: A b-language in Vietnam. *Mon-Khmer Studies,* (25): 133–140.

Sagart, L. 1986. On the departing tone. *Journal of Chinese Linguistics, 14*(1): 1–113.

Sagart, L. 1993. Chinese and Austronesian: Evidence for a genetic relationship. *Journal of Chinese Linguistics, 21*(1): 1–62.

Sagart, L. 1994. Old Chinese and Proto-Austronesian. *Oceanic Linguistics, 33*(2): 271–308.

Sagart, L. 1995. Some remarks on the ancestry of Chinese. In W. S-Y. Wang (Ed.), *The Ancestry of the Chinese Language*. Berkeley: University of California Press, 195–223.

Sarawit, M. E. 1973. *The Proto-Tai vowel system*. Doctoral dissertation, University of Michigan.

Saul, J. E. 1965. Classifiers in Nung. *Lingua,* (13): 278–290.

Savina, F. M. 1910. *Dictionnaire Tày-annamite-Français, Précéde d'un Précis de Grammaire Tày et Suivi d'un Vocabulaire Français-tày*. Hanoi: Imprimerie d'Extreme-Orient.

Savina, F. M. 1924. *Dictionnaire Étymologique Français-nung-chinois*. Hong Kong: Imprimerie de la Sociéte des Missions Etrangères.

Savina, F. M. 1931. Lexique Dai-Français. *BEFEO,* (31): 103–199.

Savina, F. M. 1965. *Le Vocabulaire Be*. (*Présenté par A-G. Haudricourt*). Hanoi & Paris: École Française d'Extrême-Orient.

Schlegel, G. 1902. Siamese studies. *T'oung Pao,* (2): 1–128.

Sebeok, T. A. 1942. An examination of the Austro-Asiatic language family. *Language,* (28): 206–217.

Sebeok, T. A. 1943. The languages of South-East Asia. *Far Eastern Quarterly,* (2): 349–356.

Sebeok, T. A. (Ed.). 1967. *Current Trends in Linguistics 2: Linguistics in East Asia and Southeast Asia.* The Hague: Mouton.

Sebeok, T. A. (Ed.). 1973. *Current Trends in Linguistics 11: Diachronic, Areal, and Typological Linguistics.* The Hague: Mouton.

Shafer, R. 1955. Classification of the Sino-Tibetan languages. *Word,* (2): 94–111.

Shafer, R. 1957. *Bibliography of Sino-Tibetan Languages* (Vol. 1). Wiesbaden: Otto Harrasowitz.

Shafer, R. 1963. *Bibliography of Sino-Tibetan Languages* (Vol. 2). Wiesbaden: Otto Harrasowitz.

Shafer, R. (Ed.). 1974. *Introduction to Sino-Tibetan* (Part V). Wiesbaden: Otto Harras-owitz.

Shorto, H. L. (Ed.). 1963. *Linguistic Comparison in Southeast Asia and Pacific.* London: School of Oriental and African Studies.

Shorto, H. L., Jacob, J. M. & Simmonds, E. H. S. (Eds.). 1963. *Bibliography of Mon-Khmer and Tai Linguistics.* London: Oxford University Press.

Simmonds, E. H. S. 1965. Notes on some Tai dialects of Laos and neighbouring regions. *Lingua,* (14): 133–147.

Simmonds, E. H. S. 1969. Tai languages. *Encyclopaedia Britannica,* (21): 625.

Smalley, W. A. 1967. Review of J. Marvin Brown: From ancient Thai to modern dialects. *Journal of the Siam Society,* 55(1): 125–130.

Smalley, W. A. 1976. *Phonemes and Orthography: Language Planning in Ten Minority Languages of Thailand.* Canberra: Australian National University.

Smalley, W. A. 1988. Thailand's hierarchy of multilingualism. *Language Sciences,* 10(2): 245–261.

Smith, S. J. 1889. *The Principles of Siamese Grammar.* Bangkok: Bangkolem Press.

Smith, S. J. 1908. *A Comprehensive Anglo-Siamese Dictionary* (Vol. 5). Bangkok: Bangkolem Press.

Solheim, W. G. II. 1968. Early bronze in northeastern Thailand. *Current Anthropology,* 9(1): 59–62.

Solheim, W. G. II. 1970. Northern Thailand, Southeast Asia, and world prehistory. *Asian Perspectives,* (13): 145–162.

Solheim, W. G. II. 1984. Prehistoric South China, Chinese or Southeast Asian? *CAAAL,* (22): 13–19.

Stott, P. A. (Ed.). 1978. *Nature and Man in South-East Asia.* London: School of Oriental and African Studies.

Strecker, D. 1979a. A preliminary typology of tone shapes and tonal sound changes in Tai: The Lan Na A-tones. In P. Tuaycharoen et al. (Eds.), *Studies in Tai and Mon-Khmer Phonetics and Phonology in Honour of Eugénie JA Henderson*. Bangkok: Chulalongkorn University Press, 171–240.

Strecker, D. 1979b. Higher falls more: A tonal sound change in Tai. *CAAAL*, (11): 30–80.

Strecker, D. 1983. Proto-Tai vowels revisited: A comparison and critique of the work of Sarawit and Li. *Linguistics of the Tibeto-Burman Area, 7*(2): 33–74.

Strecker, D. 1984. *Proto-Tai personal pronouns*. Doctoral dissertation, University of Michigan.

Strecker, D. 1985. The classification of the Caolan languages. In S. Ratanakul, D. D. Thomas & S. Premsrirat (Eds.), *Southeast Asian Linguistic Studies Presented to Andre G. Haudricourt*. Bangkok: Mahidol University, 479–492.

Stump, G. T. (Ed.). 1983. *Papers in Historical Linguistics*. Columbus: Ohio State University.

Suwattee, D. & Kullavanijaya, P. 1976. A study of อย, ย, หญ, and ญ. In T. Gething, J. G. Harris & P. Kullavanijaya (Eds.), *Tai linguistics in Honor of Fang-Kuei Li*. Bangkok: Chulalongkorn University Press, 214–224.

Taylor, K. W. 1983. *The Birth of Vietnam*. Berkeley & Los Angeles: University of California Press.

Terwiel, B. J. 1978. The origin of the Tai peoples reconsidered. *Oriens Extremus, 25*(2): 239–258.

Terwiel, B. J. & Wichasin, R. (Trans. & Eds.). 1992. *Tai Ahoms and Stars: Three Ritual Texts to Ward off Danger*. Ithaca: Cornell University.

Thomas, J. M. & Bernot, L. (Eds.). 1972. *Langues et Techniques, Nature et Societe, Vol. 1: Approache Linguistique*. Paris: Klincksieck.

Thomason, S. & Kaufman, T. 1988. *Language Contact, Creolization, and Genetic Linguistics*. Berkeley & Los Angeles & London: University of California Press.

Thongkum, T. L. 1993. The lexicalization and conceptualization of some noun compounds in Tai-Kadai languages. *Acta Linguistica Hafniensia, 27*(2): 353–357.

Thongkum, T. L. 1997. Implications of the retention of proto voiced plosives and fricatives in the Dai Tho language of Yunnan Province for a theory of tonal development and Tai language classification. In J. A. Edmondson & D. B. Solnit (Eds.), *Comparative Kadai: The Tai Branch*. Dallas: Summer Institute of Linguistics & University of Texas at Arlington, 191–220.

Thurgood, G. 1985. Benedict's work: Past and present. In G. Thurgood, J.

Matisoff & D. Bradley (Eds.), *Linguistics of the Sino-Tibetan Area: The State of the Art*. Canberra: Australian National University, 1–15.

Thurgood, G. 1988. Proto-Kam-Sui. In J. A. Edmondson & D. B. Solnit (Eds.), *Comparative Kadai: Linguistic Studies Beyond Tai*. Dallas: Summer Institute of Linguistics & University of Texas at Arlington, 179–218.

Thurgood, G. 1994. Tai-Kadai and Austronesian: The nature of the historical relationship. *Oceanic Linguistics, 33*(2): 345–368.

Ting, V. K. 1929. Notes on the language of the Chuang in north Kwangsi. *Bulletin of the Museum of Far Eastern Antiquities* (Stockholm), (1): 61–64.

Tingsabadh, M. R. K. 1976. A phonetic description of Tai Nong. *Pasaa, 6*(1–2): 159–175.

Tingsabadh, M. R. K. 1984, August 22–24. *Thai dialectology up to the year 1984*. The International Conference on Thai Studies, Bangkok, Thailand.

Trager, G. L. 1957. Siamese phonemes: A restatement. *BIHP,* (29): 21–29.

Traugott, E. & Romaine, S. (Eds.). 1985. *Papers from the workshop on socio historical linguistics. Folia Linguistica Historica,* (6): 1.

Tsou, B. 1979. Homoganic nasal/stop alternations in Cantonese. In P. Tuaycharoen et al. (Eds.), *Studies in Tai and Mon-Khmer Phonetics and Phonology in Honour of Eugénie JA Henderson*. Bangkok: Chulalongkorn University Press, 290–312.

Tuaycharoen, P. et al. (Eds.) 1979. *Studies in Tai and Mon-Khmer Phonetics and Phonology in Honour of Eugénie JA Henderson*. Bangkok: Chulalongkorn University Press.

Twitchett, D. & Loewe, M. (Eds.). 1986. *The Cambridge History of China: Vol. 1. The Ch'in and Han Empires, 221 B.C.–A.D. 220*. London & New York: Cambridge University Press.

Wang, J. R. 1931. A comparative study of the numerals and personal pronouns in Chinese, Tai, Burmese, and Tibetan. *BIHP, 3*(2): 49–92.

Wang, S. S. 1966. *Phonology of Chinese loanwords in a Northern Tai dialect*. Doctoral dissertation, University of Washington.

Wang, W. S-Y. (Ed.). 1977. *The Lexicon in Phonological Change*. The Hague: Mouton.

Wang, W. S-Y. (Ed.). 1995. The ancestry of the Chinese language. *Journal of Chinese linguistics*, (8): 113–144.

Wang, W. S-Y. & Cheng, C. Y. 1977. Implementation of phonological change: The Shuang-Feng Chinese case. In W. S-Y. Wang (Ed.), *The Lexicon in*

Phonological Change. The Hague: Mouton, 86–100.

Weidert, A. 1977. *Tai Khamti Phonology and Vocabulary*. Wiesbaden: Franz Steiner Verlag.

Wen, Y. 1936. On the Sino-Tai glossary of T'ai-ping Fu, Kwangsi. *BIHP*, 6(4): 497–552.

Wen, Y. 1938. The influence of liquids upon the dissolution of initial consonant groups in the Indo-Sinitic family. *JRAS* (North China Branch), (69): 87.

White, J. C. (Ed.). 1982. *Discovery of Lost Bronze Age Ban Chiang*. Philadelphia: University of Pennsylvania Museum of Archaeology and Anthropology.

Wiens, H. J. 1967. *Han Chinese Expansion in South China*. New York: The Shoe String Press.

Wolfenden, S. N. 1936. On certain alternations between dental finals in Tibetan and Chinese. *JRAS*, (July): 401–416.

Wolfenden, S. N. 1937. Concerning the variation of final consonants in the word families of Tibetan, Kachin, and Chinese. *JRAS*, (October): 625–655.

Wood, W. A. R. 1926. *A History of Siam*. Bangkok: Siam Barnakich Press.

Wu, L. Y. 1990. On phonetic characteristics of the four-syllable constructions in the Dehong Dai language. *Proceedings of the 4th International Conference on Thai Studies*, (2): 354–360.

Wulff, K. 1934. *Chinesisch und Tai: Sprachvergleichende Untersuchungen*. København: Levin & Munksgaard.

Wyatt, D. K. 1984. *Thailand: A Short History*. New Haven: Yale University Press.

Young, L. W. 1985. *Shan Chrestomathy: An Introduction to Tai Mau Language and Literature*. Lanhan & New York & London: University Press of America.

新增补的原始台语同源词

*p-													
英语词义	声调	泰	老挝	德宏	帕基	白傣	黑傣	龙茗	万承傣	热依	凤山	石家话	汉语词义
generation, time	A1	paan	paan	paan⁶	傣雅 paan¹ʸ	paan¹	paan¹	paan⁵ B2	paan⁵	pan² B1	paan¹	paan¹	辈分；时代
to build (a dam)	C1		paan	paan⁴	paan³	paan³	paan³					paal¹	修建
to smear (with mad)	C1	paay, "sign"	paay					paay³	paai³		paai³	baay⁶	涂抹（泥浆）
upper leg, thigh	B1						paan²	靖西 paan²		paaŋ⁵			大腿
spleen	C1	paaŋ	paaŋ	paaŋ⁴	paaŋ³	傣雅 paaŋ³				paaŋ³			脾
bag, package	A1	kra-paw						paaw¹	paau⁴		paau¹		袋子
lame	A1		pɛɛ	pe³ B1		pê¹					pe¹		跛足
to wear shirts unbuttoned	B1							peŋ¹			peeŋ⁵		穿衣（不扣扣子）
to do wrong	A1							SFY pew¹	pew¹	peu¹			做错；得罪
to escape, to get loose	B1							pi²	pi⁵				逃脱
to compare	C1			pi² A2	傣雅 pi⁴ A2	pi² B1		pi³	pi³	pi³	pi³		比
song, parable	C1							pi³	pi³				山歌
grill, roast, warm hand over fire	C1	piŋ	piiŋ	piŋ⁴		piŋ³		piŋ³	phiŋ¹				烤（火）
broken frains of rice	A1			阿含 pin		pên¹				pin¹	pin¹		碎米，米碎
swollen, to bulge out	B1	pum	pom	pom³		pam²		poom²	pom⁵	poŋ²	poon⁵/²	pɔŋ³	膨胀
blister, bubble	D1L			phɔp³		pop²		poop²	poop¹	pop²	poop⁵	poop⁶	水泡
belly, stomach	A1	phuŋ A2	puum	pum⁶	傣雅 pum¹	pum¹	pum¹					phuŋ⁴	肚子，胃
arrow	A1	pɯɯn	pɯɯm	pun⁶	傣仂 pɯn¹	pɯn¹							箭
soft, tender, rotten	B1	pɯay	pɯay	poi³	poi¹	pəi²	pɯəi²	puuy³	pəi²			pɯəi³	柔软；腐烂

（续表）

*p-

英语词义	声调	泰	老挝	德宏	帕基	白傣	黑傣	龙茗	万承侬	热依	凤山	石家话	汉语词义
to bump into, to meet	C1			pɔŋ⁴				phoŋ²	phoŋ²	puŋ⁴ A2	puŋ³		碰到, 遇见
to lift up with two hands	A1									pɯa¹	pɯa¹		（用双手）抬起来
pile, heap	C1		pɔŋ "长"	pɔŋ⁴ "段"		pɔŋ³ "节"				pɔŋ³	pɔŋ³		（一）堆
to leave open; to be at liberty	B1	pɯɯŋ	pɯɯŋ	pɔŋ³		pɯɯŋ²	pɯəŋ²	puuŋ²		pɯaŋ²	pɯaŋ²		散养, 放养
to put face down, to fall face down	C1	pum A1		pɔm⁶ A1/B2						pom³	pɔm³		匍匐, 趴
to germinate, to wander; swollen	B1	pon	pon	pɔŋ³	poon¹	puŋ²/pôŋ²		poon²	pôŋ⁴ puŋ²	pɔŋ²	poon⁵/²		发芽; 肿胀
knot, bump, swelling	A1/B1	pom A1	pom A1	pɔm³		pum²	pum²	poom²	pom²	pom²	pum⁵		肿块
a kind of hoe-like axe	A1									pɯan¹	pɯan¹	黎语 pɯan¹	锛

*ph-

英语词义	声调	泰	老挝	德宏	帕基	白傣	黑傣	龙茗	侬	热依	凤山	石家话	汉语词义
to loose flavor	A1			phaan⁶	phaan¹	phaan²							变味, 失去味道
to be poor, to ruin	A1	phaan	phaan	phaan¹	phaan⁶								贫穷; 毁灭
to tear, to pull apart	D1L	phɛɛk	phɛɛk	phɛk³		phêk¹	phêk²	pheek²		pek²	peek⁵		撕开, 扯开
classifier for flat, thin objects	A1	phɯɯn	phɯɯn	phɯŋ¹	phün³	phɯn¹		phɤn¹		phɯɯm⁴ A2			片、块（扁、薄物体量词）
beewax; bee	C1	phɯŋ³	phəəŋ²	phɯŋ⁴	phün³	phəŋ³	phəŋ³		phuŋ³				蜂蜡; 蜜蜂
to spill, to drop	D1S	phok		phɔk³		phôk¹	phôk⁵ D2S	phok³	phok¹	pok¹	pɔk²		滴（动词）, 漏
dust, powder	A1	phon	phon	phɔŋ¹		phôn¹							灰尘, 粉末
to spread, to flatten out	B1	phɛɛ	phɛɛ	phe³	phɛɛ¹	phe²	phe²			pi²	pi⁵		铺开, 摊开

*b-

英语词义	声调	泰	老挝	德宏	帕基	白傣	黑傣	龙茗	侬	热依	凤山	石家话	汉语词义
do not... yet	B2			paa⁶						paa⁵	paa⁶	phaa⁵	先别……
slanting	C2	baai B1	baai C1	paai⁵						baay⁶	paai¹		倾斜
insane, mad	D2L							SFY paak⁵		paak⁵	paak⁶		疯
to set, to arrange	A2			paai²				paay³/⁴		paay⁴	paai²		安排
to fall down, to ruin	A2	phaŋ	phaŋ	paŋ²									倒下; 毁灭

（续表）

*b-

英语词义	声调	泰	老挝	德宏	帕基	白傣	黑傣	龙茗	侬	热侬	凤山	石家话	汉语词义
friend, company	B2/C2	phɯan B2	phɯan B2							paaŋ⁶	paan⁴		伴
beside; the side	C2				paaŋ⁵ B2		paaŋ⁶			paaŋ⁶	paan⁴		旁，边
to roast until dry	B2									paaŋ⁵	paaŋ⁶		烘干
not plump, having no kernal	D2L		phɛɛp/pheep	phɔp³ D1				paap²		paap²	paap⁶/pɛɛp⁶		瘪
time	A2							pay⁴	pay⁴	pay⁴	pai²		次
cloth	A2					靖西 phaŋ¹	SFY phaŋ¹	paŋ⁴		paŋ²			布
thousand	A2	phan	phan	pan²		pan⁴	pan⁴				phan⁴		千
to guard	C2	faw C1		phai⁵/pai⁵	phaü⁶			phaɯ⁴ A2	phaɯ⁴ A2				守护，保卫
to go back, to return, to put in place	D2L	phok D2S	phɔk D2S	pok⁵	pauk⁴	傣仂 pok⁵							返回
to share	A2			pɔŋ²		pɔŋ⁴							分享
disaster	A2		phee	phe²	phe⁴	傣仂 phe⁴							灾难
to win, to be defeated	C2	phɛɛ	phɛɛ	pe⁵	pɛ⁴	pe⁶		pee⁶		pe⁶			赢；败
dragonfly	B2		mi³	傣仂 bi³	傣仂 bi²		pey⁶	靖西 C2	武鸣 pi⁵ pai⁵	pi⁶			蜻蜓
river side land, field	B2/A1				phê:ŋ¹ A1	phiê:ŋ¹ A1				piaŋ⁵	piaŋ⁶		河边地
table	A2/A1			phən¹ A1	傣仂 phən¹ A1	pan⁴	pan⁴						桌
to build or extend higher	B2/A2	phəəm B2	phəəm	pom⁶ B2		pom⁴ A2							建造或延伸到更高的地方
to rely on, to depend on	B2	phɯŋ	phɯŋ	pəŋ⁶	pün⁵	pɯŋ² B1	pəŋ² B1	pɤŋ⁵			paŋ⁶		依靠
lips	B2/B1			pin³ B1	pin¹ B1					pin⁶ "边缘"			唇
a kind of cicada	D2S							pit⁵	pit¹	pit²			一种蝉
enough, sufficient	A2	phɔɔ	phɔɔ	po²	po²	po⁴	po			phɔ⁴			够
to beat, to hit, to strike	C2			po⁵	po⁴	傣仂 po⁶							打
to return, to pay back	A2								poy⁴	poi²			赔
pile, heap, bunch	B2/B1/A2/A1		phum B2	pum² A2		pom¹ A1		pom⁴		pom²	pum⁵		堆
to recite	B1/B2			poi³				poi²		poi⁶			背诵

（续表）

*b-

英语词义	声调	泰	老挝	德宏	帕基	白傣	黑傣	龙茗	侬	热依	凤山	石家话	汉语词义
to dash, to rush	B2	phuŋ	phuŋ	phoŋ⁶/phuŋ⁶	phuŋ²	phuŋ²				poŋ⁵	pooŋ⁶		（快速）冲；赶忙
to wear out; not sharp	C2/C1/B2			pom⁶ B2		pum³ C1		靖西 pɔm³ C1	pum³ C1	pum⁶	pum⁴		钝
country, area	A2							pɯɯŋ⁴		pɯaŋ⁴	pɯaŋ²	phian⁴	国；地方
fertilizer	B2			fun³						fun⁵	pun⁵	pun⁶	粪
time, occasion	C2							pɤn⁶	phən¹				时机
command buffalo to go to the right	B2								pɯ²	pɯ⁵	pɯ⁶		赶牛向右
bottom	C2	phɯɯn	phɯɯn	pun⁵	傣仂 pun⁴	pun⁶							底部
festival, temple fair, sacrifice	A2	北泰		pɔi²	pɔi²	pui¹ A1	傣仂 pɔi⁴						节日；庙会；祭祀
to hide, to lie in ambush	A2			pɔm²	pɔm²					pom² B1	pɔm³ C1		躲藏，埋伏
to go beyond, to pass by	C2	phon	phon	pon⁵	pon⁴								超越；经过
to dust off, to blow away	C2									poŋ⁶	poŋ⁴		吹走
to go through, to pass through	C2/B1	phon C2	phun C2	phon³ B1	phon¹ B1	phon² B1	pôn⁶ C2					phɔn⁶ B1/C2	穿过
group (of people)	A2/C2		phɔɔŋ C2	pon² A2		pɯŋ⁴ A2	pɯŋ⁴ A2		pôn⁴ A2	poŋ⁶ C2	pon⁴ C2		族群
low, projected roof	A2	phəəŋ	phua:ŋ	pɯŋ⁴ C1 "cellar" "(酒)窖"							pɯaŋ²		低矮、突出的屋顶

*ʔb-

英语词义	声调	泰	老挝	德宏	帕基	白傣	黑傣	龙茗	侬	热依	凤山	石家话	汉语词义
to mark notch	D1S									bak	bak		刻（做记号）
to bloom	A1	baan	baan	maan² A2		baan¹					baan¹		开花
to cut, to trim	B1	ban	ban	man³		ban²	ban²						修剪
to be nicked or chipped	B1		baan	maaŋ³		baan²				baan²	baan⁶	baal⁶	（刀）缺口
step, rung (of ladder)	D1S							mak³	bak⁵	bak³·	bak⁵		（楼梯）级
to suffocate, to immerse in water	D1S	buut	buut			but²	but²	mat⁵	bat⁵	bat³	bɔt⁵		憋气；浸泡
bunch, handful; to wrap up	A1/C1			mɛn⁶ A1		bên³ C1		men³	ben⁵				(一)把；包（起来）

（续表）

*ʔb-

英语词义	声调	泰	老挝	德宏	帕基	白傣	黑傣	龙茗	侬	热依	凤山	石家话	汉语词义
to divide into two, to split pieces off a big whole	B1/C1	bɛɛŋ B1	bɛɛŋ B1	mɛŋ3 B1					buɯ2 B1	biŋ6 C1	bin4 C1	beeŋ6 B1	分成两半，掰开
to peel off, to break off with fingers	B1	bi	bi	mi3	mi1	bi2	bi2	mey2	bi2	bi2	bi6	biʔ4	（用手）剥开（果皮）
not straight, aslant	D1S	bit	bit	mit1	mit1						bit5		斜
to twist off, to pluck	D1S	bit	bit	mit1	mit1	bit2	bit2	mit3	bit1	bit1	buɯt5	bit4	摘
lotus plant	A1	bua	bua	mo6	mo2	bô1	bua1	muu4					藕
bamboo tube for fanning a fire	C1			mo6 B2						望谟 bɔ4	bɔ4		吹火筒
worm, insect, caterpillar	C1	buŋ	boŋ	moŋ4	moŋ3	buŋ3	buŋ3	boŋ3					（毛）虫
to hit, to strike	C1			maŋ6 B2	maŋ2 A2						boŋ4		打，捶
section of wood (cut)	B1/C1	bɔɔŋ C1	bɔɔŋ C1	moŋ4 C1	mɔŋ4 C1	boŋ2 B1	buôŋ2 B1	mooŋ3 C1	bon2/6 B1/C1	boŋ6 B1	bɔɔŋ3 C1		（一）截（木头）
to say, to tell	D1L	bɔɔk	bɔɔk	mɔk3		bok2	bok2	mook2					告诉
to break; disjointed	D1S									bot2	boot6		脱（开），断开，分离
dented, shrunken	D1S	bup	bup	mɛp3		bop2/bup2	靖西 map3	bep4/bup5					凹凸的；萎缩的
swampy, soft, marsh	A1/B1												沼泽
(of face) distorted (in pain)	A1		buɯŋ C1					mɤŋ4		buɯ1	buɯ1		扭曲的（脸）
to pout one s lips	A1/C1		buɯan A1	mǝŋ6 A1/B2	bun1 A1	bun1 A1	mɤŋ6 C2			buɯŋ6 C1	buɯŋ4 C1		噘嘴
to wear or put on in a slanting way	B1/C1	biaŋ B1	biaŋ B1	mɔŋ1 A1		bǝŋ2 B1	bǝŋ2 B1 "边"		bǝŋ3	buɯaŋ6 C1	buɯaŋ6 C1		斜戴，歪
to look at, to observe	B1		bǝŋ	muŋ6 B2/A1	bǝŋ2	bǝŋ2							观察
(of water) to gush out	C1		bɔɔn					mɤŋ3		bun6	buɯ4		（泉水）涌出
to put (fruit) away to ripen	B1	bom	bom	mom3									（把芭蕉等）沤熟

*ʔbw-

英语词义	声调	泰	老挝	德宏	帕基	白傣	黑傣	龙茗	侬	热依	凤山	石家话	汉语词义
to wipe off	D1S			pɔt5				maat5	maat2	ʔwuat5	ʔbuɯat6	武鸣 ʔwuat2	抹
to rinse the mouth	C1	buân	buan	ʔon4		傣仂 bon3		muun3	bôn3		mǝn3		漱口

*pl-

英语词义	声调	泰	老挝	德宏	帕基	白傣	黑傣	龙茗	侬	热依	凤山	石家话	汉语词义
fragrant, nice	A1										pyaan¹	plaaŋ¹	香
to peel off slightly, scratched	C1									pyaan³	pyaan³		擦破；（表皮）破
to translate	A1	plεε	pεε					pee¹		武鸣 pee¹			翻译
scar, wound	C1		pεεu	paau⁴	paau³	paau³	paau³	phiu³		piaw³	pieu³		疤痕
to cause to be diffused, to issue forth, to stretch	B1	pleeŋ	peeŋ			piŋ²	peŋ¹ A1			peŋ²	peeŋ⁵		伸展
to pick (fruit), to pluck	D1S	plit	pit	pit¹		pit²		pit³					摘
to peep	B1						pyoom⁵	pêm¹		pyeem⁵			窥视，偷看
to remove	D1S	plot	pot		pôt²	pət²	pyot³	pot²	pyet²	pyet⁵	plεt⁴		剥（玉米粒）
to collapse	D1L	plɔɔt	poot	pɔt³		pot¹	pôt²						倒塌
to get warm from the sun or fire	B1								武鸣 plø⁵	pyo⁵			烤火取暖
pierced through	C1/ B1			pɔŋ³	傣仂 pɔŋ²	poŋ²				pyɔŋ³	pyɔŋ³		穿透
crisp, brittle	D1S									pyot³	pyot⁵		脆
one-layer unlined shirt	A1						piw¹			piaw¹	pyuu¹		单衣
white ant, termite	D1L	pluak	puak	pok³		pôk²	puak²	pyuuk²		武鸣 pluk³ D1S		pluk⁴ D1S	白蚁
to waste	A1	pluaŋ	puaŋ			pɔŋ¹		pyuuɯ¹		puaŋ¹	puaŋ¹	puaŋ¹	消耗，耗费
to strip off, to take off, to blow off	C1		puaŋ								puaŋ³		（风）吹掉
naked	A1	pluay	puay	poi³ B1	poi²	pəi¹ A1	puəi¹		pəi⁵/ poi¹		pyoi¹	puaŋ¹	裸体
round, spherical	C1	pɔɔm	pɔɔm	pɔm⁴ "椭圆"		pom³	pom³				plum¹		圆

*vr-

英语词义	声调	泰	老挝	德宏	帕基	白傣	黑傣	龙茗	侬	热依	凤山	石家话	汉语词义
eyebrow	A2					pau⁴	pau⁴	caw⁴	土语 sào/ chào	望漠 cau²	cau²		眉毛
to release	B1							龙州 pjuŋ²	邕宁 tsuŋ²	望漠 cuuŋ²	cian²		释放

*phl/r-

英语词义	声调	泰	老挝	德宏	帕基	白傣	黑傣	龙茗	侬	热依	凤山	石家话	汉语词义
to spill, to sprinkle (sth. dry)	B1	phiu A2	phaau³	phaau¹	phiu¹	phiu²	phyaaw²	phaau¹	pyaaw²	pyaaw⁵	phlaaw⁴		撒；洒（水）

(续表)

*phl/r-

英语词义	声调	泰	老挝	德宏	帕基	白傣	黑傣	龙茗	侬	热依	凤山	石家话	汉语词义
to appear	B1	phloo	phoo	po^3	傣仂 po^2	pô^2							出现
to spray, to squirt water	B1 D2S	phu?	phuu	phu^3	phuu^1	phu^2		phuu^4	phu^2	pyo^2	pyo^5	phrɔɔ^6	喷水

*bl/r-

英语词义	声调	泰	老挝	德宏	帕基	白傣	黑傣	龙茗	侬	热依	凤山	石家话	汉语词义
to smear, to apply (over surface)	A2	phaa	phɛɛ					phaa^4 "to splash" "喷,洒"		武鸣 plaa^2	pyaa^2		涂抹
to burn over fire	A2							pem^4		pyaam^4	pyaam^2		(火)燎
to stay open, to split	B2	phraaŋ	phɛɛŋ							pyaaŋ^5	pyaaŋ^6		裂开, 开裂
(legendary) evil spirit, monster	A2	phraay	phaay	phaai^2	phaai^2	傣仂 phyaay^4		pyaay^4		pyaay^4	pyaai^4		魔鬼
to hunt	A2	phraan	phaan	paan^2 "to lure" "诱"	傣仂 phaan^4	paan^4	paan^4	pyaan^4				phaan^4	打猎
to get burnt or scalded	A2									pyoo^4	pyoo^2		烫伤
to plait	A2	phua	phua	phai^2				phɯɯ^1 A1		pɯa^4	pɯa^2		编辫子
to run	D1L D2L	phruat	puat "eager" "急于"							pɯat^2 D1	pɯat^5 D1		跑

*f-

英语词义	声调	泰	老挝	德宏	帕基	白傣	黑傣	龙茗	侬	热依	凤山	石家话	汉语词义
beam	A1			faaŋ A2	phaaŋ^6	paaŋ^1				faaŋ^1	faaŋ^1		梁
air leak	B1		faaw	faau^3						faau^5			漏气
to slap, to smack	D1L	faak		faak^2	phaak^2	phaak^2				vaak^2	vaak^5		(掌)掴
flock, group	A1							靖西 phɔːn^2		fan^2	fɔn^5		群
to turn sth. over	A1/ C1/ C2		fɯan A1	faan^1 A1		fən^6 C2	phən^6 C2			vɯan^3	vɯan^3	vɔɔn^3	翻(开)

*v-

英语词义	声调	泰	老挝	德宏	帕基	白傣	黑傣	龙茗	侬	热依	凤山	石家话	汉语词义
iron	A2									faa^4	faa^2		铁
a kind of bamboo	A2									faay^4	faai^2		(做竹筏用的)竹子
ten thousand	B1/ B2				vaan^3 C1	vaan^5 B2	faan^5	faan^2	vaan^2	faan^6			万

(续表)

*v-

英语词义	声调	泰	老挝	德宏	帕基	白傣	黑傣	龙茗	侬	热依	凤山	石家话	汉语词义
to wave the hand	D2S/D2L		fat					fat³	vat⁴	vaat⁵	vaat⁶		招手
rice wrapped in reed or banana leaves	C2							靖西 faŋ⁶	邕宁 faŋ⁶	faŋ⁶	faŋ⁴		粽子
to listen	A2	faŋ	faŋ	faŋ²		faŋ⁴	phaŋ⁴						听
black	C2							foon⁶		fon⁶	fon⁴		黑色
to strike with a stick	D2L							靖西 foop⁵		vuap⁵	foop⁶		(用棍子)敲打
to float up	A2	fuu	fuu	fu²	phuu²	fu⁴	phu⁴	fow⁴	fu⁴	fu⁴	fu²		漂浮
eaves of a house	A2			foi	phoi²	fəi⁴							屋檐
wild, deserted	A2			hə⁵ C2		fo⁴		fuu⁴		fua⁴	fua²		荒芜
to support	A2/C2	fua C2	fuə C2	fə² A2				fuu⁴ A2			fua² A2		支持
he, other										fua⁶	fua⁴	vua⁶	他(乡);别(人)
to spill over	D2L	fɔt	fuat	fot⁵		fət¹	phuuət				fuat⁶	phuat⁵	溅出
to hit with a big stick	D2S			vut D1S							fuut²		(用粗木棍)击打
dark purple	D2L									fot⁵	foot⁶		深紫色,乌

*hw-

英语词义	声调	泰	老挝	德宏	帕基	白傣	黑傣	龙茗	侬	热依	凤山	石家话	汉语词义
barnyard grass	A1			vaŋ¹	傣仂 vaŋ¹	vaŋ¹		龙州 vaŋ¹	vaŋ¹	hoŋ¹	vaŋ¹		稗草
open side of blouse	B1		wɛɛŋ						veŋ¹		veeŋ⁵		上衣的开面
spoon; to dip up with spoon	D1L							veet²	veet¹				勺子;用勺子蘸或舀
(finger) ring	A1	wɛɛn A1	wɛɛn	ven² A2		ven¹							戒指
to winnow	B1/A2	南泰 wii A2						vi⁴ A2	vi²	vi⁵	vii⁶		(用簸箕)簸
skirt	C1							武鸣 vun³		vin³			围裙
having a piece out	B1		wɛɛŋ	veŋ³					viŋ²	viŋ⁵/veeŋ⁵	vɛɛŋ⁶		(碗、盘)缺了口
to slash (weed)	B1								vɯat²	vɯat⁵			割草;除草(用大镰刀)

*w-

英语词义	声调	泰	老挝	德宏	帕基	白傣	黑傣	龙茗	侬	热依	凤山	石家话	汉语词义
to catch with claws	A2							vaa⁴	vaa⁵	vaa⁴	vaa²	khwaa⁴	抓,挠
to be concave	B2	waau C2	waau C2		vaam⁶ C2						vaam⁶		凹陷

（续表）

w-

英语词义	声调	泰	老挝	德宏	帕基	白傣	黑傣	龙茗	侬	热侬	凤山	石家话	汉语词义
temple	D2S	wat	wat	vɔt⁵			vat⁵					vat⁶	佛寺（巴利借词）
glass, mirror	B2	wɛn	wɛɛn	傣仂 ven⁶		ven⁵	ven⁵					vɛɛn⁵	镜子
to leave, to quit, to throw	A2/B2			vɔŋ² A2 "vague" "含糊"		vaan⁴ A2	vaan⁴ A2	vaan⁵ B2		ven⁵ B2	ven⁶ B2		扔，抛弃
to lay across, to place; crosswise	B2			vaaŋ⁶	vaaŋ⁵	xwaaŋ⁵	khoaŋ⁵	vaaŋ⁵/veeŋ⁵	vaaŋ⁵	vaaŋ⁵	vaaŋ⁵	vaaŋ⁵ "set down" "放下"	横（放）；架（越）
to have a cleft blade; harelip	B2		wɛɛu	vaau³ B1	傣仂 vɛu⁵/³	veeu⁵	veeu⁵	veew²	veeu¹	vaaw⁵	vɛɛu⁶/vaaw⁶		缺口；唇裂

hm-

英语词义	声调	泰	老挝	德宏	帕基	白傣	黑傣	龙茗	侬	热侬	凤山	石家话	汉语词义
to like, to love	C1									武鸣 maai³	maai³		爱，喜欢
coverlet, light blanket	A1									maan¹	maan¹		被单
to have good fortune	A1		maan	maan¹	maan¹ "truely" "真正"	maan¹							走运
frilled young new rice	C1	maw	maw	mau⁴		mau³		maw³			muu³	muu³	用嫩、新稻米做成的米花
porcelain	A1						meeŋ⁵				mɛɛŋ¹		瓷器
pig's feed, hogwash	D1L		muak D2	mok⁵ D2					mɔk	武鸣 mook⁵	mook⁵	mɔɔk⁶	猪食
peach	B1		muun	mon³		mun²							桃子
half old and half new	A1			mɔn¹ "旧"				maŋ¹		maŋ¹	maŋ¹		半新半旧
(of plants) tiller, tillering	A1			mun² A2	mün² A2			muun⁴ A2 "肿"			muun¹		（植物）繁茂
ten thousand	B1	mɯɯn	mɯɯn	mun³		mun²	mun²					mɯɯn⁶	万
ancestor, ancient title	B1	mɯɯn	mɯɯn	mɔn³	傣仂 mɔn²								祖先
stale smelling	D1S						mɤt³			muut³	muut⁵		霉味
stomach, innards	D1S						mok³	mok⁵					胃，内脏
good luck	A1			mon¹	傣仂 mun¹								好运
temples (body part)	D1S	ka-mop									mɔp⁵		太阳穴
to spin	A1	mun	mun								muun¹	muun²	（陀螺）旋转

*m-

英语词义	声调	泰	老挝	德宏	帕基	白傣	黑傣	龙茗	侬	热依	凤山	石家话	汉语词义
to be with child; (of crops) to bear	A2	maan	maan	maan^2	maan^1	maan^4	maan^4	土语 man	maan^4	maan^4	faan^4	maan^4	怀孕；抽芽
coin	A1/A2							man^1	mɯn^5	man^4	man^2		硬币
rather fat, strong-built	B2	mâŋ	maŋ			maŋ^5		maŋ^1 "haughty" "自大,骄傲"	maŋ^2	maŋ^5	maŋ^6		壮实
sweet-sounding	C1/B2			mi^4 C1							mi^6		悦耳
to be in small pieces	A2							miin^4			mian^2		碎成粉末
to repair, to fix	A2			me^2	me^2	傣仂 mɛ^2							修复
season, time	A2								mêu^4	miaw^4	miau^2		季节；时间
to finish off	C2/B2		mɛɛn B2	mɛn^5 C2		men^6 C2		miin^6 C2	men^6 C2				完成
temple	B2/B1			mɛu^3		meu^2		miiw^5	mêu^2	miaw^5	miau^6		庙
fate, destiny	B2/B1	miŋ	miŋ	min^3	min^5	min^4		miŋ^5	miŋ^2	miŋ^5	miŋ^6		命
blanket, quilt	D2S								mok^1	mɔk^2			被子
grave	B2							moo^5	mô	mo^5	moo^6		墓
country, area	A2	mɯaŋ	mɯaŋ	məŋ^2	məŋ^2	məŋ^4	mɯəŋ^4		mɯaŋ^4	pɯaŋ^2			国；地方
mill; to grind	B2/B1	moo B1	moo	mo^3 B1		mo^2 B1		moo^5/muu^5	mu^2		mɯa^6		磨
a kind of fish net	A2/C2		mɔɔn A2	mɔŋ^2 A2	傣仂 mɔŋ^4 A2	mɔn^4 A2	mɔɔŋ^4 A2		mɯaŋ^6 C2	mɯaŋ^4 C2	武鸣 muun^6 C2		网
to look into the distance, to expect	B2	muŋ	mɯaŋ	muŋ^6 B2/məŋ^2 A2	muŋ^5	muŋ^5		mɯɯŋ^5	môôŋ^2	mɯaŋ^4	mɯaŋ^6		期望
finished, all gone	D1S/D2S/D2L	mot D1S	mot D1S	mot^3 D1S	mot^1 D1S	mêt^4 D2S		mɣt^4 D2S	môt^2 D1S	muat^5 D2L	muat^6 D2L	mɔɔt^6 D1L	末日；没落
lamp wick	A2							mɣn A1	mɯn^5	mun^4	mɯn^2		灯芯
powder, dust	B2		mun	mun^6	mun^5	mun^5		miin^5	mɯn^2	mun^5	mɯn^6	mul^4	粉尘
taro leaf	A2							moon^4		mun^4	muŋ^2		芋头叶子
burrow, hole	C2	muŋ "蚊帐"	muŋ "蚊帐"	muŋ^5	muŋ^4	muŋ		mɔŋ^6	muŋ^6		mɔŋ^4		洞，窝
noisy	A2	mua A2	mua	mɔ^2	mɔ^2	傣仂 mɔ^2							嘈杂
to roll up	C2	muan	muan	傣仂 mon^6		môn^6	muôn^6						卷
to open (the eyes)	A2	mɯɯn	mɯɯn	mun^2		mɯɯn^4	mɯɯn^4	mɣn^3 C1	mɯɯn^4				睁开眼睛
to dig with the mouth	C2		mon	mon^5	mon^4	傣雅 vən C2		靖西 mɔ:n^3			muun^4		(动物)用嘴拱

（续表）

*ml-

英语词义	声调	泰	老挝	德宏	帕基	白傣	黑傣	龙茗	侬	热依	凤山	石家话	汉语词义
a kind of wild fruit	A2									武鸣 mjaa²	mjaa²		五眼果
to step on	C2	luan		yan⁵				myaan⁶	ɲaan⁶	myaan⁶	ɲaan⁴	武鸣 mlan⁴	踩踏
joyful	B2		muan	mon⁶	mon⁵	môn⁵	muôn⁵						欢喜，愉快

*mw-

英语词义	声调	泰	老挝	德宏	帕基	白傣	黑傣	龙茗	侬	热依	凤山	石家话	汉语词义
plump, well-filled	D2L			maak⁵						faak⁵	faak⁶		（豆）饱满

*t-

英语词义	声调	泰	老挝	德宏	帕基	白傣	黑傣	龙茗	侬	热依	凤山	石家话	汉语词义
handle	A1									taam¹	taam¹		（刀）把
to join, to connect	A1	taam	taam	taam¹			taam¹		taam⁵	taam¹	taam¹		连接
a time	B1			taau³							taau⁵		次
to return	B1		taaw		taau⁵	taau²	taau²		taau²/teeu²	taaw²	taau⁵		返回
sweet corn	B1					土语 tay		tai¹	tay²	tai⁵			甜玉米
to collide	C1/A2	thum	tam	tum² C2	tam² A2	tum² B1	tam A1/tum² B1 "to rub" "擦;揉"	tam³	tam⁴ A2	tam³	tam³	tam³	碰撞，（牛）抵
lamp	A1	ta-kiaŋ		tuŋ⁶				tɤŋ¹	tɯŋ⁵	taŋ1	taŋ¹		灯
to come	C1	taw	taw							taw³	tau³		来
he, she, that	A1					tee²	tê⁵		ti²	te¹			他，她，它
to fill	B1	təəm A1								tem²	teem⁵		（用容器）接（水、油）
to write, to spot	C1	tɛɛm	tɛɛm	tem⁴	tɛm³	tem³	tem³						写；发现
to unroll, to set (a burden) down	B1							teek¹	tia²	tie⁵	tii⁶		展开（卷子）；放下（担子）
to expel, to chase	C1/B1	thiŋ C2		tiŋ⁴					tiŋ¹	tiŋ⁵	tlɛɛŋ⁵		驱赶，赶走
to get into position, to make ready	A1	triam	tiam							tiam¹			就位
to kick	D1L	diit (*ʔd?)							tiat²	tiat⁵	diit⁶		踢
to hold, to contain, to keep sth. in	A1				to¹	to¹	too¹		靖西 to¹		to¹		（用布等）圈/拦住（某物）
to build, to make	B1	tɔɔ	tɔɔ					too²	too¹	to²	too⁵		建，造
to share	B1							too²	tôô²	to²	too⁵		共享
meal, classifier for meals	B1							toon²	toon¹		toon⁵		餐

（续表）

*t-

英语词义	声调	泰	老挝	德宏	帕基	白傣	黑傣	龙茗	侬	热依	凤山	石家话	汉语词义
to guess, to foretell	B1		(don C1)							tôôn⁴ A2	toon⁵		猜，预测
shuttlecock, cloth ball	B1					toom²			靖西 toom¹	tom²	toom⁵		绣球
to collapse	B1					tom²			tom²		tɔm⁵		倒塌
to wrap sth. with cloth	D1S									tuk³	tuk⁵		（用布）包
clump, piece, log (of wood)	A1		tuum	tum¹		tum¹							块（木头）
round worm	D1S			tuuk²	tün¹	tək²	tɯɯk²						蛔虫
shallow (water)	C1	tɯɯn	tɯɯn	tən⁴	tün³	tən³	tɯɯn³	傣仂 tɯɯn³				黎语 thɯɯn³	浅
to smear, to paint	D1S			tuk⁵ D2S						tɯɯk²	tɯɯk⁵		涂抹，刷（油漆）
to be doing	D1S			tək⁵ D2S						武鸣 tuk⁵			打；进行
cage, fish cage	C1	tum	tum	tum⁴	tum³	tum³	tum³				tum³	tum³	鱼篓

*th-

英语词义	声调	泰	老挝	德宏	帕基	白傣	黑傣	龙茗	侬	热依	凤山	石家话	汉语词义
step (of ladder)	B1			thaaŋ³	taaŋ⁴	thaaŋ²		taaŋ²		taaŋ²	taaŋ⁵		台阶
to shave	A1/B1	thaa A1 "sharpen" "削（尖）；磨（利）"	thεε A1	thaa¹ A1				thay²		tay¹	tai⁵		刮（胡子），剃
to exchange	B1	thay	thay	thai³	thai¹	thai²	thai²						交换
to add	A1/B1	thεεm	thεεm	thəm¹				thiim¹		teem¹			添加；还（副词）
to throw out	C1	thim B2/ SoT C2	thim	thim⁴	thim³	thim³	thim³	傣雅 thim³ "击打" / thim³					扔
to listen, to humble oneself	B1	thɔm	thɔɔm	thɔm³	thɔm¹	thɔm²							倾听
to spit	B1	thom	thom	thum³		thum²	thôm²						吐（口水）
opening in a dike to release water	C1									tɯɯŋ³	tɯɯŋ³		排水口
bucket	C2/A1	thaŋ A1	thaŋ A1	thaŋ A1	傣仂 thaŋ A2	thuŋ⁴ A2	thuŋ⁴ A2	thoŋ³	thuŋ³ A2	toŋ³	tɔɔŋ³	thaŋ¹	桶

*d-

英语词义	声调	泰	老挝	德宏	帕基	白傣	黑傣	龙茗	侬	热依	凤山	石家话	汉语词义
to spin (thread)	A2									ta⁴	taa²		纺（线）
prefix for ordinals	B2	thii	thii					taay⁵	taai²	taay⁵	taai⁶	taai⁶	第（一）
to do	A2	tham	tham	thaam²			taam⁴	tam³ C1					做
to wash rice	A2			thau⁵ C2		taau⁴	taau⁴			taaw⁴	taau²		淘米

（续表）

*d-

英语词义	声调	泰	老挝	德宏	帕基	白傣	黑傣	龙茗	侬	热依	凤山	石家话	汉语词义
python	B2							taaŋ⁵	taaŋ⁵	taaŋ⁵	三防 taaŋ⁶		蟒蛇
to go and fetch	B2							tay⁵	靖西 tai⁵	tay⁵	tai⁶		取、拿；搬
to stamp (foot)	A2/B2			tam² A2	tam² A2	tam⁴ A2	傣仂 tam⁴ A2	tam⁵ B2	tam² B2	tam⁵ B2	tam⁶ B2		踩脚
Buddhist scripture	A2	tham（巴利 dhamma）		tham²	傣仂 tham⁴					taam⁴ "念经"	taam² "念经"		佛经
to add liquid to rice	B2									taam⁵	taam⁶		汤拌饭
to stop	C2				tɯŋ⁵ B2	taŋ⁵ B2/ yaŋ⁶ C2	taŋ⁶			taŋ⁶	taŋ⁴		停
to thrust forcefully into	B2		than B2	than³ B1		taŋ⁵ "talk angrily" "气愤地说"	taŋ⁵ B2	taŋ⁵ "anvil" "砧"	taŋ²	taŋ⁵	taŋ⁶	thaŋ⁵	用力插入
to pile up	D2L	thaap						tiip⁵	taap⁵	taap⁵	tap⁵	taap⁶	堆叠，摞
to guard	A2									taɯ²	taɯ²		看守
true	C2	thɛɛ	thee	te⁵	te⁴te⁴	te⁶	te⁶		thê			thɛɛ³	真
intestinal worm	B2							tee⁵	靖西 te⁵	te⁵	tɛɛ⁶		蛔虫
to run away, to flee	A2	thiaw				teeu⁴	teeu⁴	teeu⁴			teeu²	theew⁴	逃
to beat, to strike, to punch	C2		theŋ A2	teŋ⁵	teeŋ⁴	teŋ⁶ "miscarriage" "流产"		theeŋ³	teŋ⁶/ theeŋ³		tiŋ³ "争吵；按住"		猛击
long, slender objects	A2	thiw				theeu¹	teeu¹	teew⁴	têu⁴	tew⁴	teu²	thɛɛw²	条
half, some	A2							tiŋ⁴			tiŋ²		半、部分
small pond	B2									tiŋ⁵	tiŋ⁶		小水洼
to lodge, to take shelter	A2									to⁴	to²		投宿
(to do) receiprocally	A2							too⁴		ton⁴	ton⁴ C2		相互
story	A2					tô⁴ "叙述"	tô⁴ "讲"			to⁴	to²		故事
to gather, to collect	A2			to²				too⁴	tô⁵	to⁴	to²		收集
enough	B2							no⁴ A2	dô² B1/2	to⁵	to⁶		够
tube, pipe, forest	A2	thɔɔ B2/C1	thɔɔ	tɔ²	傣仂 tɔ⁴								筒，管；树林
to read	D2L					土语 tok		took²	tok⁵	took⁶			读
big post	B2	thoŋ A2		toŋ⁶	toŋ²‘			toon⁵	toon²	toŋ⁵	toon⁶	toon⁶ B1	桩

（续表）

*d-

英语词义	声调	泰	老挝	德宏	帕基	白傣	黑傣	龙茗	侬	热依	凤山	石家话	汉语词义
to perch, to stand on (sth.)	B2									tu^5	tu^6		站着栖息
chunk	C1/C2			thum$^{4/5}$ C1/C2	thum^3 C1	tum^1 A1	tum^4 A2						大块
strawberry	B2							tum^2			tum^6		草莓
(of fire) to burn	A2				tuɯ^4		Tho tɯ	thɯ^4			tɯ^2		燃烧
to pull, to drag	D2S			tuɯt^5	tɯɯt^4	傣仂 tuɯt^5		tɤt^5		tit^2	tit^2		拉，用勾拉
auspicious, lucky	A2			thon^2	thon^2								吉利
place, cluster (of plants)	D2L							武鸣 tiɔk^5		tuɯak^5	tuɯak^5		树丛

*D-

英语词义	声调	泰	老挝	德宏	帕基	白傣	黑傣	龙茗	侬	热依	凤山	石家话	汉语词义
to step on, to pedal, to kick	D1L/D2L	thiip	thiip	thip^1	thip^1	thip	thip	taap^5	tip^2	tiap^5 D2L	tiap^5 D2L	thiip^6	踩，踏；（鸟）站
to hit, to pound, to punch	D1L/D2L	thuak D1L	thuak D1L	tɔk^5		thɔk^5 D1	tok^5 D2	tok^5	tok^5		took^6		打，击
to weigh, to hang down	B2	thuaŋ B1	thuaŋ B1							tuaŋ^5	tuaŋ^6		往下吊
to begin; since	B1/A2	tɛɛ	tɛɛ	te^2	tɛ^1 A2	te^2	te^2	tu^4 A2 "since" "自从"				tɛɛ^6	开始；自从
right in the middle	A1/A2			teŋ^6 A1				tiŋ^4 A2	teŋ^4 A2	teŋ^2 A2			正当中
temporary shelter, hut	A1/A2		ka-teŋ	then^1		thên^1		thiŋ^1	thêên^1	tian^4 A2	tɛɛn^2 A2/tian^2 A2	thian^4 A2	棚子

*ʔd-

英语词义	声调	泰	老挝	德宏	帕基	白傣	黑傣	龙茗	侬	热依	凤山	石家话	汉语词义
to prepare, to arrange	A1		daa							daa^1			准备，安排
dirty, soiled	C1	daan "dull" "钝"	daan			daan^3				daan^6	daan^4		（衣服）脏
(of bees, insects) to sting	D1L							deet^2		daat^2	daat^6		（蜜蜂、毛虫）蜇
far, distant	D1S					dak^2	dak^2					dak^4	远
to joint dress	B1		daam			daam^1 A1			dam^2	dam^2	dam^6		连接/缝合衣服
piece, lump	D1S									dak^3	dak^5		块，大块，坨
understand	B1			dɛɛ						de^2	dee^6		知道，会
to throw away, to consume	D1L	dɛɛk	dɛɛk					neek^2	靖西 neek^2	dek^2	deek^6		丢掉；用掉

（续表）

*ʔd-

英语词义	声调	泰	老挝	德宏	帕基	白傣	黑傣	龙茗	侬	热侬	凤山	石家话	汉语词义
to be lame	C1				deŋ^3					望谟 deŋ^3	dεεŋ^4		跛脚
to ignite with fire	D1L		deet "fire" "点火"							deet^2	dεt^6		点燃
to nip off, to crush with the thumb	D1S		det					nat^3		dat^2	dεt^5		（用指甲）掐掉
tight, too small	D1S		det "严"							dat^3	dεt^5		（松）紧
a nap, sleep	A1		diaw						dêu^5	diaw^1	diau^1		睡小觉，小憩
to press down	D1S		dik	lek^3	lek^1	de^4			dê^6	dik^5	dik^4		按下
soil, earth	A1	din	din	lin^6	傣仍 din^1	din^1	din^1				din^1		土
hard, stiff, not soft	C1		daaŋ	laaŋ^4	naaŋ^3	daaŋ^3	daaŋ^3	naaŋ^3	daaŋ^3	doŋ^6	doŋ^4		硬
to hide (oneself)	C1							noo^3	dô^3		do^4		躲
to shine, to be shiny	B1									doŋ^2	dooŋ^6		闪耀
round	A1									望谟 duun^1	duan^1	毛南 do: n^2	圆
the back of the neck	C1		ka-don							dan^6	dɔŋ^4		脖子后面
former; formerly	C1									du^6	du^4		以前，从前
to mix, to stir	A1			tau^1						daaw^1	dwaau^1		搅拌
to tread on the lever of mortar	B1		dɯaŋ			dɔŋ			dɔŋ^3	dɯaŋ^2	dɯaŋ^6		踩臼杆舂（米）
to crawl through (a narrow space)	C1			lan^4					dun^3	don^6	doon^4		钻（洞）
(of animal) to copulate	C1	daw	daw							daw^6	dau^4		（动物）交配
to stumble	D1S	sa-dut	dut	lot "squash" "压（烂）;踩（烂）"				not^3			dɔt^5		（走路）打趔趄
stubborn	B2	dɯɯ C1	dɯɯ C1	tɯ^1						dɯ^5		dɯɯɯ^3	倔

*ʔdl/r-

英语词义	声调	泰	老挝	德宏	帕基	白傣	黑傣	龙茗	侬	热侬	凤山	石家话	汉语词义
a kind of bamboo	D1S			hok^3						dok^3	dɔk^5		刺竹

（续表）

*ʔdl/r-

英语词义	声调	泰	老挝	德宏	帕基	白傣	黑傣	龙茗	侬	热依	凤山	石家话	汉语词义
wedge	B2/ C1/ C2	lim B2	lim B2	lim⁴ C1	nim³ C1	dim³ C1	dim C1	liim² B1		lim⁶ C2	liam⁴ C2		楔子
to brush against lightly	D1L			daat						raat⁵ D2L	laat⁶ D2L		轻轻地摩擦

*tl-

英语词义	声调	泰	老挝	德宏	帕基	白傣	黑傣	龙茗	侬	热依	凤山	石家话	汉语词义
to move with a stick or finger	D1S	det	diit	sit¹						tit³	tit⁵		（用手指轻轻地）弹

*tr-

英语词义	声调	泰	老挝	德宏	帕基	白傣	黑傣	龙茗	侬	热依	凤山	石家话	汉语词义
to harden, to solidify	C1			taŋ¹/ tiŋ¹						望谟 zoŋ³	tsɔŋ³		凝固

*thl-

英语词义	声调	泰	老挝	德宏	帕基	白傣	黑傣	龙茗	侬	热依	凤山	石家话	汉语词义
spicy hot	D2L									saat⁵ 罗甸 ɕaat⁶	thaat⁵		辣
to put on (hats)	C1							thom³	thom³	sam³	ɕɔm³		戴，罩
gun	B1			kɔŋ⁴ C1	傣雅 suŋ⁵	tsuŋ²		土语 suŋ²	suŋ²	suŋ²	ɕuŋ⁵	thruŋ³	枪
language, sentence	A2	saan A1								san⁴	ɕɔn²	thɛn⁴	话，句

*thr-

英语词义	声调	泰	老挝	德宏	帕基	白傣	黑傣	龙茗	侬	热依	凤山	石家话	汉语词义
exchange, alternative	B1	thaay	laai⁶	laai⁵	thaai²	thaai²			tôi¹				交换，替代
to trap, to set (a trap, a load)	C1	haaŋ	haaŋ	haaŋ⁴	haaŋ³	haaŋ³	haaŋ³	thaaŋ³	thaaŋ³	raaŋ³	laaŋ³		设（套）；装（挑子）；扣扣子
to cut, to clear (land)	A1	thaan	thaaŋ	thaaŋ¹		thaaŋ¹	thaaŋ¹	thaaŋ¹/ laaŋ¹	laaŋ²	laaŋ¹	laaŋ¹	thaaŋ²	（用大镰刀等给田地）除草
to wear, to carry, to have on	D1S		thak					thak³	thak¹		lak⁵		穿，戴（装饰品）
to run fast	D1L/ D1S								thet¹		liet⁶ D2		快跑
to swam, to gather around	A1/ C1	mɔɔt A1	mɔɔt A1	tum⁶ A1		tom A1		toom A1		武鸣 ɣum³ C1	lum³ C1	mɔɔt¹ A1	聚集

*dl/r-

英语词义	声调	泰	老挝	德宏	帕基	白傣	黑傣	龙茗	侬	热依	凤山	石家话	汉语词义
land; mire	A2/ B2	leen B2	leen A2	len⁶ A2 "领地"									泥地，沼泽

（续表）

*dl/r-

英语词义	声调	泰	老挝	德宏	帕基	白傣	黑傣	龙茗	侬	热侬	凤山	石家话	汉语词义
to tie, to join	B2		lɛɛŋ	laaŋ⁶		leeŋ² B1		laaŋ⁵		raaŋ⁵	laaŋ⁶		连接
to repeat	B2	ram B2		lam¹ "多"		lam¹		lam¹		ram⁵	lam⁶		重复
to mix, to be mixed up	C2			lo² A2						riaw⁶	liau⁴		混合
to roll along	C1/C2	kliŋ C1	kiŋ C1					liŋ²/³ B1/C1	liŋ⁶	武鸣 riŋ⁴	liŋ⁴		翻滚
only, alone	D2L	thɔɔk	thɔɔk					took⁵	took⁵	tok⁵	took⁶	thlɔɔ⁶	独
(of water) to wash away	A2			thɔŋ²	thauŋ²					cɔŋ⁵ B2	tɛɔŋ²		冲走
bedroom	D2S			luk¹ D1		duk² D1			ruk¹	luk²	ruuk⁵		卧室
stick; to poke	C2	kra-thuŋ "(用棍)捅"							tuŋ⁶	tuŋ⁶	thruŋ⁶		拐杖
long plot or row of a field or garden	A2				傣雅 lwan²			luuŋ⁴		ruaŋ⁴	luan²		垄
lane, valley	B2							luuŋ⁵		ruŋ⁵	luŋ⁶		山谷
to donate	B2			lu³ B1	luu¹ B1					ru⁵ "赎"	luu⁶		捐赠
to scald by putting in boiling water	D2L			yɔp³						ruap⁵	look⁶		用开水烫

*Dr-

英语词义	声调	泰	老挝	德宏	帕基	白傣	黑傣	龙茗	侬	热侬	凤山	石家话	汉语词义
rainbow	A2	ruŋ C2	huŋ A2	huŋ² huŋ⁴	傣仂 huŋ⁴ 傣雅 huŋ²	huŋ⁴		lɔŋ⁴	toŋ⁴	武鸣 toŋ⁴	tuŋ²		虹

*hn-

英语词义	声调	泰	老挝	德宏	帕基	白傣	黑傣	龙茗	侬	热侬	凤山	石家话	汉语词义
no, not... at all	B1			傣仂 naaw²				naaw² "总"		naaw²	naau⁵		(一点也)不
to spin well (of a top), to adhere to, to paste	A1		nɛɛm "酸菜"	lim¹		nem¹ "米卷"		neem¹	neem¹	niam¹	nɛɛm¹		粘贴
to tuck in	D2S	nep	nep	lep³	nep¹		nêp²	nyap³		nap³	nap⁵	nɛp⁴	(把衣裤等)掖好; 纳
to stitch together	D1L							naat²	nat¹				缝补
to remember, to record	A1									nen¹	neen¹	武鸣 neen¹	记住; 记录
hand pressed; to press down	C1	nɛn	nɛɛn	len³ B1		len³	nên³	nen³		nan³	nɛn³		按, 摁; 压扁
pincers, tweezers	D1L	nɛɛp	nɛɛp	lɛp³	nɛp¹	nep²	nêp²	neep¹	nɛp²	nɛɛp⁵	niip⁶		镊子

（续表）

*hn-

英语词义	声调	泰	老挝	德宏	帕基	白傣	黑傣	龙茗	侬	热依	凤山	石家话	汉语词义
big river, lake	A1									ɲia¹	nie¹		江，湖
to move	A1		niŋ	luŋ¹	nɯŋ⁶	傣仂 nɤŋ¹	傣雅 nən¹			武鸣 niŋ	niŋ¹		动
rusty, rust	C1					nên³	niên³	niiŋ³	nên³		nai⁴		生锈
a kind of wild fruit	A1							龙州 nim¹	邕宁 nim¹	武鸣 nim¹	nim¹		稔子
to vex, to resent	A1/C1	nɛŋ A1	nɛn A1	lɛn¹ A1		niŋ³ C1	nien³ C1		niŋ³ C1	niŋ³ C1			恼火，怨恨
hump	D1L	nɔɔk	nɔɔk	lɔk³				nook³		nɔk³	nɔk⁵	nɔɔk⁶	牛背峰
a kind of herb	D1L								nook¹		nook⁵		一种野菜（可吃）
tough, difficult to break or tear	C1									nuŋ³	nuŋ³		韧
breast, milk	B1					nu³ C1	now²				nuu⁵		奶
a long time	A1		nyɯɯ								nɯa¹	ɲɯa¹	很长一段时间
swelling on skin	C1							nɤn³		nɯn³	nɯn³	nuun³	皮肤（被虫咬后长的）疙瘩
tea	C1			leŋ³	neŋ³								茶

*n-

英语词义	声调	泰	老挝	德宏	帕基	白傣	黑傣	龙茗	侬	热依	凤山	石家话	汉语词义
difficult	B2			laan⁵					naan⁴	naan²	naan⁵	naan⁶	艰难
to button	C2							naw⁶	nau⁶				扣扣子
to chase	D2L		nɛɛp	luɯp²/⁵				neep⁵		nep⁵	neep⁶		撵，赶
to urge to go, to follow	A2			lɛm²				邕宁 neen⁴ "圣旨"	nem⁴	nem⁴	nem²	黎语 niam⁴	跟随
to be crowded	C2/B2	nen B2	nen B2	len⁵ C2 "to trod" "踩"		nên⁵ B2			neen² B1	nen⁶	nɛn⁴	neen³	拥挤
to weigh down	B2/B1									neŋ²	nɛŋ⁶	neŋ²	往下吊；悬挂
to think, to cherish	B2							nuɯ³		nɯ⁵	nie⁶	ŋɤh⁴	想念；喜欢
bunch (of bananas)	D2S									nok¹	nɔk²	nɔk⁶	（芭蕉）串
to rub	C2							noo¹ A1	nô² A1	no⁶	no⁴		搓
overripe	A2	ŋɔɔm				num⁴		nom⁴	num⁶ C2	nom³ C1		nuam⁵ B2	熟透
pounded to bits	A2			nuan "嫩"						nuɯa⁴	nuan²		（捣）碎（成粉状）
slow(ly); gentle	A2/B2	naay B2 "使变软"	nuay	lou²						naay⁵	naai⁶		慢；温柔

*nl-

英语词义	声调	泰	老挝	德宏	帕基	白傣	黑傣	龙茗	侬	热侬	凤山	石家话	汉语词义
to say, to inform, to announce	B2/A2	law B2	law B2	lau⁶ B2	lau⁵ B2	lau⁵ B2	lau⁵ B2	naw⁴ A2 "guess" "猜"	lau¹ A1	naw⁴ A1	nau² A2	law⁶ C2	说，告诉

*hnr-

英语词义	声调	泰	老挝	德宏	帕基	白傣	黑傣	龙茗	侬	热侬	凤山	石家话	汉语词义
lake, low area	A1/C1	nɔɔŋ A1	nɔɔŋ A1	lon¹	nauŋ²	non¹	non¹	nooŋ³ C1		roŋ³ C1	lɔŋ³ C1	nɔɔŋ²	湖，天坑

*nr-

英语词义	声调	泰	老挝	德宏	帕基	白傣	黑傣	龙茗	侬	热侬	凤山	石家话	汉语词义
to flood	A2	nɔɔŋ	nɔɔŋ	lɔŋ²	nauŋ²	non¹	non¹	nooŋ³ C1		roŋ³ C1	looŋ²	nɔɔŋ²	发大水

*hl-

英语词义	声调	泰	老挝	德宏	帕基	白傣	黑傣	龙茗	侬	热侬	凤山	石家话	汉语词义
the part of a river where water runs swiftly	B1			laai³	laai¹			laay²	laai²	raay²	laai⁵		湍流
lost; to disappear	B1				laam²	laam⁵		靖西 laam²		laam²	laam⁵		消失
to be bald	C1	laan C2	laan C2	laan⁴	lɔn³	lɔn³	lɔn³					laan³	秃顶
classifier for buildings	A1	laŋ	laŋ	laaŋ¹		laaŋ¹							幢（房屋）
a kind of oily fresh water fish	D1L	cha-laat	sa-laat		laat²					raat²	laat⁵		刺鳅
small cage	D1S				lop D2					rap³	lap⁵		笼
house sparrow										lay³	lai³		麻雀
to collapse, to landslide	C1		lan	lan³	lan³	laŋ²		loon²	lan²	len³	lɛn⁵		倒塌
thin (of liquid), mashy	B1	lɛɛw	lɛɛw	lɛw¹		leo¹	leo¹						稀
torch, lighting	A1									liaw¹	liau¹		火把
wild, untamed	C1									lin³	lin³		野，未驯服的
to weed out, to thin out seedlings	D1S									lit³	lit⁵		间苗，除草
to drop, to hang down	A1	yɔɔi C2	luay C1	loi⁶	loi¹						looi¹		（液体）往下滴
late, tardy	D1L		lut⁵		lut					lot²	loot⁵		迟到
to shine; dazzling	C1/B1				lən³ C1	lɯɔn³ C1	lɯɯn²/³ B1/C1			luan² B1	lɯan⁵ B1		耀眼；刺眼
dull, not sharp-pointed	B1							luu²	lu¹				钝

（续表）

*hl-

英语词义	声调	泰	老挝	德宏	帕基	白傣	黑傣	龙茗	侬	热依	凤山	石家话	汉语词义
coin, copper coin	B1/A1								luuy^1 A1		luai^5 B1		铜板
a kind of fresh-water eel	D1S	lut								lut^5			一种像泥鳅一样的小鱼

*l-

英语词义	声调	泰	老挝	德宏	帕基	白傣	黑傣	龙茗	侬	热依	凤山	石家话	汉语词义
(of fire) to spread	A2	laam	laam	laam^2	laam^2	laam^4	laam^4	laam^4		laam^4		laam^4	蔓延
areca nut, a kind of fruit	A2					laaŋ^4	laaŋ^4	laaŋ^4	laaŋ^4				槟榔
to roam	B1/B2						laaŋ^2	laaŋ^2			luaŋ^5		漫步
million	C2	laan	laan	laan^5	laan^4	laan^6					laan^3		百万
to wander, to visit	B2							laau^1	laaw^5	laau^6			走亲戚、串门
man, adult male	C2		laaw A2			laao^2 B1		laaw^6	laau^6	laaw^6	laau^4		成年男性
to roll up	B1/B2'/A2	lan B2'	lan C2	len^3	len^2	lan^2	lan$^{3/4}$	lan^2	lan^4	lɛn^4	lɛn^1		（把米或面团）捏成圆状
to look, to glance	A2/B1	lɛɛ A2	lɛɛ A2	le^3 B1	le^1 B1	le^4 A2	le^4 A2	lee^4 A2	lê^4 A2				瞧
other, another	B2			ləŋ^2				leeŋ^2		lian^2	leeŋ^6		别的
sickle	A2	lem	liam B1	lɛm			liim^4	lêm^4	liam^4	liam^2	liam^4	镰刀
blue	D2S					lok^5			lok^1	lɔk^2		蓝
road, path	B2	luu	lɔɔ				loo^5	lô^6	武鸣 lo^6			路
to pull in a rope hand over hand	B2	loot	lot				loot^5	lot^2		loot^6		用手一把一把地拉绳子
to go down a slope	C2	luŋ	luŋ	lɛŋ^1 A1 "车"		luŋ^6 "经常"	luŋ^6 "经常"	liŋ^3 C1	靖西 ləŋ^3 C1		liŋ^4		滚下坡
to scald	D2L	luak	luak	lok^5	luk^4	lô^4	luak^5	luuk^5/lok^5		luk^3	look^6	luak^5	用水烫
to smooth; shining	B2	luam B2			ləm^4 C1	ləm^3				luam^5	luam^6	光滑
open, exposed	D2L					le B2		leek^5		lek^5	leek^6	敞开（衣服）
final, last	A2		lun A2	lun^2		lun^4	lun^4			luun^4	lun^2	最后
female-in-law, aunt	A2		lua	lo^2	lo^2	lô^4 "aunt" "婶"	lua^4	luu^4	luu^4			姨；婶
yesterday	A2									luan^4	luan^2	luan^4	昨天
exchange, alternative	B2	raay B2		le^1/la^1			lɨɨ^5		lu^5	luɨ^6		交换
to split (bamboo)	B2					le^5			loy^5	loi^6		破开（竹篾）
all, entire(ly)	C2	luan C2	luan	lɔn^5	lɔn^4	lɔn^6		lɨn^5 B2				完全

（续表）

*l-

英语词义	声调	泰	老挝	德宏	帕基	白傣	黑傣	龙茗	侬	热侬	凤山	石家话	汉语词义
a piece (of land)	D2L			lɔk¹ D1S							look⁶		（一）块（地）
to run fast	D2L							luut⁵			liat⁶		跑
to smoke, to fumigate	A2	lon	lon					lɤn⁴		lɯan⁴	luan²		熏，用烟熏

*hr-

英语词义	声调	泰	老挝	德宏	帕基	白傣	黑傣	龙茗	侬	热侬	凤山	石家话	汉语词义
to disappear	A1	haai	haai	haai¹						rɯay¹	rɤɤy¹		消失
harrow	B1									raaw²	lwaau⁵		耙
swollen, inflated, bloated	A1									raŋ¹	laŋ¹		（肚子）胀气；肿胀
maple	A1							law⁵		武鸣 raw¹	lau¹		枫树
to take precautions	A1			he⁵ C2	傣仂 hɛ⁶ C2					he¹	le¹	武鸣 re¹	防备
coarse sand	B1							邕宁 le²		re²	le⁵	武鸣 ɣe²	粗沙
water chestnut	C1	hɛɛw	hɛɛw	heu⁴	heu²			heew³	heu³	hew³	leu³		慈姑
to warm oneself by the fire	A1	phiŋ	fiŋ	fiŋ¹				liiŋ¹		望谟 ziŋ¹	hiŋ¹		烤，烘
fish basket	A1							lɯɯŋ¹		武鸣 rien¹	lɯaŋ¹		鱼篓，笼
the lap	C1									ruŋ³	luŋ³	ruŋ²/³	膝上；怀抱
slack, not taut	B1									ruŋ²	luŋ⁵		松弛
to harrow (a field)	B1							lay⁵ B2		ray²	lwai⁵		耙田
honeybee	A1									rɯay¹	looi¹	rooy²	蜜糖；蜜蜂
to repeat another's words mockingly	A1									rɯa¹	lɯa¹		嘲笑地重复别人的话
itching foot disease	A1							lo¹		ro¹	lo¹		痒脚病，香港脚
cockscomb	C1									ru³	lu³		鸡冠
bamboo container	D1S	huat	huat		hôt²	huat²				rɯt³	lut⁵		一种竹制容器
a long time	A1	huŋ	huŋ	huŋ¹	hüŋ⁶	huŋ¹	hɘŋ¹	土语 hɘŋ¹	huɯŋ² A1			阿含 hrün	很久

*r-

英语词义	声调	泰	老挝	德宏	帕基	白傣	黑傣	龙茗	侬	热侬	凤山	石家话	汉语词义
really	C2								laai⁶	raay⁶	laai⁴	raay⁶	真，真正（副词）
wild boar	B2								布侬 zaai⁶	laai⁶			野猪

*r-

英语词义	声调	泰	老挝	德宏	帕基	白傣	黑傣	龙茗	侬	热依	凤山	石家话	汉语词义
to be deserted or abandoned	C2	raaŋ	haaŋ	haaŋ^5	haaŋ^4	haaŋ^5 B2	haaŋ^6	laaŋ^6	laaŋ^1			raaŋ^6	被抛弃
to tie, to join	B2									raaŋ^5	laaŋ^6		连（着）
to crawl (of ants)	B2		haay	(tai^3 B1)	(tai^2 B1)	(tai^2 B1)	(tai^3 B1)	laay^4 A2	laai^5	raay^5	laai^6		（蚂蚁）爬行
to pour out, to take out, to remove	B2/ C2			haai^6		hê C1	hia C1	lee^5		raay^6		raay^6	倾倒
a patch (of rice field)	B2			hai^6					laay^1	raay^5	laai^6		（一）块（田）
to cry out, to thunder	A2									ray^4	lai^2		咆哮；打雷
to ladle off excess liquid in cooking	B2	rɔɔn		hɔɔn	傣仇 hin^4 A2		龙州 ɬin^4 A2	lɤn^5	靖西 lən^4 A2	ran^5	lɛn^6		滗（米汤）
to shake, (of voice) to tremble	A2									rian^4	lian^2		（声音）颤抖
charcoal, stick	A2	riaw		hiaw						riaw^4	liau^2	riaw^4	木炭；棍子
to collect, to gather	D2S	rip		hip						rip^1	lip^2	rip^6	收集
dry (firewood)	A2									ro^4	lo^2	khoo^2	干枯
to be without, poor	C2	ray		hay		hai^6	hai^6	lay^6		rɯay^6	looi^4		身无分文，贫困潦倒
placenta; litter (of animals)	D2L	rok D2S		hok	hok^5	hok^4	hòk^1	hok^1	look^5	rok^5	look^6	rɔɔk^5	子宫；（一）窝（猫、狗等）
to cut (branches off)	C2/ A2	rɔɔn A2		hɔɔn A2	hɔn^2 A2	hon^6	hon^4 A2	hon^4 A2	hon^6 C2	roon^6 C2	loon^4 C2	rɔɔn^4 A2	砍掉（枝丫）
hot of weather	C2	rɔɔn		hɔɔn	hɔn^5	hon^6	hon^6			hon^6			天气热
hawk	C2	ruŋ			hɔŋ^5	hoŋ^4	huŋ^6	西傣 hoŋ^6					鹰
to cook rice in low fire	A2									ruan^4	luan^2		（慢火）炖
to herd, to feed, to look after	C2							loŋ^6		roŋ^6	luŋ^4		放牧；喂养
crotch (of trousers)	B2			huan	hoŋ^3 B1					武鸣 ruŋ^6	luŋ^6		裤裆
to follow with	A2									rɯan^4	lɯan^2		跟随
to hoe, to dig lightly	D2S									rok^1	lɔk^2		轻挖

（续表）

*r-

英语词义	声调	泰	老挝	德宏	帕基	白傣	黑傣	龙茗	侬	热依	凤山	石家话	汉语词义
to fall, to drop (of leaves or flowers)	B1/2	ruaŋ B2	huaŋ B1	hoŋ⁶ B2	hoŋ⁵ B2	hôŋ² B2	huôŋ² B1						（花、树叶）掉落
armpit	C2	re		傣仂 le⁶		he⁶	he⁶	lee⁶					腋窝
to bathe itself (of animals)	A2							武鸣 rum²	lum²				（动物）在水中洗泡
to smoke, to fumigate	A2	rom	hom	hum²	hum²	hum⁴	傣仂 hum⁴	lom⁴			luan²	hom⁴	用烟熏

*ş-

英语词义	声调	泰	老挝	德宏	帕基	白傣	黑傣	龙茗	侬	热依	凤山	石家话	汉语词义
a kind of acute disease	A1	saa B1		saa⁶		傣雅 saa A1		šaa¹	saa¹	sa¹	ɕaa¹		发痧
round shallow pan	B1									saaw²	ɕaau⁵		圆底炒菜锅
to stamp (the foot)	B1	yam B2	yam C1							sam²	ɕam⁵		跺脚
to massage, to squeeze	C1									san³	ɕɛn³	ɲɛn³	按摩，挤压，按
to sting, to stab	B1									saŋ²	ɕaŋ⁵		刺（动词）
and; with	B1							šaw³ C1	sau⁴/²	武鸣 ɕau⁵			和
to keep, to put aside	A1									se¹	ɕee¹		放；留（给）
to cut open (a chicken, fish)	D1L	sɛɛk D2L	sɛɛk D1L							sek²	ɕeek⁵		切开，破开（鸡、鱼）
to pole (a boat)	B1									seŋ²	ɕeŋ⁵	kɯɯɯ⁶	撑杆
to insert	A1	cim C1		sɛm² A2	sɛm¹						ɕiam¹		插入，嵌入
to release, to set fire	B1									suan²	ɕiaŋ⁵		放走，放开
child, offspring	A1									siŋ¹	ɕiŋ¹		孩子，后代
pimple, acne	A1	siw	siu	siu¹	siw²	siu¹	siu¹	syow¹		saw⁴		siiw¹	粉刺
to lose (in business, etc.)	A2/ A1	soom A2		sum²	傣仂 sum⁴	lum¹		luum⁴		som¹	ɕom¹		（生意）亏本，折本；丢失
to pound rice slightly to make it whiter	D1S			sut¹						sop²	ɕop⁵		把稻米舂白
to spin thread, bobbin	A1	kra- suay	suay								ɕway¹		纺线；筒子
to join, to tie together, to inherit	D1L	sɯɯp	sɯɯp	sɯp⁵ D2	süp⁴	sɯp²	傣仂 sɯp²	sop³	θup²		ɕiap⁵		继承；（性格、模样）像

259

*ʑ-

英语词义	声调	泰	老挝	德宏	帕基	白傣	黑傣	龙茗	侬	热依	凤山	石家话	汉语词义
clump of plants	A2		sa C2							sa^4	$ɕaa^2$		丛（灌木、草）
widely-spaced	C2									sa^6	$ɕaa^4$		疏，稀疏
to place underneath	B2									sa^5	$ɕaa^5$		垫在下面
elevated floor (of a house)	B2									$saan^5$	$ɕaan^6$		房子的晒台，阳台
to shear	D2L									$saap^5$	$ɕaap^6$		剪
bed, bestead	A2		saaŋ A2			$choŋ^4$		$saaŋ^4$	$θaaŋ^4$	$saaŋ^4$		$ɕwaaŋ^2$	床
to set up, to start, to establish	C2		saaw B2	sai^3 B1							$saaw^6$	$ɕaau^4$	建立；开始兴办
to repeat; same, more, all	B2/C2	sam C2	sam B2	sam^5 C2	sam^4 C2	sam^6 C2	sam^6 C2	sam^6 C2	sam^6 C2	sam^5 B2	$ɕam^6$ B2		重复，相同；更多
extremely cold	C2	seŋ A2						$seen^6$		$seŋ^6$	$ɕeŋ^4$	$seen^2$	（天气、感觉）很冷
rice bread	A2									si^4	$ɕi^2$		糍粑
to call, to invite as company	A2									sie^4	$ɕie^2$		邀约做伴
name	B2									so^5	$ɕo^6$	$sɔɔ^5$	名字
to stagger	A2/C2	chuan A2	suɯan A2	son^2 A2		$sôn^4$ A2			$θən^6$ C2		$ɕon^4$ C2		踉跄
to leak, to ooze out	B2/A2		sen A2							son^5	$ɕoon^6$		（血）往外流；出（汗）
to wrap, to pack	B2	sum A1	sum	$tsum^2$ A2		$chum^3$ "clan" "姓氏；家族"	$chôm^4$ "庆祝"	$coom^4$	chum "串"	sum^5	$ɕum^6$		包装
young (of age of people)	A2									武鸣 $ɕo^2$	$ɕoo^2$		年轻

*ʑ-

英语词义	声调	泰	老挝	德宏	帕基	白傣	黑傣	龙茗	侬	热依	凤山	石家话	汉语词义
eel	B1/C2			yen^3 B1		yen^2 B1	$yien^2$ B1	$seen^6$			$ɕeen^4$ C2		鳝鱼
splinter	C1/2	sian C1	sian C1	$sɛn^6$/$sɛm^4$ C1	$seen^3$/$sɛm^1$ C1	$siên^3$ C1	sim^3 C1	$θêên^6$ C2	sen^4 C2	$ɕeen^4$ C2	$ɕeen^4$ C2	$kheel^6$ C2	（小）刺
elbow	D2L	$sook$ D1L	$sɔɔk$ D1L	$sɔk^3$ D1L	$sauk^1$ D1L	sok^1	sok^3	$sook^6$ D1L/$saak^2$ D1L	$θook^4$	$suak^5$	$ɕiak^6$	$sɔɔk^6$	肘
war, enemy	D2S	suk D1S	$sək$ D1S	$suuk^3$ D1S	$sük^1$	$sək^1$	$sɔk^1$	cak^4	sak^1	sak^1	$ɕak^2$		战争；敌人；贼
to welcome, to go and fetch	B1/C2	suu B1	suu B1	su^3 B1 "伸手"		su^2 B1				su^6	$ɕu^4$		迎接

（续表）

*z-

英语词义	声调	泰	老挝	德宏	帕基	白傣	黑傣	龙茗	侬	热依	凤山	石家话	汉语词义
the end; to finish	D2L	sut D1S	sut D1S	sut^5	sut^1	sut^1	sut^5	sot^3	θut^5		ɕoot^6	sɔɔt^5	结束，结尾

*s-

英语词义	声调	泰	老挝	德宏	帕基	白傣	黑傣	龙茗	侬	热依	凤山	石家话	汉语词义
big saw to cut planks with	B1							saa^6 靖西 saa^2 "架子"		θwaa^5		saa^6	锯子，（锯板子的）大解锯
color	A1	sii	sii	si^1		si^1	sak^3		sak^2	θak^5		sii^2	色
to prickle, to pierce	B1			sam^2 A2	sam^2 "to sew on" "缝上"			sam^2 "to chop" "用刀"	θam "削"	θam "打"	θam^5	sam^2 "交配"	刺，戳
what	A1		saŋ	saŋ^1		saŋ^1	saŋ^1			suan^3			什么
to pierce, to stab, to insert	D1S	siap	sap	sap^1	sap^1	sap^2	sap^2	sap^3 "to cut" "剪（断）"	θap^4	θap^5	θap^5		插
animal, beast of burden (Indic satra)	D1S	sat	sat	sat^1		sat^2	sat^2						动物（借自印度梵语 satra）
earthen stove	B1	taw A1	taw A1		傣雅 saaw^5			saw^2	θaw^2	θau^5			灶
to pay back, to return	C1		saai^4	saai^3	傣仂 sai^3								还钱
to pierce, to tread, to poke into	B1			se^3		se^2	se^2						刺穿
to add seeds on, to sow, to repair	C1	sɔɔm	sɔɔm	sɔm^4	sɔm^3	sɔm^3/sam^3	傣雅 suaam^3	phyoom^1 (*fr-?)	choom^3				播种
to move, to migrate	C1							θeen^3	θen^3	θeen^3			迁徙；搬迁
gem, jewel, light	A1	sɛɛŋ	sɛɛŋ	sɛŋ^1		sɛŋ^1	sɛŋ^1 "亮"	sɛŋ^1 "发光"				sɛɛŋ^2	珠宝；光亮
one hundred thousand	A1	sɛɛn	sɛɛn	sɛn^1	sɛn^6	sɛn^1	sɛn^1						十万
arbutus (the fruit)	B1							see^2 龙州 ɫe^2		θe^5			杨梅
classifier for long, thin objects	C1	sen	sen	sen^4	seen^3	sên^3		siin^3	θan^3	θɛn^3		sɛl^3	根（长条），条（绳子）
to rub	A1	sii	sii	si^1	sii^6	si^1							擦
to have sex	C1		sii	傣仂 si^3/se^3		si^3		sey^3		θi^3	θi^3		（人）交媾
not enough	C1	siaw	siaw					θeu^3		θiaw^3	θiaw^3		少
skirt	C1	sin	sin	sin^4	sin^3	sin^3	sin^3				sin^3		裙
to believe, to trust	B1							sin^2	θɯn^1	θin^2	θin^5		相信

（续表）

*s-

英语词义	声调	泰	老挝	德宏	帕基	白傣	黑傣	龙茗	侬	热依	凤山	石家话	汉语词义
pretty, beautiful	A1/B1	suay A1	suay	sɔi³ B1				sooy³ C1 "耳坠，耳环"	θôi³	θɯ			漂亮
blue	B1			sɔm³	sɔm¹								蓝色
to splash, to sprinkle	A1			sɔn² A2	sɔn² A2					θɔn¹			喷洒；浇，淋
steam, vapor	A1									θɯay¹	θooi¹	sooy²	蒸汽
river crossing	D1L		sook							θok²	θook⁵		河流湍急的地段，桥渡
two	A1	sɔɔŋ	sɔɔŋ	sɔn¹	sauŋ⁶	sɔn¹	sɔn¹	sɔn¹	θooŋ¹	θɔŋ¹	θooŋ¹	sɔɔŋ²	二
to wrap up	D1L									θuak²	θuak⁵		（用芭蕉叶等）包起来
to calculate, to count	B1		suan	sɔn³	sɔn³	suôn²	suun²	sɔn²	θɔn⁵	θɔn²	θuan⁵		算
to move slightly	D1S	sɯak	səək	sut⁵ D2S						θuk³	θuk⁵		（一点点地）挪动
to join, to connect (threads)	C1			sɔn² A2						θuɯn³	θun³		连接（线），（把断线）接上
to sniff	D1L	sɯɯp	sɯɯp	sɔp³	sup¹		suup²	šop³	sup¹ D1S	θup^{1/3} D1S	θup⁵ D1S		闻，嗅
spinning wheel	C1							saa³		θa³	θwaa³	lwaa	纺车
to track, to seek	A1									θi¹	θwi¹		追踪，寻找
to put on, to wear (a hat, etc.)	D1S		sup	sup¹	sup¹	tsup²	傣仍 sup¹				sup⁴ D2S		戴上
tail of fowls	C1							sɤn³	θon³	θuan³	θuan³		家禽的尾巴
matter, work	B1									θuan²	θuan⁵	cian⁵	事情；工作
finished; to come to an end	C1	sin	sin	sin⁴	sin³	傣仍 sen³							完成
to stay in, to live in, to build	C1	saaŋ	saaŋ	saaŋ⁴	saaŋ³	傣仍 saaŋ³						saaŋ "to build" "建造"	住；建
to catch (fish) using a dipping net	C1		sɔɔn	sɔn⁴	sɔn³	sɔn³	sɔn³				θon³	sɔɔl³	（用网）捞鱼
tribute paid to the king, tax	B1	suay	suay	sɔi³	sɔi¹	sôi²	傣仍 sɔi²						贡品
armspread	A1									θam¹	θɔm¹		庹
to jump	D1S									θat³	θɛt⁵	sɛk⁴	跳

*z-

英语词义	声调	泰	老挝	德宏	帕基	白傣	黑傣	龙茗	侬	热侬	凤山	石家话	汉语词义
basket	C2	saa	saa	saa^5	saa^4	saa^6	saa^6					saa^6 "net"	篮
age group	D2L								θaap^5	θaap^6	saat^5		（相同）年龄段；（同一）批
to end, to finish	D2L	set D1S	set D1S	saat^5	saat^4				θaat^1	θaat^5	θaat^6		结束，(最后)完成
twenty	A2		saaw	saau^2	saau^2	saao^4	saao^4					saaw^4	二十
period of time	B2								θaau^2		θaau^6		一段时间
to preen, to look for food using the beak	C2	say	say	sai^5	sai^4		say^6	θai^6	θay^6				（鸭/水鸟）用嘴觅食
to transplant	A2		sam	sam^2		sam^4	sam^4						移植
trellis	C2		saŋ	saŋ^5	saŋ^4	saŋ^6							格子
to stay	A2		saw	sau^2	sau^2			see^5 B2					留下
time of a cock crowing	B2			sau^6						θaw^5	θau^6		鸡叫时刻；更
bolt or hook (on door)	B2			se^6	傣仂 se^5	se^5	se^5						门闩
to crowd into a small place	C2			son^2 A2					θan^6	san^6	θɛn^4		拥挤
to spurt or gush out	D2L		seet	set^3 D1		set^1							喷涌
to splash, to bounce, to splatter	A2			sin^1 A1			sin^4			θin^4	θin^2		溅
to cut up, to slice	A2	soy	soy	sɔi^2	sɔi^2	soi^4							切
to stand	A2			sɔŋ^2							θɔŋ^2	yɔŋ^4	站
to push a piece of burnt wood into a fire	A2/ B2	son A2	son A2	son^2 A2	son^2 A2	sun^4 A2		sɤn^4	son^2	θan^4	θɔn^6		添柴
to stack (utensils)	C2	sɔɔn	sɔɔn	sɔn^5	傣仂 sɔn^6	son^6	chôn^6	soon^6			θoon^4		堆放，叠放
to prick, to thrust, to spear into	D2S		sap D1	sap^5	sap^1	sap^2 D1					θɔp^2		（被刺）刺
soup, gruel	B2									θu^5	θu^6		粥
whisper	D2S	sip	sap	sɔp^5		sap^1	sap					sip^4	耳语
to grope in the dark	B2	sum B1	sum	sum^6	sum^6	傣仂 sum^5				θum^5	θum^6		摸黑；摸索
to move slightly, to make a move	D2S			sut^5	sut^1	sat^1					θuk^5 D1S		挪动
to inhale	D2S	suut D1L	suut D1L	sɔp^3		səp^1 D1	səp^2			θup^1	θup^2		吸
to drink, to slurp	D2S	suut	sot	sut^5	sut^4	sôt^1	傣雅 sot			θuut^1	θut^2		啜

（续表）

*z-

英语词义	声调	泰	老挝	德宏	帕基	白傣	黑傣	龙茗	侬	热依	凤山	石家话	汉语词义
to speak softly, to whisper	B2		suɯm								θum6	ɲiim5	小声说
yam, potato	A2							sɣɯ4		望谟 θɯ4 θaɯ4			薯
to lose, to disappear	D2L	sut D2S	sut D2S	set5		sêt1		sat3			θïat5		消失；折（本）

*hj-

英语词义	声调	泰	老挝	德宏	帕基	白傣	黑傣	龙茗	侬	热依	凤山	石家话	汉语词义
incense, joss stick	A1							yiiŋ1	yêeŋ5	yian1	yian1		香，烧香
to stop, to have a rest	D1L	yut D1S	yut D1S						yêt2	yiat2	yiat5	yut5	歇
to praise	C1	yɔɔŋ		yɔŋ4			yauŋ3	soŋ3						赞美

*j-

英语词义	声调	泰	老挝	德宏	帕基	白傣	黑傣	龙茗	侬	热依	凤山	石家话	汉语词义
a drop	D2L								yaak2	yaak5	jaak6		（一）滴（油、雨、水）
slack; to loosen	A2/B1	yɔɔŋ B1	yɔɔŋ	yaan2 B1/yɔŋ3 B1		yon2 B1/ yaan2 B1	yaan4 A2				yaal4		松
sorghum	A2								yaaŋ4	jaan2			高粱
long	A2	yaaw	yaaw	yaau2	yaau2		yaau4			yaau4			长
to fish with a fishtrap	A2	yaŋ B1 "量深度"	yaŋ B1							yaŋ4	jam2		用网网鱼
back basket	C2			yɔŋ6 B2/A1		傣雅 yaŋ A1					jaŋ4		背篮
to use, to spend	B2					yuŋ2 B1			yoŋ5	yuŋ2	yuŋ2	jɔŋ6	用
to swim	A2								viu4	heu4	ju2	yuu4	游
a species of tree	A2			yom2						yam4	jam2		香薰树
to moisten	D2S	chup D1		tsup5	cup3	yop4			yup4	yup1	jup2		滋润
to threaten	B2			yi6						hɣ5	hu4	yɣɣ5	威胁
to incite	D2L		nyuak			yoop5		yuap5			juap6		煽动
to raise, to lift up	D2S	yok	nyok	yok5	yok4	yop4				yak1	jak2		（从水中）捞起
to incite, to instigate	C2	yua A2	yua A2/ nyoo A2	yo5							jua4		教唆
wild banana tree	D1L	yuak	yuak	yok3		yôk			yôk			yaat6	野芭蕉树

*ʔj-

英语词义	声调	泰	老挝	德宏	帕基	白傣	黑傣	龙茗	侬	热依	凤山	石家话	汉语词义
solidary wasp	A1		yay					龙州 jai^1	邕宁 jai^{1b}	武鸣 ʔjai^1	ʔjai^1		胡蜂
to conceal, to keep secret	A1	ʔam	ʔam	ʔam^6	ʔam^2	yam^1	yam^1		yam^5	yam^1	ʔjam^1		隐瞒, 隐藏
to take a look at, to stare at	A1/A2	yɛɛŋ A2	nyɛɛŋ A2		yeŋ^2	yeŋ^4/yôŋ^4				yaŋ^4	ʔjaŋ^1	ɲɛɛŋ^4	盯
to inspect the clothes of a sick person	C1									yaŋ^6	ʔjaŋ^4		察看病人衣物
to blink the eyes, to glitter, to sparkle	D1S	ra-yap				yap D2S			yap^4	yap^3	ʔjap^5	ɲaap^5	眨眼
to add water while steaming rice	A1		nyan C1 "to pour" "倒(茶)"	yon C1 "drip" "(滴)水"				靖西 jɔ:n^1	yan^1 "漏"		ʔjɛn^1		蒸饭时加水
stand on tiptoe	B1	yɔɔŋ B2	yɔɔŋ B2	yeŋ^3 B1		yoŋ^2 B1	yoŋ^2 B1	yoon^5 B2	yeen^2 B1/2		ʔjɔŋ^6 B1		踮
to ooze out	B1			tsim^2		chum^5 B2	chum^5 B2				ʔjiam^6		渗出
to hide	C1			ʔiu^5 "逃跑"							ʔjau^4		隐藏, 收藏
to be finished	B1			yaa^3	yaa^2		yaa^2		yaa^1	yia^2	ʔjie^6		完成, 结束
to get or knock off sth. using a stick	D1S		yok	yok^3	yok		yak^3			yok^3	ʔjok^5		(用木条)敲击(得到)
to loosen	A1		nyoŋ A2	yoŋ^1	yuŋ^6				yoŋ^4	yoŋ^1	ʔjoŋ^1		放松
to jump, to plunge into	B1		nyooŋ	yaŋ^3						yoŋ^5	ʔjɔɔŋ^6		跳
to be startled	D1S				yuk D2S						ʔjuk^5	ruk^4	吃惊
to squat	A1/B1	yɔɔŋ B1	yɔɔŋ B1	yoŋ^6	yoŋ^1	yoŋ^2 B1	yoŋ^2 B1		yôŋ^1	yoŋ^1	ʔjun^1		蹲
to look at	C1				yɯ^3				yɯ^3	yɯ^3/yɯ^6	ʔjɯ^4		看
to pull out, to confiscate	D1S	yɯt D2S	nyɯt "yut" "歇"							yɯt^2 "种"	ʔjut^5		抽出; 没收

*ɕ-

英语词义	声调	泰	老挝	德宏	帕基	白傣	黑傣	龙茗	侬	热依	凤山	石家话	汉语词义
to spend	B1	caay	caay	tsaai^3	caai^1	chaai^2	chaai^2						花费
to be thin, weak (tea), insipid	B1/A1	caaŋ A1	caaŋ A1	tsaaŋ^6 A1	caaŋ^1 A1	chaaŋ^2	chaaŋ^2	caaŋ^2			ɕaaŋ^5	caaŋ^5	淡
to hire, to employ	C1	caaŋ	caaŋ	tsaaŋ^4	caaŋ^3	chaaŋ^3	chaaŋ^3					caaŋ^3	雇用
close, near	A1		cam	tsam^6	cam^2	cham^1	cham^1						接近

（续表）

*č-

英语词义	声调	泰	老挝	德宏	帕基	白傣	黑傣	龙茗	侬	热依	凤山	石家话	汉语词义
to stamp the feet in anger	B1									sam^2	ɕam^5	武鸣 ɕam^5	（因愤怒、心焦等）跺脚
to seal, to put a finger or stick on sth.	C1	cam	cam	tsam^4	cam^3	cham^3	cham^3	cam^3		sam^3	ɕam^3		盖章
to squeeze, to massage	C1				chan^3			san^3	san^3	ɕɛn^3	ɲɛn^1		（用手）挤压
first (month), festival, feast	A1	ciaŋ	ciaŋ	tseŋ^6		chên^1		ciiŋ^1	chêêŋ^5	siaŋ^1	ɕiaŋ^1	ciaŋ^1	过年；正月
great grandparents, ancestor	C1/A1			cau^3	chə^1			coo^3	cho^3	so^3	ɕo^3		祖先
hoe, mattlock; to hoe	D1L	cɔɔp			choop^2	choop^2			sop^2	ɕoop^5	cok^4		（用锄头轻轻地）锄
peak, summit, pinnacle	A1	cɔɔm	cɔɔm	tsɔm^1	cɔm^2	chom^1	chom^1	coom^1				cɔɔm^1	顶峰
breast, milk	A1			tsu^1	ci^2							cuu^1	母乳；牛奶
to remember	B1		cɯɯ	傣仂 tsu^2	cun^3	chɯ^2	chɯ^2	cɤɯ^2					记
to cook	C1							cɤɯ^3	chɯ^3		ɕɯɯ^3		煮
to borrow	D1S		cɯk "仆人"	tsək^3	cük^1	chuɯk^2	傣仂 tsək^1						借
everywhere, thorough	D1S			tsɔt^3	cɔt^1	chôt	傣仂 tsɔt^2						完全，彻底
a kind of eel-like fish	A1/C1			tsi^3/si^2			傣仂 tsi^3			ɕi^1			泥鳅
visible in sight	B1 C1	cɛɛw C1	cɛɛw C1					ciiw^2 "耀眼"		siaw^2	ɕiaw^5		清晰
to invite	C1							šiŋ^3	siŋ^3	siŋ^3	ɕiŋ^3		请
to slice thin	D2S/D2L	chuat D2	sɯɯ:t D2	D2		cheet^2	seet^2/sat^4			sep^5	ɕɛt^5	seet^5	切成薄片

*j-

英语词义	声调	泰	老挝	德宏	帕基	白傣	黑傣	龙茗	侬	热依	凤山	石家话	汉语词义
level (of floors)	C2/B1	chan C2	san C2	tsan^5	can^4	chan^6	chan^6			saan^6	ɕaan^5		层（楼）
to be steep	A2	chan	san C2	tsan^2	can^2	chan^4	chan^4	can^4				san^4	陡峭
to soak	B2	chɛɛ	sɛɛ	tse^6	cee^5	che^5	che^5	cee^5	see^2	se^5	ɕe^6	see^5	浸泡
to gaze at, to keep watch on	A2/A1	chom A2	som A2	tsɛm^2		yêm^3				sim^1 A1	ɕim^1 A1		注视
to stab, to pierce	D2S	chok	sok D2			tsôt^1	sak^2	chôk$^{2/4}$ D1S	sok^1				戳
to follow, to meet	A2	chɔɔm	sɔɔm	tsɔm^2	cɔm^2	sum^4	sum^4	coom^4	chom^4	布依 tɕum^2		sum^4	跟随
to hit, to strike, to suffer	C1/C2/B2	chɔɔ C1	sɔɔ C1	tso^4		cho^6			chô^2	co^5			打

（续表）

*j-

英语词义	声调	泰	老挝	德宏	帕基	白傣	黑傣	龙茗	侬	热依	凤山	石家话	汉语词义
toward	B2	suu B1	suu B1	tsu² A2							ɕoo⁶	ɔɔ⁶ B1/C2	朝着，向
to repair	B2							sauɯ²		soy⁵	ɕooɰ⁶	sɔɔ⁶	修理
to scratch, to scrape	C2	chɔɔn	sɔɔn	tsɔn⁵	cɔn⁴	chɔn⁶	chɔn⁶	cɔɔn⁶		sɔn⁶	ɕɔɔn⁴		抓；刮擦
sort, kind, species	A2/B1	chɯa	sɯa	tsə²		tsɔ²	傣仂 tsɯ⁴	cee²					种，类
young, female animal	B1/B2			sɯɯ³		sɯɯ²		cɔɔ⁵ B2	sô²	so⁵ B2	(参见下一栏)		未成年母兽
young	A2									望谟 ɕo²	ɕo²		年轻
to agree; must, ought to	A2/C2			tsu²	cuu²	傣仂 tsu⁴	cho⁶ C2	caw¹ A1	chau C2 "合适"				应该
to lack, to be short of	D2S			tsut⁵	cut⁴	傣仂 tsut⁵							缺少
to cook sour dishes	A2			tso²	cɔ¹	傣仂 tsɔ²							腌
to dissolve, to melt	D2L							cɯɯk⁵		suak⁵	ɕiak⁶		解散；融化
female private parts	D2L							ciit²	θoot⁴	siat⁵	ɕiat⁶	siak⁵	女阴
table, frame for weaving	A2							cɔɔn⁴	sɔɔn⁴	sɔn⁴	ɕɔn²	suan⁴	桌子
to clean (a butchered animal)	A2				chô⁴					su⁴	ɕu²		(给杀死后的猪、鸡)褪毛

*hɲ-

英语词义	声调	泰	老挝	德宏	帕基	白傣	黑傣	龙茗	侬	热依	凤山	石家话	汉语词义
to chew up food	C1	yɔɔy C1/B2	nyɔɔy	yaai² A2	ɲaai⁵			ɲaai⁴	ɲaay³	ɲaai³	ɲaai³		咀嚼
to have a habit of	C1	yɔɔm	nyaam	yaam⁴	ɲaam³	傣仂 yaam³							习惯
refuse or waste	B1							ɲaan²	ɲaan⁵				渣，废物
to chew (hard food)	C1		nyam	yɛm⁵	ɲam³ "咬"			ɲam³	ɲam³	ɲam³	ɲam³		咀嚼硬物
housefly	A1							ɲan¹	ɲɛn¹	ɲɛl²			苍蝇
to look (out, through)	C1	yiam	yiam	yem⁴	ɲiêm³	ɲiêm³							看
to come apart	A1	raaŋ A2 "腐朽"			laaŋ²				ɲiaŋ¹	ɲiaŋ¹			(因包、捆不稳而)散开
bundle, cluster, clump	B1		nyum	yum¹	ɲum²	yoom²		ɲom⁴	ɲum²	ɲum⁵			捆，串

*ɲ-

英语词义	声调	泰	老挝	德宏	帕基	白傣	黑傣	龙茗	侬	热侬	凤山	石家话	汉语词义
don't	B1/ B2/ A2	yaa B1	yaa B1	yaa³ B1	yaa³ B1	ɲaa⁴ A2	ɲaa⁴ A2	yaa⁵	yaa⁴ A2	天峨 ɲaa⁶		yaa⁶	不
to ruin	B2		nyɔɔm C1/B2	yaam⁶		ɲaam⁵							毁灭
to go against the current, to reverse	A2/ B1/ B2	yaan "to walk"	yaan "逆流"/ nyaaŋ B2	yaaŋ⁶ B2 "走"	yaŋ¹ "站水中"	ɲaan⁵ B2 "走"	ɲaan⁵ B2 "走"	傣雅 ɲaan³ "走"	yaaŋ⁵	ɲaan² B1/B2	ɲaan² B1	布依 ɲaan⁴ A2	ɲaan² A2	逆流而上
to scratch with the nails	D2L									ɲaap⁵	ɲaap⁶		(用指甲、爪子)抓挠
to play or chop with a knife, to spear (fish)	D2S	yak/ nyak	yak¹	yauk¹	ɲak¹			ɲak⁴	ɲak¹	ɲak²			用鱼叉刺鱼
quick, fast	A2		nyam						ɲam⁴	ɲam²	ɲam⁴		快，迅速
to pick up with all the fingers	D2S	yip D1	yip D1S	yɔp¹ D1S/ yip¹ D1S	yip¹ D1S	yip² D1S	ɲip² D1S		ɲip4/ ɲep4	ɲap¹	ɲap²	ɲup¹/ ɲip¹	(用手、筷子等)抓取
finger	B2								ɲian⁵	ɲian⁶	ɲian⁵		手指
to confess	B2		nyin		ɲan¹ A1/ yin² B2				ɲin²	yin²	ɲin⁶		承认
to put a stick inside or into, to poke (into)	D2L	yɔɔk	nyɔɔk	yɔk⁵				yook⁵	yak¹	ɲok⁵	yook⁵	ɲɔɔk⁵	(用棍子、竹竿)捅
to take a pinch (of)	A1/ A2		nyum/ nyuam A1	yum¹ A1	yum¹ A1	ɲam¹ A1			ɲaam⁵	ɲem⁴ A2	ɲuem⁴ A2	ɲum¹ A1	捏;(一)小把
to be soft, decayed	B2		nyɯay						ɲɯuay⁵	ɲwaay⁶	ɲuay⁵		软，(因水浸泡而)变软
to flow back	B2		nyɯŋ		ɲɯɯŋ⁵				ɲɯɯŋ²	ɲɯɯŋ⁵	ɲɯɯŋ⁶		回流

*sr-

英语词义	声调	泰	老挝	德宏	帕基	白傣	黑傣	龙茗	侬	热侬	凤山	石家话	汉语词义
shellfish	A1	hoi	hoi	hoi¹	hoi¹	hoi¹	hoi¹	hoy¹	hoi¹	θay¹	θai¹		螺蛳
dried out	C1	haau	haau	haau³	haau³	haau³	haau³	haau³	haau³	θaaw³	θaau³		干涸；干燥
far-reaching, loud	A1		hiaŋ C2 "出名"	hoŋ¹	hoŋ⁶			hooŋ¹		θiaŋ¹			(歌声、嗓子)清脆

*zr-

英语词义	声调	泰	老挝	德宏	帕基	白傣	黑傣	龙茗	侬	热侬	凤山	石家话	汉语词义
to strain, to remove from water	A2	saaw	saaw	haau²	haau⁴			laaw⁴	saaw¹	θaaw⁴ A1	θwaau²		捞

*žr-

英语词义	声调	泰	老挝	德宏	帕基	白傣	黑傣	龙茗	侬	热侬	凤山	石家话	汉语词义
ounce, weight unit	B2/A2			hɔŋ B2	hɔŋ B2	傣雅 hwɔŋ B2				chaaŋ A2	saaŋ A2	ɕaaŋ A2		两（重量）
to gather, to meet	A2	room	hoom	hom²	hom⁴	hôm⁴	hôm⁴	luum⁴			som⁴	ɕum²	tɔɔm³	聚拢
same, in common; to join	B2	ruam	huam	hom⁶	hom⁵	hom⁵	huom⁵		sam² B1	sam⁵	ɕam⁵		相同；同样；连接
level, storey	C2	raan	haan	haan⁶ A1/B2	haan⁶	haan⁶	thaan C1	laan⁶	chaan⁶	saan² B1	ɕaan² B1		楼层；层次

*Zr-

英语词义	声调	泰	老挝	德宏	帕基	白傣	黑傣	龙茗	侬	热侬	凤山	石家话	汉语词义
to pull	A1/B2	saaw A1	saaw A1/haaw C2	thaaw¹		saaw¹	saaw¹	saaw⁵	sau² B1	saaw⁵	ɕwaau⁵	saaw²	拉，扯

*zl-

英语词义	声调	泰	老挝	德宏	帕基	白傣	黑傣	龙茗	侬	热侬	凤山	石家话	汉语词义
to repeat	C2/B2	sam	lam A1	sam⁵	sam⁶	sam⁶	sam⁶	sam⁶	sam⁶	ram⁵	lam⁶	lam¹ A1	重复

*jr-

英语词义	声调	泰	老挝	德宏	帕基	白傣	黑傣	龙茗	侬	热侬	凤山	石家话	汉语词义
group, cluster	A1/B1	chum	sum	tsum²	tsum²	sum⁴	sum⁴	som¹ A1		rum² B1	lum⁵ B1	sum⁴	组，群；串

*sl-

英语词义	声调	泰	老挝	德宏	帕基	白傣	黑傣	龙茗	侬	热侬	凤山	石家话	汉语词义
sharp-pointed	A1	lɛɛm	lɛɛm	lɛm¹	lɛm¹	lem¹	lem¹	leem¹/som⁴	leem¹	θam¹	θɔm¹	lɛm¹	尖

*zl-

英语词义	声调	泰	老挝	德宏	帕基	白傣	黑傣	龙茗	侬	热侬	凤山	石家话	汉语词义
to grope for, to feel	B2		lum	sum⁶	sum⁵	cham⁴	cham⁴ A2		lum²	rum⁵/θum⁵	lum⁶/θum		摸；摸索

*žl-

英语词义	声调	泰	老挝	德宏	帕基	白傣	黑傣	龙茗	侬	热侬	凤山	石家话	汉语词义
to raise, to feed	C2	liaŋ	liaŋ	leŋ⁵	leŋ⁶	lêŋ⁶	liêŋ⁶	cɯɯŋ⁶	sɤŋ⁶	siaŋ⁶	ɕiaŋ⁶	liaŋ⁶	养
cold, cool	C2	seŋ A2		laaŋ C1			seen⁶		seŋ⁶	ɕeeŋ⁴	seen⁶ A1		凉

*jl-

英语词义	声调	泰	老挝	德宏	帕基	白傣	黑傣	龙茗	侬	热侬	凤山	石家话	汉语词义
hole, opening	B2	chɔɔŋ	sɔɔŋ	kɔŋ⁶	cɔŋ⁵	chɔŋ⁵		lɔŋ⁵		sɔŋ⁶	ɕɔɔŋ⁶		洞，窟窿
slant, lean	C2	chaai A2	laai	tsaai⁵	tsaai⁶	chaai⁶	chaai⁶	laay⁶		saay⁶	ɕwaai⁴		倾斜

*jl-?

英语词义	声调	泰	老挝	德宏	帕基	白傣	黑傣	龙茗	侬	热侬	凤山	石家话	汉语词义
to wet, to drench	A2	cham	sam	yam²	yam⁴		lam⁴			θom⁴	θɔm²		淋湿，淋（雨）

*ztr-

英语词义	声调	泰	老挝	德宏	帕基	白傣	黑傣	龙茗	侬	热依	凤山	石家话	汉语词义
to shake, to vibrate	A2	sa-thɯan B2	san	san²	sɛn⁴	ɲan⁴	san⁴	san⁴	θan⁴			θɯan⁴/lian		震动,抖动

*st-

英语词义	声调	泰	老挝	德宏	帕基	白傣	黑傣	龙茗	侬	热依	凤山	石家话	汉语词义
clitoris	D1L/D1S	tɛɛt D1L	tɛɛt D1L	tɛt³					sit³/teet²	θit²	θit²	θit⁵		阴蒂

*stl-

英语词义	声调	泰	老挝	德宏	帕基	白傣	黑傣	龙茗	侬	热依	凤山	石家话	汉语词义
to chop fine, to whittle	D1L/D1S	thaak	thaak	thaak³	thaak²			tyook²/took²	thaak²/took²	θok²	θok⁵	sɔʔ⁶/lɔʔ⁶	削,削砍

*škh-

英语词义	声调	泰	老挝	德宏	帕基	白傣	黑傣	龙茗	侬	热依	凤山	石家话	汉语词义
to fry	C1	khua	khua	xo⁴	xo3	kho³	khua³	caaw³	chaw³	saaw³	ɕaaw³		炒

*škhr-

英语词义	声调	泰	老挝	德宏	帕基	白傣	黑傣	龙茗	侬	热依	凤山	石家话	汉语词义
to groan, to moan	A2	khraaŋ	khaaŋ	xan²	khaaŋ²	chaaŋ⁴	chaaŋ⁴	laaŋ⁴	haaŋ⁴		ɕaaŋ²	reeŋ¹		呻吟

*skl-

英语词义	声调	泰	老挝	德宏	帕基	白傣	黑傣	龙茗	侬	热依	凤山	石家话	汉语词义
to scratch (chicken)	B1/A2	khaai A2	khaai A2	xui² A2	旱傣 xe² B1	tsaai⁴ A2		laay² B1		θaay² B1	θwaay² B1	khuy³ C1	(鸡、鸟等用爪)挖,扒

*Zkl-

英语词义	声调	泰	老挝	德宏	帕基	白傣	黑傣	龙茗	侬	热依	凤山	石家话	汉语词义
the ribs	C1/C2	khaaŋ C1	khaaŋ C1	xaan³	xan³	tsaan³		laaŋ³		θeŋ⁶ C2	θeŋ⁴ C2		肋骨

*zgl-

英语词义	声调	泰	老挝	德宏	帕基	白傣	黑傣	龙茗	侬	热依	凤山	石家话	汉语词义
algae, lichen	A2	khrai	khai	kai²	kai⁴	kai⁴	kai⁴	say⁴	θai A2	θay A2	θwai A2		水草

*zgr-

英语词义	声调	泰	老挝	德宏	帕基	白傣	黑傣	龙茗	侬	热依	凤山	石家话	汉语词义
to moan, to groan	A2	khraaŋ	khraaŋ	xan²	xan⁴	chaaŋ⁴	chaaŋ⁴	laaŋ⁴	haaŋ⁴		ɕaaŋ²	reeŋ A1		呻吟

*sb-

英语词义	声调	泰	老挝	德宏	帕基	白傣	黑傣	龙茗	侬	热依	凤山	石家话	汉语词义
fish hook	D1S	bet	bet	met³	met²	bêt²	bêt²	myat³	bet²	θet²	θet⁵	reeŋ A1	鱼钩

*šm-

英语词义	声调	泰	老挝	德宏	帕基	白傣	黑傣	龙茗	侬	热依	凤山	石家话	汉语词义
porcupine	C1/B2	men C1	men C1	min⁴ C1	min³ C1	min³ C1	mên³ C1	min³ C1	men³ C1	sen⁵ B2	ɕen² B2	men³ C1/man³ C1	豪猪,箭猪

*k-

英语词义	声调	泰	老挝	德宏	帕基	白傣	黑傣	龙茗	侬	热侬	凤山	石家话	汉语词义
to install, to put up, to place across	B1	kaay	kaay	kaai^3	kaai^2	kaai^2			kaay^2	kaai^2		kaai^5	kaai^6	安装；搁放
chaff, unhusked rice	D1L	kaak "refuse"	kaak		kaak^1	kaak^2	kaak^2	kook^2/kaak^2	kook^1	kaak^2	kaak^5	thɔɔk^6	谷子
orange	A1							kaam^1	kaam^1	kaam^1	kaam^1	kaam^1	柑橘
to dare	C1	kaan C1		kaan^2		kaan^4 A2		kaam^3	kaam^3	kaam^3	kaam^3		敢
to punt (a boat)	A1							kaaw^5		kaaw^1	kaaw^1		划（船），撑船
don't	B1									武鸣 kai^5		kay^2	别
to refrain, to forbid	A1	kam	kam	kam^6		kam^1/kɯm^1		土语 kâm^1	kam^1	kam^1	kam^1	kam^1	禁止
luck, fate	B1			kaam^3	kaam^1	傣仂 kaam^2							幸运
to block, to bar, to control	C1	kan	kan	kan^4	kan^3	kan^3	kan^3						控制；拦
to cut off, to chop	D1S	khat	kat	kət D2	kət^2	kut^2		kat^2	kat^3	kat^5			割，切
to have a look, to see	C1									kaw^3	kau^3		看
to be enough	B1							kaw^2		kaw^2	kau^5		够
to bite, to crack (seeds)	D1S		ket	ket^3		kêt^2					tɕet^5		啃
the raven, magpie, minah bird	A1/B1		kɛɛv C1	keu^3 B1		chêu^1 A1	chieu^1 A1 "欢呼"	龙州 ke:u^1	邕宁 ke:u^1	kwew^2	kweu$^{1/5}$		八哥
to put things away	C1					kêm^3					tɕiem^3		收藏，整理（物品）
to wipe the anus	B1/C1	kɛŋ C1	kɛŋ C1	kɛŋ^3 C1		傣仂 kɛŋ^2 B1					tɕiŋ^5 B1		擦屁股
an article (of clothes)	A1								望漠 tɕau^1	tɕiau^1			一件
to poke at the ribs, to tickle	B1/C1	cii C1	cii C1	tsi^1 A1						tɕi^5	kɛɛ^5		挠痒痒
glass, mirror	B1									ciaŋ^2	tɕiaŋ^3	武鸣 kiŋ^5	镜子
a kind of weeding hoe	A1									tɕiŋ^1	kiŋ^1		（除草）三角锄
to rescue	B1L			tsiu^3		kêu^2				ciw^2	ciu^5		救
to have equal share of food	A1							龙茗 koo^1	靖西 ko^1		ko^1		相同的份额
dull, not sharp	A1	klɔm B1 (?)		xɔm^6				kom^4			kɔm^1		迟钝

（续表）

*k-

英语词义	声调	泰	老挝	德宏	帕基	白傣	黑傣	龙茗	侬	热依	凤山	石家话	汉语词义
(of water) to boil	A1							kon^3	kon^3	kon^3	kon^3		水开
also, too	C1	koo	koo	ko^4	ko^4	ko^5							也
to join, to reinforce	C1		koo	ko^4						ko^3	koo^3		加入；增援
to build, to lay bricks	B1	koo	koo	ko^3		ko^2	ko^2	koo^2		ko^2	koo^5	koo^6	建造，砌砖
to hire, to employ	B1							koo^2	$kô^2$	ko^2	koo^5		雇用
to mix, to stir	A1		kooy	$kɔi^6$	$kɔi^2$					koy^1	$kooi^1$		混合
cupping glass, smoking pipe	D1L	kook	kook	$kok^{1/3}$	$kauk^1$	kok^2	$kôk^2$	$kook^2$/$kaak^2$	kuk^5	kok^2	$kook^5$		拔火罐；烟斗
classifier for rocks	C1	koon	koon	kon^4	kon^3	kon^3	kon^3	$khoon^3$	kôôn B1/B2		$koon^3$		石头的分类词
hollow (inside), a hole (in a leaf)	A1		koon							kon^1	$koon^1$		中空；洞
dried stalks of plants	B1								$kôôŋ^1$		$koon^5$		植物茎秆
to frame, to sew	D1L			kop^3						kop^5	$koop^5$	$kɔɔp^6$	缝；包边
hoe	D1L	南泰 kwak	kuak "招手"	$kɔk^3$ "挖"	$khɔ^6$	kuk "to pry" "撬"	$kuɔk^2$	$kuuk^2$	$kôôk^1$		$kuak^5$	$kuak^4$ "招手"	锄头
under the knee	B1								$kôŋ^2$	$kuaŋ^2$	$kuaŋ^5$	$kuaŋ^6$	膝盖下
enough	B1	kum^c "值得"		kum^3	kum^1	kum^3 C1							够
to feed (animals)	A1		kɯa			$kə^1$	$kɯa^1$			$kɯa^1$	$kɯa^1$	kua^1	喂（动物）
to add or stick in	A1	kɛm A1	kɛm A1	kem^6		kem^1							加入；坚持
trancated, shortened	C1	kum	kum	xum^4/$xɔm^6$		kom^3	kom^3			kum^3	kum^3		（剪）短，缩短

*kh-

英语词义	声调	泰	老挝	德宏	帕基	白傣	黑傣	龙茗	侬	热依	凤山	石家话	汉语词义
vine	A1	khao	khao				khau	$khaw^1$	$khau^1$		kaw^1	kau^1	酒
to cut crosswise	B1			xan^3		xan^2					kan^5		切，横切
a kind of reed	A1	khɛm		$xɛm^1$		$khem^1$							一种芦苇
to compete, to rival	B1	khɛŋ	khɛŋ	$xɛŋ^3$	$kheŋ^1$	$kheŋ^2$	$kheŋ^2$					$khɛɛŋ^6$	竞争
hard; to solidify	A1	khɛŋ	khɛŋ	$xɛŋ^1$		$kheŋ^1$					$tɕeeŋ^1$		硬
to hand feed (animals)	B1	khun			$kôn$			$khon^1$	khun B1/A1	$kuan^2$	$kuan^5$		用手喂（动物）

（续表）

*kh-

英语词义	声调	泰	老挝	德宏	帕基	白傣	黑傣	龙茗	侬	热侬	凤山	石家话	汉语词义
to drain, to release water	B1	khaaŋ	khaaŋ	xaaŋ³		khaaŋ²	khaaŋ²	khaaŋ²	khaaŋ²	lɯaŋ²	kɯaŋ⁵		排水，放水
to search through or under sth.	C1		khuan A1		kôn³ "roll up" "卷（袖子）"					kɯan³	kɯan³		搜索
to remove (a lid), to clear up (of sky)	D1L						khɯɯt²	khəət²		kɯat³	kɯat⁵		刮
strong (of liquor, tobacco)	B1		khɛɛn	xɛn³	khɛn¹	khen²	傣仂 xɛn²						（酒、烟草）浓
nobleman	A1	khun	k hun	xun¹	khun⁶								高尚的人；君（尊称）

*g-

英语词义	声调	泰	老挝	德宏	帕基	白傣	黑傣	龙茗	侬	热侬	凤山	石家话	汉语词义
(to do) alone	D2L							kak³			kaak⁵		独自，自己
to hold in the jaws	A2									kaam⁴	kaam²		衔
to be stuck	C2	khaaŋ	khaaŋ	kaaŋ⁵	kaaŋ⁴			kaaŋ⁶					被卡住
classifier for big rocks	B2/C2							kaaw⁵		天峨 kaaw⁵	kaau⁶		大石头的分类词
to pry open	C2	khay	khay	kui⁵		xai⁶	kai⁶			kay⁶	kai⁴		撬开
to support, to sustain, to endure	C2	kham	kham	kam⁵	kam⁴	kam⁶	kam⁶	kam⁶	kam⁵ B2 "压"	kam⁶	kam⁴	kham⁶	撑，坚持
stem	A2	khan	khan	kan²		kan⁴							茎
diligent, hard-working	C2							han²		kan⁶	kan⁴		勤
place, town, market	C2			tse⁶ B2						ce⁶	tɕe⁴		地方；城镇；集市
flock, group	B2/C2			ke⁶	kee¹	ke⁵		kan³ C1		kan⁴	kan²		群，组
to carry or pinch (as a crab's claws)	D2L	南泰 khiip	khiip							kɛɛp⁶	khɛɛp⁵		夹
eyebrow	C2	khiw	khiw										眉毛
to beg	A2					kheo⁵ B2				tɕiu²			祈求
to stir, to mix together	A2	khon	khon	xon²	khoon²	xun⁴	kôn⁴						搅拌，混合
to knock, to hit, to rap	D2S	khoʔ	khoʔ	kok¹		kok² D1S				kok²	kɔɔk²		敲击
to cover (with a lid)	D2S/D2L	khrɔɔp	khɔɔp	kop⁵							kɔp²		盖上
to splash, to ladle out, to dip (water)	B2/C2			kon⁵ C2	kon⁴ C2	kon⁶ C2	kon⁶ C2	koon⁶ C2		kon⁵ B2	kuan⁶ B2	kool⁵ B2 "溜走"	舀水

（续表）

*g-

英语词义	声调	泰	老挝	德宏	帕基	白傣	黑傣	龙茗	侬	热侬	凤山	石家话	汉语词义
at one's wit's end; to reach the end	A2	khuŋ	khuŋ "碰到尽头"						kuŋ^4	kuŋ^4	kuŋ^2			不知所措
corner, behind (doors), bend	C2	khuŋ	khuŋ							kuŋ^6	kuŋ^4			角落
to be tame	C2	khun	khun			kun^6			kun^6	kuŋ^6	kun^4	khun^6		驯服
to do	D2L									kua^5	kwak^6			做
to pull (roots)	A2/B2		khɔɔn B2	kon^6 B2							kɔn^2			拔
to carry on one's shoulder	D2L									kɯat^5	kɯat^5	khuat^5		扛
to kneel down	D2S	khuk	khuk	xop^5	傣仂 xop^5									跪下
healthy, good, excellent	C2	kha-yan A1		xɛn^5	khɛn^4	khan^6	khan^6				kan^3 C1			健康
to build (temples), to be alms	A2			kum^5	kum^2 "discuss" "讨论"	傣仂 kum^4								建造（庙宇）；施舍
vine	A2		khɯa	xə^2	傣仂 xə^2	傣雅 xə^2/khə^2								藤
thick (of paste)	D2L									kɯk^1	kɯak^2			稠，浓

*G-

英语词义	声调	泰	老挝	德宏	帕基	白傣	黑傣	龙茗	侬	热侬	凤山	石家话	汉语词义
to capture	A2		kum A1			kôm^4	kôm^4	kom^4		kam^4	kam^2			捕捉，擒
to be very steep	B2	kan C1 "阻止"	kan C1 "阻"							kan^5	kan^6			非常陡峭
to be miserly	D2L	kliat D1 "嫌弃"	kliat D1 "嫌"							武鸣 keet^8	tɕeet^6			吝啬
palanquin	B2/B1/C1	kiaw C1	kiaw C1			keo^2 B1		kiiw^5		ciaw^5	tɕiau^6			轿子
bridge	A1/2	khua A1	khua A1	xo^1 A1	kho^6 A1	khô^1 A1		kiiw^4	keeu^4	ciaw^4	tɕiaw^2			桥

*x-

英语词义	声调	泰	老挝	德宏	帕基	白傣	黑傣	龙茗	侬	热侬	凤山	石家话	汉语词义
galangal (a kind of root)	B1	khaa	khaa							haa^2		haa^6		高良姜
news, message	B1	khaaw	khaaw	xaau^3	khaau^1	khaau^2		khaaw^2		haaw^2		khaaw^6		消息
to get stuck, to block	A1			xam^1	kham^6	傣仂 xam^1					ka^2			卡住
to ask, to question	B1					傣仂 xam^2	kham^2	kham^2		ham^5		kham^6 "借"		问

（续表）

*x-

英语词义	声调	泰	老挝	德宏	帕基	白傣	黑傣	龙茗	侬	热依	凤山	石家话	汉语词义
strong, bold	A1	khan	khan							han¹	han¹		坚强，勇敢
fence; to fence, to set up a barrier	C1		khaŋ	xaŋ⁵ C2		xoŋ³				haŋ³	haŋ³	haŋ³	栅栏；阻拦
to be separated from, to set a limit	A1	khan C1	khan C1	xen² A2/ xan³ C1		xan³	khan³	kheen¹	khen¹	hen¹	heen¹		间隔
to be poor; hard (life)	C1		hɔɔ			kho³		ho²	kho³	ho³	hoo³		穷苦
one load, log	C1	khɔɔn A1	khɔɔn A1	xɔn¹		xon³	khon³		kôn³ B1	hon³	hoon³		担子（一头）
sentence; to speak	D1L	khɔɔt	khɔɔt			xot²	khot²	haat²			hoot⁵		句子，话语
valley	C1									hoŋ³	hoon³		山谷
to brown (meat), to dry (on a fire)	B1		khiŋ A1			khən³ C1	khɯən³ C1	khaan²			hɯaŋ⁵		烘烤，煎
to distinguish, to separate, to divide	D1L		kheet (Indic?) "（印度语借词？）"	xεt³		xit²	khit²	khat²	het²		heet⁵		区分，分开
hardened, solidified	C1	khon	khon		hun³	xun³			hɯn³	hun³	hun³		变硬

*y-

英语词义	声调	泰	老挝	德宏	帕基	白傣	黑傣	龙茗	侬	热依	凤山	石家话	汉语词义
to threaten, to negotiate	C2/ B2	khaa C2	khaa C2	xaa⁵ C2	khaa⁴ C2	xaa⁶ C2		haa¹ A1	kaa⁴ B2	ha⁵ B2	haa⁶ B2		威胁；谈判
shoe	A2					haai⁴	haai⁴	haay⁴	haai⁴	haay⁴	haai²		鞋
to beat (gongs)	C2		haay B2 "走"	hai³ B1	hai¹					天峨 haai⁴	haai⁴		敲（锣）
to remove	C2	yaay C2	nyaay C2			xaai⁵ 傣仿 xai⁶	khaai⁵						移开
box	D2L	hiip D1	hiip D1				kaap	haap⁵	hoop² D1L	haap⁵	haap⁶	hiip⁶	盒
to separate, to divorce	D2L		hɯat D1	xaat³ D1		haat¹ D2/ xaat² D1			haat²	haat⁵	haat⁶		分开，离婚
to gnaw	C2/ C1	hεεn C1	hεεn C1	hεn⁴ C1		hen³ C1	hen³ C1	heen⁶		hen⁶	heen⁴	hεεn⁵ C1	啃
to be worn out, to wear down	D2L	hɯat D1L	hɯat D1L					heet³		het⁵	heet⁶		磨损
to cook for a long time	A2/ C1	khiaw C1	khiaw C1	xeu⁴ C1	kheu³ C1						heeu² A2		熬
to wind around	C2	khiaw	khiaw				heew⁶			hew⁶	heeu⁴	heew⁶	绞；绕

275

（续表）

*ɣ-

英语词义	声调	泰	老挝	德宏	帕基	白傣	黑傣	龙茗	侬	热侬	凤山	石家话	汉语词义
to call, to invite	B2							kiiw¹		hew⁵	heeu⁶		叫
grave	B2/A1	heew A1	heew A1	heu⁶		heew^{1/5}	heew⁵						坟墓
body	A2	北泰 khiiŋ	khiŋ	xiŋ²	khiŋ²	xiŋ⁴	kiŋ⁴				hiiŋ⁴		身体
to win	A2							hiŋ⁴	hiŋ⁴		hiŋ²		赢
to utter, to speak	D1S								hat¹		hɔt²		说
to wobble; not firm	A2	khɔɔn	khɔɔn	xɔn²	khɔn²	xɔn⁴	kɔn⁴	koon⁴	koon⁴	hon⁴	hoon²	hkɔɔl⁵	摇摆；（因松动）摇晃
to have a stomachache	C2			xɔn⁵					hun⁶	hun⁴	hwaan⁶		胃痛
ditch, canal, channel	A2	khu	khu	傣仂 hrr						hw			水渠，水沟
to return	A2/A1	khɯɯn	khɯɯn	xɯn¹	khün²	kɯn⁴	kɯn⁴						返回
slimy, as a fish	C2								haaw⁶	haau⁴			滑，滑溜
to undo, to pick at, to demolish	B2	khɛʔ	huɯ C2	xai⁶					hi⁵	hi⁶			撤销，拆除
to seek, to search	B2/C2	khon C2	khon C2			xoan² B1	khoan² B1		hun⁵	hun⁶			寻找

*hŋ-

英语词义	声调	泰	老挝	德宏	帕基	白傣	黑傣	龙茗	侬	热侬	凤山	石家话	汉语词义
corner, angle; to lean to one side	B1/B2	ŋiaŋ B2	ŋia:ŋ B2	ŋeŋ⁶	ŋeŋ⁵				ŋèn³	ŋeŋ²	ŋɛŋ⁵		倾斜
fit, suitable, appropriate, just	A1/A2/B1	ŋaam A2	ŋaam A2			ŋaam¹ A1		ŋaam² B1	ŋaam⁵	ŋaam¹	ŋaam^{1/5}		合适；刚好
male (animal uncastrated)	A1			ŋaam¹	ŋaan⁶	傣仂 ŋaan¹							未阉割的雄性动物

*ŋ-

英语词义	声调	泰	老挝	德宏	帕基	白傣	黑傣	龙茗	侬	热侬	凤山	石家话	汉语词义
to desire, to crave	B2								ŋaa²		ŋaa⁶		馋
to undergo, to endure	C2			ʔaai⁵		ŋaai⁶				ŋaay⁶	ŋaai⁴		挨，遭受
pretty, beautiful	A2	ŋaam	ŋaam	ŋaam²	ŋaam²	ŋaam⁴							漂亮
work, affair	A2	ŋaan	ŋaan	ŋaan²								ŋaan⁴	工作，事情
to lift, to raise by shaking	C2							ŋaaw⁵ B2	ŋaaw⁵	ŋaaw⁶	ŋaaw⁴		摇
to pry up	C2	ŋay	ŋay			khay⁶	ŋai⁶			ŋay⁶ "推"	ŋai⁴	ŋay⁶	撬动
to nod (the head)	D2S	ŋak	ŋak	ŋɔp¹	ŋɔp⁴	ŋôp		ŋak⁵	ŋak⁵	ŋak³/ŋok³	ŋak²		点头

（续表）

*ŋ-

英语词义	声调	泰	老挝	德宏	帕基	白傣	黑傣	龙茗	侬	热依	凤山	石家话	汉语词义
to hatch	A2	ŋam	ŋam	ŋam²	ŋam²	ŋam⁴							孵
I, me	B2/A2							ŋoo⁵	ŋô⁴				我
to cover, to put a lid on	A2/C2	ŋum C2	ŋum C2	ŋam² A2	ŋam² A2	ŋam⁴ A2			ŋam⁴ A2	ŋum² B1			盖上
stupid, dumb	A2/B1/B2	ŋoo-ŋaw B2	ŋoo B2/ŋəə B2	ŋə³ B1	ŋə³	ŋô² B1		ŋow⁴ A2	ŋu⁵ B1	ŋaɯ⁵ B2	ŋaɯ⁶ B2	ŋɤh⁴	蠢
silt, sludge mud	B2	ŋəəʔ "糊涂"		ŋaɯ⁶	ŋaü⁵						ŋaɯ⁶		淤泥
to look (up)	A2	ŋɛɛn A1	ŋɛɛn A1	ŋin²	ŋum⁶	ŋɛɛn A1				ŋon⁴	ŋoon²	ŋoo⁴	看
to look up, to raise the head to look	C2	ŋoŋ A2	ŋoŋ A2		ŋueŋ² B1	ŋwaaŋ²/ ŋaaŋ² B1	ŋəəŋ⁶	ŋwaaŋ²	ŋoon⁴				仰视
to faint, to feel dizzy	B2/A2		ŋɔɔn-ŋɛɛŋ B2					ŋuun⁴ A2		ŋwaaŋ² B1	ŋɔn⁶ B2		晕
to look at	A2/C2/B2	ŋəəy A2	ŋəəy A2		ŋoai⁶ C2	ŋoai⁶ C2	ŋooy⁴ A2	ŋooi⁴ A2	ŋa⁶ C2	ŋɯɯ⁶/⁴ B2/C2	ŋɤɤy⁴ A2		看

*ʔŋ-

英语词义	声调	泰	老挝	德宏	帕基	白傣	黑傣	龙茗	侬	热依	凤山	石家话	汉语词义
child, baby	A2	ŋɛ B1		ʔe¹	ŋɛ⁵ B2	ʔe¹				ŋe⁴	ŋe²		小孩

*kl-

英语词义	声调	泰	老挝	德宏	帕基	白傣	黑傣	龙茗	侬	热依	凤山	石家话	汉语词义
covering of bamboo shoot, pellicle	A1										tɕaa¹	kaa¹	竹壳
ringworm	D1L	klaak²	kaak					kyaak²		caak²	tɕaak⁵		癣
outer covering of trees, outer skin, scab	D1L	kaap	kaap					kyaap²		caap²	tɕaap⁵		外皮
to be still alive, still living	A1										tɕau¹	kau¹	活着
a kind of oil-producing plant	B1									望谟 kau⁵	tɕau⁵		一种油料植物
heel	C1									tiaw³	tɕeeu³	望谟 kju³	脚跟,鞋跟
to put things away, to tidy up	C1	kliaŋ	kiaŋ			kêm³					tɕiam³		收拾,整理
bamboo strips tied to support the grass	D1S		kɯp	kɛp⁵						cep²	tɕip⁵		夹茅草的竹条

（续表）

*kl-

英语词义	声调	泰	老挝	德宏	帕基	白傣	黑傣	龙茗	侬	热侬	凤山	石家话	汉语词义
thanks to	A1									co¹	tɕoo¹		感谢
(burning or dead) charcoal	B1							武鸣 klø⁵		co²	tɕoo⁵	plɔɔ⁶	炭火
plural marker for pronouns, group	B1	klum	kum					土语 chuŋ		武鸣 kjoŋ⁵	tɕuŋ⁵		群，伙
to tighten up, to hurdle	D1S	kuat D1	kuat D1					kyat³		荔坡 kuat⁷	tɕɔt⁵	望谟 tɕat⁷	捆（紧）；跨栏
fence, gate	D1S				che					cok⁵	tɕok⁵		栅栏，大门
bottle-shaped backet	B1	klɔŋ		xɔŋ⁴ C1	koŋ²	koŋ²	kôŋ²	kyooŋ²		coŋ²	tɕooŋ⁵		小木箱
hollow	A1	kluaŋ	kuaaŋ	koŋ⁶	koŋ²	koŋ¹	kûoŋ¹	傣仍 koŋ¹		武鸣 kjoŋ			空心

*kr-

英语词义	声调	泰	老挝	德宏	帕基	白傣	黑傣	龙茗	侬	热侬	凤山	石家话	汉语词义
to roll down a slope	C1	kriŋ	kiŋ C2	ʔiŋ⁴	kiŋ³	kiŋ³			邕宁 kliŋ³	武鸣 kjiŋ³	liŋ⁴ C2		滚
to fear, to be afraid	A1	klua	kua	ko⁶	kô¹	kua						trua⁴	怕
slow, clumsy	B1								ɲum²	lum²	lum⁵	trɯm⁵	缓慢，笨拙
wart	D1S	huut	tuut	hut¹	hut¹	hut²	hut²			ruut¹ D2	lut⁵	truut⁶	疣

*khl-

英语词义	声调	泰	老挝	德宏	帕基	白傣	黑傣	龙茗	侬	热侬	凤山	石家话	汉语词义
sensitive (tooth)	D1S	khet D1S	khet			xêt		kyat³			tɕɛt⁵		敏感（牙齿）
to merge, to gather up	C1			xon⁴	khoon²			can³		con³	tɕoon³		合并；聚集

*khr-

英语词义	声调	泰	老挝	德宏	帕基	白傣	黑傣	龙茗	侬	热侬	凤山	石家话	汉语词义
trellis, drying shelf	B1	khaa	khaa	xaa³	khaa¹	tsaa²	saa²	kyaa²		ca²	tɕaa⁵	thraa⁶	格架，晒台

*gl/r-

英语词义	声调	泰	老挝	德宏	帕基	白傣	黑傣	龙茗	侬	热侬	凤山	石家话	汉语词义
to remove	B2/C2	khluan B2	khuan B2	kaan⁵ C2	kaan⁴ C2	kaan⁶ C2 "塌"	kaan⁶ C2 "塌"			cian² C2	tɕiɛn⁴ C2		去掉；运走；整理
to pinch and twist	C2	kliaw C2								kwew⁶	tɕiw⁴	tlɛɛw¹ "螺丝头"	捏，掐，拧
to grope for, to feel for	A2/B2	khlam A2	kham A2	sam⁶	lum⁵	cham⁴	cham⁴			武鸣 tɕum⁶	tɕum⁶		摸索，感受
place, location, site, family	A2	khrɯa	khɯa	tse⁶ A1/B2						镇宁 kɯa²	tɕie²		地方

（续表）

*gl/r-

英语词义	声调	泰	老挝	德宏	帕基	白傣	黑傣	龙茗	侬	热侬	凤山	石家话	汉语词义
to cover from top, to apply	D2S D2L	khrɔɔp	khɔp	kɔp^5		khop^1	khop^1		khop^1		kɔp^2	khɔɔp^5 "govern" "管理"	盖
to gather	A2	khlum	kuam A1	xum^2		lôm^4	tôm^4		lôm^4				收集
to poke at (with a pole or stick)	A2								coɲ^2	tɕooŋ^2			捅（用棍子）

*Gl/r-

英语词义	声调	泰	老挝	德宏	帕基	白傣	黑傣	龙茗	侬	热侬	凤山	石家话	汉语词义
a kind of basket	A2		khaay B1							tɕaai^2	khay^2		一种篮子
skilful, clever	B1/C2	keeŋ B1	keeŋ B1		傣仂 ken^1 A1					kɯaŋ^6	kɯaŋ^4	keeŋ^6	熟练，聪明
orange, lemon	C1/A2			kên^3 C1	kiên^3 C1			seŋ^4		ɕeeŋ^2			橘子，柠檬
to rub	A2?	thuu A1	thuu A1					chɯ^4		tɕuu^2	thuu		滚擦

*glw-

英语词义	声调	泰	老挝	德宏	帕基	白傣	黑傣	龙茗	侬	热侬	凤山	石家话	汉语词义
to feel, to grope for	C2							kaa^6		tɕwaa^4	khua^6		感受，摸索
to stir, to mix up	A1/A2	khlaw C2	kua C1	kaw^1 A1		xoa^4	kua^4	kaaw^3	kaau^4	caaw^4	tɕwaau^2	khuaw^4	搅拌，混合

*xl-?

英语词义	声调	泰	老挝	德宏	帕基	白傣	黑傣	龙茗	侬	热侬	凤山	石家话	汉语词义
sound, voice	A1	siaŋ	siaŋ	siŋ^1	siŋ^1	sêŋ^1	siêŋ^1	hiŋ^1	hiŋ^1	hiŋ^1	hiŋ^1	siaŋ^2	声音
frightened by experience	D1S	khet	khet				kyat^3			hit^3	hit^5		吓着
cupboard, shelf	C1/B1	hiŋ	hiŋ	xeŋ^3 B1	kheŋ^1 B1	hiŋ^3	hiŋ^3	liŋ^3	hiŋ^3	riŋ^3	liŋ^3		橱柜
to talk in one's dream	B1	la-məə A2				武鸣 rø^5		lo^2		loo^5	thrɯ^2		说梦话

*xr-

英语词义	声调	泰	老挝	德宏	帕基	白傣	黑傣	龙茗	侬	热侬	凤山	石家话	汉语词义
market	D1L	talaat	laat	kaat^3	kaat^1/haat^4	laat^1	laat^5	laat^5				laat^6	集市
to measure specifically	A1					liu^4 A2	SFY chaaw^1	laaw^1 A2	laaw^4	raaw	lwaay^1		细致测量

*γl/r-

英语词义	声调	泰	老挝	德宏	帕基	白傣	黑傣	龙茗	侬	热侬	凤山	石家话	汉语词义
a measure of weight, ounce	A2/B2			hoŋ^2 B2	傣仂 hoŋ^5 B2					saan^4	ɕaan^2		盎司
a litter (of aminals), placenta	D2L	khɔɔk/rok	hok	hok^5	hok^4	hôk		look^5		cok^5/rok^5	look^6	rɔɔk^5	子宫

（续表）

*ɣl/r-

英语词义	声调	泰	老挝	德宏	帕基	白傣	黑傣	龙茗	侬	热依	凤山	石家话	汉语词义
(of female animal) to give birth	A2			xoŋ⁶						武鸣 roŋ²	loŋ²		（雌性动物）下崽
to cut into sections, to slit open	B2	lɛɛ（泰语南部方言)/mlɛɛʔ	lee	傣仂 lɛ⁵		le⁵			hee⁵/kee⁵	he⁵	hee⁶		切开
internal parts	A2	khrooŋ		xoŋ²	傣仂 xoŋ⁴					ruŋ⁴	looŋ²		内脏

*hŋl/r-

英语词义	声调	泰	老挝	德宏	帕基	白傣	黑傣	龙茗	侬	热依	凤山	石家话	汉语词义
branch, stalk, young sprout	B1	ŋɛŋ B2	ŋɛɛŋ B2					土语 ŋaaŋ	ɲaaŋ²		ɲiaŋ⁵		枝柄，幼芽

*ŋl-

英语词义	声调	泰	老挝	德宏	帕基	白傣	黑傣	龙茗	侬	热依	凤山	石家话	汉语词义
kapok	C2	ŋiw	ŋiw	leu⁵		ŋiu⁶	ŋiu⁶	now¹				ŋiiw³	木棉
to feel, to touch	B2/A2	ŋom A2	ŋom A2	ŋom² A2		ŋum⁴ A2	ŋôm⁴ A2	ŋom⁴ A2	lum² B1/B2	rum⁵ B2/lum⁵ B2	lum⁶ B2	ŋom⁴ A2	感受，触摸

*kw-

英语词义	声调	泰	老挝	德宏	帕基	白傣	黑傣	龙茗	侬	热依	凤山	石家话	汉语词义
melon, gourd	A1	kwaa						kwaa¹	kaa¹	kwaa¹	kwaa¹		瓜
to scratch, to use the hand to move	B1		kuaay	kaai³						kwaai⁵			刮，用手刮除
husband	A1									kwaan¹	kwaan¹		丈夫
zucchini squash	A1							kwee¹	kê⁵	kwee¹	kwee¹		丝瓜，小瓜

*khw-

英语词义	声调	泰	老挝	德宏	帕基	白傣	黑傣	龙茗	侬	热依	凤山	石家话	汉语词义
to lie athwart	A1	khwaaŋ		xaaŋ¹		xoaŋ¹	khoaŋ¹	vaaŋ⁵ B2	vaaŋ¹	vaaŋ¹	vaaŋ¹	vaaŋ¹/²	横卧
to remove (a thorn, splinter)	B1		khuy							kwii⁵	kwii⁶		除去（刺、碎片）

*gw-

英语词义	声调	泰	老挝	德宏	帕基	白傣	黑傣	龙茗	侬	热依	凤山	石家话	汉语词义
to hold of, to snag	D2S							vak⁴	靖西 kwak⁴		kwak²		抓住，阻挡
circle	A2	khuaŋ	khuaŋ			kuaŋ⁴	kuəŋ⁴	kwaŋ⁴	kaŋ⁴	kuaŋ⁴	kuaŋ²		圆圈
to stir (liquid food while cooking)	D2S									kwat¹/vat¹	vat²		搅拌
to throw	B2	khwaaŋ	khwaaŋ			kuaŋ⁵			veen³ C1		kweŋ²/³/⁵	veen⁶	kwɛɛŋ⁶	投掷
to go around, to dodge	B1/C2	wian C2	wian A2	vin³ B1	vin¹ B1	vin⁶ B1	vèn⁶ C2	vin⁶ C2		kwin⁶ C2	kwin⁴ C2	vian⁴ A2	绕过，闪避

（续表）

*gw-

英语词义	声调	泰	老挝	德宏	帕基	白傣	黑傣	龙茗	侬	热侬	凤山	石家话	汉语词义
branch of river	A2/1	khwɛɛ A2	khɛɛ A2	xe² A2				kwee⁴ A2	靖西 we¹ A2	ve¹ A1	ve¹ A1		支流

*ɣw-

英语词义	声调	泰	老挝	德宏	帕基	白傣	黑傣	龙茗	侬	热侬	凤山	石家话	汉语词义
male organ	A2	khuay	khuay	xɔi²	khɔi²	傣仂 xvai		vay⁴	vay⁴	vay⁴	vai⁴		男阴
to circle, to whirl around (cf. *gw)	C2		khwaan	kɔŋ⁵	kaun⁴			kwaan⁴ A2		kuan⁴	huan⁶ "loop" "环形"		旋转；放置
to lay across (cf. *khw-)	B2			vaan⁶	vaan⁵	xvaan⁵	khoan⁵	vaan⁵	vaan⁵	vaan⁵	vaan⁵	vaan⁵	横穿
to roll up one's sleeves	D2S			vet⁵/vit⁵	fot² D1S			vit¹	hit¹	hit²			卷起袖子

*ŋw-

英语词义	声调	泰	老挝	德宏	帕基	白傣	黑傣	龙茗	侬	热侬	凤山	石家话	汉语词义
month, time	D2L	nuat	ŋuat					ŋuut⁵		ŋuat⁵	ŋwat⁶		月，时间
marrow of bone	A2		ŋuy "giddy" "头晕"						ŋuy⁴	ŋui²			骨髓
core, pit, seed (of a fruit)	B2/B1	nuay B1	nuay B1	hoi³ B1	hoi³ B1	hoi² B1		huuy² B1	hôi² B1	ŋuy⁵	kui⁶		果核；种子
to look back, to turn one's head	D2L		ŋvaak	ŋək⁵		ŋoak¹	ŋɔk⁵		ŋuak⁵	ŋɔk²	ŋuak⁵/ŋwɛɛk⁵		回头看
stupid, muddle-headed	B2/C2	ŋuaŋ B2	ŋuaŋ C2 "sleepy" "睡意"			ŋoŋ C2		ŋɯɯŋ⁵	ŋən⁵		ŋuan⁵	ŋɔɔŋ⁶ C2	傻

*ʔŋw-

英语词义	声调	泰	老挝	德宏	帕基	白傣	黑傣	龙茗	侬	热侬	凤山	石家话	汉语词义
stupid, ignorant	C2	ŋoo B2	ŋoo B2	na⁵ C2/ŋa⁴ C1	傣仂 ŋə³ C1					ʔwaa⁶	ʔwaa⁴	ŋɔɔ⁵ "strange" "奇怪"	蠢
to evade, to dodge	D2L	liik D1L	liik D1L	ŋik¹		lik² D1	nik² D1				ʔwaak⁶		躲避
dirty, lame	C2	ŋoy B2	ʔuaay B2	vaai⁵		ʔôi² B1	ʔuôi² B1	ʔooy⁶	ʔoi²	ʔuay⁶	ŋoi⁴		脏；跛

*h-

英语词义	声调	泰	老挝	德宏	帕基	白傣	黑傣	龙茗	侬	热侬	凤山	石家话	汉语词义
far apart	B1	haaŋ	haaŋ	haaŋ³	haaŋ¹	haaŋ²	haaŋ²						距离远
heroic, brave	A1	haan	haan	haan¹	haan⁶	haan¹				han¹	haan¹		勇敢
to be lame	C1		haan	haan⁴	haan³	haan³	haan³						跛脚
to knock (at a door)	B1			hai³	hai¹	傣仂 hai²							敲门
untame, wild	A1	hɛɛ	hɛɛ	he¹	he⁶	he¹	he¹			he¹	hɛɛ¹		野性
to speak loudly, to shout at	D1L	hoot "cruel" "残酷"	hoot "cruel" "残酷"	huut¹				haat²	haat²		hɛt⁵		大声说话，喊叫

（续表）

*h-

英语词义	声调	泰	老挝	德宏	帕基	白傣	黑傣	龙茗	侬	热依	凤山	石家话	汉语词义
to hunt for, to chase	C1/B1		hoo B1	ho⁴ C1	hɔ³ C1	ho² B1	hua² B1					hoo⁶	追捕
healed; to cause to heal	B1/C1	hɔɔm C1	hɔɔm C1	hom⁴ C1	hom¹ C1	hom² B1	hom² B1		hom² B1			hum³ "wrap"	治愈
to advise, to dissuade	C1	haam	haam	ham⁴		hom³						haam³ "forbid" "禁止"	劝告,劝阻
to hold or carry in both arms	D1L	hɔɔp	hɔɔp	hop³	hop¹	hop²	hop²	hoop²	hop²	hop²	hoop⁵	hɔɔp²	双手环抱
to warm up, to reheat (foot)	A1			hom¹	hum²							hum²	预热,加热
to move backward, to retreat	A1		hon	hun¹	hum²	hun¹	hôn¹	傣雅 hun¹					后退
clums, good-for-nothing	D1S									huk³	huk⁵		废话
market	A1									huɯ¹	huɯ¹		集市

*ʔ-

英语词义	声调	泰	老挝	德宏	帕基	白傣	黑傣	龙茗	侬	热依	凤山	石家话	汉语词义
ashamed, shy	A1	ʔaay	ʔaay	ʔaai⁶	ʔaai²		haai⁶ C2	ʔaai⁴					害羞
not, no	C1	ʔam C1		ʔam³ B1					ʔɔm³		ʔam⁴		不
to thrust out, to stick out (the chest)	B1/C1	ʔɛɛn B1	ʔɛɛn B1			ʔen³ C1	ʔen³ C1	ʔeen³ C1	ʔen³ C1	ʔen⁶ C1	ʔeen⁴ C1		挺胸
to shout	A1/B1	ʔɛɛw B1	ʔɛɛw B1/C1	ʔiu¹ A1	ʔiu⁶ A1	ʔeo² B2		ʔeew³ B1	ʔeu⁵/² A1/B1	ʔew² B1	ʔɛɛu¹		呼喊
a kind of grass with sawtooth leaves	A1									ʔem¹	ʔem¹		芭茅草
(of a horse) to kick	A1			ʔen²							ʔeŋ¹/ʔeŋ⁵		（马）踢
have sex	D1S	yet D2S	yet D2S	ʔet⁵	ʔee¹	ʔe²	yet D2S	ʔee³	ʔee³		ʔet²		性交（儿童用语）
waist	A1	ʔeew	ʔɛɛw	ʔeu⁶	ʔeo¹	ʔeo¹	ʔiiw⁴		ʔeu¹		ʔɛɛw¹		腰
armpit	B1									ʔi²	ʔi⁶	ʔoi⁵	腋窝
to hurt; sore	A1									ʔin¹	ʔin¹	武鸣 ʔin¹	受伤,疼痛
to feed animals	B1	ʔɔɔy	ʔɔɔy	ʔoi³	ʔoi¹	ʔoi²	ʔoi²		ʔoi²				喂动物
grandparent	D1S			ʔɔk³		ʔuk²			ʔok²				祖父母
noisy; to call	A1		ʔəən C1 "to call" "叫;呼喊"	ʔon¹		ʔɯn⁶							嘈杂

（续表）

*ʔ-

英语词义	声调	泰	老挝	德宏	帕基	白傣	黑傣	龙茗	侬	热依	凤山	石家话	汉语词义
dowry, gift	B1			ʔom³	ʔum¹	ʔum²							嫁妆；礼物
stuffy, hot	A1			ʔim¹	ʔɔm³	ʔum⁴ A2			ʔuŋ⁵		ʔɔm¹		闷，热
to put (fruit) away to ripen	B1	ʔɔm	ʔɔm	ʔom³	ʔum²			ʔom²	ʔum²	ʔam²	ʔɔm⁶		把果实藏起来沤熟
to surround, to enclose	C1	ʔɔɔm	ʔɔɔm	ʔɔm⁴	ʔɔm³	ʔɔm³	ʔɔm³	ʔoom³	ʔɔm³				包围
small jar	B1/A1	ʔɯa C1	ʔɯa C1										小罐子
to carry a child on the back	C1/A1	ʔɯa C1	ʔɯa C1						ʔɯa¹	ʔoo⁴	布依 ʔɯ¹		背小孩
to stew, to cook for a long time	B1/A1	ʔɔɔm B1	ʔɔɔm B1	ʔɔŋ³		ʔom¹		ʔon²	ʔom¹	ʔoom¹	ʔɔɔm⁶		炖，煮很久
cradle, hammock	B1/A1	ʔuu B1	ʔuu B1	ʔu³ B1	ʔu²		ʔɯɯ²	ʔɯ²	ʔu² B1 "抚养"	ʔu¹ A1	ʔuu⁶		摇篮，吊床
to be fat, chubby, plump	C1	ʔuan³	ʔuan³	ʔun³	ʔôn³		ʔuun³				ʔuan⁴		胖，丰满的
yonder	C1								ʔun⁶	ʔun⁴	ʔun³		那边的，另外的
to agree; yes	C1/C2/B2?	ʔəə C1	ʔəə C1	ʔə⁵ C2	ʔəə²	ʔə⁶ C2/ʔɯ⁶ C2		ʔə⁴	ʔɯa¹	ʔə³		同意
to bend	D1S								ʔut³	ʔut⁵			(使)弯
small box	D1L	ʔap		ʔɛp³	傣雅 ʔəp	ʔup D1S							小盒子
to stop, to be without	D1S	ʔot	ʔot			ʔot²		ʔot²					停止，没有

*ʔw-

英语词义	声调	泰	老挝	德宏	帕基	白傣	黑傣	龙茗	侬	热依	凤山	石家话	汉语词义
stupid, silly	C1									ʔwa⁶	ʔwaa⁶	ʔwa¹	蠢
to go around, to dodge	D1L		vɛɛʔ	ve⁶ B2						ʔwaai¹	ʔwaak⁶	ʔwaay⁶	绕过，避让
to drive (cattle), to guide, to lead	A1		ʔuan	ʔɔn⁶		ʔon¹	ʔuôn¹				ʔwaan¹		赶(牛)；引路
to rock an infant in the arms	B1									ʔwen²	ʔween⁶	罗甸 ʔwen⁵	摇动怀中的婴儿

对《比较台语手册》
部分原始台语声母的修订

英语词义	原始台语声母	声调	《比较台语手册》页码	拟修订	德宏	龙茗	侬	热侬	凤山	石家话	汉语词义
we, us	*t	A1	p.99	*pr	tu⁶	thuu¹	thu	tu¹	tu¹	pruu¹	我们
to die	*tr	A1	p.119	*pr	taai⁶	thaay¹	thaai	taay¹	taai¹	praay¹	死
eye	*tr	A1	p.119	*pr	taa⁶	thaa¹	thaa	taa¹	taa¹	praa¹	眼睛
to chop, to hack	*thr	C1	p.121	*pr	僗仂 pɔm³	tham³	tham³	ram³	lam³	plam³	砍
to resemble	*hl	C1	p.138	*thr	thum³ B1		lum³	lum³	lum³		像
to creep	*t	B1	p.98	*tl	tai³	laay⁴ A2		raay⁵ B2	laai⁶ B2	tay⁶	爬行
to roam	*d	B2	p.104	*d1	teu² A2	liw⁵	lêu⁵	liaw⁵	liau⁶	thiaw⁴ A2	漫步,游走
duckweed	*hn	A1	p.114	*ml	le	le¹	ne¹	me⁴ A2	mɛ² A2	nɛɛ¹	浮萍
umbrella	*hl	C1	p.138	*kr	tsɔŋ⁴	kyuɯɯŋ³	chən³	lɯaŋ³	lɯaŋ³		伞
to comb	*hw	A1	p.82	*hrw	vi¹	vi¹	vi¹	roy¹	loy¹	hɔɔɣ²	梳头
painful	*č	D1S	p.164	*k(l)	tsep³		chep²	ciat²	tɕiet⁵	keet⁶	疼痛
fish hook	*ʔb	D1S	p.69	*sb	met³	myat²	bet²	θet²	θet⁵	seet⁶	鱼钩
porcupine	*hm	C1/ B2	p.75	*šm	men⁴	min³	men³	sen⁵ B2	ɕen⁵ B2	men³ man³	豪猪
shellfish	*h-	A1	p.250	*sr	hoi¹	hoy¹	hoi¹	θay¹	θai¹		螺蛳

作者简介

　　罗永现，澳大利亚国立大学博士、博士后，墨尔本大学教授，广西民族大学相思湖讲席教授，中央民族大学、北京大学、南开大学等客座教授。主要研究方向为历史比较语言学、汉藏语言学、侗台语言学、语言类型学、认知语言学、词典学和翻译学。个人学术专著有 *A Grammar of Zoulei*（合著，2014）、《燕齐壮语参考语法》（合著，2011）、*The Buyang Language of South China: Grammatical Notes, Glossary, Texts and Translations*（合著，2010）、*The Tai-Kadai Languages*（合著，2008）、*A Dictionary of Dehong, Southwest China*（2000）、*The Subgroup Structure of the Tai Languages*（1997）；译著有 *An Outline Grammar of Mulao*（1993）；发表学术论文数十篇。曾主持澳大利亚国家研究基金会项目，还多次参加国际合作项目，任主要合作者。荷兰 Brill 出版公司《中国语言暨语言学百科全书》（*Encyclopedia of Chinese Language and Linguistics*，2017）中"壮语"（Zhuang）、"水语"（Sui）、"傣语"（Dai）、"侗台语"（Tai-Kadai）及"汉泰语关系"（Chinese and Thai）五个词条特约撰稿人，英国牛津大学出版社《牛津语言学研究百科全书》（*Oxford Research Encyclopedia of Linguistics*）"台 – 加岱语"（Tai-Kradai Languages）及"侗台语构词法"（Morphology in Tai-Kradai）词条特约撰稿人。